रोम रोम में राम

लेखक की पुस्तकें

रघुकुल रीति सदा
राजेन्द्र अरुण

तजु संसय
भजु राम
राजेन्द्र अरुण

जग जननि
जानकी

भरत
गुन
गाथा
राजेन्द्र अरुण

राम रोम में राम
राजेन्द्र अरुण

अथ कैकेयी कथा

हरि कथा अनन्ता
राजेन्द्र अरुण

रोम रोम में राम

राजेंद्र अरुण

प्रभात
प्रकाशन

प्रकाशक

प्रभात प्रकाशन प्रा. लि.

4/19 आसफ अली रोड, नई दिल्ली–110002

फोन : 011–23289777 • हेल्पलाइन नं. : 7827007777

इ–मेल : prabhatbooks@gmail.com ❖ वेब ठिकाना : www.prabhatbooks.com

संस्करण

2024

पेपरबैक मूल्य

चार सौ रुपए

मुद्रक

नरुला प्रिंटर्स, दिल्ली

ROM ROM MEIN RAM

by Shri Rajendra Arun

Published by **PRABHAT PRAKASHAN PVT. LTD.**

4/19 Asaf Ali Road, New Delhi-110002

ISBN 978-93-5521-571-0

₹ 400.00 (PB)

समर्पण

मॉरीशस में हिन्दी के अनन्य सेवक
सूरजप्रसाद मंगर भगत और उनकी पत्नी सन्मतिया भगत
तथा रामायण के समर्पित भक्त
जयराम रामशरण और उनकी पत्नी मालती रामशरण
को सादर।
इन दोनों परिवारों ने मॉरीशस में संघर्ष के दिनों में
मेरे जीवन को सँवारा और सँभाला।

—राजेन्द्र अरुण

अनुक्रम

आभार

प्रनवउँ पवनकुमार

हनुमान मन्त्र हैं। ऐसा मन्त्र जिससे प्रभु की सिद्धि होती है। संसार में मनुष्य कामनाओं के सहारे जीता है। उन्हें ही पूरा करने के लिए अथक प्रयत्न करता है। इसके लिए वह प्रभु को भी पुकारता है। पुकार को प्रभावी बनाने के लिए हनुमान की याद बहुत जरूरी है। सीता माँ ने उन्हें 'अष्टसिद्धि और नवनिधि का दाता' कहा है। मनुष्य को वह सबकुछ दे सकते हैं। जितने सांसारिक ऐश्वर्य की आदमी कामना कर सकता है वे सभी 'सिद्धि और निधि' के द्वारा मिलते हैं, हनुमान उनके स्वामी हैं।

संसार का ऐश्वर्य देने के साथ-ही-साथ हनुमान प्रभु का ऐश्वर्य भी सबको दे सकते हैं। राम का 'रसायन' उनके पास है। भगवान् सदैव उनके हृदय में रहते हैं।

प्रनवउँ पवनकुमार खल बन पावक ग्यानघन।
जासु हृदय आगार बसहिं राम सर चाप धर॥

—मैं हनुमानजी की वन्दना करता हूँ, जो दुष्टरूपी वन को भस्म करने के लिए अग्नि रूप हैं, जो ज्ञान की घनमूर्ति हैं और जिनके हृदय रूपी भवन में धनुष-बाण धारण किये श्रीराम निवास करते हैं।

हनुमान अभय देनेवाले हैं, निर्भय बनानेवाले हैं। संसार में अपनी राह चलनेवाले मनुष्य को दो ही भय सताते हैं—एक, दुष्ट का और दूसरा अज्ञान का। हनुमान इन दोनों कष्टों को हरते हैं। दुष्ट रूपी वन को जलानेवाले वे अग्नि हैं। तुलसी ने दुष्टों को वन कहा है। वन भी खूब तेजी से फैलता है और दुष्ट भी। ये लोग सज्जन पुरुष के मार्ग में रोड़ा अटकाते हैं। हनुमान इनका नाश करते हैं, इन्हें अपने बल के तेज से जला डालते हैं।

पवनपुत्र ज्ञानी हैं। वे हमारे समस्त अज्ञान को हर लेते हैं। हमारे पथ को ज्ञान के प्रकाश से आलोकित कर देते हैं। जिन्हें जीवन में पुरुषार्थ करके कुछ पाना हो, उन्हें दुष्ट और अज्ञान को जीतना चाहिए। इसके लिए हनुमान सबसे उपयुक्त सहयोगी हो सकते हैं।

जो लोग सेवा के कार्य में जुटे हैं, जो अपने प्रयत्नों से पीड़ित मानवता को सुख-शान्ति देने का प्रयत्न कर रहे हैं, उनके लिए भी हनुमान से बढ़कर और कोई आदर्श नहीं हो सकता है। सेवकों को हनुमान सीख देते हैं कि उन्हें अपने जीवन में न कभी समाज की उपेक्षाओं को पाकर थकना चाहिए और न कभी प्रशंसाओं को पाकर रुकना ही चाहिए। सेवा एक अखण्ड और अनवरत साधना है। भक्ति इसकी संगिनी हो तो यह सेवक को कभी हारने-थकने नहीं देती है।

आज के संसार को पहले से कहीं अधिक सेवा की, भक्ति की जरूरत है। आदमी अपने आप में द्वीप बनता जा रहा है। दूसरे को पहचानने की बात तो दूर, वह अपने आपको भी पहचानने में असमर्थ हो गया है। जब आदमी स्वयं को भी पहचानना भूल जाये तो विधाता भी उसका कल्याण नहीं कर पाता है। सेवा और भक्ति उसे जगाते हैं, उसे उसकी पहचान कराते हैं। हनुमान सदा जागते रहते थे। सजगता, सतर्कता सेवक का स्वभाव होता है।

आज के समाज-जीवन में हनुमान के इन गुणों की नितान्त आवश्यकता को देखते हुए ही मेरे मन में यह भाव आया कि मैं हनुमान के चरित्र की महिमा का एक व्यापक दस्तावेज अपने सुधी पाठकों के सामने प्रस्तुत करूँ। मुझे अपने पाठकों के स्नेह का बड़ा भरोसा है। सदैव उन्होंने मुझे अपनाया है। मेरी त्रुटियों को बताकर मुझे सजग कराया है और मेरी अच्छाइयाँ गिनाकर अपनी सदाशयता का प्रदर्शन करने के साथ-ही-साथ मेरा उत्साह भी बढ़ाया है।

सन् १९८४ में जब प्रभु राम की महिमा पर मेरी पुस्तक 'हरि कथा अनन्ता' प्रकाशित हुई थी तब मैं आप सबके लिए अनजाना था। राम की कृपा और आपके प्रेम से अब मैं आपका अपना बन गया हूँ।

इसके बाद सन् १९८६ में श्रीभरतजी की महिमा पर मेरी दूसरी कृति 'प्रेम पिआसे नैन'* छपी। आप सबने इसे और स्नेह से अपनाया। यह मेरे लिए गौरव की बात है। आप सबका स्नेह ही मेरा सबसे बड़ा मार्गदर्शक है।

राम और भक्त की महिमा को देखने-समझने की मेरी जो दृष्टि है वह

* इसका नूतन संस्करण 'भरत गुन गाथा' नाम से प्रभात प्रकाशन द्वारा प्रकाशित हुआ।

आपको भा गयी है, ऐसा मैं समझता हूँ। मेरा दृढ़ विश्वास है कि 'रामचरितमानस' के श्रेष्ठ चरित्र हमें गौरवपूर्ण जीवन जीने की प्रेरणा देते हैं। जीवन को स्वीकारने की शक्ति देते हैं, संघर्षों को झेलते हुए भी जीवन पर आस्था रखने की भक्ति देते हैं। वे हमें कन्दराओं में भागने के लिए नहीं कहते। शान्त-एकान्त में बैठकर शुतुरमुर्ग बनने की सलाह नहीं देते। सुख-दुःख को भोगते-झेलते जीवन को पूर्णता में जीने की 'कला' हमें इन महान् और दैवी चरित्रों से सीखने को मिलती है।

मुझे पूर्ण विश्वास है कि राम को कष्ट झेलते देख आप उन्हें अपने करीब पाते हैं। भरत को भाई के लिए अन्याय से मिली सत्ता और सम्पत्ति को त्यागते देख आप उन्हें अपने घर की कहानी से जुड़ा हुआ समझते हैं। विद्यावान्, गुणी और चतुर हनुमान को भक्तिपूर्वक सेवा करते देख, अपने बल का दूसरों के हित के लिए उपयोग करते देख आपका मन भी जरूर उनके जैसा बनने को ललकता होगा।

श्रेष्ठता को पाने के लिए मनुष्य के भीतर ललक पैदा करना ही मैं राम का सबसे बड़ा काम मानता हूँ। अपनी क्षमता के अनुसार अपनी सम्भावनाओं का ईमानदारी से उपयोग करते हुए इस दिशा में मैं अपना विनम्र प्रयत्न कर रहा हूँ। इसमें मुझे अनेक लोगों का हार्दिक सहयोग मिल रहा है।

'मॉरीशस ब्रॉडकास्टिंग कॉरपोरेशन' मेरे 'मानस-प्रवचन' का साप्ताहिक कार्यक्रम 'मन्थन' हर गुरुवार को प्रस्तुत करता है। इसके लिए मैं उसके निदेशक श्री धनंजय कालीकान तथा भारतीय कार्यक्रमों के नियामक श्री भूमित्र शर्मा आयर्गा का आभारी हूँ। उनके कृपापूर्ण सहयोग से ही सारा मॉरीशस 'मानस' के अमृत का पान कर पा रहा है।

सामाजिक सेवा में जुटी जीवन्त संस्था 'ह्यूमन सर्विस ट्रस्ट' के तमाम मित्रों का मैं आभारी हूँ जो मुझे राम-कार्य के लिए बराबर दौड़ाते रहते हैं। उनके सभी कार्यक्रमों में अनिवार्य रूप से मुझे रामकथा के लिए जाना होता है। इससे मुझे अपने चिन्तन-मनन को बराबर ताजा रखने में बड़ी मदद मिलती है। इस हेतु मैं भाई सूर्यदेव बिसेसर और प्रेमचन्द बुझावन को धन्यवाद दिये बगैर नहीं रह सकता। प्रधानमन्त्री के सांस्कृतिक सलाहकार श्री धनदेव बहादुर, संसद् सदस्य श्री राज नारायण गती और वित्तमन्त्री के सलाहकार श्री विजय मधु सदा से मेरे सुख-दुःख के भागीदार रहे हैं। उनकी शाबाशी सदैव मेरे लिए मूल्यवान् रही है।

मॉरीशस के हर गाँव में रामायण मण्डलियाँ हैं। इसे रामायण का देश कहा जाता है। यहाँ प्रतिदिन कहीं-न-कहीं रामायण का पाठ होता ही रहता है। इन मण्डलियों के उत्साही भक्त मुझे बराबर अपने कार्यक्रमों में बुलाते रहते हैं। मैं

उनके प्रति सम्पूर्ण हृदय से कृतज्ञ हूँ कि उन्होंने मुझे राम के काम में निमित्त बनाया। राम अपने काम के लिए किसी व्यक्ति विशेष के मोहताज नहीं होते हैं। वे जिसे चाहें, अपना निमित्त बना लें। निमित्त बनकर मैं अपने को कृतार्थ मानता हूँ।

राम के काम से मॉरीशस में जुड़े रहने के बावजूद यह एक चमत्कारक आश्चर्य है कि मुझे हर बार अपनी पुस्तकों की रचना भारत में करनी पड़ी। विषय-वस्तु का निर्धारण और सामग्री संकलन का काम तो मॉरीशस में होता ही रहता है, लेकिन जमकर संन्यास भाव से लेखन का कार्य भारत में ही हो पाता है।

जब भी मैं इस उद्‌देश्य से भारत आता हूँ, प्रभु राम मेरे लिए कोई-न-कोई ठिकाना खोज देते हैं। उन्होंने चाहे कितने ही दुःख क्यों न उठाये हों, मुझे दुःख उठाने का जरा भी अवसर नहीं देते हैं। इस बार दिल्ली में मेरा बोझ उठाने का भार प्रभु ने श्री जगदीशचन्द्र ऋषि को सौंपा। ऋषिजी 'विश्व अध्यात्म समाज' के संस्थापक हैं। एकान्तभाव से वे संसार की आध्यात्मिक उन्नति के लिए प्रयत्नशील हैं। ऋषिजी के जीवन में उद्योग और धर्म का अद्‌भुत संगम है। धन और धर्म जब दोनों समन्वित होते हैं तब मनुष्य के जीवन में सन्तुलन आता है। तब वह व्यक्ति और समाज दोनों के उत्थान के लिए साधन बन पाता है। ओखला में ऋषि साधना मन्दिर में रहकर मुझे इसका अनुभव हुआ। प्रभु उन्हें यशस्वी करें।

ऋषि साधना मन्दिर में मेरी सेवा करनेवाले सेवक श्री परसुराम दास को मैं कभी नहीं भूल सकता। उसकी सेवा-भावना ने मेरे मस्तिष्क पर एक अमिट छाप छोड़ी है। सदा तत्पर रहना उसका स्वभाव है।

मेरे दिल्ली आने पर जिन्हें सबसे अधिक कष्ट उठाना पड़ता है वे हैं श्री यादवेन्द्र दत्त बनकटा और श्रीमती राजकुमारी बनकटा। उनके बच्चे अनिता, विनीता और सुधांशु सदा मेरी सेवा में लगे रहते हैं। विद्या और गुण के निधान हनुमान उन पर कृपा करें, यही कामना है। भाई बनकटा और राजकुमारी भाभी के लिए कृतज्ञता-ज्ञापन करने से अधिक श्रेष्ठ होगा अन्तर्यामी प्रभु से प्रार्थना करना कि इनकी सहृदयता मेरे प्रति सदा बनी रहे।

सबसे अधिक ऋणी मैं अपने उस छोटे परिवार का हूँ जिसने मुझे बड़े काम को करने की छूट दे रखी है। घर चलाना एक सतत युद्ध है। इसमें आदमी लड़ता ही रहता है, कभी विश्राम नहीं ले पाता है। मेरी धर्मपत्नी श्रीमती बीनू अरुण ने मुझे इस युद्ध से हटाकर स्वयं को सामने खड़ा कर लिया है। वे ही लड़ रही हैं। मुझे यह कहते हुए गौरवपूर्ण सन्तोष है कि शानदार ढंग से लड़ रही हैं। महात्मा गांधी संस्थान में शिक्षा अधिकारी होने के साथ-ही-साथ घर को भी सँभालना जीवट का

काम है। मुझे राम के काम में लगाकर वे मेरा काम कर रही हैं। दोनों बच्चे अनुराग और अभिषेक अब सयाने हो गये हैं। मेरे काम के महत्त्व को समझने लगे हैं। अत: अब वे मेरा बड़ा खयाल रखते हैं। ये सभी मेरे नितान्त अपने हैं। इनका स्मरण ही इनके प्रति सबसे बड़ा आभार है।

हनुमान की महिमा का बखान करनेवाली यह पुस्तक अब आपके हाथों में है। स्वाभाविक है कि जिसकी महिमा का बखान स्वयं राम अपने मुख से कर चुके हों उसकी महिमा का और कोई क्या बखान करेगा! इसीलिए आपसे निवेदन है कि इसे आप बहुत अपेक्षा के साथ न देखें। इसे आप भावना के मन्दिर का प्रसाद समझकर ग्रहण करें। प्रसाद कैसा भी क्यों न बना हो, वन्दनीय और ग्रहणीय होता है।

हनुमान के चरित्र पर अनेक लोगों ने लिखा है। सबके प्रति मैं श्रद्धावनत हूँ। देवता के मन्दिर में जैसे हर कोई अपनी श्रद्धा के फूल चढ़ा सकता है, उसी तरह पूजा के एक फूल के रूप में मैं अपनी इस कृति को श्रीहनुमानजी के चरणों में समर्पित कर रहा हूँ। वे ज्ञान के भण्डार हैं, उन्हें कोई अपना ज्ञान क्या दिखायेगा! उन्हें भक्ति और भावना भाती है। राम के चरणों में प्रीति ही सुहाती है। हनुमान को याद कर वह प्रीति, वह भक्ति हमारे जीवन में आ सके, यही हमारी धन्यता होगी।

हनुमान का चरित्र लिखते समय मेरे मन में बराबर उन लोगों का चित्र जीवन्त रूप से बना रहा जो सारे संसार में अपने-अपने ढंग से सेवा के काम में लगे हुए हैं। उन सबको प्रेरित करने और जाग्रत् रखने के लिए हनुमान का चरित्र श्रेष्ठ स्रोत है। हनुमान का भाव जाग्रत् हो जाने पर आदमी को सेवा के काम में कभी निराशा और भय का सामना नहीं करना पड़ता। जब कभी मैं सेवा करनेवाले से मिलता हूँ तो हनुमान की चर्चा जरूर करता हूँ। उन्हें मेरा यह बताने का प्रयत्न होता है कि हनुमान बलवान् थे, तभी सेवा कर सके, तुम भी शरीर को स्वस्थ और बलवान् बनाओ। हनुमान विद्यावान्, गुणवान् और बुद्धिमान थे, तभी सेवा कर सके, तुम भी अपने भीतर विद्या, बुद्धि और गुण लाओ। मूर्ख की सेवा कोई नहीं चाहता है। जो नादानीवश ऐसे को सेवक बनाते हैं वे बाद में पछताते हैं। एक आदमी ने एक मूर्ख नौकर पंखा झलने के लिए रखा। जब वह सो रहा था तो एक मक्खी उसकी नाक पर बार-बार आकर बैठ जाती थी। नौकर ने कई बार हटाने की कोशिश की, लेकिन मक्खी हटती ही नहीं थी। हारकर उसने तलवार उठायी और मक्खी का गला काटने के चक्कर में मालिक का ही गला काट दिया।

एक गुरु के दो मूर्ख शिष्य थे। उनका आपस में झगड़ा रहता था। दोनों

शिष्य गुरु का सोते समय एक-एक पैर दबाया करते थे। एक दिन एक शिष्य बाहर गया था। गुरु ने दूसरे शिष्य से कहा कि बच्चा, दूसरा पैर भी जरा दबा देना।

मूर्ख शिष्य ने अपने दूसरे साथी से बदला लेने का अच्छा अवसर समझा। उसने सोचा कि जिस पैर को उसका साथी दबाता है उसे वह तोड़ देगा तो साथी बहुत दु:खी होगा। बस, उसने गुरुजी का दूसरा पैर तोड़ दिया। गुरुजी चिल्लाते रह गये।

दूसरे दिन जब दूसरा शिष्य आया तो गुरुजी ने रोकर सब कहानी बतायी। मूर्ख शिष्य गुस्से में बोला—मैं अभी उस मूर्ख को मजा चखाता हूँ। गुरुजी, घबराइए नहीं। उसने मेरावाला पैर तोड़ा है, मैं उसका वाला तोड़ देता हूँ। तब वह समझेगा।

और उसने गुरुजी का दूसरा पैर भी तोड़ दिया।

मूर्ख जब सेवक बनता है तब गला ही काटता है, पैर ही तोड़ता है। इसीलिए सच्चे सेवक को गुण-सम्पन्न होना चाहिए। जैसे भिखारी दान के योग्य नहीं होता, उसी तरह गुणहीन व्यक्ति सेवा के योग्य भी नहीं होता।

अत: मेरी आप सबसे यह प्रार्थना है कि यदि आप सेवा और भक्ति के संसार में कदम रखने जा रहे हो तो हनुमान की तरह अपनी शक्तियों को जाग्रत् कर लें। इस कार्य में निश्‍चित रूप से दयावान् हनुमान सहायक होंगे। वे आपके मार्ग की बाधा हरेंगे, कष्टों को दूर करेंगे।

आइए, अब 'रोम-रोम में राम' को बसाकर रखनेवाले महावीर हनुमान के गुणों का गान करें, जिससे हमारे जीवन में भी सेवा और भक्ति का अवतरण हो और हम भी 'रामकाज करिबे को आतुर' हो सकें।

—राजेन्द्र अरुण

संस्कृति सदन
१५, लाबुर्दोने स्ट्रीट
क्यूर्पिप, मॉरीशस

दूसरे संस्करण की भूमिका

पुन्य पुंज तुम्ह पवनकुमारा

रामचरितमानस में हनुमानजी का चरित्र भक्त-भगवान् के आत्मीय एवं अन्तरंग सम्बन्धों का जीवन्त प्रतीक है। भक्त अपनी समस्त प्रतिभा और शक्ति प्रभु के चरणों में समर्पित करने के लिए सदैव तैयार रहता है और प्रभु स्वयं समर्थ होते हुए भी भक्त को कार्य सिद्ध करने का गौरव प्रदान करता है। हनुमान और राम के सम्बन्ध की यही महिमा है।

हनुमान अतुलित बलधाम, हेमशैलाभ देह, दनुजवन कृशानु, ज्ञानियों में अग्रगण्य, सकल गुणों के निधान, वानरों के स्वामी और पवन के पुत्र हैं। सर्वदृष्टि से शक्तिवान् होते हुए भी हनुमान श्रीराम के प्रिय भक्त हैं।* अपनी समस्त सामर्थ्य को विनम्रतापूर्वक उन्होंने श्रीराम के चरणों में निवेदित कर रखा है।

प्रभु राम की भी स्थिति ऐसी ही है। वे परम समर्थ हैं। फिर भी अपने भक्त हनुमान को महापराक्रमी रावण के प्रताप को ललकारने का अवसर देते हैं। प्रभु की अपार शक्ति का उल्लेख करते हुए तुलसीदासजी लिखते हैं—

जो चेतन कहँ जड़ करइ जड़हि करइ चैतन्य।
अस समर्थ रघुनायकहि भजहि जीव ते धन्य॥

—जो चेतन को जड़ कर देता है और जड़ को चेतन कर देता है, ऐसे समर्थ श्री रघुनाथ को जो जीव भजते हैं, वे धन्य हैं।

---

* अतुलित बलधामं हेमशैलाभ देहं दनुजवन कृशानुं ज्ञानिनाम ग्रगण्यम्।
सकल गुणनिधानं वानराणामधीशं रघुपति प्रियभक्तं वातजातं नमामि॥

—मानस, सुन्दरकाण्ड, श्लोक ३

इस सृष्टि में परमात्मा की सबसे बड़ी विभूति है जीव का जन्म और मरण। जन्म और मृत्यु अभी तक लाख वैज्ञानिक अन्वेषणों के बाद भी मनुष्य के करतब के अंग नहीं बन पाये हैं। यह शक्ति परमात्मा की विशिष्टता है। इसी के बल पर वह जड़ को चेतन और चेतन को जड़ करता है। मृत को जीवित और जीवित को मृत करता है। अतः परमात्मा के लिए सृष्टि व्यापार में कुछ भी असम्भव नहीं है। फिर भी वह सबकुछ स्वयं नहीं रखता है। अपने प्रिय भक्तों को निमित्त बनाकर उन्हें उपलब्धि का गौरव प्रदान करता है। कुरुक्षेत्र के मैदान में विषादग्रस्त अर्जुन से श्रीकृष्ण ने कहा था—हे अर्जुन! जिन्हें मारने में तुम संकोच कर रहे हो उन्हें मैं पहले ही मार चुका हूँ। तुम उठो, यश प्राप्त करो और शत्रुओं को जीतकर धन-धान्य से सम्पन्न राज्य का भोग करो। हे अर्जुन! तुम केवल निमित्त बन जाओ।*

भक्त को निमित्त बनाकर परम-पराक्रमपूर्ण कार्य करवाना और इस कार्यसिद्धि से उपलब्ध यश से उसे सराबोर करना, यही परमात्मा का बड़प्पन है। इसी कारण हनुमान और अर्जुन दोनों यशस्वी बनते हैं। सुग्रीव की चाकरी करनेवाले हनुमान परम-प्रतापी रावण को उसी की स्वर्णमयी लंका में ललकारते हैं। गहरे विषाद से विजड़ित अर्जुन परम उत्साहपूर्ण होकर अविजित भीष्म और द्रोण को ललकारता है।

यहाँ जीवन का एक गहरा गणित समझ लेना आवश्यक है। स्वार्थ-सिद्धि के लिए कर्त्ता बनना जितना आसान है, परमार्थ-सिद्धि के लिए निमित्त बनना उतना ही कठिन है। इसीलिए 'निमित्त' बनने का दुर्लभ सौभाग्य विरले ही प्राप्त करते हैं। हजारों वानरों में से यह परम काम्य अवसर हनुमान को मिला। हजारों पाण्डव सैनिकों में से यह सौभाग्य केवल अर्जुन को मिला।

परमात्मा अपनी कार्यसिद्धि के लिए चुनाव करता है। हनुमान यों ही नहीं चुने गये थे। वे परमवीर होते हुए भी विनम्रता, कृतज्ञता और भक्ति के संगम थे। समर्पण ही जीवन को महिमामण्डित करता है। हनुमान जब प्रभु को पूर्ण रूप से समर्पित हुए तो उन्होंने यशस्वी जीवन का आकाश छू लिया, जीवन के परम लक्ष्य को उपलब्ध कर लिया। वे सदा के लिए राम के हो गये।

उत्तरकाण्ड में एक बड़ा प्यारा प्रसंग है। श्रीराम विभीषण, सुग्रीव आदि

---

* तस्मात्त्वमुत्तिष्ठ यशो लभस्व जित्वा शत्रून् भुङ्क्ष्व राज्यं समृद्धम्।
मयैते निहताः पूर्वमेव निमित्त मात्रं भव सव्यसाचिन्॥

—गीता-११, ३३

अपने मित्रों को राज्याभिषेक के बाद विदा करते हैं। सभी वियोग से दु:खी हैं। इसीलिए श्रीराम कहते हैं—

अब गृह जाहु सखा सब भजेहु मोहि दृढ़नेम।
सदा सर्बगत सर्बहित जानि करेहु अति प्रेम॥

—हे सखागण! अब सब लोग घर जाओ, वहाँ दृढ़ नियम से मुझे भजते रहना। मुझे सदा सर्वव्यापक और सबका हित करनेवाला जानकर अत्यन्त प्रेम करना।

राम का यह उपदेश बड़ा प्यारा है। उनके मित्र अपना 'राज्य-कार्य' छोड़कर आये हैं। प्रेम और संकोच के कारण राज्याभिषेक के बाद भी अयोध्या में जमे हुए हैं। राम से बिछुड़ना उनके लिए कष्टकर है। लेकिन अपने राज्य का दायित्व सँभालना भी उनके लिए परम आवश्यक है। अत: श्रीराम बीच का मार्ग निकालते हैं। कहते हैं कि मुझे सर्वव्यापी समझकर तुम लोग अपने-अपने स्थान पर जाकर भी प्रेमपूर्वक भजते रहो। मुझे प्रेम करने के लिए यहाँ रहना आवश्यक नहीं। सभी मित्र भारी हृदय से राम के इस सुझाव को स्वीकार कर लेते हैं। श्रीराम पुष्पहार और भूषण-वसन से सुग्रीव का और लक्ष्मणजी विभीषण का सम्मान करते हैं। सभी चलने की तैयारी करते हैं।

अंगद बैठ रहा नहिं डोला।
प्रीति देखि प्रभु ताहि न बोला॥

—अंगद बैठे ही रहे, वे अपनी जगह से हिले तक नहीं। उनका उत्कट प्रेम देखकर प्रभु ने उनको नहीं बुलाया।

अंगद ने विदाई समारोह में तनिक भी रुचि नहीं दिखायी। वे एक सच्चे भक्त की तरह राम-वियोग के लिए तत्पर नहीं थे। राम ने उनकी भावना को समझा, इसीलिए पुष्पहार पहनाने के लिए उन्हें बुलाया नहीं।

आह! प्रभु के राज्य के नियम कितने निराले हैं। अंगद ने भक्ति-पथ की यात्रा तो बहुत ही समर्पित ढंग से आरम्भ की, लेकिन इसे वे कायम नहीं रख सके। यदि वे चुपचाप बैठे रह जाते तो सदैव के लिए हनुमान की तरह राम-दरबार के अभिन्न अंग बन जाते। उन्होंने दुर्भाग्यवश प्रभु से निवेदन कर दिया।

सुनु सर्बग्य कृपा सुख सिंधो।
दीन दयाकर आरत बंधो॥
मरती बेर नाथ मोहि बाली।
गयउ तुम्हारेहि कोंछे छाली॥

—हे सर्वज्ञ! हे कृपा और सुख के समुद्र! हे दीनों पर दया करनेवाले! हे आर्तजनों

के बन्धु! सुनिए। हे नाथ! मरते समय मेरा पिता बालि मुझे आपकी गोद में डाल गया था।

राम के पास रहने के लिए अंगद ने तर्क देना आरम्भ कर दिया। यही तर्क उन्हें ले डूबा। राम को उनके गुणों का स्मरण दिलाकर, उनके वचनों का स्मरण दिलाकर अंगद अपने रुकने का उपाय ढूँढ़ रहे थे। इसी उपाय ने उन्हें कमजोर बना दिया। भक्त को बस इतना ही चाहिए कि वह प्रभु की शरण में बैठ जाय। उसके योग-क्षेम की चिन्ता तो प्रभु स्वयं ही करेगा। लेकिन अंगद का विश्वास उतना दृढ़ नहीं था।

असरन सरन बिरदु संभारी।
मोहि जनि तजहु भगत हितकारी॥
मोरे तुम्ह प्रभु गुर पितु माता।
जाउँ कहाँ तजि पद जल जाता॥

—अतः हे भक्तों के हितकारी! अपना अशरण-शरण (बाना) याद करके मुझे त्यागिए मत। मेरे तो स्वामी, गुरु, पिता और माता सबकुछ आप ही हैं। आपके चरण-कमलों को छोड़कर मैं कहाँ जाऊँ?

अंगद बार-बार प्रभु को उनके भक्त-वत्सल स्वरूप के बारे में बता रहे हैं। साथ-ही-साथ अपने समर्पण भाव को भी उनके सामने व्यक्त कर रहे हैं।

तुम्हहि बिचारि कहहु नरनाहा।
प्रभु तजि भवन काज मम काहा॥
बालक ग्यान बुद्धि बलहीना।
राखहु सरन नाथ जन दीना॥

—हे महाराज! आप ही विचार कर कहिए। प्रभु, आपको छोड़कर घर में मेरा क्या काम है? हे नाथ! इस ज्ञान, बुद्धि और बल से हीन बालक तथा दीन सेवक को शरण में रखिए।

आर्त्त हृदय अंगद एक बार फिर प्रभु को याद दिलाते हुए कहते हैं कि उनका स्थान तो प्रभु के चरणों में ही है। प्रभु के पास रहकर उनकी सेवा का संकल्प भी अंगद प्रस्तुत करते हैं।

नीचि टहल गृह कै सब करिहउँ।
पद पंकज बिलोकि भव तरिहउँ॥
अस कहि चरन परेउ प्रभु पाही।
अब जनि नाथ कहहु गृह जाही॥

—मैं घर की सब नीची-से-नीची सेवा करूँगा और आपके चरण-कमलों को देख-देखकर भव-सागर से तर जाऊँगा। ऐसा कहकर वे श्रीराम के चरणों में गिर पड़े। हे प्रभो! मेरी रक्षा कीजिए। हे नाथ! अब यह न कहिए कि तू घर जा।

प्रभु के पास टिकने के लिए अंगद ने जितने भी तर्क दिये सब व्यर्थ सिद्ध हुए। राम ने उन्हें भी प्रेमपूर्वक पुष्पहार, भूषण-वसन देकर भेज दिया। देखने में यह विचित्र लगता है कि अंगद कह रहे हैं कि मुझे घर मत भेजिए, पर राम ने उन्हें भेज दिया। पर गहराई से देखें तो यह बहुत सहज बात है। सामान्य व्यक्ति की दृष्टि अपूर्ण और अधूरी होती है, इसीलिए वह जीवन को पूर्णता में नहीं देख पाता है। सर्व समर्थ परमात्मा सृष्टि व्यापार को उसकी पूर्णता में देखता है। इसीलिए प्राय: हमारी दृष्टि में जो उचित और उपयुक्त होता है, वह परमात्मा की दृष्टि में नहीं होता। अंगद राम के पास रहने को उचित समझ रहा था, पर राम ने इसे उचित नहीं माना। राम समझ रहे थे कि अंगद राजपुत्र एवं युवराज हैं। वे सदा सेवक बनकर नहीं जी सकेंगे। आज वे भावना में बह रहे हैं, लेकिन वे सदा ऐसा नहीं कर पायेंगे। अत: राम ने उन्हें विदा कर दिया।

इसके विपरीत हनुमान सदा के लिए राम के बनकर रह गये, क्योंकि हनुमान ने कभी राम से नहीं कहा कि प्रभु, मैं आपके पास रहना चाहता हूँ। हनुमान सुग्रीव से उनका साथ छोड़ने की आज्ञा माँगते हैं, राम से साथ रहने की प्रार्थना नहीं करते हैं।

तब सुग्रीव चरन गहि माना।
भाँति बिनय कीन्हे हनुमाना॥
दिन दस करि रघुपति पद सेवा।
पुनि तव चरन देखिहउँ देवा॥

—तब हनुमानजी ने सुग्रीव के चरण पकड़कर अनेक प्रकार से विनती की और कहा—हे देव! दस (कुछ) दिन श्रीरघुनाथ की चरण-सेवा करके फिर मैं आकर आपके चरणों के दर्शन करूँगा।

आह! प्रभु के पास टिकने का जो सूत्र हनुमानजी ने अपनाया वह अंगद नहीं अपना सके। वे भी सुग्रीव से कह सकते थे कि मैं कुछ दिन प्रभु के पास रहूँगा, पर वे नहीं कह पाये। प्रभु सेवा का सौभाग्य नियति ने श्री हनुमानजी के लिए ही सुरक्षित रखा था। हनुमान के आग्रह को सुनकर सुग्रीव गद्गद हो गये।

पुण्य पुंज तुम्ह पवनकुमारा।
सेवहु जाइ कृपा आगारा॥

—सुग्रीव ने कहा—हे पवनकुमार! तुम पुण्य की राशि हो। जाकर कृपाधाम श्रीराम की सेवा करो।

कितना सराहनीय है श्री हनुमानजी का भाग्य। उन्होंने दस दिन राम के पास रहने की आज्ञा माँगी थी, पर उन्हें सदा के लिए प्रभु के पास रहने की आज्ञा मिल गयी। हनुमानजी के चरित्र से पता चलता है कि जब जीवन का पुण्य फलित होता है तब प्रभु के चरणों में शरण मिलती है, प्रभु की सेवा का अवसर मिलता है।

इस प्रसंग से यह भी पता चलता है कि सच्चे भक्त को प्रभु के पास चुपचाप रह जाना चाहिए। कुछ कह-बोलकर एकनिष्ठ भक्ति को संशयी नहीं बनाना चाहिए। श्रीहनुमानजी की भक्ति असंशयी निष्ठा का जीवन्त प्रमाण है। रामचरितमानस के सुन्दरकाण्ड में गोस्वामी तुलसीदास ने इस याचनाहीन भक्ति की परम प्रतिष्ठा की है।

श्रीहनुमान की रामभक्ति से अधिक मुझे तुलसी की हनुमान भक्ति प्यारी लगती है। मेरा मन बार-बार हनुमान-भक्त तुलसी पर रीझ उठता है। इस सन्दर्भ में मुझे एक बात बहुत अच्छी लगता है। किष्किन्धा काण्ड के अन्त में जब श्रीहनुमानजी 'राम काज' के लिए 'पर्वताकार' होकर तैयार हो जाते हैं तो तुलसीदासजी उनकी यात्रा की कथा सुन्दरकाण्ड में आरम्भ करते हैं। इस कथा में एक अद्‌भुत बात है। सुन्दरकाण्ड का आरम्भ दोहे से नहीं होता। तुलसी इस काण्ड का आरम्भ चौपाई—जामवंत के बचन सुहाए, सुनि हनुमंत हृदय अति भाए—से करते हैं। ऐसा और किसी काण्ड में नहीं हुआ है।

इस विचित्रता का एक ही कारण मेरी समझ में आता है। हनुमानजी राम काज करने की जल्दी में थे और तुलसीदासजी इसमें बाधा नहीं बनना चाहते थे। अतः उन्होंने सीधे चौपाई से काण्ड का आरम्भ कर दिया। हर काण्ड में श्लोक के बाद दोहा कथा में एक ठहराव लाता है और चौपाई उस ठहराव को तोड़कर कथा में गति प्रदान करती है। सुन्दरकाण्ड में तुलसी ने किष्किन्धाकाण्ड के अन्त के दोहों को ही ठहराव के लिए पर्याप्त माना और सुन्दरकाण्ड में शीघ्रता से श्रीहनुमान को हर्षपूर्वक 'राम काज' के लिए 'हियँ धरि रघुनाथा' उड़ा दिया।

आइए, हम भी 'रोम-रोम में राम' के दूसरे संस्करण के अवसर पर श्री हनुमानजी तरह 'राम काज' करने का संकल्प लें। राम-भक्तों के लिए सौभाग्य की बात है कि मॉरीशस के हर हिन्दू घर में हनुमानजी प्रतिष्ठित हैं। उनकी ध्वजा हर घर में लहराती है। घर-घर में हनुमानजी की प्रतिष्ठा हर क्षण हमें 'रामकाज' करने के लिए प्रेरित करती रहती है। इसलिए मॉरीशस की संसद् ने सर्वसम्मति से सन्

२००१ में एक अधिनियम के द्वारा रामायण सेण्टर की स्थापना की। इस 'रामायण सेण्टर' के माध्यम से हम विश्व भर में 'रामकाज' करने के लिए आपको आमन्त्रित करते हैं। आइए, हम सब श्रीराम की सेवा के लिए हनुमान बनें। शील, सेवा और समर्पण हमारे जीवन का आदर्श बने।

और अन्त में एक श्रद्धापूर्ण विनम्र समर्पण। अगस्त १९७३ में जब मैं अन्तरराष्ट्रीय आर्यसमाज सम्मेलन में भाग लेने के लिए मॉरीशस गया था तो एक चमत्कारक सौभाग्य मेरे जीवन में घटित हुआ। मॉरीशस के तत्कालीन प्रधानमन्त्री डॉ. सर शिवसागर रामगुलाम ने मुझे अपने साप्ताहिक पत्र 'जनता' का प्रबन्ध सम्पादक बनने के लिए प्रस्ताव रखा। पर यह प्रस्ताव इस शर्त पर था कि यदि पत्र सफलतापूर्वक नहीं चला तो अनुबन्ध समाप्त कर दिया जायेगा। मैंने इस चुनौती को स्वीकार कर लिया।

ऐसे चुनौतीपूर्ण समय में मॉरीशस में हिन्दी के अनन्य समर्पित सेवक और हिन्दी प्रचारिणी सभा के मन्त्री श्री सूरजप्रसाद मंगर भगत ने मुझे अपने पुत्र की तरह सहारा दिया। मेरा सारा भार उन्होंने अपने ऊपर उठाया। उनकी स्नेहमयी पत्नी सन्मतिया भगत ने मुझे सदैव अपना वात्सल्य प्रदान किया। अब दोनों स्वर्गीय हैं। मुझे खेद है कि उनके जीवित रहते मैं यह समर्पण नहीं कर पाया।

मैं जयराम रामशरण का भी आभारी हूँ जिन्होंने मुझे अपने घर में भाई की तरह स्थान दिया। उनकी पत्नी मालती तो मेरी सगी बहन बन गयीं। दोनों श्रीराम के परम भक्त हैं। श्री हनुमानजी उन्हें परम प्रिय हैं। अतः यह हनुमान कथा उन्हें भी समर्पित है।

—राजेन्द्र अरुण

अध्यक्ष,

रामायण सेण्टर

संस्कृति सदन

१५, लाबुर्दोने स्ट्रीट

क्यूर्पिप, मॉरीशस

E-mail : rava@intnet.mu

राम से मिलन

प्रभु पहिचानि परेउ गहि चरना

रामचरितमानस में हनुमान से राम की पहली भेंट बड़ी अनोखी और अर्थवान् है। इससे पहले दोनों ने एक-दूसरे को जाना-पहचाना नहीं था। भक्त और भगवान् के कोमल-कान्त रिश्ते कहीं विस्मृति की अनन्त गहराइयों में दबे-छिपे थे। एक-दूसरे को आमने-सामने पाकर दोनों निहाल हो उठे। भक्त ने प्रभु को जाना और नत हो उठा। भगवान् ने भक्त को पहचाना और सारा आवरण विगत हो उठा। हनुमान को अपना पथ मिल गया और राम को पथबन्धु।

हनुमान बड़े संकट में जी रहे थे। सुग्रीव के साथ रहते-रहते उनकी चेतना चुक गयी थी। विद्या, बुद्धि, पराक्रम और प्रताप के धनी होते हुए भी वे केवल चाकरी कर रहे थे। प्रतिभा का इतना निपट पराभव बहुत कम देखने को मिलता है। हनुमान को राह नहीं मिल रही थी। प्रभु उनका मार्ग बन गये। मार्ग का मिलना जीवन की बहुत बड़ी धन्यता है। चलना सभी जानते हैं, चाहते भी हैं, लेकिन कितने लोग साहस कर पाते हैं चलने का! कारण एक ही है। हर एक में लक्ष्य के प्रति तीव्र ललक होती है। पहुँचना हर कोई चाहता है। लक्ष्य के बिना कोई जी नहीं सकता। जीवन कहीं पहुँचने का नाम है, कुछ पाने का पर्याय है। पर लक्ष्य-सिद्ध वही करता है, जिसे पन्थ का पता होता है। राह की जानकारी हो तो लम्बी-से-लम्बी मंजिल कदमों तले होती है। किन्तु यदि राह का ज्ञान न हो तो मंजिल तक पहुँचने की कामना आदमी को थकाती है, भरमाती है।

भगवान् बुद्ध ने राजभवन में ही अपने लक्ष्य की खोज कर ली थी। संसार को दुःख से मुक्त कराने का संकल्प उन्होंने ले लिया था। पर उन्हें राह नहीं मिल रही थी। पत्नी और पुत्र को वे छोड़ चले, लेकिन कुछ मिला नहीं। सारनाथ की घोर

तपस्या भी उन्हें कुछ नहीं दे पायी। अन्त में गया में जाकर बोधिवृक्ष के नीचे अचानक उन्हें पथ मिल गया; और फिर निर्वाण उनकी मुट्ठी में था। राह के मिलते ही लक्ष्य की साधना के लिए वे कोटि-कोटि लोगों को अपने पीछे लेकर चल पड़े। बुद्ध ने जितना कष्ट उठाया था उतना उनके अनुयायियों को नहीं उठाना पड़ा। पथ अब परिचित था। इसलिए यात्रा सुगम हो गयी थी।

हनुमान में लक्ष्य-प्राप्ति की तड़प थी, लेकिन पथ का ज्ञान नहीं था। राम उनके पथ बन गये। उन्हें पाकर ही सेवा का, भक्ति का लक्ष्य हनुमान पूर्ण कर सके। उनकी विराटता पर लघुता का जो आवरण छाया हुआ था, वह हट गया। हनुमान निश्चय ही रोज लोगों से मिलते रहे होंगे, बहुतों से वार्त्ता-संवाद भी होता रहा होगा, पर कोई हनुमान के अन्तर्मन को नहीं छू सका था। हम भी अपने जीवन में हजारों लोगों से मिलते हैं, पर प्राय: केवल होंठों से ही हँसते हैं, अधिक हुआ तो आँखों से सत्कार लेते हैं, लेकिन मिलनेवाले को अपने दिल से दूर रखते हैं। इसीलिए सबके चेहरे भूल जाते हैं। कोई याद की फ्रेम में बँध नहीं पाता। पर जो हमारे अन्तर्मन को छू देते हैं, हृदय में पैठ जाते हैं, वे सनातन काल तक हमारी स्मृति की मंजूषा में शालिग्राम बनकर पूजित होते रहते हैं।

धरातल लौकिक हो या अलौकिक, मिलन का कोई अर्थ नहीं होता, जब तक एक-दूसरे को अन्दर तक न छुआ जाय। प्रथम मिलन में ही राम ने हनुमान को भीतर तक छू दिया था। सुग्रीव के कहने पर विप्र का रूप धारण करके महावीर परिचय पूछने के लिए राम के पास गये थे। राम ने अपना परिचय देने के बाद हनुमान से भी उनका परिचय जानने की इच्छा प्रकट की। अब हनुमान की दशा देखने लायक थी।

प्रभु पहिचानि परेउ गहि चरना।
सो सुख उमा जाइ नहिं बरना॥

—प्रभु को पहचानकर हनुमानजी उनके चरण पकड़कर पृथ्वी पर गिर पड़े। शिवजी कहते हैं कि हे पार्वती! उस सुख का वर्णन नहीं किया जा सकता।

पहचान जब वास्तविक और आन्तरिक होती है तो कोई भी अपने को सँभाल नहीं पाता है। जब हम औपचारिकता में मिलते हैं तो रोबोट होते हैं, मशीनी व्यवहार करते हैं, नाप-तौलकर कदम बढ़ाते हैं, अपने पद-सम्मान का खयाल रखते हैं। उस समूचे व्यवहार-गणित में हम केवल अंक होते हैं। अवसर और स्थितियाँ हमारा उपयोग करते हैं। इस ताम-झाम में हम भीतर से खड़े रहते हैं, जरा भी हिलते नहीं। इसीलिए हम तमाम तोप-सलामी के बावजूद किसी के करीब नहीं

पहुँचते, केवल अपनी जगह पर कदमताल करते रहते हैं।

हनुमान ने ऐसा नहीं किया। उनके मिलन में प्रारम्भ में औपचारिकता की जो दीवार थी, और जिसे स्वयं हनुमान ने ही खड़ा किया था, राम के एक इशारे से ढह गयी। दीवार जब ढह जाती है तब अलगाव का बोध समाप्त हो जाता है। लेकिन आदमी दीवार खड़ा करने में माहिर है। प्रभु ने उसे विस्तृत भूखण्ड दिया था। आदमी ने उसे मकानों और कमरों में बाँट दिया। प्रभु ने अनन्त सागर दिया था। सोचा था, पानी पर लकीर नहीं खींची जा सकेगी, उसे बाँट पाना असम्भव होगा। लेकिन आदमी ने यह कमाल भी कर दिखाया। उसने हर देश से जुड़ी समुद्र की सीमाएँ निर्धारित कर दीं। पानी पर लकीर आज इतनी मजबूत हो गयी है कि एक देश का समुद्री बेड़ा दूसरे देश की समुद्री सीमा को छू भी नहीं सकता है।

अब केवल हवा और धूप को ही बाँटना बाकी है। आदमी की कोशिशें जारी हैं। वह दिन दूर नहीं जब हवा और धूप को भी एक शहर से दूसरे शहर में, एक देश से दूसरे देश में जाने को मना कर दिया जायेगा। बाँटने के पागलपन में आदमी इस सीधे और सरल सत्य को अनदेखा करता जा रहा है कि जीवन दीवारों में नहीं जगता, वहाँ तो वह घुटता है। घर बनाने के लिए दीवारें ही काफी नहीं हैं। दीवारों में जब दरवाजा लगता है तब घर का जन्म होता है। द्वार के बिना घर अन्धकूप है; जहाँ टकराकर मरा जा सकता है, गले लगकर जिया नहीं जा सकता। बन्धुभाव से जीने के लिए दीवारों में द्वार चाहिए। यह द्वार तभी बनेगा जब कहीं-न-कहीं से दीवारें कायदे और करीने से तोड़ी जायेंगी।

राम ने हनुमान के भीतर की यह दीवार तोड़ दी थी। उनके भीतर से अब अलगाव तिरोहित हो गया था। बचा था केवल परिचय—बाहर भी, भीतर भी। इसीलिए वे राम के चरणों में गिर पड़े। औपचारिकता का सारा आडम्बर उनके व्यक्तित्व से साँप की केंचुल की तरह छूट गया था। हनुमान के भीतर अलौकिक आनन्द का अमृत-घट फूट रहा था। भगवान् शिव भी इसमें भीग रहे थे। उन्होंने पार्वती से कहा कि उस सुख का वर्णन कर पाना कठिन है।

भगवान् शिव महादेव हैं। तमाम विभूतियाँ उनकी अनुगामिनी हैं। उनके लिए किसी भी चीज का वर्णन करना सहज है। 'हरि कथा अनन्ता' का गान वे पार्वती से कर ही रहे हैं। फिर भी उनके लिए हनुमान की यह अनुभूति अकथनीय बन जाती है। बहुतों का कहना है कि हनुमान शिव-रूप हैं। उनके माध्यम से स्वयं भगवान् शिव अपने आराध्य राम रूपी विष्णु के चरणों को छूने का पारलौकिक आनन्द प्राप्त कर रहे हैं। अत: वर्णन कर पाना उनके लिए कठिन हो रहा है।

सुस्वादु भोजन करते समय व्यंजनों की स्वादिष्टता पर भाषण झाड़नेवाला भाषण-भट्ट भले ही कहा जाये, भोजन-रसिक नहीं कहा जा सकता। जो रस लेकर भोजन करते हैं वे खाकर उसका बखान करते हैं; लेकिन जो मेजबान की चापलूसी करते हैं, वे खाना परोसते ही उसके स्वाद के गुण गाने लगते हैं। लिफाफा देखकर खत के मजबून को भाँप लेना चतुरता का लक्षण हो सकता है, खत के भाव की समझ का नहीं।

महादेव आनन्द सागर में डूब रहे थे। जब आप डुबकी लगाये हों तो पानी की गहनता, शीतलता और स्वच्छता के बारे में कोई जानकारी नहीं दे सकते। डुबकी के समय बोलना बड़बड़ाहट के साथ-ही-साथ डुबकी का रसभंग भी है। पानी की विशेषता का बखान बाहर आने पर ही शोभा देता है। वह अधिकृत भी होता है और सहमत करनेवाला भी। उसकी प्रामाणिकता असन्दिग्ध होती है। जब भगवान् शिव कहते हैं कि उस सुख का वर्णन नहीं हो सकता तो वह न केवल अपने को ही बल्कि हनुमान को भी प्रामाणिक बनाते हैं।

प्रभु के चरणों में स्वयं को समर्पित करके जब हनुमान औपचारिकता के सारे अलगाव को समाप्त कर देते हैं तो उनके अन्दर अद्‌भुत परिवर्तन होता है।

पुलकित तन मुख आव न बचना।
देखत रुचिर बेष कै रचना॥

—हनुमान का शरीर पुलकित है। मुख से वचन नहीं निकलता। वे प्रभु के सुन्दर वेश की रचना को देख रहे हैं।

सच्चे मिलन का यही सहज परिणाम होता है। प्रभु के चरणों को छूकर हनुमान अपनी सत्ता को उनमें समर्पित कर चुके थे। ऐसा हुए बगैर चरणों में गिरना असम्भव है। भक्ति या भय दो ही कारणों से आदमी किसी के चरणों पर गिरता है। भय से चरण-वन्दन तात्कालिक होता है। उसमें व्यक्ति की सत्ता समर्पण के लिए नहीं, स्वार्थ-सिद्धि के लिए अकुलाती रहती है। भक्ति में आदमी स्वयं को समाप्त करता है और भय में वह दूसरे को समाप्त करना चाहता है। दोनों का अवसान 'समाप्ति' में होता है, केवल लक्ष्य-बिन्दु बदल जाते हैं।

हनुमान भक्ति से भरे थे। उनका नमन, पद-वन्दन स्वयं की समाप्ति के लिए था। इसीलिए वे बाह्यान्तर भीग उठे थे। यह बहुत स्वाभाविक है। सन्त-महात्मा प्रभु के नाम-स्मरण से ही पुलकित हो उठते हैं। रामकृष्ण परमहंस काली, कृष्ण और राम का नाम सुनते ही भाव-समाधि में डूब जाते थे। चैतन्य संकीर्तन में अपने अस्तित्व को भुला बैठते थे। यह सब केवल नाम के प्रभाव से होता था।

हनुमान की किस्मत तो और ही बुलन्द थी। वे प्रभु को 'नाम-रूप' दोनों में एक साथ पा रहे थे। फिर वे क्यों नहीं बदलते?

उनका शरीर पुलकित हो उठा था और मुख से वचन नहीं निकल रहे थे। वे केवल राम के रूप को ही निहार रहे थे। भक्ति-प्रवणता का बड़ा प्रभावी अंकन यहाँ तुलसी ने किया है। भक्ति में रूप-दर्शन पहली शर्त है। इसीलिए जब गोपियों के पास उद्धव ज्ञान का निर्गुण उपदेश देने पहुँचे थे तो उन्होंने उनका बड़ा मजाक उड़ाया था। उद्धव कह रहे थे कि कृष्ण को ध्यान में पाने की कोशिश करो। जो ध्यान में मिलता है वह कभी अलग नहीं होता। ज्ञान सारे रूपाकारों की माया को ध्वस्त करके ब्रह्म का ज्योतिर्स्वरूप अन्तःकरण में उद्भाषित करता है। पर यह सब गोपियों की समझ में नहीं आ रहा था। इस ज्ञानकोष को वे पाठशाला छाप उक्तियाँ समझ रही थीं। इन्हें सुनकर उन्हें ऊब हो रही थी। वे कह रही थीं, जब उन्होंने कृष्ण को छूकर देखा है, सजाया-सँवारा है, हँसाया-रुलाया है तो वे ध्यान का झंझट क्यों पालें? कृष्ण के जिस साँवरे-सलोने रूपाकार पर वे फिदा हैं उसे 'ज्ञान ज्योति' से जलाने की निष्ठुरता क्यों करें? गोपियों ने साफ मना कर दिया। कोई भी भक्त ऐसा ही करेगा, क्योंकि रूप भक्ति की आधारभूमि है।

भक्त जब भगवान् को पा लेता है तो कोई कामना-याचना नहीं करता है। उसकी एक ही साध होती है कि वह प्रभु को चुपचाप, अपलक निहारता रहे; उनकी परम पावन छवि को अपने भीतर उतारता रहे। कोई बाधा, कोई अड़चन बीच में न आये।

भक्त की एक और गति भी न्यारी है। वह भगवान् को सदा रुचिर ही देखता है। राम वनवासी थे। उनके शरीर पर कोई ऐसा परिधान नहीं था जिसे आम अर्थों में रुचिकर कहा जा सके। राम तो तपस्वी का जीवन जी रहे थे। उनके पहनावे में सादगी थी। लेकिन हनुमान उस सादगी को परम रुचिरता के रूप में देख रहे थे। प्रभु चाहे किसी भी वेश में हों, भक्त को प्यारे लगते हैं। सारे संसार की तमाम विभूतियों से न्यारे लगते हैं। इस सम्बन्ध में भक्त माँ जैसा होता है। जैसे माँ को अपना बच्चा किसी भी वेश, किसी भी रूप में प्यारा लगता है उसी तरह भक्त को भी भगवान् हर वेश, हर रूप में प्रिय लगते हैं।

पवनपुत्र अपने प्रभु के इस प्रिय रूप को देखते हुए अघा नहीं रहे थे। जब भगवान् की छवि उनके हृदय में पूरी तौर पर पैठ गयी, जब दर्शन के आनन्द का अमृत-घट अन्तर्मन में फूटकर पोर-पोर तक बह चला, जब रोम-रोम ने प्रभु को पाने की मुनादी कर दी तब हनुमान के मुख से शब्द फूटे।

पुनि धीरजु धरि अस्तुति कीन्ही।
हरष हृदयँ निज नाथहि चीन्ही॥

—फिर धीरज धरकर वे प्रभु की स्तुति करने लगे। अपने नाथ को पहचान लेने से उनके हृदय में बड़ा हर्ष हो रहा था।

प्रभु के ऐश्वर्य को अपने भीतर समेट लेने के बाद हनुमान ने उनका गुणगान करना आरम्भ कर दिया। यही सच्चे भक्त का लक्षण है। कुछ पाने के लिए नहीं; अपनी चेतना को शुद्ध करने के लिए वह प्रभु को प्यार करता है। महाभारत में एक मार्मिक प्रसंग है। वनवास के समय युधिष्ठिर प्रभु के नाम का स्मरण कर रहे थे। भीम ने विरोध करते हुए कहा, जो प्रभु आपको इतना दुःख दे रहा है उसको आप क्यों याद करते हैं? युधिष्ठिर ने शान्त भाव से कहा, मैं प्रभु के साथ व्यापार नहीं करता। मेरी भक्ति में लेन-देन का भाव नहीं। मैं प्रभु की स्तुति स्वभावतः कर रहा हूँ। मुझे उनसे कुछ माँगने या पाने की कामना नहीं है।

सांसारिक आदमी प्रायः भक्ति का अर्थ व्यापार समझता है। हनुमानजी को पाँच रुपये का लड्डू चढ़ाकर दस लाख की लॉटरी पाने की उसकी कामना होती है। भगवान् की कथा सुनकर बिना दहेज के बेटी के विवाह की युक्ति वह खोजता है। जैसे व्यापारी ग्राहक को ठगने में रुचि लेता है उसी तरह सांसारिक भक्त भगवान् को। दोनों लाभ की कामना से ही बँधे रहते हैं। लेकिन सर्वनियन्ता भगवान् कभी-कभार ही फँसता है। अगर वह सदा फँस जाता तो आज संसार में दुःख-दैन्य नहीं होता, हर कोई कुबेर के सिंहासन पर बैठा मिलता।

सच्चा भक्त सदा निर्हेतुक भक्ति करता है। उसे विश्वास होता है कि प्रभु को पाने पर कुछ भी पाना शेष नहीं रह जाता। घर का मालिक आपका मित्र हो तो बेरोक-टोक आप किसी भी कमरे में घूम-फिर सकते हैं, कहीं भी आराम फरमा सकते हैं। अजनबी को घर में घुसने नहीं दिया जाता है। भक्त जानता है कि बिन माँगे मोती मिलते हैं और माँगने से भीख का मिलना भी कठिन होता है।

राम की स्तुति में हनुमान को मोती की उपलब्धि हो रही थी। अपने स्वामी को पहचान लेने के कारण वे अत्यन्त हर्षित हो रहे थे। वे प्रभु को सफाई देते हैं।

तव माया बस फिरउँ भुलाना।
ता ते मैं नहिं प्रभु पहिचाना॥

—मैं तो आपकी माया के वश भूला फिरता हूँ, इसीलिए मैंने आपको नहीं पहचाना।

यह उक्ति बड़ी प्यारी है। इसमें व्यावहारिक नीति-धर्म का निचोड़ भरा पड़ा है। हनुमान यदि अपने को बचाना चाहते तो कह सकते थे कि आपकी माया

ने मुझे भरमा रखा था, इसीलिए मैं आपको भूल गया था। लेकिन उन्होंने ऐसा नहीं कहा। उन्हें अपने को बचाना नहीं था, बनाना था। जो अपने चरित्र को गढ़ते हैं, वे स्वयं को बचाने में कोई रुचि नहीं रखते। त्रुटियों के ताप से वे अपने चरित्र को तपाकर निखारते हैं। चरित्रवान् आदमी हमेशा गलतियों को अपने ऊपर लेता है और दुष्ट व्यक्ति गलतियों का भार दूसरों पर डालता है।

हनुमान माया को दोषी नहीं ठहराते हैं। स्वयं अपने को दोष का पात्र समझते हैं। कहते हैं कि मैं ही माया के वश में हो गया था, इसीलिए आपको पहचान नहीं सका। माया की छाया को लाँघे बगैर प्रभु को पाया नहीं जा सकता। जो माया और राम दोनों को पाना चाहते हैं वे व्यवसाय-बुद्धि के होते हैं, धर्म से उनका कोई नाता नहीं होता है। मैल लगे शीशे में मुख की छवि को देखने की साध को मूर्खता या अबोधता ही कहा जायेगा। यह संसार ऐसे ही लोगों से भर पड़ा है। हनुमान इसी वृत्ति से अपने को उबारना चाहते हैं।

सम्भाषण में हनुमान की कुशलता लाजवाब है। वे अपना दोष स्वीकार कर लेने के बाद राम से बड़ी विनम्रता से पूछते हैं—

एकु मैं मंद मोहबस कुटिल हृदय अग्यान।
पुनि प्रभु मोहि बिसारेउ दीनबन्धु भगवान॥

—एक तो मैं यों ही मन्द हूँ, दूसरे मोह के वश में हूँ, तीसरे हृदय का कुटिल और अज्ञान हूँ, फिर हे दीनबन्धु भगवान्! आपने भी मुझे भुला दिया!

विनय और भक्ति भरे उलाहने का अद्‌भुत मिश्रण है यह दोहा। हनुमान अपनी सारी बुराइयों को एक निश्छल भक्त की तरह स्वीकार करते हैं, लेकिन प्रभु को भी याद दिलाते हैं कि आपने भी तो मुझे भुला दिया है।

संसारी आदमी की दृष्टि बिलकुल दूसरी होती है। वह अपने को सदा सावधान समझता है। कुछ अच्छा बन पड़े तो उसका गौरव वह स्वयं को देता है और कहीं कुछ बुरा हो जाये तो परमात्मा को लाठी मारने दौड़ता है। लड्डू खाते समय वह अपने सिवा और किसी को नहीं जानता, और किसी को नहीं पहचानता, लेकिन पैर में काँटे चुभ जायें तो 'हाय राम' चिल्लाता है। सोचता है कि क्षीर-सागर या वैकुण्ठ से प्रभु को उसके काँटे निकालने के लिए सारे काम-काज छोड़कर दौड़ पड़ना चाहिए। उसको बचाना ही प्रभु की सबसे बड़ी प्राथमिकता होनी चाहिए। अनुकूलता में स्वयं को थपथपाना और प्रतिकूलता में प्रभु को दौड़ाना, यह आदमी का सनातन व्यवसाय रहा है। इसीलिए प्रभु बहरे हो गये हैं। वे बहुत ऊँचा सुनने लगे हैं।

आदमी की व्यवसाय-बुद्धि से प्रभु परेशान जरूर हैं, लेकिन उन्होंने अपना धर्म नहीं छोड़ा है। भगवान् अपना धर्म कभी छोड़ भी नहीं सकते। वे अब भी बचाते हैं, दौड़कर आते हैं। लेकिन उसके लिए अन्त:करण की पुकार चाहिए, ऊँची गुहार नहीं। अंग्रेजी में एक कहावत है—'ईश्वर उसकी रक्षा करता है जो अपनी रक्षा स्वयं करता है।' किन्तु हिन्दू चिन्तन में इसका ठीक उलटा है—'भगवान् उसकी सहायता करता है जो उसकी शरण में आता है।'

भगवान् ने आदमी को बल, बुद्धि, विद्या और पराक्रम दे रखा है। उसे अपने विवेक से उसका उपयोग करना चाहिए। आदमी जब तक इन साधनों का उपयोग करता है, प्रभु उसकी मदद के लिए नहीं दौड़ते। यदि उन्हें हर बात के लिए दौड़ना ही होता तो वे मनुष्य को यह सब नियामतें देते ही क्यों? हर मनुष्य की पुकार पर दौड़ना प्रभु के लिए सम्भव भी नहीं है। चोर भगवान् से प्रार्थना करता है—हे महाराज! ऐसा कुछ कीजिए कि धनी आदमी के घर में सभी लोग सो जायें, जिससे मैं अच्छी तरह चोरी कर सकूँ। कल जरूर सपरिवार आपकी कथा सुनूँगा। धनी आदमी प्रार्थना करता है—हे प्रभु! मेरे धन की रक्षा करो, कोई चोर न चुरा ले जाये; मैं हर मंगलवार को तुम्हारा व्रत रखूँगा। अब बताइए, भगवान् किसकी सुनें? चोर की या धनवान् की?

मुझे एक कथा याद आती है। एक किसान के दो बेटियाँ थीं। एक का विवाह कुम्हार के साथ और दूसरी का माली के साथ हुआ था। दोनों की ससुराल आस-पास थीं। एक दिन किसान अपनी दोनों बेटियों से मिलने गया। पहले वह कुम्हार बेटी के पास गया। उसका कुशल-क्षेम प्राप्त करने के बाद जब चलने लगा तो उसकी बेटी ने कहा—पिताजी, हमारे लिए आप भगवान् से प्रार्थना करें कि खूब धूप हो जिससे बरतन अच्छी तरह से सूख और पक सकें। हमारा व्यवसाय चमक सके। पिता ने कहा—अवश्य करूँगा, बेटी!

अब किसान अपनी दूसरी बिटिया के पास पहुँचा। वहाँ भी बेटी ने उसकी खूब सेवा की। छोटी थी, इसलिए पिता की लाड़ली भी थी। जब बाप जाने को हुआ तो उसने निवेदन किया—पिताजी, भगवान् से प्रार्थना करिए कि खूब बरसात हो जिससे ढेर सारे फूल खिल सकें और हम उन्हें बेचकर अच्छी कमाई कर सकें।

भगवान् से पहले किसान चकरा गया। वह किसके लिए प्रार्थना करे? धूप के लिए या पानी के लिए? एक बेटी के लिए की गयी प्रार्थना दूसरी के लिए अभिशाप बन जायेगी। और भगवान् यदि सुनेगा भी तो क्या निर्णय लेगा? धूप देगा, या पानी? इसलिए भगवान् ने अपनी शक्ति का कुछ अंश मनुष्य को दिया है, प्रयत्न

करने के लिए। जब तक वह प्रयत्न करता रहता है, भगवान् निश्चिन्त रहते हैं। प्रयत्न विफल होने पर जब वह पुकारता है तो प्रभु दौड़ते हैं। गज ने जब थककर पुकारा तो प्रभु आये। द्रौपदी के करुण क्रन्दन को जब धृतराष्ट्र की सभा में किसी ने नहीं सुना तब प्रभु आये।

प्रभु एक समय और आते हैं, जब आदमी एकदम उनके ऊपर निर्भर रहता है। सुख और दुःख दोनों को वह प्रभु का वरदान समझता है। एक साधु को कुछ लोगों ने मारा। वे बेहोश हो गये। कुछ भले लोगों ने उन्हें राह से उठाया। घर ले गये। सेवा की। जब साधु को होश आया तो लोग पूछने लगे—आपको किसने मारा? साधु ने शान्त भाव से कहा—जिसने बचाया उसी ने मारा था। भक्त का भाव ऐसा ही होता है; वह सुख और दुःख दोनों को प्रभु की ही देन मानता है। प्रभु ऐसों को भी बचाते हैं।

कृष्ण के जीवन की एक रोचक घटना है। एक बार वे भोजन कर रहे थे। देवी रुक्मिणी उनके पास बैठी पंखा झल रही थीं। कृष्ण रुचि लेकर खा रहे थे। अचानक एक कौर मुख तक ले जाते वे रुक गये। उसे थाली में रखा और हठात् उठ गये। कुछ दूर दौड़े और फिर वापस आकर भोजन के आसन पर बैठ गये।

देवी रुक्मिणी यह सब देखकर चकित-विस्मित थीं। उन्होंने बड़ी कोमलता से प्रभु से पूछा—आपने यह क्या किया? हठात् उठे, दौड़े और फिर लौट आये।

भगवान् कृष्ण ने मुसकराकर कहा—देवि रुक्मिणी, बात ही कुछ ऐसी थी। मेरा एक भक्त मस्ती से भजन गाता हुआ अपनी राह चला जा रहा था। गाँव के लड़के उसे पागल समझकर परेशान कर रहे थे। लेकिन वह तो मस्त-मगन हो मुझमें रमा हुआ था। चलता ही जा रहा था। शरारती बच्चों ने अब उसपर पत्थर फेंकने शुरू कर दिये थे। एक पत्थर भक्त के सिर में लगा और खून बहने लगा। उस खून को देखकर ही मैं दौड़ा था, अपने भक्त को बचाने के लिए। क्योंकि वह पूरी तौर पर मुझपर ही निर्भर था, मेरा शरणागत था। उसे बचाना मेरा धर्म था। उसने मुझे पुकारा नहीं था। यह मेरा कर्तव्य है। जो मुझपर निर्भर है, उसकी गुहार की प्रतीक्षा मैं नहीं करता। इसीलिए मैं दौड़ा था। भक्त के सामने भोजन तुच्छ बन गया था।

फिर आप वापस लौटे क्यों? देवी रुक्मिणी का आश्चर्य और बढ़ गया।

भगवान् ने कहा—जब मैं दौड़ा था तब मेरा भक्त चोट लगने के बावजूद मस्त-मगन अपनी राह चलता जा रहा था। पर कुछ दूर दौड़ने के बाद ही मैंने देखा कि अब अपने बचाव के लिए उसने खुद अपने हाथ में पत्थर उठा लिये हैं। अतः

मैं लौट आया। जब कोई स्वयं को बचाने के लिए प्रयत्नशील होता है तो मैं रास्ते में नहीं आता। अपने पराक्रम को प्रदर्शित करने का हर एक को पूरा अवसर मिलना चाहिए। अपने को विजेता घोषित करने का हर एक को गौरव मिलना चाहिए। इसीलिए मैं उसकी रक्षा नहीं करता जो अपनी रक्षा स्वयं करने के लिए इच्छुक और उत्सुक है।

भक्त अपनी रक्षा के लिए इच्छुक या उत्सुक नहीं होता है। वह प्रभु के सामने अपने को असहाय और निरुपाय मानता है। उसका इस संसार में प्रभु के सिवाय और कोई नहीं होता है। इसीलिए वह प्रभु से खुलकर शिकायत कर पाता है। हनुमान ऐसे ही भक्त थे। इसीलिए उन्होंने बड़ी स्पष्टता और विनम्रता के साथ राम को उलाहना दिया।

इस उलाहने में भक्ति की रसधारा बह रही है। वे अपने को मन्द, मोह-वशीभूत, कुटिल हृदय और अज्ञानी कहते हैं। वास्तव में हनुमान के पास इनमें से कोई भी 'गुण' नहीं था। वे तो चतुरता, निस्स्वार्थता, स्वच्छ हृदयता और ज्ञान के मूर्तिमन्त प्रतीक थे। फिर भी वे अपने को 'छोटा' करके देख रहे थे। जो अपने को गुणवान् मानता है वह गुणी नहीं होता, जो जानता है वह गुणी होता है। 'मानना' अहंकार की उपज है और 'जानना' विनम्रता का अंकुरण। जो सचमुच जानता है वह जानने का डंका नहीं पीटता। अपने से बड़ों के सामने वह दूब बनकर लेट जाता है, बाँस की तरह तनता नहीं है। हनुमान इसी भाव से नत हो रहे थे।

जरा 'मन्द बुद्धि' हनुमान की इस चातुरी पर गौर कीजिए।

जदपि नाथ बहु अवगुन मोरें।
सेवक प्रभुहि परै जनि भोरें॥

—हे नाथ! यद्यपि मुझमें बहुत सारे अवगुण हैं, तो भी आप अपने सेवक को न भूलें।

भूलना एक दोष है। वह भला प्रभु को कैसे छू सकता है। भगवान् तो शाश्वत चैतन्य हैं। जहाँ चेतनता है वहाँ विस्मृति कैसी? भक्त भूल सकता है प्रभु को, लेकिन प्रभु को भूलने का हक ही नहीं है। हनुमान पूछते हैं, आप मुझे कैसे भूल गये? अपने धर्म को आपने क्यों कर छोड़ दिया?

हनुमान बड़े पते की बात कह रहे हैं। चेतना प्रभु की पहचान है। सच्चिदानन्द (सत्-चित्-आनन्द) में 'चित्' बीच में है। यही 'सत्' और 'आनन्द' को प्राणवायु देता है। 'चित्' के बिना 'सत्' निष्प्राण और 'आनन्द' नीरस हो जाता है। चेतना मूल में है। प्रभु को पाने के लिए चेतना का जागरण पहली शर्त है। भक्त रात-दिन प्रभु

में रमकर अपनी इस चेतना को जगाता है। योगी 'तुरीयावस्था' को प्राप्त कर सतत चेतना का द्वार अपने हृदय में खोल देता है। वह कभी सोता ही नहीं। जितना हम सोते हैं, प्रभु से दूर जाते हैं, जितना जागते हैं, उसके करीब आते हैं। यहाँ सोने का अर्थ आप नींद से न लें, नहीं तो जागने के चक्कर में आप पागल हो जायेंगे। स्वास्थ्य के लिए नींद जरूरी है और प्रभु-चिन्तन के लिए स्वास्थ्य। रोगी चिन्तन नहीं कर सकता, वह केवल चीख सकता है। अतः खूब नींद लीजिए। परन्तु सोइए नहीं। सोना विस्मरण है, भूलना है और है चेतना का अधोगमन। जागना सजगता है, चेतनता है और है प्रभु को पाने का राज-द्वार। हनुमान कहते हैं कि उनकी यही चेतना सो गयी थी। इसीलिए वे प्रभु को पहचान नहीं पाये।

नाथ जीव तव मायाँ मोहा।
सो निस्तरइ तुम्हारेहिं छोहा ॥

—हे नाथ! जीव आपकी माया से मोहित है। वह आपकी ही कृपा से निस्तार पा सकता है।

बड़ी विचित्र बात है! माया, कृपा और जीव तीनों प्रभु के ही हैं, पर हर एक की गति न्यारी है। कृपा न हो तो जीव माया के जाल से छूट नहीं पाता और यदि माया न हो तो कृपा की आकांक्षा किसे होगी? यदि जीव न हो तो माया और कृपा को कौन पूछेगा? और यदि ये तीनों न हों तो प्रभु का सृष्टि-व्यापार कैसे चलेगा?

एक राजा था—न्यायी और प्रजा-वत्सल। चोर-लुटेरों के प्रति वह बहुत कठोर था। उसकी इस कठोरता के कारण कुछ ही दिनों में उसके राज्य में लोग अमन-चैन से रहने लगे। चोरी, छीना-झपटी का माहौल शान्त हो गया। अब राजा के सामने एक दूसरी समस्या आ खड़ी हुई। बदमाशों से निपटने के लिए उसने सिपाहियों की जो फौज खड़ी कर रखी थी, वे सबके सब आलसी हो गये। खाने-पीने के सिवाय उनके पास कोई काम नहीं था। उन्हें नौकरी से हटा दिया जाय तो निर्भयता पाकर चोर फिर बढ़ जायेंगे। इन्हें चुपचाप खाने-पीने दिया जाय तो राज्य के अन्य कर्मचारी भी आलसी बन जायेंगे। राजा की समझ में कुछ नहीं आ रहा था। अतः उसने अपने मन्त्री से सलाह ली। विद्वान् मन्त्री ने विचार करके कहा, 'महाराज! सिपाहियों को सक्रिय रखने के लिए, राजा न्याय-व्यवस्था के प्रति सदा सजग है, यह भावना प्रजा में सतत बनाये रखने के लिए थोड़ी-बहुत चोरी-बदमाशी को जारी रखना होगा।'

सृष्टि चलाने के लिए प्रभु को भी ऐसा ही करना पड़ता है। विविधता और विपरीतता जीवन के बड़े सक्रिय तत्त्व हैं। इनके अभाव में आदमी जी नहीं सकता,

सृष्टि चल नहीं सकती। विविधता न हो तो सब एक जैसे लगेंगे। फिर कौन किसे दुलारे या दुत्कारेगा? एकरूपता आदमी की पहचान की सबसे बड़ी शत्रु है। बड़ी-बड़ी कम्पनियों में यूनीफॉर्म इसलिए नहीं होता कि 'साहब लोग' छोटे कर्मचारियों को पहचान सकें। वह तो इसलिए होता है कि वे पहचान की झंझट से मुक्त हो सकें। कपड़ा देखकर ही जान सकें कि यह छोटा कर्मचारी है।

भगवान् किसी कम्पनी का साहब नहीं है। इसीलिए उसने सृष्टि में कहीं यूनीफॉर्म का उपयोग नहीं किया है। समूची सृष्टि उसका उत्पादन है। वह उसके कण-कण को पहचानता है। अमीबा से लेकर आदमी तक सभी उसकी अपनी सन्तति हैं। उसने एक जैसा दूसरे को नहीं बनाया है। उसकी पहचान बड़ी प्रखर है। एकरूपता पहचान की कमजोरी है। हम कम्पनी में एक ही तरह के पहनावे को देखकर ऊब जाते हैं, झल्लाते हैं। पर सृष्टि को देखकर कोई ऊब, कोई झल्लाहट नहीं होती। विविधता इसका मूल कारण है। पहाड़, नदी, झरना, हवा, धूप, वृक्ष और पशु-पक्षी आदि इस सृष्टि को मोहक और आकर्षक बनाते हैं।

विविधता की तरह ही विपरीतता भी जरूरी है। यदि परस्पर विरोधी चीजें न हों तो संसार की गति ही रुक जाये। झूठ न हो तो सत्य की महिमा गाने, सत्याचरण करने को किसका मन ललकेगा? खट्टा-नमकीन न हो तो मीठे के लिए कौन लार टपकायेगा? कुरूपता न हो तो सुन्दरता के पीछे पागल की तरह कौन दौड़ना चाहेगा? दुःख का आतंक जानने से ही आदमी सुख की कामना करता है।

सृष्टि इन्हीं दोनों के कारण ही आकर्षक और गतिमान है। इन्हीं के कारण आदमी को कुछ करने की, कुछ बनने की प्रेरणा मिलती है। इस विविधता और विपरीतता के बीच वह 'एकता के तन्तु' प्रभु को खोजता है। याद रखिए, जिस दिन आदमी ने सूखी लकड़ियों को रगड़कर आग की प्राप्ति की थी, बिजली का आविष्कार बीज-रूप में उसी दिन हो गया था। उसे पूर्णता में पाने के लिए मनुष्य ने कदम-ब-कदम अपनी गति जारी रखी।

ध्यान में मनुष्य माया के जाल को भीतर से तोड़ता है और विज्ञान में बाहर से। इसीलिए हर बड़ा वैज्ञानिक अपने बड़े-से-बड़े आविष्कार के बाद भी खुद को छोटा महसूस करने लगता है। यह उसकी औपचारिक विनम्रता नहीं होती है। ऐसा इसलिए होता है, क्योंकि हर खोज के बाद वह 'विराट्' के करीब पहुँचता है। विराट् के आप जितना करीब पहुँचते हैं उतना ही छोटा बनते जाते हैं और अन्त में एकदम उसमें लय हो जाते हैं। योगी ध्यान में प्रभु के निकट होता है और समाधि में लय। वैज्ञानिक अभी ध्यान की स्थिति में हैं। उनकी समाधि के दिन आने अभी

बाकी हैं। आइंस्टीन ने कहा था कि अपने आविष्कारों के बाद ही मैंने भगवान् की रहस्यमय रचना के समक्ष अपनी तुच्छता महसूस की।

हनुमान ने भी एक बार राम से कहा था कि प्रभु, जब आपसे दूर रहता हूँ तो समझता हूँ कि मैं 'मैं' हूँ और आप 'आप' हैं। लेकिन आपके पास आने पर मेरा 'मैं' 'आप' में बदल जाता है। मैं स्वयं को आप में लय महसूस करने लगता हूँ। जब यह स्थिति आ जाती है तो जीव माया के बन्धन से मुक्त हो जाता है।

यह स्थिति सबकी एक साथ आ जाये तो सृष्टि बन्द हो जायेगी। खेल खत्म हो जायेगा। खेल को जारी रखने के लिए माया, कृपा और जीव तीनों की जरूरत है। सृष्टि के परिचालन में तीनों अपनी भूमिका अदा कर रहे हैं। हनुमान बड़ी खूबी से प्रभु की इस लीला का हमें भेद बता रहे हैं। उनके कथन पर गौर कीजिए। वे कहते हैं कि जीव आपकी माया से मोहित है। मोहित होने के लिए आदमी को स्वयं प्रयत्न करना पड़ता है। बन्दूक की नाल, चाकू की नोंक और तलवार की धार के बल पर मोह नहीं पैदा किया जा सकता। हाँ, भय जरूर उपजाया जा सकता है। मोह के लिए मनुष्य को खुद चलना पड़ता है। जीव स्वेच्छा से माया के मोह में फँसता है। उसे फँसने में मजा आता है।

सनातन काल से साधु-महात्मा समझाते आ रहे हैं, पर कितनों ने सुना? कबीर ने कहा, 'माया महा ठगिनी हम जानी', पर कितनों ने उनपर विश्वास किया? रामकृष्ण कामिनी और कांचन का त्याग करने के लिए चिल्लाते रहे, पर भाई लोग उस पर कुण्डली मारकर बैठ गये। कैसी विडम्बना है कि सन्त-महात्मा चिल्ला रहे हैं कि आगे जानलेवा खाई है, फिर भी लोग उसमें कूदते जा रहे हैं। न जानने पर गिरना अज्ञान कहा जा सकता है, पर चेतावनी के बाद भी गिरने की उत्सवी तैयारी किसी चीज के प्रति बेहद मोह का नाम है। यह मोह ही माया है। जीव उसके जाल में स्वयं फँसता है।

इस प्रक्रिया का एक अनोखा नियम है। जीव इसमें फँसता तो स्वयं है, लेकिन स्वयं निकल नहीं सकता। हनुमान कहते हैं कि हे प्रभु! निकलना तो आपकी कृपा से ही सम्भव है। जिस पर आप कृपा करते हैं वह माया के जाल से बाहर आ जाता है, अन्यथा डूबा ही रहता है।

यह भक्त का कथन है। ज्ञानी कभी ऐसा नहीं कहेगा। वह अपने प्रयत्न से माया के जाल को तोड़ता है। भक्त भगवान् की कृपा का बल चाहता है। उसके पास अपना कोई बल नहीं होता।

कृपा का यह सिद्धान्त ऊपर से बड़ा अटपटा लगता है। यदि कृपा से मुक्ति

मिलने लगे तो व्यक्ति के कर्मों का भोग कौन करेगा? लोग दुष्कर्म करके भी पूजा-पाठ के द्वारा प्रभु की कृपा को हथियाकर स्वर्ग की सीट सुरक्षित करा लेंगे। यह कृपा तो अत्याचारी को बल देगी, अन्यायी के हाथ मजबूत करेगी। सचमुच यह विरोधाभास पहली नजर में खटकता है, लेकिन वास्तव में यह है नहीं। प्रभु इतने नासमझ नहीं हैं कि उन्हें ठगा जा सके, झाँसा दिया जा सके। वे घट-घटवासी हैं। जिसमें उनकी कृपा पाने की चाह होती है वह दुष्कर्म कर ही नहीं पाता। राम ने स्वयं कहा है—

सनमुख होइ जीव मोहि जबहीं।
जन्म कोटि अघ नासहिं तबहीं॥

—जीव ज्यों ही मेरे सन्मुख होता है त्यों ही उसके करोड़ों जन्मों के पाप नष्ट हो जाते हैं।

लाखों वर्षों का अँधेरा रोशनी के आते ही क्षण मात्र में गुम हो जाता है। राजा के सामने पहुँचकर वर्षों से दरिद्रता का दुःख भोगनेवाला रंच मात्र में धनी हो जाता है। परिस्थितियाँ बदल जाती हैं, केवल मनुष्य में खड़े होने का साहस होना चाहिए। खड़े होने का साहस जुटाने के लिए आत्मबल की जरूरत होती है। यह बल आते ही आदमी का पुनर्जन्म हो जाता है। राम के पास पहुँचकर आदमी को अपने पर भरोसा हो जाता है। वह राम के तेज से दमकने लगता है। पर जो छल-भाव से राम के पास पहुँचकर अपना उल्लू सीधा करने की सोचते हैं वे असफल होते हैं। राम बड़ी स्पष्टता से बताते हैं—

जौं पै दुष्टहृदय सोइ होई।
मोरें सनमुख आव कि सोई॥

—यदि विभीषण दुष्टहृदय होता तो मेरे सन्मुख नहीं आ पाता। अर्थात् दुष्ट व्यक्ति मेरे सामने आने का साहस नहीं कर सकता है।

प्रसंग उस समय का है जब विभीषण शरण माँगने के लिए राम के पास आये थे। सुग्रीव के विरोध करने पर राम ने उपर्युक्त वचन कहे थे। इससे स्पष्ट है कि दुष्टता और छल के साथ कोई प्रभु का सामना नहीं कर सकता। पर यदि कोई निश्छल होकर जाये तो उसके सभी पाप धुल जाते हैं। हृदय की शुद्धता वह आग है जो सारे दोष-पाप को जलाकर राख कर देती है।

आधुनिक युग की एक मार्मिक घटना है। श्री रामकृष्ण परमहंस के एक गृहस्थ शिष्य प्रसिद्ध नाटककार गिरीशचन्द्र घोष शराब पीते थे। छोड़ना चाहते थे, पर छूटती नहीं थी। रामकृष्ण ने उन्हें एक सुझाव दिया, 'तुम्हारे पास जो कुछ भी है

वह 'काली माँ' का दिया है। तुम एक व्रत लो। जो कुछ भी खाओ-पीओगे, पहले माँ को अर्पित करोगे।'

गिरीश बाबू मान गये। दिन भर चाय-भोजन वे माँ काली को अर्पित करके लेते रहे। शाम हुई। शराब पीने को उनका मन ललका। उन्होंने जाम बनाया और उन्हें रामकृष्ण की याद हो आयी। अपने व्रत का ध्यान आया। माँ को अर्पित करके ही पीना है। लेकिन एक भक्त खुद पी ले तो ठीक है, माँ को कैसे शराब देगा? शराब का अर्पण माँ का अपमान होगा। माँ को अपमानित करने की बात तो वे सोच भी नहीं सकते।

गिलास उन्होंने रख दिया। वे चाहते तो ढोंगी भक्तों की तरह शराब पी सकते थे। किन्तु तब उन्हें हम याद नहीं करते। वे निश्छल भक्ति के उदाहरण नहीं बनते। जब काली माँ उनके भीतर आयीं तो शराब साथ नहीं रह सकी। जब प्रभु की कृपा पाने की आकांक्षा मन में जनमती है तो व्यक्ति पाप-दोष नहीं कर पाता है। अनाचार-दुराचार में हाथ नहीं डालता है। वह प्रभु के करीब हो जाता है। उनका छोह पा जाता है।

हनुमान उसी छोह को पाने की कामना करते हैं। इसके मिल जाने से माया के मोह से वे मुक्त हो सकेंगे। तब उन्हें वह भरमा नहीं पायेगी। वह राम में रमते रहेंगे। पर उस छोह को पाना आसान नहीं है। उसके लिए कुछ योग्यताएँ निर्धारित हैं।

ता पर मैं रघुबीर दोहाई।
जानउँ नहिं कछु भजन उपाई॥

—हे रघुवीर! मैं आपकी शपथ खाकर कहता हूँ कि मुझे भजन-साधन कुछ नहीं आता।

कृपा पाने की ये दो खास योग्यताएँ हैं। भजन और साधना के बगैर आदमी के हृदय में निर्मलता नहीं आती और निर्मल हृदय हुए बगैर प्रभु का प्रकाश भीतर नहीं पहुँचता। हनुमान के पास यह सब नहीं है। फिर भी वे मुक्ति चाहते हैं। यह अच्छी सीनाजोरी है। किन्तु इस सीनाजोरी के पीछे एक बड़ा आधार है।

सेवक सुत पति मातु भरोसें।
रहइ असोच बनइ प्रभु पोसें॥

—हे नाथ! सेवक स्वामी और पुत्र माँ के भरोसे निश्चिन्त रहता है। प्रभु को सेवक का पालन करना ही पड़ता है।

भक्त इसी आधार पर जिन्दा रहता है। यह आधार बड़ा ठोस भी है। भला

बताइए, कौन पुत्र भोजन पाने के लिए माँ की स्तुति-वन्दना करता है? वह जानता है कि माँ उसे प्रेम करती है, वह खिलायेगी ही। सेवक भी सदा स्वामी के भरोसे रहता है। अच्छा स्वामी कभी सेवक को भूखे नहीं मरने देता। वह जानता है कि यह व्यक्ति मुझपर निर्भर है। अत: उसकी पूरी देखभाल करता है। ऐसा न करनेवाला निर्दयी कहा जाता है।

हनुमान इसी बात का स्मरण राम को करा रहे हैं। कहते हैं कि मेरे पास कोई ऐसी योग्यता नहीं है जिससे मैं आपके करीब आ सकूँ। केवल सेवाभाव है। सेवा करना ही मुझे आता है। मैं आपका सेवक हूँ। मेरा उद्धार करना आपका कर्तव्य है। मुझे कोई सांसारिक कामना नहीं है। लेकिन मेरे भीतर जप-तप करने का उत्साह भी नहीं है। ये षट्कर्म मुझसे नहीं बन पड़ेंगे। मुझे केवल हुकुम बजाना आता है। आप कहें और मैं करता रहूँ, अथक रूप से, श्रद्धा-भाव से। बस यही कामना है, नाथ।

अस कहि परेउ चरन अकुलाई।
निज तनु प्रगटि प्रीति उर छाई॥

—ऐसा कहकर अकुलाकर हनुमानजी प्रभु के चरणों पर गिर पड़े। उन्होंने अपना असली शरीर प्रकट कर दिया।

इस प्रसंग का रस लेने से पहले आइए, एक रहस्य को जानते चलें। हनुमान ने अपनी जितनी व्यथा-कथा अभी तक कही थी, ब्राह्मण रूप में ही कही थी। अन्त में उन्होंने अपना वानर रूप प्रकट किया, लेकिन नाम नहीं बताया। प्रभु बिना बताये ही उन्हें जान गये। हनुमान कह रहे थे कि राम ने उन्हें भुला रखा है, लेकिन यदि राम ने उन्हें भुलाया होता तो उनके वानर रूप धारण करने के बाद उनका परिचय पूछते। पर राम उन्हें भूले नहीं थे।

भगवान् कभी नहीं भूलता है। भूलने की बीमारी भक्त को ही होती है। वह छोटे-मोटे लोभ में प्रभु को भूल बैठता है, डॉलर के लोभ में मूर्तियाँ बेच देता है। चन्द पैसों के लोभ में 'गीता' की कसम खाकर झूठ बोलता है। यह सब भक्त ही कर रहा है। भगवान् कभी भक्त के खिलाफ नहीं जाता है। राम को हनुमान पूरी तौर पर भूल गये थे, उनका नाम-धाम-पता पूछने लगे थे।

को तुम्ह स्यामल गौर सरीरा।
छत्री रूप फिरहु बन बीरा॥

—हे वीर! साँवले और गोरे शरीरवाले आप कौन हैं? क्षत्रिय के रूप में वन में क्यों फिर रहे हैं?

हनुमान तनिक भी राम को पहचानते तो ऐसा सवाल नहीं करते। वह तो

उन्हें एकदम भूल चुके थे। इसीलिए हनुमान पीड़ा से छटपटा रहे थे। सच्चे भक्त के लिए इससे बड़ी पीड़ा और कुछ नहीं हो सकती कि वह अपने आराध्य को भूल जाये।

हनुमान ने आकुल होकर राम के चरण पकड़ लिये और अपना असली रूप प्रकट कर दिया। उनका हृदय प्रेम से भरा हुआ था। भक्त जब प्रभु को पाता है तो उसके हृदय में और कुछ हो ही नहीं सकता। भगवान् के दर्शन से आदमी को जिन दो चीजों की उपलब्धि होती है वह हनुमान को हो रही थी। राम को पानेवाला अपना असली स्वरूप और प्रेम पाता है। राम ने शबरी से कहा भी था—

मम दरसन फल परम अनूपा।
जीव पाव निज सहज सरूपा॥

—मेरे दर्शन का सबसे अनुपम फल यह होता है कि जीव अपने सच्चे स्वरूप को प्राप्त कर लेता है।

ढोंगियों को यह ध्यान में रखना चाहिए कि बगुला-भक्ति से प्रभु को ठगा नहीं जा सकता। जो कोई भी उनके सामने आता है उसका नकली स्वरूप नष्ट हो जाता है। छल-छद्म, पाखण्ड और ढोंग प्रभु के सामने नहीं टिक सकता। जो प्रयत्न करते हैं वे ही डूब जाते हैं। सत्यनारायण व्रत कथा में धन को लता-पत्र कहनेवाले व्यापारी की कहानी जग-प्रसिद्ध है। हर भक्त को इसे समझकर रखना चाहिए।

प्रभु को पाकर हनुमान ने अपना असली रूप पा लिया था। जब वे ब्राह्मण के रूप में थे तब उनके हृदय में भय और सन्देह था; अब असली रूप में आने पर उनका हृदय प्रेम से भर उठा। प्रेम प्रभु की सेज है। जिस हृदय में प्रेम नहीं होता है प्रभु वहाँ पाँव भी नहीं रखते। प्रभु को बुलाना हो तो हृदय में प्रेम लाना होगा।

एक साधु से शिष्य ने पूछा था—प्रभु को कैसे पाया जाय?

साधु ने कहा—एक कहानी सुनो। एक सेठ उपदेश का बड़ा भूखा था। वह साधु-महात्माओं की सेवा करके उनसे धर्म-चर्चा किया करता था। एक दिन एक विचित्र सन्त उधर से गुजरे। गाँव में रुके, पर सेठ के पास नहीं गये। वह उपदेश की याचना करता रहा, पर उन्होंने नहीं दिया। सेठ ने बड़ी श्रद्धा से उन्हें घर पर भोजन के लिए बुलाया। महात्माजी गये। उनके हाथ में कमण्डलु था। द्वार पर सेठ हाथ जोड़े खड़ा था। महात्माजी से उसने निवेदन किया कि भोग लगायें। बाबा ने शान्त भाव से कहा—भोजन लाकर मेरे कमण्डलु में डालो, मैं इसी में खाऊँगा। सेठ ने आज्ञा मान ली। जैसे ही भोजन उसने कमण्डलु में गिराना चाहा, उसके हाथ रुक गये। कमण्डलु में गोबर था। वह हठात् चिल्लाया—महाराज!

कमण्डलु में गोबर है। उसे फेंककर धो लें, नहीं तो भोजन खराब हो जायेगा। भोजन को भी फेंकना पड़ेगा।

महात्माजी हँसे—वत्स, तुम्हें उपदेश मिल गया न! चलो, आसन पर भोजन रखो, मैं वहीं खाऊँगा।

सेठ ने चकित भाव से कहा—मैं समझ नहीं पाया, महाराज!

महात्माजी ने समझाया—कमण्डलु में गोबर हो तो उसमें पकवान नहीं रखे जा सकते। वे भी गोबर हो जाते हैं। पकवान रखने के लिए कमण्डलु को खाली और साफ होना चाहिए। प्रभु को पाने की भी यही शर्त है। हृदय का कमण्डलु सांसारिक स्वार्थों से खाली और दुष्ट वृत्तियों से साफ होना चाहिए। गन्दे हृदय में जाकर भगवान् शैतान बन जाते हैं।

कहानी सुनकर शिष्य को समाधान मिल गया।

हृदय में प्रेम आ जाता है तो प्रभु अपने आप खिंचे चले आते हैं। हनुमान के हृदय में ज्यों ही प्रेम आया, राम ने उन्हें अपना लिया।

तब रघुपति उठाइ उर लावा।
निज लोचन जल सींचि जुड़ावा॥

—तब श्रीराम ने उन्हें उठाकर अपने गले से लगा लिया और अपने नेत्रों के जल से सींचकर शीतल कर दिया।

चरणों में गिरे हनुमान को प्रभु ने उठाकर अपने गले से लगा लिया। यह एक अलौकिक गौरव है जो बहुत कम लोगों को नसीब होता है। राम को देखना भाग्य है, उन्हें छूना अहोभाग्य, किन्तु यदि राम स्वयं बढ़कर किसी को गले लगा लें तो दैवी उपलब्धि है। हनुमान को यही मिल रहा था।

हनुमान की भाव-विकलता को देखकर प्रभु स्वयं भी रो रहे थे। उनका यह रोना हनुमान के लिए चन्दन-लेप बन गया था। राम अपने लिए नहीं रो रहे थे। अपने लिए तो हर कोई रो सकता है। पैर में ठोकर लगे, काँटा चुभे तो हर किसी की आँखें गंगा-जमुना हो जाती हैं। किन्तु वे लोग धन्य होते हैं जो दूसरे का दुःख देखकर रो पड़ते हैं। रामानुजाचार्य समाज की दीन दशा देखकर रोया करते थे। समाज की भूख को देखकर विवेकानन्द छटपटाया करते थे। उन्हें राम में नींद नहीं आती थी। बुद्ध ने दुःख को समूल नष्ट करने का बीड़ा ही उठा लिया था। इसीलिए सन्त-हृदय लोग प्रभु से यही कामना किया करते हैं कि हे प्रभु! उन्हें ऐसा हृदय दो कि वह दूसरे का दुःख देखकर पिघल सके। दुःखी आदमी की हथेली पर कोई एक बूँद भी आँसू ढार दे तो उसका दुःख आधा हो जाता है।

राम तो हनुमान को हृदय लगाकर झर-झर रो रहे थे। उनके आँसुओं से हनुमान के अस्तित्व का सारा कलुष धुल रहा था। राम अपने जीवन में इने-गिने अवसरों पर रोये थे। हनुमान के लिए रोना उनमें से एक था। कोई भक्त अपने जीवन में इससे अधिक और क्या कामना कर सकता है कि प्रभु उसके लिए रोयें! राम केवल रोते ही नहीं हैं हनुमान को एक बड़ी भारी सौगात भी देते हैं।

सुनु कपि जियँ मानसि जनि ऊना।
तैं मम प्रिय लछिमन ते दूना॥

—हे कपि! सुनो, मन को छोटा मत करना, अपने भीतर कोई ग्लानि न आने देना। तुम मुझे लक्ष्मण से भी दूने प्रिय हो।

गले लगाकर, आँसुओं से सींचकर राम ने हनुमान को बाहर से शान्त-शीतल किया था; अब वे अपने वचनों से उन्हें भीतर से भिगो रहे हैं। कहते हैं कि तुम्हें अपने मन में किसी तरह की ग्रन्थि नहीं रखनी चाहिए। आदमी अपनी ग्रन्थियों के कारण ही भटकता है। यदि उसका मन एक बार ग्रन्थिहीन हो जाये, वह अपने आपको पहचान ले तो वह देव-दानव से एक साथ टक्कर ले सकता है।

हनुमान को यह ग्लानि है कि उन्होंने राम को पहचाना नहीं। वे यह भी शायद सोच रहे हैं कि राम इससे खिन्न और अप्रसन्न होंगे। भक्त सबकुछ झेल सकता है, किन्तु प्रभु की नाराजगी नहीं। इसीलिए वे व्याकुल हैं। राम इस व्याकुलता को अपने विश्वास से धो देते हैं। कहते हैं—तुम मुझे लक्ष्मण से दूने प्रिय हो।

अपनी विश्वास-भावना को इतनी अधिक शक्ति के साथ राम और किसी तरह नहीं व्यक्त कर सकते थे। जिस लक्ष्मण ने उनके लिए अपना घर-परिवार और सुख-वैभव छोड़ा, उसे भी उन्होंने दाँव पर लगा दिया था। हनुमान ने तो अभी राम के लिए कुछ भी नहीं किया था। उनकी शक्ति का आविष्कार होना अभी बाकी था। यह प्रसंग इस बात का सुबूत है कि भक्त के लिए भगवान् कुछ भी कर सकते हैं।

बहुतों का कहना है कि हनुमान को आश्वासन देने में राम सीमा से बाहर चले गये थे। लक्ष्मण नहीं होते, तब कहते तो चल सकता था, किन्तु लक्ष्मण की उपस्थिति में इस तरह का बयान उपयुक्त नहीं है। इससे लक्ष्मण का सम्मान घटता है। यदि राम के सामने हनुमान के दर्द को सहलाने की मजबूरी थी तो वे यह भी कह सकते थे कि तुम लक्ष्मण जैसे मेरे प्रिय हो। चोट किसी को नहीं लगती। दोनों खुश रहते।

कुछ लोग दोष तुलसी के माथे मढ़ते हैं। उनका कहना है कि तुक भिड़ाने के लिए 'बाबा' ने 'ऊना' की तौल पर 'दूना' लिख दिया। इसमें राम का कोई दोष

नहीं है। वे तो मर्यादा के प्रतीक हैं। तुलसी ही गच्चा खा गये हैं। तुक के चक्कर में उन्हें ही होश नहीं रहा कि वे क्या लिख गये हैं।

दोनों तरह की आलोचना करनेवाले एक बात पर एकमत हैं कि 'लछिमन ते दूना' नहीं कहा जाना चाहिए था। मेरे विचार में समस्या उतनी गम्भीर नहीं है जितनी मानी जा रही है। मर्यादा से न राम हटे थे, न तुलसी। प्रसंग में परिस्थिति को देखकर सही शब्द का उपयोग किया गया है। आइए, इस पर तनिक दृष्टि डाल लें।

राम मर्यादा में रहनेवाले हैं; उनका व्यक्तित्व शान्त-गम्भीर है। वे कोई ऐसी बात नहीं बोलते हैं जिसमें केवल होंठ ही हिलते हों। राम हृदय की भाषा बोलते हैं। शब्द उनके संकल्प को स्वर देते हैं। जब राम ने कहा कि हे हनुमान! तुम मेरे लिए लक्ष्मण से दूने प्रिय हो, तो उसके भीतर दो भाव छिपे हैं। पहला तो यह कि राम अपने सहचर और सहोदर लक्ष्मण को बेहद प्यार करते हैं। जब तक प्यार आन्तरिक और गहन न हो तब तक व्यक्ति की उपस्थिति में इस तरह की बात नहीं की जा सकती। उसके लिए केवल जुबान की जरूरत होगी। दूसरा भाव यह है कि किसी भी तरह राम अपने कथन से लक्ष्मण को घायल नहीं कर रहे थे। वे लक्ष्मण के सहारे हनुमान को उठा रहे थे। कोई जब गहरे कुएँ में गिरा हो तो उसे बचाने के लिए लम्बी रस्सी लटकानी पड़ती है। राम के पास लक्ष्मण के सिवा और कोई रस्सी नहीं थी, जिससे वे आत्मग्लानि के कुएँ में गिरे हनुमान को बचा सकें। दर्द थोड़ा हो तो दवा की एक खुराक काम कर जाती है। यदि आदमी जानलेवा दर्द से छटपटा रहा हो तो डॉक्टर दुगुनी खुराक देता है। राम यदि कहते कि तुम लक्ष्मण जैसे प्रिय हो, तो यह एक खुराक होती। राम को पता था, इससे हनुमान का दर्द नहीं जायेगा। इसीलिए उन्होंने कहा कि तुम लक्ष्मण से दूने प्रिय हो।

हम-आप अपने व्यावहारिक जीवन में ऐसा करते हैं। किसी दुःखी आदमी को सान्त्वना देने के लिए बोलते हैं कि तुम मेरे बेटे से बढ़कर हो। कोई हमारे काम आ जाता है तो हम कहते हैं कि तुम मेरे भाई से अधिक मेरे काम आये। जब हम यह कहते हैं तो बेटा भी सुनता है, भाई भी सुनता है। कोई बुरा नहीं मानता। सभी जानते हैं कि कृतज्ञता व्यक्त करने का यही सटीक तरीका है।

कुछ लोग एक और शंका इस प्रसंग को लेकर उठाते हैं। कहते हैं कि हमेशा राम ने कहा कि तुम भरत जैसे प्रिय हो, किन्तु यहाँ लक्ष्मण का नाम क्यों लिया? यह शंका बहुत दमदार नहीं है। कारण बहुत साफ है। राम पहली बार हनुमान से मिल रहे थे। हनुमान पैरों पर गिरकर रोये जा रहे हैं। राम को उन्हें बताना है कि वे पूरी तौर पर हनुमान पर विश्वास रखते हैं। अपनी बात को बलपूर्वक कहने

के लिए आदमी को किसी-न-किसी चीज का सहारा लेना पड़ता है। साहित्य में अलंकार का आगमन इसीलिए हुआ। जब हमें किसी को बहुत वीर कहना होता है तब हम कहते हैं कि वह शेर है। सुन्दर मुखवाली स्त्री को चन्द्रमुखी कहते हैं। इसमें सहारा ऐसी वस्तु का लिया जाता है कि जिससे लोग परिचित हों।

राम बलपूर्वक अपने हृदय का विश्वास हनुमान तक पहुँचाना चाहते थे। इसीलिए उन्होंने लक्ष्मण का सहारा लिया। यदि वे भरत का नाम लेते तो हनुमान की समझ में कुछ भी नहीं आता। वे केवल शब्द सुनते, भाव को ग्रहण नहीं कर पाते। वे तो राम ही को भूल गये थे, भरत की याद का तो सवाल ही नहीं था। लेकिन लक्ष्मण तो साक्षात् हनुमान के समक्ष खड़े थे। राम ने बता भी दिया था कि किस तरह लक्ष्मण वन में उनके सहचर हैं। बिना प्रेम और श्रद्धा के कौन किसके साथ जाता है! यदि टिकट खरीदना पड़े तो लोग साथ सिनेमा जाने में भी कतराते हैं। लक्ष्मण ने तो राम के साथ वन का दुःख उठाने के लिए अपना जीवन ही दाँव पर चढ़ा दिया था। हनुमान उनके उदाहरण से यदि राम का भाव नहीं समझते तो कभी नहीं समझ पाते। बाद में जब रहते-रहते हनुमान ने भरत के प्रति राम का भाव जान लिया तो राम अपना भाव व्यक्त करने के लिए भरत का भी सहारा लेने लगे।

हनुमान के मानसिक ताप को पूरी तरह हर लेने के बाद राम अपने स्वभाव की भी चर्चा करते हैं। अभी तक उनके स्वभाव की चर्चा केवल हनुमान ने ही की थी। यह बात सुनी-सुनायी भी कही जा सकती थी। लोग कह सकते थे कि राम के बारे में हनुमान ने बेपर की उड़ायी है। राम अपने मुख से अपना चरित्र कहकर हनुमान के कथन को प्रामाणिक बना रहे हैं।

समदरसी मोहि कह सब कोऊ।
सेवक प्रिय अनन्यगति सोऊ॥

—सब कोई मुझे समदर्शी कहते हैं, पर मुझको सेवक प्रिय हैं, क्योंकि वह अनन्यगति होता है। मेरे सिवाय उसका और कोई सहारा नहीं होता है।

राम समदर्शी हैं। उनके लिए न कोई प्रिय है, न कोई अप्रिय। वे सबको समभाव से देखते हैं। फिर भी वह स्वयं कह रहे हैं कि सेवक मुझे प्रिय है, क्योंकि उसका और कोई सहारा नहीं होता है। बच्चा जब अच्छी तरह चलने-फिरने लगता है तो माँ उसपर उतना ध्यान नहीं देती। लेकिन घुटनों चलनेवाले के पीछे-पीछे दौड़ती है कि कहीं मेरा लाल चोट न खा जाये। इसका मतलब यह नहीं है कि बड़े लड़के के प्रति उसका प्यार कम है। कोई डाकू यदि उससे दोनों बच्चों में से एक की जान माँगे तो वह किसी को नहीं देगी। अपनी जान देने के

लिए तत्पर हो जायेगी।

एक साधु के आश्रम में कई शिष्य अध्ययन करते थे। उनमें से एक का स्वभाव ठीक नहीं था। वह चोरी किया करता था। अन्य शिष्यों ने उसकी शिकायत गुरुजी से की। गुरुजी ने कहा कि वे शिष्य को समझायेंगे। कुछ दिनों बाद फिर पता चला कि उसने अपनी आदत नहीं छोड़ी है। अन्य शिष्यों ने गुरुजी से कहा, 'आप उसे आश्रम से निकाल दें, नहीं तो हम लोग चले जायेंगे।'

साधु ने शिष्यों की बात शान्ति से सुनी और कहा, 'तुम लोग जाना चाहते हो तो आश्रम छोड़कर चले जाओ, लेकिन मैं इस शिष्य को नहीं निकालूँगा।'

अन्य शिष्य विस्मय में पड़ गये, 'आखिर ऐसा क्यों, गुरुजी? एक पतित शिष्य पर आपका इतना स्नेह क्यों?'

गुरु ने समझाया, 'वह पतित है, इसीलिए मैं स्नेह कर रहा हूँ। तुम लोग श्रेष्ठ और सयाने हो, जहाँ कहीं जाओगे, ठीक से रहोगे। अपनी विद्या-बुद्धि से लोगों का कल्याण करोगे। इसीलिए तुम सबके जाने से मैं तनिक भी चिन्तित नहीं हूँ। हाँ, यह अभागा जायेगा तो मेरी चिन्ता बढ़ जायेगी। आश्रम से निष्कासन का अपमान इसे और पतित बनायेगा। तुम सबके तिरस्कार के प्रतिकार में यह और भयानक पतन के गर्त में जा गिरेगा। अभी तो यह चोर है, बाद में लुटेरा और डाकू बन जायेगा। समाज को प्रताड़ित करेगा। इसलिए मैं इसे अपने पास रखूँगा। अपना सहारा देकर इसे उठाने की कोशिश करूँगा। यह विद्या-बुद्धिहीन है। मेरे सिवाय इसका कोई सहारा नहीं है। मैं इसे कैसे छोड़ सकता हूँ!'

उस साधु की तरह भगवान् भी जिसका और कोई सहारा नहीं उसका सहारा बनते हैं। पर इसमें एक खोट है। भगवान् के निकट जाने के लिए हर कोई अपने आपको बेसहारा घोषित करने के लिए तैयार हो सकता है? प्रधानमन्त्री का कृपापात्र सेवक बनने की किसे इच्छा नहीं होती! सच्चे सेवक पीछे रह जाते हैं, तिकड़मी आगे बढ़ जाते हैं। इसलिए सच्चे सेवक की पहचान की कसौटी होनी चाहिए। उस पर जो खरा उतरे, वही सच्चा सेवक।

इस प्रसंग में मुझे एक कथा याद आती है। किसी देश में एक दयालु राजा था। वह अपनी प्रजा का बड़ा खयाल रखता था। उसके राज्य में कोई नंगा-भिखमंगा नहीं था। पर राजा कभी-कभी जब दौरे पर जाता था तो कहीं-कहीं कुछ लोगों को चुपचाप लेटे देखता था। उसने जाँच करवायी तो पता चला कि ये सभी आलसी हैं। कितना भी कहो, पर कोई काम नहीं करना चाहते।

राजा ने सोचा कि यदि इनका स्वभाव ही ऐसा है तो इन्हें आराम से जिन्दगी

जीने के लिए राज्य से मदद देनी चाहिए। उसने अपने मन्त्री से कहा कि घोषणा कर दो कि देश में जितने आलसी हैं उनकी सुख-सुविधा का प्रबन्ध राज्य करेगा। उन्हें अपना नाम रजिस्टर्ड कराना चाहिए।

डुगडुगी पीट दी गयी। दूसरे दिन राजा के होश गुम हो गये। राज्य की आधे से अधिक जनता आलसियों की लाइन में खड़ी हो गयी। सच्चे आलसियों ने लाइन में लगने की जहमत नहीं उठायी। इतने लोगों की देखभाल का प्रबन्ध करने पर पूरा राजकोष ही खाली हो सकता था। राजाज्ञा वापस भी नहीं ली जा सकती थी। इससे राजा का अपमान होता। फिर क्या निदान किया जाय, यह एक विकट समस्या थी।

राज्य का मन्त्री बड़ा बुद्धिमान था। उसने राजा को एक सलाह दी। सभी आलसियों को रजिस्टर्ड किया गया। उनके लिए एक मैदान में छोटी-छोटी कुटी बनायी गयीं। एक निश्चित दिन पर सभी लोग वहाँ रहने के लिए आये। शाम को अच्छा खाना-पीना हुआ। इसके बाद वे सोने चले गये। कुछ घण्टों बाद मैदान में आग लग गयी। आग को अपनी तरफ बढ़ता देखकर नकली आलसी भागने लगे। पर जो पक्के थे वे जमे रहे। भागनेवालों ने जब उनसे भागने को कहा तो वे बोले—अगर हममें भागने का दम होता तो जीवन में भाग-दौड़ नहीं करते? आलसी बनकर बैठते क्यों? भागना तो अपने आलस्य धर्म का अपमान है।

आग की लपटों में जो आलसी कुन्दन बनकर निखर गये थे उन्हें ही राज्य की मदद मिली। बाकी लोगों को राज्य से धोखा करने का दण्ड दिया गया।

कसौटी के बिना पहचान नहीं हो सकती। इसीलिए राम ने हनुमान को सच्चे भक्त की पहचान के लिए एक कसौटी बतायी।

सो अनन्य जाकें असि मति न टरइ हनुमंत।
मैं सेवक सचराचर रूप स्वामि भगवंत॥

—हे हनुमान! अनन्य भक्त वही है जिसकी ऐसी बुद्धि कभी नहीं टलती कि मैं सेवक हूँ और जड़-चेतन जगत् मेरे स्वामी भगवान् का स्वरूप है।

यह कसौटी जितनी बड़ी है उतनी खरी भी। कहीं भी इसमें खोट नहीं है। हाँ, जिसमें खोट होगी वह इस पर खरा नहीं उतर पायेगा। चराचर में प्रभु को देखना बड़ी कठोर साधना है। भाषण-भट्ट तो सभी बन जाते हैं, लेकिन आचरणव्रती बन पाना सबके वश की बात नहीं होती है।

स्वामी शिवानन्द के जीवन की एक रोचक घटना है। ऋषिकेश के उनके आश्रम में कोई एक विद्वान् सज्जन आये। दर्शनशास्त्र पढ़ाते थे। आत्मा-परमात्मा पर लम्बे-चौड़े भाषण भी बड़े रोचक ढंग से दिया करते थे। स्वामीजी को उनसे

मिलकर बड़ी प्रसन्नता हुई।

विद्वान् पुरुष ने स्वामीजी के समक्ष अपनी जिज्ञासा रखी। उन्होंने पूछा—ब्रह्म का स्वरूप क्या है?

स्वामीजी ने विद्वान् सज्जन को एक बार ध्यान से देखा और मुसकराकर कहा—अभी आप आये हैं, थोड़ी चाय पी लें, फिर बात करेंगे।

उन्होंने सेवक को चाय लाने के लिए कहा। इतने में ही एक महिला धड़धड़ाती हुई कमरे में घुसीं। उनकी दौड़ती हुई निगाहें विद्वान् पुरुष पर जा टिकीं और तनिक मन्द किन्तु कठोर स्वर उनके मुख से फूटा—आप यहाँ हैं, बाहर चारों तरफ खोजकर थक गयी। चलिए, बहुत देरी हो गयी है। आप तो जहाँ बैठ गये, बैठ गये। समय की कुछ कीमत ही नहीं जानते हैं।

तनिक झेंपे से सज्जन गाय-भाव से उठे, स्वामीजी को नमस्कार किया और क्षमा-याचना करते हुए बोले—चलता हूँ, महाराज।

स्वामीजी ने कहा—चाय तो पीते जाइए!

उन्होंने पत्नी का अनुगमन करते-करते कहा—क्षमा करें, महाराज।

ब्रह्म के अस्तित्व पर चर्चा और चिन्तन करनेवाले विद्वान् महोदय पत्नी के संकेत से उठ भागे। उनकी प्राथमिकता में पत्नी का स्थान ब्रह्म से ऊँचा था। वह केवल गपबाजी के लिए धर्म-चर्चा करने आये थे। प्रभु से उन्हें कुछ लेना-देना नहीं था।

महात्मा गांधी के आश्रम में बहुत लोग सेवा का नाम लेकर आते थे। पर वास्तव में उनमें नेता बनने की ललक होती थी। गांधीजी हर नये सेवक को कसौटी पर कसते थे। चाहे वह कितना भी पढ़ा-लिखा विद्वान् क्यों न हो, उससे रसोई में काम करने के लिए कहते थे। तरकारी काटने, चावल-दाल बीनने और आटा गूँधने के लिए लगाते थे। पाखाना साफ करने को कहा करते थे। उत्साही सेवक भाग खड़े होते थे। केवल जीवन-व्रती लोग रुकते थे, आचरण-सिद्ध लोग जमे रहते थे।

संसार के कण-कण में भगवान् को देखनेवाले का आचरण भीतर-बाहर से एक होता है। उसकी कथनी और करनी में फर्क नहीं होता है। सन्त ज्ञानेश्वर ने कहा कि सभी जीवों की आत्मा में एक ही परमात्मा है, तो उनके गाँववालों ने मजाक उड़ाया। सामने खड़ी भैंस को संकेत करके कहा कि यदि इस भैंस को मारा जाय तो चोट क्या तुम्हें भी लगेगी? सन्त के 'हाँ' करने पर एक आदमी ने भैंस को मारना शुरू किया। चोटों के निशान ज्ञानेश्वर की पीठ पर भी उभरने लगे।

रामकृष्ण परमहंस वेश्याओं के पास चले जाते थे और बड़ी विनम्रता से

उनके पाँव छूकर कहते थे—माँ, मैं जानता हूँ कि तू मुझे भरमाने के लिए यहाँ आ बैठी है। तू सोचती है कि इस रूप में देखकर मैं तुझे नहीं पहचानूँगा। वेश्याएँ अवाक् रह जाती थीं।

तीर्थंकर महावीर ने जड़ और चेतन दोनों से अपना तादात्म्य स्थापित कर लिया था। छोटे-से-छोटे जीव पर भी पैर रखना उन्हें अपने आपको कुचलने जैसा लगता था।

भगवान् बुद्ध की भावना भी ऐसी ही थी। एक राजा को पशु की बलि देते देखकर उन्होंने पूछा था—आप इस असहाय एवं निरीह प्राणी को क्यों मार रहे हैं?

राजा का जवाब था—देवता को खुश करने के लिए।

बुद्ध का शान्त स्वर गूँजा—फिर आप मेरी बलि दें। इससे देवता अधिक प्रसन्न होंगे। कहते हैं, मनुष्य की बलि पाकर देवता खुशी से नाच उठते हैं।

जब तक आदमी जड़-चेतन में प्रभु का दर्शन न कर ले तब तक वह सेवक नहीं बन सकता। आदमी अपने घर के सदस्यों के लिए क्यों मरता-खपता है? कारण यही है कि वह उन्हें अपना समझता है। वह महसूस करता है कि उसके बेटे की भूख उसकी भूख है। उसकी पत्नी की परेशानी उसकी परेशानी है। इसीलिए रात-दिन कठोर परिश्रम करके भी वह अपने परिवार से किसी धन्यवाद की कामना नहीं करता। मैं अपने परिवार को पाल-पोस रहा हूँ, यह अहंकार भी नहीं पालता है।

सेवा के लिए भी इस परिवार-भाव का विस्तार जरूरी है। जब सेवक समस्त संसार को अपना समझेगा तब सच्ची सेवा कर सकेगा, अन्यथा विफल होने पर उसे झल्लाहट और ऊब होगी और सफल होने पर अहंकार उसके सिर पर चढ़ बैठेगा।

परमात्म भाव के अभाव के कारण ही प्राय: सेवक या तो अहंकारी बन जाते हैं या हार-थक जाते हैं। इस भाव के न होने के कारण जिसकी सेवा की जाती है वह 'अपना' न होकर 'दूसरा' हो जाता है। दूसरे की सेवा करके आदमी कुछ लाभ कमाना चाहता है। थोड़ी ऊँची प्रकृति का है तो वाहवाही चाहेगा, नीची कोटि का होगा तो धन चाहेगा। कुछ न मिलने पर दोनों की दशा एक-सी होती है—निराशा और कुण्ठा। ऐसे लोग जगह-जगह कहते फिरते हैं—मैंने अपनी जिन्दगी गँवा दी, मुझे मिला क्या? निराशा के क्षणों में वह सेवा का हिसाब जोड़ने लगता है।

जो सबको परमात्मा का रूप समझकर, अपना समझकर सेवा करते हैं वे न कभी निराश होते हैं और न हिसाबी बनते हैं। गुरु गोविन्द सिंह के चारों पुत्र मार

डाले गये। उनके अनुयायियों ने भी उनका साथ छोड़ दिया; फिर भी उन्होंने किसी से कोई शिकायत नहीं की। चुपचाप अपने को अलग कर लिया। पर सेवा की भावना को वे नहीं मार पाये। जाते-जाते भी बन्दा बैरागी को प्रेरित करके कर्मक्षेत्र में भेज गये।

जब सेवक के पास सब में परमात्मा का रूप देखने की दृष्टि होती है तो उसे कोई उसके लक्ष्य से डिगा नहीं पाता है। प्रार्थना-प्रताड़ना उसे लुभा-हिला नहीं पातीं। पुरस्कार-तिरस्कार उसे विचलित नहीं कर पाते हैं। वह इस दृढ़ विश्वास के साथ अपने कदम आगे बढ़ाता है कि परमात्मा उसे हर मोड़ पर पथ दिखाने के लिए मिलेंगे। वह किसी के प्रति राग-द्वेष नहीं महसूस करता है। सबको खुले हाथ अपना प्यार लुटाता है। गाजीपुर के महान् सन्त पवहारी बाबा को एक बार एक विषैले साँप ने काट लिया था। लोगों ने पूछा—बाबा, क्या हुआ? पवहारी बाबा अपनी सदा शान्त वाणी में बोले—प्रियतम का दूत आया था मेरी खोज-खबर लेने। उन्होंने अपने मुख से यह नहीं कहा कि साँप ने उन्हें काट खाया है। 'काटना' शब्द बोलना उनके लिए सम्भव ही नहीं था। उसमें निहित क्रूरता उनके कोमल मन को चीर देती थी। कोई कठोर और कटु बात वे बोल नहीं पाते थे। जब सब में प्रभु हैं तो किससे कठोर हुआ जाय!

विवेकानन्द की जीवनी में पवहारी बाबा के जीवन की एक बड़ी मार्मिक घटना अंकित है।

स्वामीजी हिमालय में भ्रमण कर रहे थे। वहाँ उन्हें एक बड़े सिद्ध और विनीत महात्मा मिले। दोनों के बीच सत्संग होता रहा। बीच में पवहारी बाबा का नाम भी आया। बाबा का नाम सुनकर महात्माजी भाव-विभोर हो उठे। उन्होंने स्वामीजी से कहा—मैं आपको पवहारी बाबा के जीवन की एक घटना सुनाता हूँ।

ध्यान-साधना के बाद बाबा जब एक रात सोये तो अचानक उनकी नींद कुछ खटपट सुनकर खुल गयी। उन्हें लगा, कुटिया के अन्दर कोई है। वे तनिक तेज स्वर में चिल्लाये—कौन?

घर में चोर घुसा था। बाबा की आवाज सुनकर वह डर गया। हड़बड़ाकर चुराया हुआ सामान छोड़कर भागा। सामानों में कुछ खास नहीं था, केवल कुछ बरतन थे। बाबा ने बिखरे बरतनों और भागते चोर को देखा। तत्क्षण उन्होंने बरतनों को बाँधा और उन्हें लेकर चोर के पीछे दौड़ पड़े। चोर भागता जा रहा था और बाबा उसे दौड़ाते जा रहे थे। अन्त में उन्होंने चोर को धर दबोचा। तनिक साँस लेकर, हाथ जोड़कर बोले—नारायण, आप भाग क्यों रहे थे? मैंने जागकर आपको बड़ा कष्ट

दिया। ये बरतन सँभालिए, इनकी आपको जरूरत है। दास के ये किसी काम के नहीं हैं। मेरे प्रभु, कष्ट के लिए मुझे क्षमा करें।

बाबा अपने को सदैव दास ही कहते थे। उनकी बात सुनकर चोर का भय जाता रहा, पर चिन्ता बढ़ गयी—ओह! बाबा ने एक पतित चोर को नारायण कहा। प्रभु को पाकर वे कितने महान् हो गये हैं।

चोर उनके पैरों पर गिर पड़ा और बिना कुछ लिये वापस लौट आया। वह बाबा के पास से ही नहीं, अपनी पुरानी जिन्दगी से भी वापस लौट गया था।

'आपको कैसे पता?' कहानी को चकित भाव से सुन रहे विवेकानन्द ने पूछ लिया।

'क्योंकि वह चोर मैं ही हूँ।' महात्मा के भीगे नैन बरस पड़े।

जो प्रभु को अनन्य भाव से पा लेता है वही चोर से चाण्डाल तक की सेवा निस्स्वार्थ और निरहंकार भाव से कर सकता है। उसको यह चिन्ता नहीं होती कि दूसरे क्या सोच रहे हैं। जिसकी वह सेवा कर रहा है वह क्या विचार कर रहा है। वह तो नाना रूपों में नारायण की चाकरी बता रहा होता है। उसे दुनिया के मानापमान से क्या लेना-देना?

हनुमान के अन्दर राम यही भाव कूट-कूटकर भरना चाहते थे। आगे हनुमान को राम के बहुत सारे काम करने थे। कार्य-सम्पादन में उन्हें अनेक कठिनाइयों का सामना करना था। यदि प्रभुभाव से वे जगत् को नहीं देखेंगे तो हताशा-निराशा उन्हें घेर लेंगी। फिर महान् कार्य सम्भव नहीं हो सकेगा। चाकरी करना सेवक का काम नहीं है, वह नौकर का है। चाकरी में व्यक्ति की अन्तर्निहित शक्ति का उद्घाटन नहीं होता है। वह केवल हाथ-पैर डुलाता है, अन्दर से पत्थर बना रहता है। सेवा में हाथ-पैर तो हिलते ही हैं, साथ-ही-साथ आदमी भीतर से भी गंगोत्री बन जाता है। कुण्ठा, अहंकार और हताशा की काई उसके हृदय में जम नहीं पाती है। वह स्वच्छ-निर्मल बन सबको अपनाता हुआ कार्य-सिद्धि के लिए आगे बढ़ता जाता है।

राम के इस उपदेश को हनुमान ने अच्छी तरह समझा और ग्रहण किया था। आगामी अध्यायों में उस पर हम विस्तार से चर्चा करेंगे। यहाँ बिन्दु रूप में यह जानना आवश्यक रहेगा कि कैसे पहले मिलन में ही राम ने सेवक और स्वामी के कर्तव्य की जानकारी हनुमान को दी। यदि वे केवल सेवक के गुणों की चर्चा करते तो बात उतनी नहीं बनती। हर कोई दूसरे को उसका कर्तव्य-बोध कराने में उस्ताद होता है। दुनिया को ठीक करने का फॉर्मूला किसके पास नहीं है? बस, केवल

आदमी अपने को ठीक करने का फॉर्मूला नहीं जानता है। संसार की सारी आपाधापी मूलतः इसीलिए है कि हम सभी अपने को नहीं, दूसरे को सुधारने में जी-जान से लगे हुए हैं।

बड़ी अजीब बात है। हम बार-बार सुनते हैं कि दुनिया भ्रष्ट हो गयी है। रहने के काबिल नहीं है। आदमी कपटी, अहंकारी और क्रूर हो गया है। उसे सुधारना होगा, बदलना होगा। नहीं तो मानवता का सर्वनाश हो जायेगा। यह बात हर कोई बोलता है, एक-एक से पूछकर देख लीजिए। अब आपको पता चल गया होगा कि दुनिया बहुत खराब है। चलिए, अब इसे सुधारने की बात करें, जोकि हर एक की इच्छा है। आइए, किसी से पूछें कि किसे सुधारा जाय। पक्का है कि वह अपना नाम नहीं, दूसरे का नाम बतायेगा। इस तरह आप सारी दुनिया छान मारिए, हर कोई अपने को सच्चा और साधु कहेगा! फिर ठीक किसे करना है? आप माथा ठोंककर बैठ जायेंगे।

दूसरे को सुधारना, कर्तव्य-बोध कराना ढोंग है। आज की भाषा में इसे लोग राजनीति कहने लगे हैं। किन्तु अपने को सुधारना, अपने कर्तव्य का बोध करना यह धर्म है। धर्म स्वयं से शुरू होता है, राजनीति दूसरे से। दूसरा न हो तो राजनीति चल नहीं सकती और दूसरा हो तो धर्म टिक नहीं सकता।

राम स्वामी हैं, आदर्श स्वामी। उनके व्यवहार में सदैव आदर्श रूपायित होता है। वे हनुमान को पहले सेवक का कर्तव्य नहीं बताते, पहले अपना कर्तव्य बताते हैं। कहते हैं कि स्वामी को कैसा होना चाहिए। उसके बाद वह सेवक के कर्तव्य की चर्चा करते हैं। समाज में यदि श्रेष्ठ गुणों का संस्कार करना है तो जो ऊँचे आसनों पर बैठे हैं, उन्हें संस्कारी बनना होगा। स्वामी ठीक है तो सेवक गलत हो ही नहीं सकता। किन्तु यदि स्वामी भ्रष्ट है तो ईमानदार सेवक भी कुछ दिनों में भ्रष्ट हो जायेगा। आदर्श हमेशा बड़ों से छोटे तक पहुँचते हैं।

हमारे एक मित्र बहुत बड़े अफसर हैं। उन्हें सिगरेट पीने की लत है। उनके दो छोटे बेटे हैं—आठ और दस वर्ष के। मित्र ने कभी बच्चों के मनोविज्ञान की तरफ ध्यान नहीं दिया। एक दिन वे ठगे-से रह गये। उनके दोनों बच्चे सिगरेट के उन टुकड़ों को पी रहे थे जिसे पिता ने बुझाकर राखदानी में डाल रखा था। वे चिल्लाये—यह क्या हो रहा है?

अबोध बच्चे हतप्रभ हो उठे। उनकी आँखें भर आयीं। रोते हुए वे बोले—आप लम्बा-लम्बा सिगरेट पीते हैं तब कुछ नहीं होता, हम छोटा सा टुकड़ा फूँक रहे हैं तो आप डाँटते हैं।

बच्चों के अबोध तर्क ने मित्र को विजड़ित कर दिया। उनसे कुछ कहते नहीं बना। उसी दिन से उन्होंने सिगरेट छोड़ दी।

जो अपने बच्चों से सिगरेट का पैकेट मँगवाते हैं और शराब का जाम भरवाते हैं, उन्हें उनसे धर्मात्मा बनने की आशा नहीं करनी चाहिए। हम जो बोते हैं, वही उगता है। बड़ों का आचरण छोटे ग्रहण करते हैं। बड़े यदि अपने को सँभाल सकें तो उन्हें छोटों को सँभालने की जरूरत नहीं पड़ेगी, वे अपने आप सँभल जायेंगे।

जो स्वयं सधे होते हैं वे ही दूसरे को साध पाते हैं। राम ने अपने ऊपर पहले बन्धन लगाया, फिर हनुमान के बन्धनों की चर्चा की। इसका हनुमान पर बड़ा अच्छा और अनुकूल असर हुआ।

देखि पवनसुत पति अनुकूला।
हृदयँ हरष बीती सब सूला॥

—स्वामी को अनुकूल और प्रसन्न देखकर पवनसुत हनुमान के हृदय में हर्ष छा गया और उनके सब दुःख जाते रहे।

स्वामी अनुकूल हों तो दुःख रह ही नहीं सकते। सेवक पर दुःख तब आता है जब स्वामी नाराज हो। बाकी दुनिया की नाराजगी का उसपर कुछ असर नहीं पड़ता है। सेवक मौत से टकरा सकता है, पर स्वामी को जरा सा कटु वचन भी उसे आहत कर जाता है। सेवक सदैव स्वामी को प्रसन्न देखना चाहता है।

राम को प्रसन्न देखकर हनुमान का हृदय हर्ष से भर उठा और उनके सभी दुःख समाप्त हो गये। राम ने अभी तक हनुमान को कुछ दिया नहीं था, केवल अपना स्वभाव बताया था। हनुमान इसी से खुश थे। सेवक जब स्वामी का स्वभाव जान जाता है तब उसे अपने कार्य में बड़ी आसानी होती है। वह स्वामी को प्रसन्न रख पाने में ज्यादा सफल हो पाता है। राम को पा लेने के बाद हनुमान को कोई दुःख नहीं रह गया था। उनका कष्ट-भोग क्षय हो गया था।

अब एक चतुर सेवक की तरह हनुमान व्यवहार करते हैं। अपने स्वामी सुग्रीव का दुःख दूर करने के लिए वे राम से निवेदन करते हैं।

नाथ सैल पर कपिपति रहई।
सो सुग्रीव दास तव अहई॥

—हे नाथ! इस पर्वत पर वानरराज सुग्रीव रहते हैं। वे आपके दास हैं।

हनुमान बहुत सधी हुई भाषा का इस्तेमाल कर रहे हैं। वह सुग्रीव को राम का दास बताते हैं। इससे पहले पता नहीं सुग्रीव ने कभी राम का नाम सुना था या

नहीं। हनुमान चाहते हैं कि राम कृपा करके सुग्रीव का कल्याण करें। अभी कुछ क्षणों पहले ही राम ने कहा था वे सेवक के प्रति अधिक कृपावान् होते हैं। हनुमान उनके इसी वचन का फायदा उठा रहे हैं। जब सुग्रीव को वे दास के रूप में स्वीकार कर लेंगे तो उसके कल्याण के लिए प्रतिबद्ध हो जायेंगे।

तेहि सन नाथ मयत्री कीजे।
दीन जानि तेहि अभय करीजे॥

—हनुमान कहते हैं कि हे नाथ! उससे मित्रता कीजिए और उसे दीन समझकर निर्भय कर दीजिए।

हनुमान अच्छी तरह जानते हैं कि राम को भी सुग्रीव की जरूरत है, लेकिन वे राम के सम्मान पर चोट नहीं करना चाहते। कोई भूखा आपके दरवाजे पर आ जाये और आप कहें कि ओ भुक्कड़, चल खा ले; तो यदि उसमें जरा भी स्वाभिमान होगा तो मर जायेगा, पर खायेगा नहीं। लेकिन यदि आप कहें कि श्रीमन्, मेरा अहोभाग्य होता, यदि आप मेरे साथ थोड़ा भोजन ग्रहण कर लेते; तो डकार लेता हुआ व्यक्ति भी साथ बैठने के लिए तैयार हो जायेगा। सम्भाषण-शैली व्यक्ति का पहला परिचय देती है।

एक राजा जंगल में शिकार खेलने गया था। उसने एक हिरन को बाण मारा, किन्तु वह कुलाँचें मारता हुआ दूर निकल गया। राजा के सहकारी उसे खोजने के लिए दौड़ पड़े। राजा थके थे, इसलिए उन्होंने तनिक विश्राम किया। फिर उठे और शिकार की खोज में चल पड़े।

रास्ते में उन्हें एक साधु मिले। महात्माजी अन्धे थे। उनसे रास्ता पूछना बेकार था। लेकिन फिर भी राजा ने पूछ ही लिया, 'महाराज, क्या इधर से कुछ लोग गुजरे हैं।'

महात्माजी ने तुरन्त बताया, 'हाँ राजन्! इस रास्ते से पहले तुम्हारा सिपाही और बाद में मन्त्री गया।'

जवाब बड़ा सीधा था, पर राजा चकरा गया। उसके लिए यह समझ पाना कठिन हो रहा था कि अन्धे साधु ने सिपाही और मन्त्री को कैसे पहचान लिया! शायद उन लोगों ने अपना परिचय दिया हो, यह सोचकर राजा ने पूछा, 'उन लोगों ने आपको कुछ सन्देश दिया?'

'नहीं राजन्! उन्हें इतनी फुरसत नहीं थी। वे भाग रहे थे!'

'अपना परिचय दिया?'

'नहीं।'

अब राजा और चकित हो उठे—'फिर महाराज, आपने यह कैसे जाना कि एक सिपाही है और एक मन्त्री और मैं राजा हूँ?'

महात्माजी हँसे—'व्यक्ति अपने सम्भाषण से पहचाना जाता है। सबसे पहले जो व्यक्ति मेरे पास आया था उसने घुड़ककर कहा था—अन्धे! इधर से हिरन गया है? मैं समझ गया कि यही सिपाही है। वह व्यक्ति के अनुरूप भाषा का उपयोग नहीं करता, अपनी भाषा के अनुसार व्यक्ति को सम्बोधित करता है।

'फिर मेरे पास दूसरा व्यक्ति आया। वह भी जल्दी में था। उसने भी मुझसे सवाल किया—सूरदासजी, आपने इधर किसी जानवर को जाते देखा है?

'मैं समझ गया कि यह मन्त्री है। दृष्टि इसकी भी मेरे शरीर पर है, पर यह सिपाही से ज्यादा समझदार है। सिपाही ने मुझे अन्धा कहा था और मन्त्री ने सूरदास। दोनों मेरा शरीर ही देख रहे थे। मेरे भीतर नहीं झाँक पाये थे। एक की दृष्टि में सूखापन था, दूसरे की दृष्टि में कोमलता थी। इसीलिए भाव एक रहने के बावजूद शब्द बदल गये थे।

'और जब आप आये राजन्, तो बात ही कुछ और थी। आपने मेरा शरीर नहीं देखा। आपकी दृष्टि में मेरा आत्मतत्त्व था। इसीलिए आपने मुझे 'साधु महाराज' कहा। आपकी दृष्टि में मेरी शारीरिक अक्षमता नहीं आयी, जबकि निस्सन्देह आपने उसे देखा होगा।'

राजा ने अभिभूत होकर कहा, 'महात्मन्! किसी को उसकी शारीरिक अक्षमता के साथ सम्बोधित करना सबसे बड़ी क्रूरता है। आप हमारे कर्मचारियों के अपराध को क्षमा करें, प्रभु।'

'वत्स', साधु ने कहा, 'क्षमा की तो कोई बात ही नहीं है। आप नहीं आये होते तो मुझे तो उनकी याद भी नहीं आती। मैं तो उन्हें भूल चुका था।'

शब्द सबसे बड़े शस्त्र हैं। उनका सही और सटीक उपयोग होना चाहिए। उपनिषदों ने बार-बार आगाह किया है कि सत्य बोलो। प्रिय बोलो। अप्रिय सत्य मत बोलो। कुछ लोग इस पर बड़ी नाक-भौं सिकोड़ते हैं कि यह क्या कह दिया है ऋषियों ने। सत्य को प्रिय कैसे बनाया जा सकता है। वह तो आग है। उसमें ताप तो रहेगा ही। उसे अप्रिय होने पर छुपाया कैसे जा सकता है? यह तो अजीब बात है।

बात अजीब नहीं, सीधी है। आदमी वाणी का बड़ा अपव्यय करता है। अपनी तमाम शक्तियों में वह सबसे अधिक फिजूलखर्ची इसी की करता है। जबकि शब्द ब्रह्म है। नाद सृष्टि की चेतनता का नियन्ता है। स्वर से चेतना अभिव्यक्त होती है। स्वर जितना संयत होगा, चेतना उतनी ही प्रखर होगी।

कितना आश्चर्यकारी है! झूठा बहुत संयत होता है। वह सँभल-सँभलकर बोलता है कि कहीं पकड़ न लिया जाय। वह मीठा भी बोलता है कि लोग विश्वास कर लें। सत्य को जिस पर सवारी करनी होती है उसे झूठ ने चुरा लिया है। सत्य के रथ के दो पहिये हैं—संयम और मधुरता। दोनों अब झूठ के पास हैं।

ऋषि चाहता है कि यह रथ फिर से सत्य के पास आ जाये, जिससे वह आतंक न पैदा कर सके। उसे पाकर लोगों में विश्वास का जन्म को सके। यह तब तक नहीं होगा जब तक सत्य के पास संयम और मिठास नहीं होगी। अभी सत्य के पास क्या है? बड़बोलापन और कटुता! लोग इससे भागते हैं, सत्यवादी को पागल समझते हैं। सत्य जब तक संयम और मिठास का प्राइमर नहीं पढ़ेगा तब तक लोगों का विश्वास नहीं पा सकेगा। उपनिषद् के ऋषि की वाणी व्यर्थ नहीं हो सकती। प्रियता के अभाव में ही सत्यवादी अहंकारी बनता है। चोट करना संसार का सबसे बड़ा अहंकार है, चाहे वह शस्त्र की हो या शब्द की। सत्यवादी शब्दों की चोट करता है। यदि सत्य में प्रियता घुल जाये तो वह वज्र न हो पुष्पबाण बन जाता है। चोट उससे भी लगती है; पर वह रुलाती नहीं, मदमाती है।

ऐसी बानी बोलिए मन का आपा खोय।
औरन को सीतल करै आपहु सीतल होय॥

—रहीम ने कहा है कि सदा मन के अहंकार को त्याग करके बोलिए। उससे दूसरे का भी हृदय ठण्डा होता है और अपना भी।

वाणी का इससे ज्यादा अच्छा उपयोग क्या होगा कि वह दूसरे को शीतल करे। आदमी प्रायः अपनी जुबान दूसरों को दुःख पहुँचाने के लिए ही खोलता है। लेकिन वह वाणी की शोभा नहीं है। निन्दा, बुराई और चुगली वाणी के दोष कहे गये हैं। वाणी का अलंकार गुणों का बखान है। इसमें भी सजगता जरूरी है, नहीं तो आदमी चापलूस और चारण बन जाता है। वह हर व्यवहार को गुण ही मानने लगता है।

इसीलिए रहीम ने एक कसौटी दी। उन्होंने कहा कि मन के अहंकार को पहले खत्म कीजिए, फिर बोलिए। अहंकारहीन आदमी न कटु होगा, न पटु। वह मधुर और सरल होगा। मधुरता और सरलता जब वाणी पर बैठ जाती है तो शीतलता अनायास आ जाती है। यह शीतलता दोहरा काम करती है। पहले जो सुनता है वह शीतल होता है, फिर सुनानेवाला। आदमी प्रायः पहले स्वयं सुखी और शान्त होना चाहता है। लेकिन रहीम कहते हैं कि दूसरे को शान्त और शीतल किये बगैर यह सम्भव ही नहीं है। अपने सुख की बात स्वार्थी सोचता है। ऐसा

व्यक्ति कभी अहंकार और कटुता नहीं छोड़ पाता है। स्वार्थ के ये ही दो बड़े सिपाही हैं। पर जैसे आदमी दूसरों के बारे में सोचने लगता है, इन सिपाहियों की रोजी-रोटी मारी जाती है।

हनुमान बड़ी शालीनता से पहले राम को गौरव देते हैं। कहते हैं, सुग्रीव दीन हैं, आप उन्हें निर्भय करें। दोनों बन्धनों में हनुमान राम को बाँध रहे हैं। पहले कहते हैं कि सुग्रीव आपका दास है, फिर कहते हैं कि चूँकि वह राजा है, इसलिए उसे मित्र बना लीजिए। ऐसा वह इसलिए चाहते हैं कि जिससे दीन और भयभीत सुग्रीव का उद्धार हो सके।

सुग्रीव का स्वार्थ कह लेने के बाद हनुमान राम के स्वार्थ की चर्चा करते हैं।

सो सीता कर खोज कराइहि।
जहँ तहँ मरकट कोटि पठाइहि॥

—सुग्रीव सीताजी की खोज करायेंगे और जहाँ-तहाँ करोड़ों वानरों को भेजेंगे।

बिना किसी सौदेबाजी का पुट दिये हनुमान ने सलीके से राम को बता दिया कि आप सुग्रीव का काम कर दें, सुग्रीव आपका काम कर देंगे। वन में राम के लिए राजनीतिक सम्बन्ध जोड़ने का यह पहला अवसर था। अभी तक उन्हें साधु-महात्मा और भक्त ही मिले थे। अब उन्हें एक-एक व्यक्ति से मिलना था, जो राजनीतिक स्तर पर उनसे जुड़ रहा था। राम को सीता की खोज के लिए सहायकों की जरूरत थी। सुग्रीव को बालि के भय से मुक्त होने के लिए राम की जरूरत थी। राम के सामने सुग्रीव को निर्भय करके अपना बना लेने का बड़ा अच्छा अवसर था।

कुछ लोग कहते हैं कि राम ने कायर सुग्रीव से मित्रता क्यों की? उन्हें तो बालि से मेल-मिलाप करना चाहिए था। राजनीतिक दृष्टि से यह सम्बन्ध उचित नहीं होता। बालि महापराक्रमी था। राम से किसी क्षण विद्रोह करके वह उन्हें संकट में डाल सकता था। राम अपनी रणनीति एकदम निरापद रखना चाहते थे। सुग्रीव से मित्रता उनके लिए ज्यादा लाभकारी थी। कृतज्ञ होने के कारण वह राम के खिलाफ नहीं जा सकता था। कायर स्वभाव के कारण वह दूसरे के भड़काने में भी नहीं आ सकता था।

इन सब बातों को ध्यान में रखकर ही राम ने सुग्रीव से मित्रता करने का निर्णय लिया। राम बड़े स्नेह से सुग्रीव से मिले।

तब हनुमन्त उभय दिसि की सब कथा सुनाइ।
पावक साखी देइ करि जोरी प्रीति दृढ़ाइ॥

—तब हनुमानजी ने दोनों ओर की सब कथा सुनाकर, अग्नि को साक्षी देकर दोनों

के बीच में दृढ़ प्रेम और मैत्री की स्थापना करा दी।

इसके साथ ही हनुमान का पहला काम पूरा हुआ। राम और सुग्रीव को मिलाकर उन्होंने एक नये अध्याय की रचना की। राम अकेले थे, उन्हें पत्नी के वियोग का दुःख प्राप्त हुआ था। रावण से जूझने के लिए उन्हें सहायकों की जरूरत थी। सुग्रीव जाने कितने दिनों से बालि के भय से व्याकुल थे। राम ने अपने पराक्रम से सुग्रीव के भय को दूर करने का संकल्प किया। उन्होंने सुग्रीव को विश्वास भी दिलाया कि उनमें बालि को मारने की शक्ति और क्षमता है।

इस तरह पहली बार हनुमान राम के काम आये। जिस तरह परिस्थितियाँ थीं उनमें राम को ऐसे आस्थावान् और विश्वस्त सहायकों की जरूरत थी, जो जूझने का दम रखते हों, मर-मिटने की तत्परता रखते हों। बिना मौत के माथे पर पाँव धरे विजयश्री का वरण नहीं किया जा सकता है। ऐसे लोग राम को और कहीं नहीं मिल रहे थे। देवता रावण की चाकरी कर रहे थे। आस-पास के क्षेत्रों में रावण का आतंक और प्रभुत्व था। अयोध्या और जनकपुरी से सेना लाने में उनके बीच में ही मर-खप जाने की सम्भावना थी, क्योंकि दूरियाँ बहुत थीं। वनवासी और तपस्वी राम अयोध्या और जनकपुरी से कोई सहायता न लेने के लिए अपने संकल्प से भी बँधे थे। इसीलिए राम ने सुग्रीव से मित्रता की, बालि का वध किया। समूची वानर सेना उनकी सहयोगिनी बन गयी। यह सब हनुमान के सहयोग से ही हुआ।

☐

सुग्रीव की रक्षा

पवन तनय सब कथा सुनाई

हनुमान के सहयोग से राम सम्पूर्ण हृदय से सुग्रीव के हो गये थे। बालि का संहार करके उन्होंने किष्किन्धापुर का सिंहासन सुग्रीव को दे दिया था।

राम कहा अनुजहि समुझाई।
राजु देहु सुग्रीवहि जाई॥

—राम ने लक्ष्मण को समझाकर कहा कि जाओ, सुग्रीव का राजतिलक कर दो।

राम ने तनिक भी देरी नहीं की। बालि के मरते ही राज्य सुग्रीव को सौंप दिया। राम नहीं होते तो इस जीवन में सुग्रीव राजा नहीं बन सकते थे। बालि के बाद अंगद राजा बनता। भला सुग्रीव को कौन पूछता! राम ने उसे धूल से चन्दन बना दिया। लेकिन सुग्रीव अपनी आदत से बाज नहीं आये।

सुग्रीव से राम ने निवेदन किया था कि वर्षा ऋतु में खोज का अभियान सम्भव नहीं होगा। इस बीच तुम अपने राज्य का नियमन और संचालन करो। शरद् ऋतु आते ही तुम मेरे काज की चिन्ता करना। सुग्रीव उसे स्वीकार करके राज भोगने चले गये थे।

अंगद सहित करहु तुम्ह राजू।
संतत हृदयँ धरेहु मम काजू॥

—हे सुग्रीव! तुम जाकर अंगद के साथ राज्य करो। मेरे काम का हृदय में सदा ध्यान करना।

सुग्रीव ने चौपाई भले ही पूरी सुनी हो, पर ध्यान आधी पर ही दिया। उसे केवल 'करहु तुम्ह राजू' ही याद रहा। शेष बातें केवल हनुमान ही याद रख सके थे। स्वामी जब कोई बात कहता है तो सच्चा सेवक अपने दिल में उसे उतार लेता

है। स्वार्थी सुनता ही नहीं। राम के पास से जाते समय सुग्रीव ने धन्यवाद के दो शब्द भी नहीं कहे। उसे तो भोग करने की चिन्ता थी। जब आदमी वासना के वशीभूत होता है तब उसे कुछ और नहीं सुहाता है। उसे कुछ और याद भी नहीं रहता है।

राम ने कहा था, मेरे काम का सदा ध्यान रखना। आशय यह था कि इन चार महीनों में बराबर यह सोचते रहना कि वर्षा खत्म होते ही सीता की खोज के लिए क्या उपाय किया जाये। लेकिन सुग्रीव तो राग-रंग में ही खो गये। वर्षा ॠतु बीत गयी। सुग्रीव नहीं जागे। रामकाज की उन्हें सुधि नहीं आयी। यह खयाल केवल हनुमान को आया। राम जब बोल रहे थे तो अंगद-जामवन्त भी वहाँ थे। सुना सबने था, पर समझा केवल हनुमान ने ही था। जो स्वामी का आशय समझता है वही सच्चा सेवक होता है।

इहाँ पवनसुत हृदयँ बिचारा।
राम काजु सुग्रीवँ बिसारा॥

—पवनपुत्र हनुमान ने हृदय में विचार किया कि सुग्रीव राम का काम भूल गये हैं।

हनुमान समझ रहे थे कि अनर्थ होने ही वाला है। राम के प्रति अकृतज्ञ होनेवाला कैसे बच सकेगा। सुग्रीव का सारा सुख-वैभव मटियामेट हो जायेगा। बालि से तो उसके प्राणों की रक्षा हो गयी थी, राम से कैसे होगी? राम के बाण से सुग्रीव को कौन बचा सकेगा?

दोहरे दायित्व से बँधे थे हनुमान। उन्हें सुग्रीव को भी बचाना था और राम की चिन्ता को भी मिटाना था। वे जानते थे कि सीता के लिए राम कितने व्याकुल हैं। लेकिन सुग्रीव को समझा पाना आसान नहीं था। आदमी विषय-वासना में डूबा हो तो उसे कीर्तन नहीं भाता है। संसारी आदमी त्याग की बातें नहीं करता है। फिर भी हनुमान ने कोशिश की।

निकट जाहि चरनन्हि सिरु नावा।
चारिहु बिधि तेहि कहि समुझावा॥

—उन्होंने सुग्रीव के पास जाकर चरणों में सिर नवाया और साम, दान, दण्ड, भेद चारों प्रकार की नीतियाँ कहकर अच्छी तरह समझाया।

हनुमान ने नीति के नियमों के अनुसार सुग्रीव को उनका कर्तव्य समझाया। यहाँ एक बड़ी गूढ़ बात है। हनुमान को नीतियों का सहारा क्यों लेना पड़ा? सुग्रीव तो राम के प्रति बड़े कृतज्ञ थे। उन्होंने सीता की खोज करने का संकल्प भी ले रखा था।

सब प्रकार करिहउँ सेवकाई।
जेहि बिधि मिलिहि जानकी आई॥

—मैं सब प्रकार से आपकी सेवा करूँगा, जिस उपाय से जानकीजी आकर आपको मिलें।

ऐसे वचन देनेवाले सुग्रीव से तो हनुमान को केवल इतना ही कहना चाहिए था कि स्वामी, समय हो गया है, राम का काम करने के लिए तैयार हो जाइए। पर उन्होंने साम, दाम, दण्ड, भेद का भय दिखाया। कारण साफ है। विषयी आदमी सहज मन से अच्छा काम करने के लिए कभी नहीं सोचता।

एक व्यापारी था। काफी धनी। जीवन भर उसने केवल पैसा ही कमाया था। तीज-त्योहार, छुट्टी, रविवार किसी भी दिन उसने अपनी दूकान बन्द नहीं की थी। सोचता था, ग्राहक आया और दूकान बन्द देखकर चला गया तो नुकसान होगा। अत: जब सब लोग खा-पीकर सो जाते तब वह दूकान बन्द करता।

होनी बड़ी विचित्र है। एक दिन उसकी साँस बन्द होने का समय आ गया। पत्नी ने देखा, प्राण छूटने ही वाले हैं। उसने तीनों बच्चों को दूकान से झटपट बुला भेजा। वे भागते आये। पिता के पास शंकित मन से खड़े हो गये।

व्यापारी ने अचानक आँखें खोलीं, कमरे में एक नजर डाली और पत्नी से बोला—सुनती हो! यहाँ कमरे में कौन है?

पत्नी ने बताया—तीनों बच्चे आ गये हैं। कुछ कहना-सुनना है?

मौत से जूझते व्यापारी का चेहरा तन गया। क्रोध में बिफरता हुआ बोला—तीनों यहाँ हैं तो दूकान पर कौन है? क्या बन्द कर आये हो? मैं तो जानता हूँ, मेरे मरते ही सर्वनाश हो जायेगा।

बच्चे घबड़ा गये। छोटे ने उन्हें शान्त कराते हुए कहा—शान्त हों, पिताजी। दूकान बन्द नहीं है। नौकर काम कर रहे हैं।

बूढ़ा चीख उठा—फिर तो बन्द ही करना ठीक था। जितना बिकेगा उसका दूना नौकर लूट लेंगे। अरे नालायको! तुम लोग मुझे शान्ति से मरने भी नहीं दोगे।

व्यापारी के लिए भगवान् से बड़ी थी दूकान। इसीलिए वह मरते समय उसी की सोच रहा था। विषयी आदमी से बाहर सोचता ही नहीं है। और अगर क्षण मात्र के लिए अच्छा विचार आ भी जाये तो उसपर अमल नहीं करता है।

एक किसान था। उसकी पत्नी बड़ी लड़ाकू थी। हर बात में लड़ती थी। किसान दिन भर खेत में काम करता था। शाम को थककर घर आता था। उसे प्यार की जरूरत होती थी। लेकिन तकरार मिलती थी। लड़-झगड़ और खा-पीकर दोनों

साथ सो जाते थे। यही उनकी जिन्दगी थी।

एक दिन किसान के मन में वैराग्य-भाव आया। सुबह उठते ही उसने अपनी पत्नी से कहा—अब आज से तुम मुझसे नहीं लड़ सकोगी। मैं चला वन में तपस्या करने।

उसने सोचा था, पत्नी फूट-फूटकर रोयेगी, चरण पकड़कर क्षमा माँगेगी; पर उस वीरांगना ने कहा—घर की तपस्या में तो तुम परमहंस हो गये, अब जंगल की बाकी है। जाओ, उसका भी मजा ले आओ।

किसान गुस्से में उबलता हुआ जंगल तक आ पहुँचा। एक-दो घण्टे उसने इधर-उधर बिताये। फिर उसे घर की याद आने लगी। वह खेत में होता था तो उसकी पत्नी उसका भोजन लेकर आती थी, उसे खिलाती थी। शाम को घर पहुँचता था तो भोजन पकाकर देती थी। उसकी सुख-सुविधा का खयाल रखती थी। बस, एक ही खराबी थी, लड़ती थी। लेकिन इतनी सी बात के लिए उसे छोड़ देना अच्छा नहीं। जंगल में क्या मिलेगा? बस, फल-फूल। इनसे आदमी कितने दिन पेट भरेगा? इनमें पराँठों की सुगन्ध कहाँ आ पायेगी? वह घर लौटने के लिए तड़प उठा।

एक बड़ी समस्या थी। घर लौटा कैसे जाय। पत्नी बहुत हँसेगी, जीवन भर ताना मारेगी। किन्तु बिना लौटे भी तो नहीं बनेगा। यही सब सोचता किसान जंगल से बाहर आ गया। शाम हो गयी थी। चरवाहे पशु चराकर वापस लौट रहे थे। उसके मन में एक विचार आया। उसने अपने चरवाहे को उसके घर भेज दिया और पशुओं को लेकर अपने घर लौटा। घर के करीब आते ही उसने एक गाय की पूँछ पकड़ ली और जोर-जोर से चिल्लाने लगा—हे गाय! मुझे घर मत ले जाओ। मैं अपनी पत्नी का मुख नहीं देखना चाहता। मैं जंगल में रहूँगा, तपस्या करूँगा। तुम मुझे छोड़ दो।

पत्नी ने सबकुछ सुना। घूँघट काढ़कर बाहर आयी—लो, मैंने घूँघट काढ़ लिया है परमहंसजी। अब अन्दर आ जाइए। मेरा मुख देखने के पाप से आप बच जायेंगे। यहीं तपस्या कीजिए। लेकिन हाँ, दिन भर के भूखे होंगे, कुछ खा लीजिए।

किसान पर पत्नी मेहरबान थी। उसे भगवान् के मिलन से अधिक सुख मिला। वह फिर अपने जीवन में रम गया।

विषयी आदमी उपदेश की नहीं, भय की भाषा समझता है। हनुमान यह अच्छी तरह जानते थे। इसीलिए उन्होंने सुग्रीव को समझाने के लिए नीतिशास्त्र का सहारा लिया। राम के पौरुष-पराक्रम की याद दिलायी। उनके शस्त्रों का तेज

बतलाया। लक्ष्मण के कोप का ध्यान दिलाया। जो बात सुग्रीव को सामान्य स्थिति में एक क्षण में समझ में आ जानी चाहिए थी, उसे समझाने के लिए हनुमान को इतना कुछ करना पड़ा। विषयी मन बड़ा हठी होता है। वह केवल भय से ही सीधा बनता है।

सुनि सुग्रीवँ परम भय माना।
विषयँ मोर हरि लीन्हेउ ग्याना॥

—हनुमान के वचन सुनकर सुग्रीव ने बहुत ही भय माना और कहा कि विषयों ने मेरे ज्ञान को हर लिया था।

हनुमान ने जैसे ही सुग्रीव को राम के बाणों का प्रताप समझाया, उसकी घिग्घी बँध गयी। उसे पसीना छूटने लगा। उसे भय नहीं, परम भय हुआ। विषयभोगी व्यक्ति मौत और कष्ट से बहुत डरता है। वह मर गया तो विषयों का भोग नहीं कर सकेगा और यदि विषयभोग उससे छीन लिये जायें तो जीते-जी उसका जीवन नरक बन जायेगा। बालि ने सुग्रीव से यह नरक भोगवाया था। उस स्थिति में दुबारा पड़ने की सुग्रीव की तनिक भी इच्छा नहीं थी। इसीलिए वह बहुत डर गया था।

विषयी आदमी जब डरता है तो बहुत ज्ञानी बन जाता है; क्योंकि ज्ञान ही उसे बचा सकता है। ज्ञान का इस्तेमाल वह अपने बचाव के लिए करता है। भय से आदमी बदलता भी है। सांसारिक लोगों को बदलने के लिए नरक का भय दिखाया गया है, पाप का भय बताया गया है। प्रेम आदमी को अन्दर से बदलता है और भय बाहर से। साधारणत: आदमी प्रेम की भाषा नहीं समझता। यदि समझता तो दुनिया अब तक स्वर्ग हो चुकी होती। लगता है, संसार को स्वर्ग बनाने में कोई रुचि नहीं रखता। आदमी को पृथ्वी की चक-चक रास आ गयी है।

एक भौंरा उड़ता हुआ कहीं जा रहा था। उसे रास्ते में एक गोबरैला मिल गया। वह भी काला था। अत: भौंरे ने सोचा कि अपनी ही जाति का कोई प्राणी है। उसने गोबरैले से पूछा, 'कहाँ जा रहे हो, भाई?'

'भोजन की तलाश में।' जवाब मिला।

'मेरा निमन्त्रण स्वीकार करो, भाई।' भौंरा बोला, 'आज मेरे साथ भोजन करो।'

गोबरैले ने स्वीकृति दे दी। दोनों उड़े। भौंरा उसे खूबसूरत फूलों के पास ले गया—'बन्धु! जमकर इनका रस चखो।'

गोबरैले ने फूलों को सूँघा और मुख बिचका लिया।

भौंरे ने सोचा, यह कोई सयाना भाई है। ऊँची चीजें पसन्द करता है, अत:

वह उसे मिठाई की दूकान पर ले गया और बोला, 'ये किस्म-किस्म की मिठाइयाँ हैं, इन्हें छक के खाइए।'

गोबरैले ने उन्हें भी सूँघकर छोड़ दिया।

अब भौंरा घबड़ाया। उसने सोचा, अतिथि-सत्कार उसके भाग्य में नहीं लिखा है। उसने एक अन्तिम उपाय किया। गोबरैले से बोला, 'चलो, नन्दन वन चलते हैं।'

दोनों उड़े। मैदान आते ही गोबरैले को एक गन्ध मिली और वह नीचे उतरने लगा। भौंरे ने पूछा, 'कहाँ चल दिये?'

गोबरैले ने जवाब दिया—'मेरा नन्दन वन मिल गया। मैं भोजन करने जा रहा हूँ। बड़ी भूख लगी है।'

भौंरा जब नीचे आया तो देखकर चकित और सन्न रह गया। गोबरैला गोबर को चटकारे ले-लेकर खा रहा था।

आदमी ने भी अपना नन्दन वन खोज लिया है। इसीलिए साधु-महात्मा लाख चिल्लायें, उसपर असर नहीं होता है। विषयी मन प्रेम की पुकार नहीं सुनता है। उपनिषद् प्रेम की भाषा बोलते हैं। कितने लोग उन्हें जानते-मानते हैं। पुराण भय की भाषा बोलते हैं, नरक के भयानक चित्र खींचते हैं। सभी उनकी ओर खिंचे जाते हैं। हर घर-गाँव में पुराण की कथा होती है।

भय के कारण ही सुग्रीव रास्ते पर आ गये। जब तक भय नहीं था, मस्त थे। राग-रंग में डूबे थे। भय का आभास मिलते ही बिलबिलाने लगे। उन्होंने कहा कि विषय ने मेरा ज्ञान हर लिया था। यह सच है। विषय आदमी का ज्ञान हर लेता है। विषयों की तरफ आदमी जैसे मुख करता है, ज्ञान के दरवाजे बन्द हो जाते हैं। आदमी का कर्तव्य-बोध मारा जाता है। वह केवल अपने बारे में ही सोचता है।

विषय में बाँधने की बड़ी शक्ति होती है। मनुष्य का पूरा अस्तित्व एक दाहक ऊर्जा है। विषय उसके प्रवाह को बाहर की ओर ले जाते हैं और ज्ञान अन्दर की ओर। विषय-भोग में इन्द्रियाँ शिथिल होती हैं, उनका तनाव मिटता है। इसीलिए आदमी विषयों की ओर भागता है। पर यह बीमारी है। इससे वास्तव में तनाव नहीं मिटता है। वास्तविक तनावहीनता तब आती है जब इन्द्रियों का स्वामी मन शिथिल हो जाये। ज्ञानी मन को साधकर सबको साध लेता है। अज्ञानी अंग-अंग की मालिश करवाता है।

मन छूछा नहीं रह सकता। उसे कुछ-न-कुछ खाने को चाहिए। संसारी

लोग उसे विषय का भोजन देते हैं और असंसारी लोग ज्ञान का। एक को खाकर मन बीमार हो जाता है और दूसरे को खाकर अमर। प्रयत्न यह करना चाहिए कि मन बाहर न भागे। भागे तो कसकर रोकना चाहिए।

एक महात्मा थे। भजन-पूजन कर रहे थे। अचानक उनका मन हुआ चपाती खाने का। मन को कई बार उन्होंने रोका, पर वह माना नहीं। साधना में बाधा पड़ रही थी। महात्माजी हारकर उठे। आटा माँगकर लाये। धूनी जलायी। खाने भर को चपातियाँ बनायीं। फिर उठे और चपातियों का पूरा थाल सामने बहती नदी में फेंक आये। धूनी की जरा सी राख खायी और पानी पी गये। एक अन्य साधु यह सब तमाशा देख रहा था। उसने पूछा, 'महाराज, इतना परिश्रम करके आपने पकाया, फिर फेंक क्यों दिया?'

बाबा ने कहा, 'मन महाराज को दण्ड देने के लिए। ये कल से मुझे परेशान कर रहे थे कि चपाती खाऊँगा। मैंने लाख मना किया, पर नहीं माने। आज दण्ड मिल गया। अब ये जिद नहीं करेंगे।'

स्वामी रामतीर्थ भी मन को ऐसा ही दण्ड दिया करते थे। जब वह विषयों की तरफ भागता था तो उसे मना करते थे। न मानने पर उस चीज को मँगाकर रख लेते थे, लेकिन खाते नहीं थे। जब सड़ जाती थी तब मन से पूछते थे, 'मन राम! खायेंगे?'

मन जब सधता है तब बाहर नहीं भागता, इन्द्रियों के साथ जोर-जबरदस्ती नहीं करता। फिर वह भीतर धँसता है, जहाँ ज्ञान का राज्य है, प्रभु का सिंहासन है।

मन पर नियन्त्रण रहने के कारण सुग्रीव विषयानुगामी हो गये थे। पर राम के भय ने जैसे मन को साधा, वे ज्ञानी हो गये। राम-काज के लिए तत्पर हो उठे।

अब मारुतसुत दूत समूहा।
पठवहु जहँ तहँ बानर जूहा॥

—सुग्रीव ने आज्ञा दी कि हे हनुमान! जहाँ-जहाँ वानर सेनाएँ हैं वहाँ-वहाँ दूतों को भेजो, जिससे वे शीघ्र रामकाज के लिए एकत्र हो सकें।

हनुमान तो आज्ञा की ही प्रतीक्षा में थे, उन्होंने तत्काल फरमान जारी कर दिया। दूत सेना एकत्र करने के लिए चल पड़े।

इसी समय क्रोध से भरे लक्ष्मण ने किष्किन्धापुर में प्रवेश किया। उनके तने हुए चेहरे को देखकर बन्दर यहाँ-वहाँ भागने लगे। बात सुग्रीव तक पहुँची।

क्रोधवंत लछिमन सुनि काना।
कह कपीस अति भयँ अकुलाना॥

—अपने कानों से लक्ष्मण को क्रोध से भरा सुनकर सुग्रीव ने भय से आकुल होकर कहा।

सुग्रीव ने अभी साक्षात् लक्ष्मण को देखा नहीं था। उनके क्रोध को केवल सुना था। सुनकर ही वह काँप रहा था। भयभीत व्यक्ति की यही हालत होती है। वह देखकर नहीं, सुनकर ही दहल जाता है। देखकर तो वह मरा ही समझिए।

अँधेरे में राह चलता आदमी भूत को देखता नहीं है, फिर भी उसकी कँपकँपी छूटती रहती है। वह जोर-जोर से गाता-चिल्लाता रहता है। हनुमान के प्रति उसकी भक्ति भय के कारण दुगुनी हो जाती है। यह अदृश्य का भय है, फिर भी आदमी के छक्के छुड़ा देता है।

सुग्रीव को तो दृश्य का भय था। लक्ष्मण साक्षात् पहुँच रहे थे। उनके कदमों की आहट सुग्रीव के कानों में आतंक का डंका पीट रही थी। लक्ष्मण के स्वभाव को वह अच्छी तरह से जानता था। राम के लिए वे कितना समर्पित हैं, इसका उसे पूरा ज्ञान था। उसे अपनी असहायता का भी पता था। भयभीत वही होता है जो असहाय हो और जिसे अपने प्राणों का मोह हो। इस संसार में प्राणी को एक ही भय है—मृत्यु का भय। वही भय नाना रूपों में प्रकट होता है। भूत से डरना या भूख से, भगवान् से डरना या बलवान् से, सभी उस एक मौत के भय के छद्म रूप हैं। मरा या मौत को जीत लेनेवाला किसी से नहीं डरता। मुर्दे का कोई क्या बिगाड़ सकता है? जिसने मृत्यु को गले लगा लिया है उसका भी कोई बाल बाँका नहीं कर पाता। सरदार भगतसिंह ने बम फेंका और खड़े हो गये। भागे नहीं। महात्मा गांधी अधनंगे और निहत्थे हो अंग्रेजों की छाती पर मूँग दलते रहे। कितनी भारी फौज थी उनके पास, पर गांधी न गोलियों से डरे, न गालियों से।

लेकिन सुग्रीव डर रहे थे, क्योंकि वे अन्दर से कमजोर थे। इसीलिए कानों से सुनकर ही कम्पित हो उठे।

सुनु हनुमंत संग लै तारा।
करि बिनती समुझाउ कुमारा॥

—उन्होंने हनुमान से कहा—हे हनुमान! तुम तारा को साथ लेकर जाओ और लक्ष्मणजी को विनयपूर्वक समझाओ।

सुग्रीव के इस कथन में भी विचार नहीं, भय दिखाई दे रहा है। यदि वे केवल हनुमान को भेजते तो इसे नीति-व्यवहार कहा जाता। कुछ भी हो, सुग्रीव राजा थे। उनके सामने लक्ष्मण की कोई हैसियत नहीं थी। खुद जाकर लक्ष्मण का स्वागत करना राजनयिक शिष्टाचार के खिलाफ हो सकता था। दूत भेजना नीति-

सम्मत था। हनुमान का लक्ष्मण से मिलने जाना हर तरह से जायज है। किन्तु तारा का जाना बड़ा अजीब लगता है। नीति के प्रतिमान इसकी व्याख्या नहीं कर पाते हैं।

इसकी केवल एक ही व्याख्या है, सुग्रीव का भय। एक बात जान लीजिए। भयभीत और भ्रष्ट आदमी हमेशा औरत को आगे रखता है। निर्भय और नीतिज्ञ हमेशा औरत को पीछे रखता है। एक के लिए स्त्री हथियार होती है, दूसरे के लिए प्रतिष्ठा। हथियार को आदमी आगे रखता है, क्योंकि वही उसे बचाता है। प्रतिष्ठा को पीछे रखा जाता है, क्योंकि उसे ही बचाना होता है।

प्रसंग आ गया है तो आइए, इस विषय पर थोड़ा और गहराई से विचार करें। सुग्रीव को हमने देखा। भय के कारण उन्होंने स्त्री को आगे रखा था। उन्हें पता था कि लक्ष्मण स्त्री पर हाथ नहीं उठायेंगे। स्त्री से कठोर वचन नहीं कहेंगे। अब रावण का उदाहरण लें। वह भयभीत तो नहीं था, किन्तु भ्रष्ट था। वह जानता था कि आर्य संस्कृति में स्त्री का वध वर्जित है। इसका लाभ उठाने के लिए उसने अपने साम्राज्य के हर मुख्य द्वार पर स्त्री को लगा रखा था। सज्जन कानून का पालन करते हैं और दुर्जन उसका उपयोग। रावण आर्य कानून का अपने निहित स्वार्थ के लिए उपयोग कर रहा था।

विश्वामित्र के आश्रम में उसने मुख्याधिपति ताड़का को रखा था। पंचवटी में शूर्पणखा को और लंका के द्वार पर लंकिनी को। अपने को बचाने के लिए स्त्री को आगे करना भय और भ्रष्टता की चरम सीमा है, नैतिक मूल्यों की निर्मम अवहेलना है।

राम का आचरण इसके ठीक विपरीत है। वे स्त्री को प्रतिष्ठा समझते हैं। उसे बचाने के लिए स्वयं हमेशा आगे रहते हैं। राम को खर-दूषण से युद्ध करना था। उनके पास लक्ष्मण और सीता भी थे। हजारों सैनिकों को लेकर खर-दूषण चीख रहे थे कि सुन्दरी स्त्री को हमें देकर तुम अपने प्राण बचा लो। राम यदि भयभीत या भ्रष्ट होते तो सीता को राक्षसों को सौंपकर आसानी से अपने जीवन को बचा सकते थे। किन्तु राम निर्भय और नीतिवान् थे। उन्होंने अपने को बचाने के बजाय सीता को बचाना ज्यादा जरूरी समझा।

लै जानकिहि जाहु गिरि कंदर।
आवा निसिचर कटकु भयंकर॥

—राम ने कहा कि हे लक्ष्मण! जानकी को लेकर किसी गुफा में चले जाओ। राक्षसों की भयंकर सेना आ रही है।

ध्यान दीजिए। राम ने यह नहीं कहा कि सीता को किसी गुफा में छिपाकर

तुम वापस युद्ध में मेरा सहयोग करने के लिए आ जाओ। तब तो राम कायर हो जाते। अपनी प्रतिष्ठा को बचाने से अधिक अपने को बचाने की चिन्ता का दाग उनपर लग जाता। उन्होंने लक्ष्मण से बड़े साफ शब्दों में कहा—

रहेहु सजग सुनि प्रभु कै बानी।
चले सहित श्री सर धनु पानी॥

—सीता की रक्षा में सदा सावधान रहना। प्रभु की वाणी सुनकर लक्ष्मण हाथ में धनुष-बाण लिये सीताजी के साथ चले गये।

जरा राम को छोड़कर तुलसी का कमाल तो देखने चलिए। लक्ष्मण सीता की रखवाली के लिए जा रहे हैं, अत: तुलसी यह लिखना नहीं भूलते हैं कि उनके हाथ में धनुष-बाण है। वैसे इसे बताने की कोई जरूरत नहीं थी। धनुष-बाण तो क्षत्रिय का आवश्यक अंग है, जैसे जनेऊ ब्राह्मण का। धनुष-बाण हाथ में लेकर जाने का उल्लेख करके तुलसी परिस्थिति की गम्भीरता और लक्ष्मण की सजगता का संकेत करते हैं। राम ने उन्हें सावधान रहने को कहा था। लक्ष्मण उसी आदेश के अनुरूप काम कर रहे हैं।

राम का लक्ष्मण को सजग रहने के लिए कहना सीता के प्रति उनकी चिन्ता का जीवन्त उदाहरण है। यदि वे औपचारिकता कर रहे होते या मर्यादा को मानने की खानापूरी कर रहे होते तो उनका यह कहना ही पर्याप्त था कि हे लक्ष्मण! सीता को गुफा में ले जाओ। राम का व्यवहार आस्था और प्रेम का जीवन्त प्रतीक है और निर्भयता का भास्वर प्रमाण। आस्था मर्यादा के प्रति, प्रेम सीता के प्रति और निर्भयता अपने प्रति। लक्ष्मण को सीता के साथ भेजकर राम युद्ध में अकेले लड़े। सीता को आगे करके अपने तुच्छ स्वार्थों की सिद्धि नहीं की।

चरित्र की यह दृढ़ता सबको कहाँ मिल पाती है। सुग्रीव का नसीब तो राम जैसा नहीं था। उसे अपनी गद्दी और जान की चिन्ता थी। राम इन दोनों से मुक्त होकर वन में आये थे।

तारा को हनुमान के साथ भेजकर सुग्रीव ने अपने आपको बचाया। तारा स्त्री थी। उसे देखते ही मर्यादा से बँधे लक्ष्मण का क्रोध शान्त होने की सम्भावना थी। तब वार्त्तालाप-कुशल हनुमान उन्हें सुग्रीव का पक्ष अच्छी तरह समझा सकते थे। हुआ भी ऐसा ही।

तारा सहित जाइ हनुमाना।
चरन बंदि प्रभु सुजस बखाना॥

—हनुमान ने तारा के साथ जाकर लक्ष्मण के चरणों की वन्दना की और प्रभु राम का

सुन्दर यश गाने लगे।

तुलसी ने तो एक चौपाई में सबकुछ समाप्त कर दिया है, लेकिन वाल्मीकिजी ने इसका बड़ा प्रभावी वर्णन किया है। वहाँ हनुमान नहीं होते हैं। केवल तारा ही जाती है। वह अकेली लक्ष्मण को राजमहल में आने के लिए भी समझाती है और जब वे सुग्रीव को फटकारते हैं तो अपने तर्कों से लक्ष्मण को शान्त कर सुग्रीव की रक्षा भी करती है। तुलसी की मर्यादा-भावना इस प्रसंग में साफ देखने को मिलती है। वे वाल्मीकि की तरह तारा को अकेले नहीं भेज पाते हैं। साथ में हनुमान को भी लगा देते हैं। ऐसा करने से तारा की बुद्धि-चातुरी का, उसके व्यक्तित्व की गरिमा का वह प्रदर्शन नहीं हो पाता जो वाल्मीकि रामायण में हुआ है; किन्तु इससे सुग्रीव के चरित्र के कलुषता कुछ कम होती है। अकेली स्त्री को अपनी जान बचाने के लिए भेजना तो हद दर्जे की गिरावट है। तुलसी ने हनुमान को साथ करके सुग्रीव को पतन के पाताल से बचाकर केवल पोखरे तक में ही गिराया है। इससे अधिक वे सुग्रीव को नहीं बचा सकते थे।

हनुमान ने लक्ष्मण के क्रोध को सहज में ही शान्त कर दिया। वे उनके सामने नत हो गये। पाँवों में पड़कर प्रभु का गुण गाने लगे। ये दोनों ही बड़े कारगर उपाय हैं। कोई कितना भी क्रोध में हो, आप उसके पाँव छूकर विनम्रता प्रदर्शित कर दें। अपनी गलतियों को स्वीकार कर लें तो आधा क्रोध, आधी शिकायत क्षण मात्र में क्षय हो जाती है। हमारी परम्परा में छोटों द्वारा बड़ों के पाँव छूने की महिमा के पीछे एक भाव यह भी है। जो प्रभाव भाषणों से नहीं पैदा हो पाता वह संस्कारों से हो जाता है। पाँव छूना संस्कार है, शोभा नहीं। बिना एक शब्द बोले छोटे इससे बड़ों के दिलों तक पहुँच जाते हैं। हनुमान ने भी पाँव छूकर अपने आपको लक्ष्मण के दिल तक पहुँचा दिया।

जब कोई किसी के दिल तक पहुँच जाये तो संवाद में आसानी होती है। सम्भाषण बड़ा सहज बन जाता है, क्योंकि कहीं कोई तनाव नहीं होता, कटुता नहीं होती। ये दो ही सहज संवाद के सबसे बड़े शत्रु हैं।

निकटता स्थापित करने के लिए दिल तक पहुँचने के बाद भी एक पेंच बाकी रह जाता है। जिसके दिल तक आप पहुँचे हैं, उसके दिल की बात आप करें। अगर इसमें चूक हो गयी तो समझिए, आप मारे गये। जब अतिथि को खुश करना होता है तो लोग वही परोसते हैं जो उसे पसन्द है। किन्तु जब अतिथि को भगाना होता है तो लोग उसके सामने घास-भूसा डाल देते हैं।

हनुमान लक्ष्मण को खुश करने के लिए गये थे। इसलिए उसके मन की बात

करने लगे। उनके चरणों की वन्दना करके प्रभु का सुयश बखानने लगे। लक्ष्मण को राम से अधिक और कोई प्रिय नहीं था। उनका गुणगान सुनकर लक्ष्मण का खिल उठना स्वाभाविक था। सच्चा भक्त प्रभु का नाम सुनकर मस्त-मगन हो उठता है। चैतन्य वृन्दावन और जमुना को देखकर कृष्ण-कृष्ण कहकर नाचने लगे थे। आज हजारों लोग वृन्दावन में रहते हैं, उस समय भी रहते थे, जमुना तब भी बहती थीं, अब भी बहती हैं; पर लोग नाचते नहीं, चुपचाप चलते जाते हैं, क्योंकि उनके भीतर वह भक्ति नहीं है जो चैतन्य में थी। रामकृष्ण परमहंस भक्ति के गीत सुनकर, प्रभु का चित्र देखकर गहरी समाधि में चले जाते थे; क्योंकि उन्हें प्रभु प्रिय थे। अपने प्रियतम को देखते ही वह उन्हें दिल में बिठा लेना चाहते थे।

प्रभु के गुणों को सुनकर लक्ष्मण का सारा क्रोध जाता रहा। वे एकदम शान्त-शीतल हो गये। तुलसी ने हमें एक अच्छी दवा बतायी। हम भी उसे आजमा सकते हैं। जब हम काम-क्रोध और मोह के नशे में हों तो हमें प्रभु को याद करना चाहिए। परेशानियों में प्रभु को पुकारना चाहिए। फिर सारे कष्ट कट जाते हैं, शोक सिमट जाते हैं। सुग्रीव का कष्ट हनुमान ने राम के गुणगान से काटा। प्रभु के नाम का चमत्कार हनुमान से अधिक कौन जानता है? लक्ष्मण से अधिक कौन समझता है?

करि बिनती मंदिर लै आए।
चरन पखारि पलँग बैठाए॥

—हनुमान विनती करके लक्ष्मणजी को महल में ले आये तथा चरणों को धोकर उन्हें पलंग पर बैठाया।

जब हनुमान ने देखा कि लक्ष्मण का क्रोध एकदम शान्त हो गया तब उन्होंने उनसे बात की। समझदार आदमी अवसर की प्रतीक्षा करता है, उसे कह गुजरने की जल्दी नहीं होती है। वह काम को सही अंजाम देने में विश्वास करता है। हनुमान ने लक्ष्मण को देखते ही जान लिया था कि उनकी भृकुटी तनी हुई है। क्रोधयुक्त व्यक्ति से लड्डू-प्रसाद पाने की अपेक्षा कोई मूर्ख ही कर सकता है; उससे तो लात-प्रसाद मिलने की प्रबल सम्भावना होती है। हनुमान को लड्डू की चाह थी। उन्होंने पहले लक्ष्मण का क्रोध शान्त किया।

शान्त-शीतल लक्ष्मण से उन्होंने विनयपूर्वक बात की। सुग्रीव का पक्ष समझाया और महल में चलने की प्रार्थना की। लक्ष्मण उनके साथ चल पड़े। महल में जाकर हनुमान ने उनके पैर धोये और पलंग पर सादर बैठाया।

लोग मुझसे कई बार पूछते हैं कि पैर क्यों धोये जाते हैं? मेरी समझ से

इसके कई कारण हैं। पहला यह कि आदमी अधिकतर पैदल चलता था। नंगे पाँव होता था। घर पहुँचने पर पाँव धो देने से थकावट काफी हद तक चली जाती थी। छोटे अपने पाँव स्वयं धोते थे। बड़ों के पाँव श्रद्धावश छोटे धोया करते थे। श्रद्धा प्रकट करने का सबसे उपयुक्त स्थान पाँव है। पाँवों से ही आदमी की गति है और गति से ही जीवन। वेदों में 'चरैवेति-चरैवेति'—चलते रहो-चलते रहो का उद्घोष इसीलिए किया गया। आदमी अपनी विकास-यात्रा में सर्वाधिक ऋणी पैर का है। दिमाग का स्थान दूसरा है। चलने को जब तक पाँव न हों, दिमाग की सारी कलाबाजी का मोल कौड़ी भर भी न होगा।

हमारी संस्कृति में पाँवों की बड़ी महिमा है। उनकी पूजा की जाती है। धर्मकार्यों में अपने से श्रेष्ठ अतिथियों के पाँव धोकर 'चरणोदक' के रूप में उसका पान किया जाता है। अतिथि भगवान् होता है। ब्रह्मा ने जब विष्णु के चरणों को धोया था तब वह धोवन ही गंगा बनी थी, जिसने तीनों लोकों को पवित्र किया। अतिथि के पैरों की धोवन भी हम गंगा के समान पवित्र मानते हैं, इसीलिए उसका पान करते हैं।

युधिष्ठिर ने जब यज्ञ किया था तब देश-देश के राजा आये थे। सबके स्वागत का भार श्रीकृष्ण पर था। स्वागत करनेवाला अहंकारहीन होना चाहिए। अतिथि भिन्न-भिन्न प्रकार की मनोवृत्ति के होते हैं, कब कौन क्या बोल दे, कुछ पता नहीं होता है। उनका सत्कार करनेवाला ऐसा होना चाहिए जो मानापमान से ऊपर हो। जिसे व्यंग्य-उपहास के छींटे उत्तेजित न कर सकें। जो निरपेक्ष भाव से सबकी सेवा कर सके। इस कार्य के लिए कृष्ण से अधिक उपयुक्त और कोई नहीं हो सकता था।

उस यज्ञ में शिशुपाल भी आया था। वह कृष्ण और पाण्डवों दोनों से जलता था। जब कृष्ण उसके पैर का अँगूठा धोकर चरणोदक लेने लगे तो उसने कृष्ण का उपहास करते हुए कहा—केवल अँगूठा ही नहीं, घुटनों तक धोओ और उस पानी को पी जाओ।

कल्पना कीजिए। भरी सभा में यह भारी अपमान था। यदि पाँव भीम धो रहे होते तो शिशुपाल की टाँगें टूट चुकी होतीं। यज्ञ में हंगामा खड़ा हो गया होता। शिशुपाल चाहता ही यही था। पर कृष्ण शान्त रहे। उन्होंने सविनय कहा, 'घुटने तक आपके पाँव धोकर मैं कृतार्थ हो जाता, पर लोग बहुत हैं, अगर आपको इतना समय दिया तो और अतिथियों की सेवा नहीं हो पायेगी।'

पैर धोकर हम अतिथि को ही नहीं, अपने को भी पवित्र करते हैं। आज के

'जूता-युग' में यह परम्परा भले ही दकियानूसी लगे, पर इसके पीछे बहुत भाव भरा है। संस्कार की एक गहरी दृष्टि है।

लक्ष्मण के पैरों को पखारकर हनुमान ने उन्हें पलंग पर बैठा दिया। हनुमान की विनय और सेवा से लक्ष्मण पूरी तौर पर सहज हो गये थे। अब उनसे बात की जा सकती थी। अब वे शान्त मन से सुन सकते थे। अब वह वातावरण बन गया था जिसमें सुग्रीव अपना पक्ष लक्ष्मण के सामने रख सकें। सुननेवाला यदि कान देने को तैयार न हो तो पक्ष प्रस्तुत करने का कोई मोल नहीं होता।

हनुमान संकट-मोचन हैं। उन्होंने सुग्रीव को एक बड़े भारी संकट से उबार लिया। लक्ष्मण के क्रोध को शान्त करने में दूसरे को शायद ही इतनी शीघ्र सफलता मिलती। हनुमान की चतुरता, विनयशीलता और समझदारी सुग्रीव के बड़े काम आयी। अब वे लक्ष्मण से मिलने के लिए आये और चमत्कार हो गया।

तब कपीस चरनन्हि सिरु नावा।
गहि भुज लछिमन कंठ लगावा॥

—तब सुग्रीव ने उनके चरणों में सिर नवाया और लक्ष्मणजी ने हाथ पकड़कर उनको गले से लगा लिया।

क्या से क्या हो गया! बड़ी मुश्किल से लक्ष्मण को क्रोध करने का मौका मिला था, वह भी हाथ से छूट गया। हर समय राम उन्हें रोक देते थे। परशुराम से भिड़े तो राम ने रोका। दशरथ को अपशब्द कहा तब भी राम ने मना किया। भरत पर कोपे तो भी राम ने उनका मुख पकड़ लिया। हर बार उन्हें अपना क्रोध पी जाना पड़ा।

इस बार उनके जीवन में अहोभाग्य आया था। राम क्रोधित हुए थे। सीता के प्रति उनके हृदय का प्यार सुग्रीव की अकृतज्ञता की चोट पाकर लहूलुहान हो उठा था।

जेहिं सायक मारा मैं बाली।
तेहिं सर हतौं मूढ़ कहँ काली॥

—राम ने कहा—हे लक्ष्मण! जिस बाण से मैंने बालि को मारा था उसी से कल मूढ़ सुग्रीव का वध करूँगा।

प्रभु का यह तिलमिलाहट भरा क्रोध लक्ष्मण के हृदय को धक्का देने के लिए काफी था। वह जानते थे, राम सुग्रीव के पास जा नहीं सकेंगे। उन्हें नगर में जाने की मनाही है। अत: वे स्वयं जाने के लिए तैयार हुए। किसी दुष्ट को सबक सिखाने का अच्छा अवसर राम उन्हें दे रहे थे। उन्होंने चल देने के लिए धनुष-बाण

उठाया। राम तुरन्त लक्ष्मण के मनोभाव को ताड़ गये। उन्हें लगा कि यह सुग्रीव का नाश करके आयेगा। अतः राम ने शान्त स्वर में लक्ष्मण को हिदायत दी।

तब अनुजहि समुझावा रघुपति करुना सींव।
भय देखाइ लै आवहु तात सखा सुग्रीव॥

—तब दया की सीमा रघुनाथजी ने छोटे भाई लक्ष्मणजी को समझाया कि हे भाई! सखा सुग्रीव को केवल भय दिखाकर ले आओ।

लक्ष्मण का उत्साह थोड़ा ठण्डा पड़ गया। फिर भी उन्हें यह सन्तोष तो जरूर मिला कि राम ने प्राण लेने को मना किया है, डाँटने-धमकाने की पूरी छूट दे दी है। जीवन में पहली बार राम ने उन्हें यह अवसर दिया था। लक्ष्मणजी जरूर मन में डाँटने-डपटने की तैयारी कर रहे होंगे। मन माफिक मौका मिल जाये तो कौन चूकना चाहेगा!

सारी तैयारी के बावजूद लक्ष्मण चूक गये। हनुमान ने उसकी सारी आकांक्षा पर पानी फेर दिया। वे घनघोर रूप से बरसने के लिए गरजते हुए किष्किन्धापुर आये थे; लेकिन हनुमान की विनम्रता, शालीनता और भक्ति की तीव्र हवा ने उनके क्रोध के बादलों को ऊपर-ही-ऊपर उड़ा दिया। लक्ष्मण वर्षा से शरद् ऋतु बन गये—निर्मल, निरभ्र।

सुग्रीव को देखते ही उन्होंने उसे गले से लगा लिया। राम की आज्ञा थी डाँटने-डपटने की। वह भी लक्ष्मण भूल गये। अपने स्वभाव को भी वे भूल गये। सुग्रीव ने गले लगाने लायक कोई काम नहीं किया था। यह राम का बड़प्पन था कि उन्होंने प्राण लेने के लिए लक्ष्मण को मना कर दिया था। लक्ष्मण को सुग्रीव पर क्रोध करने का पूरा हक था। लेकिन वह कर नहीं पाये। भक्त हनुमान ने लक्ष्मण के स्वभाव को बदल दिया। उनके कोप से सुग्रीव की रक्षा की।

लक्ष्मण को शान्त देख सुग्रीव कहते हैं—हे नाथ! विषयों के समान और कोई मद नहीं है। यह मुनियों के मन में भी क्षण मात्र में मोह उत्पन्न कर देता है। सुग्रीव का यह विनीत वचन लक्ष्मण को अच्छा लगता है। वह सुग्रीव की आत्मग्लानि दूर करने के लिए बहुत प्रकार से समझाते हैं—

लछिमन तेहि बहुबिधि समझावा।

लक्ष्मण ने समझ लिया कि सुग्रीव अन्तर्मन से सही आदमी हैं, विषयभोग ने उन्हें गलत मार्ग पर डाल दिया था। वह ग्लानि में डूबे सुग्रीव को उपदेश देकर ऊँचा उठाते हैं। 'बहुविधि' समझाना लक्ष्मण की आन्तरिक करुणा का प्रतीक है।

इस भावनापूर्ण क्षण में हनुमान अपनी बुद्धिमानी दिखाते हैं। वह लक्ष्मण को

उस सन्देश को बताते हैं जिसे बताना सुग्रीव भूल गये थे।

पवन तनय सब कथा सुनाई।
जेहि बिधि गये दूत समुदाई॥

—तब हनुमानजी ने जिस प्रकार सब दिशाओं में दूत गये हैं, वह सब समाचार बताया।

हनुमान के समाचार को सुनकर लक्ष्मण और प्रसन्न हो उठे। सुग्रीव की रक्षा हुई और सभी राम से मिलने चल दिये।

□

राम का विश्वास पाना

पाछें पवन तनय सिरु नावा

माँ सीता की खोज के लिए हजारों वानरों को सुग्रीव ने चारों दिशाओं में भेजा। सबसे निष्ठापूर्वक खोज करने का आग्रह किया। लेकिन भरोसा उन्हें हनुमान पर था। हनुमान को इसीलिए उन्होंने दक्षिण दिशा में जाने के लिए चुना। सुग्रीव को पता था कि यदि रावण ने सीता को लंका में रखा होगा तो और कोई उस अभेद्य दुर्ग में प्रवेश नहीं कर सकेगा। इसी विश्वास के कारण सुग्रीव अपने विश्वासी सुभटों—अंगद, नल, नील, हनुमान और जामवन्त को बुलाकर विशेष हिदायतें देते हैं।

मन क्रम बचन सो जतन बिचारेहु।
रामचंद्र कर काजु सँवारेहु॥

—मन, कर्म और वचन से सीता माता की खोज करने के बारे में ही विचार करना। श्रीरामचन्द्र का काम पूरा करना।

किसी काम को पूरा करने की पहली शर्त है एकनिष्ठता। जब तक आदमी अपने मन, कर्म और वचन को जोड़कर एक साथ जुटकर प्रयत्न नहीं करेगा तब तक उसे कार्य में सफलता नहीं मिल सकती। तीनों जब एक बिन्दु पर आयेंगे तो पहाड़ को भी ढहा देने की शक्ति आ जायेगी। आदमी प्रायः तीनों को एक कर नहीं पाता। मन तैयार है तो शरीर अवकाश ले लेता है। शरीर तैयार है तो मन भाग खड़ा होता है। दोनों किसी तरह तैयार हैं तो वाणी जवाब दे देती है। आप सोचते होंगे, कार्य-सिद्धि में वाणी की भला क्या जरूरत! मेरे भाई, आधे से अधिक काम तो वाणी ही करती है। हम वाणी से ही जीतते हैं और वाणी से ही हारते हैं। दशरथ अपने वचनों से ही हारे थे और कैकेयी वचनों से ही जीत गयी थीं।

वचन के कारण ही महाभारत हुआ था। दुर्योधन एक दिन युधिष्ठिर का नया

राजभवन देख रहा था। भवन इस कारीगरी से बनाया गया था कि उसे देखकर भ्रम होता था। उसमें इतनी चमक थी कि आदमी चौंधिया जाता था। दुर्योधन को एक स्थान पर लगा कि यहाँ पानी है। उसने अपने कपड़े ऊपर उठा लिये। पर वहाँ पानी नहीं था, केवल फर्श चमक रहा था। एक अन्य जगह पर उसने समझा कि यहाँ भी फर्श चमक रहा होगा, पर वहाँ जाते ही वह पानी में डूब गया। दुर्योधन बहुत लज्जित हुआ। ऊपर से द्रौपदी उसे देखकर हँस रही थी। उसकी निगाह द्रौपदी तक गयी तो वह और लज्जित हो उठा। द्रौपदी ने व्यंग्य किया, 'कोई बात नहीं, अन्धे के पुत्र हो न, अन्धे तो रहोगे ही।'

यह बात दुर्योधन को लग गयी। द्रौपदी का यह मजाक वह कभी नहीं भूल पाया। जब भरी सभा में नंगी होकर द्रौपदी को अपनी जाँघ पर बैठने के लिए उसने कहा था तो आर्त्त होकर द्रौपदी चिल्लायी थी, 'यह अन्याय है!'

दुर्योधन ने कठोर हो कहा, 'क्यों? तुम्हीं ने तो कहा था कि हम सब अन्धे हैं। फिर अन्धों के सामने नंगी होने में तुम्हें क्यों शर्म आ रही है?'

वचन बहुत कारगर होते हैं। इसीलिए वचन के अनुशासन पर बहुत जोर दिया गया है। गांधीजी के आश्रम में जो आता था उसे वे पहले मन और कर्म का काम सौंपते थे। चरखा कातने को कहते थे। इससे मन एकाग्र होता है और शरीर अनुशासित। ऐसे और बहुत सारे काम गांधीजी लोगों को दिया करते थे। पर वचन का काम नहीं देते थे। जो उनके यहाँ केवल नेता बनकर भाषण झाड़ने आता था, वह निराश होकर भाग जाता था।

आचार्य कृपलानी ने अपने एक संस्मरण में एक बहुत अच्छी बात लिखी है। जब वे महात्मा गांधी के प्रभाव के कारण कांग्रेस में आये तो बनारस हिन्दू विश्वविद्यालय में प्रोफेसर थे। बहुत अच्छे और विद्वान् प्रोफेसर माने जाते थे। गांधीजी ने उन्हें अपने आश्रम में भरती किया, लेकिन उन्हें भाषण देने का काम नहीं मिला। वे आश्रम में चरखा कातते रहे, दाल-चावल चुनते रहे, सब्जियाँ काटते रहे, गांधीजी के पत्र लिखते-पढ़ते रहे। उन्हें कांग्रेस में आने के अनेक वर्षों बाद भाषण करने को मिला, जब वे ऑल इण्डिया कांग्रेस के अध्यक्ष बने। गांधीजी जानते थे कि मन और कर्म में जब तक संयम न पैदा होगा, वचन बकवास बन जायेगा।

कार्द की सिद्धि के लिए तीनों की एकजुटता बहुत आवश्यक है। श्रेष्ठ काम करना हो, राम का काम करना हो तो मन, कर्म और वचन की एकाग्रता और भी अपेक्षित है। आदमी जिस तरह के काम में अपने को लिप्त करेगा उसी तरह का बन जायेगा। प्रवृत्तियाँ मनुष्य का निर्माण करती हैं। जड भरत ने हिरन पर

आसक्ति रखी थी, वे अगले जन्म में हिरन बन गये थे। विवेकानन्द कहा करते थे कि भूत-प्रेत और जादू-टोने पर आदमी को कभी ध्यान नहीं देना चाहिए। ये प्रवृत्तियों को नीचे ले जाते हैं। चिन्तन हमेशा प्रभु का करना चाहिए, जिससे जीवन में प्रभुता आ सके।

संसार में रहकर जीवन को जीने के लिए आदमी को हर छोटा-बड़ा काम अपनी योग्यता और क्षमता के अनुरूप करना पड़ता है। हर कोई साधु नहीं हो सकता, राम के लिए सर्वस्व का त्याग नहीं कर सकता। इसमें कोई बुराई भी नहीं है। रामकृष्ण कहते थे, नौकरानी जिस घर में काम करती है उसे अपना कहती है, पर हृदय से जानती है कि यह घर उसका नहीं है। मालिक के बच्चे का पालन करती है। वह रोता है तो पुचकारकर कहती है—हाय! मेरा बेटा क्यों रो रहा है? पर अन्तःकरण से जानती है कि यह मालिक का बेटा है। उसे पता होता है कि उसका घर कहीं और है, उसका बेटा कोई और है।

हमें भी अपना सांसारिक काम करते हुए सोचना चाहिए कि यह तो पेट पालने का काम है, राम का काम कुछ और है। उसे भी हमें करना है। राम के काम का चिन्तन करने से मनुष्य राममय बनता है। उसकी प्रवृत्तियाँ ऊपर उठती हैं। उसका जीवन पूरी तौर पर बदल जाता है। हम जीवन के दरवाजे पर सांसारिक जंजालों का पत्थर रख देते हैं। उसमें 'राम-काज' का प्रवेश नहीं हो पाता।

सुग्रीव वानरों से यही पत्थर उनके हृदय-द्वार से हटाने की सलाह दे रहे हैं, जिससे वे राम का काम सँवार सकें।

सामान्यतः मनुष्य गिरने में रुचि लेता है। ऊँचाइयाँ चढ़ने में वह परहेज करता है। इसमें हाँफना पड़ता है। जब से लिफ्ट बनी है, ऊँचाइयाँ चढ़ने की उसकी रुचि बढ़ी है, लेकिन केवल इमारतों तक। जीवन के अन्य क्षेत्र में वह लिफ्ट मिले तो भी ऊँचा चढ़ने में कतराता है। साधु-महात्मा, विद्वान्-पण्डित और ज्ञानी-विज्ञानी लिफ्ट देने को तैयार खड़े हैं, पर अँगूठा कोई नहीं दिखाता है। हर क्षेत्र में चीख-पुकार है कि योग्य लोग नहीं मिल रहे हैं। तिकड़मी एक खोजो, हजार मिलते हैं।

राम का काज करने के लिए आदमी को ऊँचा चढ़ना होता है। इसीलिए वह भागता है। सुग्रीव भी भागे थे। उन्हें घेरना पड़ा। राम ने घेरा। लक्ष्मण और हनुमान ने घेरा। जब घेरा गये तो रम गये। जब तक आदमी नहीं घिरता, उसके सामने चारा फेंकना पड़ता है।

चैतन्य महाप्रभु इसी तरह का एक अनोखा चारा फेंकते थे। वे गाते थे—

माँगुर माछेर झोल।
जुबती मायेर कोल।
हरि बोल, हरि बोल।

—मेरे पास आओगे तो रसेदार माँगुर मछली मिलेगी। युवती स्त्री की गोद मिलेगी। चलो हरि बोलो, हरि बोलो।

यह अजीब नारा सुनकर लोग चैतन्य महाप्रभु के पास आते। कीर्तन में भाग लेते। खाते-पीते समय मछली और युवती खोजते, पर मिलती नहीं। संसारी आदमी की दो ही इच्छाएँ होती हैं—उसे अच्छा खाना मिले, सुन्दर स्त्री मिले। चैतन्य दोनों का आकर्षण दे रहे थे। किन्तु लोगों को यथार्थ में कुछ मिल नहीं रहा था। संसार का दुर्लभ सुख पाने के लोभ में लोग कीर्तन किये जा रहे थे। एक दिन कुछ लोगों ने साहस करके चैतन्य महाप्रभु के परमप्रिय श्री नित्यानन्दजी से पूछा, 'महाराज! कीर्तन में मछली और स्त्री मिलने का आश्वासन दिया गया है, पर आज तक मिली नहीं।'

नित्यानन्दजी जोर से हँसे, 'मिली नहीं? हम तो तुम्हें रोज दे रहे हैं।'

'रोज!' लोग चकित थे।

'हाँ, रोज।' नित्यानन्द ने समझाया, 'कीर्तन करते समय भगवान् के प्रेम का जो रस मिलता है वह माँगुर मछली के रस से हजार गुना स्वादिष्ट है। हमारे साथ तुम्हें रात को जमीन पर सोने को मिलता है, यही युवती स्त्री की गोद है। धरती सदा जवान रहती है। उसकी उत्पादन-क्षमता कभी खत्म नहीं होती।'

उत्तर सुनकर बहुतों का मुख सूख जाता। किन्तु तब तक वे कीर्तनानन्द में रम चुके होते। लौटकर वापस नहीं जाते। जाते भी तो खो नहीं जाते। संसार और सार दोनों पर ध्यान देते।

सुग्रीव भी वानरों के भाव को राम-काज से जोड़कर ऊँचा करना चाहते हैं, लेकिन जानते हैं कि उनका स्वभाव क्या है। सौ मीटर कहो तो आदमी पचास मीटर चढ़कर थम और थक जाता है। सुग्रीव युक्ति से काम लेते हैं।

देह धरे कर यह फलु भाई।
भजिअ राम सब काज बिहाई॥

—हे भाई! देह धारण करने का यही फल है कि सब कर्मों को छोड़कर श्रीरामजी का भजन ही किया जाय, अर्थात् उन्हीं का काम किया जाय।

सुग्रीव की युक्ति आपकी समझ में आयी? चिन्ता न करें। मैं बता रहा हूँ। यदि आप किसी को पचास मीटर ऊपर तक चढ़ाना चाहते हैं तो उससे कभी मत

कहिए कि तुम्हें पचास मीटर तक चढ़ना है। तब तो वह बीस-पच्चीस तक में ही बैठ जायेगा। अगर उससे कहेंगे कि सौ मीटर तक जाना है तो वह पचास चढ़ लेगा। लक्ष्य ऊँचा रखने से आदमी चढ़ने का प्रयत्न करता है। वह गया-बीता भी होगा तो भी जहाँ खड़ा है वहाँ से कम-से-कम कुछ ऊपर तो जायेगा ही। यदि किसी की प्रेरणा से आदमी एक सेण्टीमीटर भी ऊपर जा सके तो समझना चाहिए कि प्रयत्न सफल हो गया।

वानरों के सामने अपनी युक्ति रखते हुए सुग्रीव कहते हैं कि जीवन की धन्यता तो इस बात में है कि और कोई काम ही न किया जाय, सिवाय राम के काम के। किन्तु यदि इतना नहीं हो सके तो अपना संसार चलाते हुए राम का काम किया जाय। ऐसा करनेवाला ही भाग्यवान् होता है।

सोइ गुनग्य सोई बड़भागी।
जो रघुबीर चरन अनुरागी॥

—हे वानरो! वही गुणों को पहचाननेवाला और बड़े भाग्यवाला है, जो रामचन्द्रजी के चरणों का प्रेमी है।

भविष्य में जो रामकाज होने वाला है, उसके लिए सुग्रीव अपनी समस्त वानर सेना को मानसिक रूप से तैयार कर रहे हैं। आदमी का मन मजबूत हो जाये तो वह दृढ़ता से आगे बढ़ता है। लक्ष्य एक बार यदि हृदय में उतर जाये तो तोड़े नहीं टूटता है, मोड़े नहीं मुड़ता है और डिगाये नहीं डिगता है। वानरों को यही पाठ पढ़ाया जा रहा है।

साफ-साफ सुग्रीव कहते हैं कि दुनिया भर के प्रपंच में मत पड़ो। राम के चरण गहो और चुपचाप रहो। सबकुछ उपलब्ध हो जायेगा। यह सारा जगत् राम का है। राम को पा लोगे तो जगत् को पाने में तुम्हें कौन बाधा पहुँचायेगा! यदि राम को पाये बगैर संसार में घुसना चाहोगे तो बेमौत मारे जाओगे। 'पास' हो तो प्रधानमन्त्री के दफ्तर में आप बेरोक-टोक जा सकते हैं, किन्तु यदि न हो तो सिपाही रोक लेगा। जोर-जबरदस्ती करेंगे तो जेल में डाल देगा। इसलिए सबसे अच्छा यह है कि राम से परिचय बढ़ाओ और सारे संसार का रस बेखटके लूटो। ऐसा हुआ तो आपके भाग्य से, आपके गुणों से कौन स्पर्धा कर सकेगा? वानरों को यह मूल मन्त्र देकर सुग्रीव उन्हें राम-काज के लिए विदा करते हैं।

आयसु मागि चरन सिरु नाई।
चले हरषि सुमिरत रघुराई॥

—सभी वानर आज्ञा माँगकर, चरणों में सिर झुकाकर श्रीराम को याद करते हुए

हर्षपूर्वक चल दिये।

इससे पता चलता है कि सुग्रीव की बात का उनपर अनुकूल असर हुआ। दो कारणों से कोई बात जल्दी असर करती है। या तो कहनेवाले का हृदय शुद्ध और श्रद्धायुक्त हो या सुननेवाले का। यहाँ तो वक्ता और श्रोता दोनों के हृदयों में प्रभु के लिए कुछ करने की पवित्र भावना भरी हुई थी।

यदि हृदय में शुद्धता न हो तो बात असर नहीं करती है। लोग सुनते हैं, पर गुनते नहीं। बड़ी-बड़ी सभाओं में लोग भाषण सुनने आते हैं, तालियाँ बजाते हैं, पर सभा खत्म होते ही कोरे-के-कोरे लौट जाते हैं। साधु-महात्माओं के प्रवचनों में लोग सुनते समय मस्त-मगन होते हैं, प्रेम भरे रोते हैं, लेकिन मन्दिर से जाते ही खर्राटे ले सोते हैं; क्योंकि कहीं-न-कहीं खोट है। वक्ता या श्रोता में से कोई-न-कोई कच्चा है।

बाहर ही नहीं, घर में भी ऐसा ही हो रहा है। पिता शराब का जाम हाथ में लेकर सिगरेट का छल्लेदार कश खींचते हुए पुत्र को धर्मात्मा बनने का उपदेश दे रहा है। माँ 'फैशन क्वीन' के लिए स्वयं जी-तोड़ परिश्रम करती है और पुत्री को सीता-सावित्री जैसी बनकर स्कूल जाने का उपदेश देती है। इसीलिए कुछ बन नहीं रहा है, सबकुछ बिगड़ रहा है।

आज के बच्चों की प्रथम पाठशाला माँ की गोद नहीं, टेलीविजन है। बच्चा वहाँ ज्यादा सीखता है, क्योंकि माँ से अधिक वह टी.वी. के पास रहता है। आज-कल की माताएँ बच्चों से छुट्टी पाने के लिए एक वीडियो कैसेट ला देती हैं और कहती हैं, 'लो, बैठकर आराम से देखो।' यह ठीक उसी तरह से है जैसे मजदूर औरतें अपने छोटे बच्चों को अफीम खिलाकर सुला देती हैं, जिससे वे रोकर काम में विघ्न न डालें। गरीब अफीम देता है और अमीर वीडियो। मकसद दोनों का एक है—बच्चे को अपने से दूर रखना।

माँ-बाप से दूर और टी.वी. के करीब रहने से बच्चे आस्थावान् कम, अर्थवान् अधिक हो रहे हैं। अर्थवान् दोनों मायने में—अर्थ पूछने में भी और पैसा माँगने में भी। आज हर बच्चा कुछ कहिए तो स्वीकार नहीं करता। अनेक 'क्यों' खड़ा कर देता है। यदि वह आपसे कुछ पूछे तो आप उसके सामने ठीक उसी की तरह 'क्यों' खड़ा कर दें तो वह पसन्द नहीं करता। एक अजीब सी असहिष्णुता बढ़ रही है। इसका कारण मैं टी.वी. को मानता हूँ। जब दो व्यक्तियों के बीच जीवन्त सम्बन्ध नहीं होता है तब असहिष्णुता बढ़ती है। टी.वी. ने परिवार में माता-पिता और बच्चों के बीच सम्बन्ध औपचारिक और मशीनी बना दिया। एक-दूसरे से बस

काम के लिए बोलते हैं, शेष समय सीरियल या फिल्म देखते हैं।

इन विसंगतियों के कारण ही समाज में टूट हो रही है। हम अनजाने ही अपनी मौत का सामान इकट्ठा कर रहे हैं। यदि हम शुद्ध हृदय से, स्नेह-भाव से एक-दूसरे को पुकारते तो आवाज जरूर दिल तक पहुँचती।

सुग्रीव ने शुद्ध हृदय से वानरों से बात की थी। उसका भरपूर असर हुआ। वे राम-काज के लिए तत्पर हो उठे। उनकी तत्परता उनके रोम-रोम से मुखर हो उठी। जब कोई सचमुच किसी काम को करने के लिए हृदय से तैयार होता है तो उसका पूरा अस्तित्व यज्ञ की समिधा बन जाता है। उसमें से आहुति की सुगन्ध आने लगती है।

वानर जब अपने लक्ष्य-सन्धान के लिए उठ रहे थे तो उनमें एक अद्‌भुत परिवर्तन आ चुका था। जब वानर सेना अपने-अपने स्थानों से आकर एक जगह एकत्र हो रही थी तो सभी वानरराज सुग्रीव की जय बोल रहे थे। अब जब सुग्रीव ने उनके शुद्ध-सरल हृदय में राम-काज का मन्त्र गुंजित कर दिया तो वे हर्षपूर्वक राम को याद करके चलने लगे।

'चले हरषि सुमिरत रघुराई' में बड़ा भाव भरा हुआ है। वानरों को यह बड़ा कठिन और जोखिम भरा काम करने को कहा गया है। रावण जैसे महान् दिग्गज से टकराने के लिए उन्हें प्रेरित किया गया है। फिर भी वे सहर्ष जा रहे हैं। यह उनके आन्तरिक उत्साह का परिचायक है। सिनेमा देखने, शराब पीने या चाट खाने के लिए कोई भी सहर्ष जाने को तैयार हो सकता है; पर जान-बूझकर जोखिम में पैर डालने को विरले ही तैयार होते हैं और जो होते हैं वे मौत की छाती पर अपने पराक्रम की कील ठोंक जाते हैं। वानरों का भाव विदाई के समय इसी तरह का था।

'सुमिरत रघुराई' भी बड़ा मोहक है। राम का काम करने को ठानकर वानर राम के हो गए हैं। उनकी वाणी पर और हृदय में राम के अलावा और किसी का वास नहीं है। जो राम का काम करने के लिए तैयार होता है, वह राम का बन जाता है। राम उसे अपने हृदय में बिठा लेते हैं और वह राम को। भक्त भगवान् के अलावा और सबकुछ भूल जाता है। मन, वचन और कर्म से वह प्रभु के चरणों में समर्पित हो जाता है। जब तक पूर्ण समर्पण न हो, प्रभु के नाम का सुमिरन नहीं हो पाता। कष्ट-पीड़ा में प्रभु को पुकारना और बात है। सुमिरन में भक्त प्रभु से नाता जोड़ता है। कुछ पाने के लिए नहीं, बस प्रभु को प्यार करने के लिए।

नारद ने कठोर तपस्या की। प्रभु को रात-दिन पुकारते रहे। उनकी साधना को देखकर भगवान् विष्णु परम प्रसन्न हुए। दर्शन देकर उन्होंने कहा, 'वत्स! माँगो

क्या चाहते हो?'

नारद ने विनीत हो कहा, 'प्रभु, क्या आप अभी तक प्रसन्न नहीं हैं? दास की परीक्षा ले रहे हैं? मेरे अपराध बतायें, मैं उनका परिमार्जन करूँगा, नाथ!'

भगवान् विष्णु अपने भक्त की कोमलता पर रीझ गये। बोले, 'मैं परम प्रसन्न हूँ, नारद। वर माँगो।'

नारदजी की आँखों में आँसू आ गये, 'प्रभु! यदि आप सचमुच प्रसन्न हैं तो माँगने के लिए क्यों कह रहे हैं? माँगने का अर्थ है मुझमें कुछ इच्छाएँ शेष हैं। यदि इच्छाएँ शेष हैं तो तपस्या तो व्यर्थ गयी। इच्छाओं को जीतना ही तो तपस्या है, नाथ!'

भगवान् विष्णु गद्गद हो उठे। नारद की भक्ति उन्हें न्यारी लगी। वे बोले, 'कुछ तो माँगना ही पड़ेगा, नारद। मेरा दर्शन व्यर्थ नहीं जाता।'

नारदजी ने प्रभु की बात रखी। बोले, 'नाथ! यदि देना ही चाहते हैं तो यह वर दें कि कभी कुछ माँगने की इच्छा ही न हो। इच्छाएँ रहेंगी तो उनकी पूर्ति के लिए साधन जुटाने पड़ेंगे। प्रभु-आश्रित हूँ मैं, नाथ! साधन जुटाने के लिए आपको पुकारूँगा। फिर तो मुझे महापाप लगेगा। मैं सेवक हूँ, आप स्वामी। मुझे आपकी सेवा करनी है। इच्छाओं की पूर्ति के लिए यदि मैं अपनी सेवा आपसे करवाऊँगा तो धर्म नष्ट हो जायेगा।'

वानरों में नारद का भाव आ गया था। इसीलिए राम को याद करते हुए उन्होंने लक्ष्य-सन्धान के लिए प्रस्थान किया।

पाछें पवन तनय सिरु नावा।
जानि काज प्रभु निकट बोलावा॥

—सबसे बाद में हनुमानजी ने आकर सिर नवाया। कार्य का विचार करके प्रभु ने उन्हें अपने पास बुलाया।

यदि कोई सचमुच में शीलवान् होता है तो उसकी स्थिति हनुमान जैसी हो जाती है। वह हर जगह दूल्हा बनने के लिए लालायित नहीं होता। अपने को हमेशा पीछे रखता है। धक्कम-धुक्की करके लाइन में आगे जाने की उसको कोई ललक नहीं होती है। आगे बढ़कर फोटो खिंचवाने के लिए भी वह उतावला नहीं होता है चुपचाप उसे अपना काम करने में आनन्द आता है।

हनुमान सबसे अन्त में राम के पास आये। आकर उनके चरणों में माथा टेका। प्रभु ने उन्हें अपने पास बुला दिया। हजारों वानर सिर झुकाते हुए वहाँ से गुजरे थे। राम ने सबको आशीर्वाद दिया, लेकिन चुना केवल हनुमान को। पास

उन्हीं को बुलाया। उन्होंने सच्चे गुरु की तरह सावधानी बरती। चयन सृष्टि का आधारभूत नियम है। जाने-अनजाने हर कोई चुन रहा है। प्रकृति भी चुपचाप चुनाव करती रहती है। आप ध्यान से देखिए, बरगद के पेड़ से जाने कितने फल गिरते हैं। उनमें करोड़ों बीज होते हैं, पर वृक्ष कोई-कोई ही बनता है। जड़-चेतन सब में चयन की यह प्रक्रिया सतत जारी है। इसी से श्रेष्ठता की उपलब्धि होती है। रामकृष्ण के पास हजारों लोग आते थे, लेकिन उन्होंने अपने काम के लिए नरेन्द्र को ही चुना। गुरु नानक की अपनी सन्तानें भी थीं। उनके एक पुत्र श्रीचन्द्रजी महाराज महान् योगी हुए, लेकिन गुरु ने अपने काम के लिए 'लहना' को चुना।

राम ने हनुमान को चुना। पास बुलाया। उन्हें स्नेह भरे नयनों से देखा।

हनुमान प्रभु की कृपा पाकर आत्मविभोर हो उठे।

परसा सीस सरोरुह पानी।
करमुद्रिका दीन्हि जन जानी॥

—राम ने अपने कमल जैसे हाथों से हनुमान को छुआ। अपना सेवक जानकर उन्हें अपने हाथ की अँगूठी उतारकर दी।

राम जिसे देख लें वह भी बदल जाता है, माटी से सोना बन जाता है। जिसे छू दें उसके भाग्य का तो कहना ही क्या! देखना मृदुभाव है, छूना अन्तर्भाव। देखना आशीर्वाद की बरसात है और छूना स्फुरण। एक भक्त को बाहर से भिगोता है, दूसरे में प्रभु की कृपा भक्त के हृदय में प्राकृतिक जल-स्रोत की तरह स्फुरित होती है। उसका अन्तर्तम भीगता है। अन्दर भीग जाये तो बाहर सूखापन नहीं रह सकता। यह भक्त पर निर्भर करता है कि वह उसे भीतर तक ले जा पाता है या नहीं।

हनुमान को राम ने छूकर अपनी कृपा का भीतरी स्रोत प्रदान किया, जो कभी सूखता नहीं, भक्त को सदैव तरो-ताजा रखता है। राम के हाथों का स्पर्श पाकर हनुमान धन्य हो उठे। उन्हें अपने भीतर प्रभु की कृपा का स्रोत उफनता नजर आया। वे हाथ बाँधे खड़े रहे।

राम ने अपने हाथ की अँगूठी निकालकर हनुमान को दी। कहा कि सीता मिल जायें तो पहचान के रूप में इसे देना। इसे पाकर वह प्रतीक रूप में मुझे ही पा जायेंगी और तुम्हारी पहचान भी हो जायेगी।

निशानी एक ही थी। एक ही व्यक्ति को राम दे सकते थे। हनुमान पर उन्हें बड़ा विश्वास था। इस कारण उन्होंने अपनी अँगूठी हनुमान को दी। जिस पर विश्वास किया जाता है, कार्य का भार उसी पर सौंपा जाता है। इसका अर्थ यह नहीं है कि राम और वानरों पर विश्वास नहीं करते थे। उन्हें विश्वास सब पर था। हर

एक अपनी शक्ति भर प्रयत्न करेगा, यह वह अच्छी तरह जानते थे। पर उन्हें यह भी पता था कि हर एक की क्षमता अलग-अलग है। आदमी लाख चाहने पर भी अपनी शक्ति भर ही काम कर पाता है। बिजली उतनी ही होती है, किन्तु प्रकाश बल्ब की शक्ति भर फैलता है। वही बिजली कहीं शून्य पावर के बल्ब में होती है तो कहीं हजार पावर के। हनुमान शक्तिशाली बल्ब थे। प्रभु का प्रकाश उनमें ज्यादा फैलता था, इसे जानकर ही राम ने उन्हें अपना 'जन' कहा।

बहु प्रकार सीतहि समुझाएहु।
कहि बल बिरह बेगि तुम्ह आएहु॥

—राम ने कहा—हे हनुमान! बहुत प्रकार से सीता को समझाना और मेरा बल तथा विरह कहकर शीघ्र लौट आना।

राम का यह सन्देश बहुत गहरा और प्यारा है। इसकी विस्तृत व्याख्या हम 'हरि कथा अनन्ता'* में कर चुके हैं। पाठक उसे पढ़कर इस प्रसंग का आनन्द ले सकते हैं। यहाँ सरसरी तौर पर हम इसपर दृष्टि डालेंगे; क्योंकि हम यहाँ हनुमान के चरित्र पर चर्चा कर रहे हैं।

राम की प्रेम-पाती बड़ी संक्षिप्त है। जितना वे सीता को प्रेम करते हैं, जितना उनके लिए तड़पते हैं उतना कहने के लिए एक लम्बे पत्र की जरूरत थी। लेकिन यदि सेवक समझदार हो तो सूत्र ही काफी होता है। वह उसका भाष्य कर लेता है। हनुमान ने राम के पत्र का बड़ा अच्छा भाष्य किया था। प्रसंग आने पर हम इसकी चर्चा करेंगे। तब तक के लिए आप इतना याद रखिए कि राम ने हनुमान से तीन बातें कही थीं। पहली, सीता को बहुत प्रकार से समझाना; दूसरी, मेरा बल और विरह उससे कहना; और तीसरी, तुम जल्दी लौटकर आना।

अच्छा सेवक सूत्र-रूप में कहने पर भी समझ जाता है। उसे छोटी-छोटी बातों के बारे में निर्देश नहीं देने पड़ते। मैंने एक कहानी सुनी थी। एक सेठजी कपड़े का व्यापार करते थे। उनके पास दो कर्मचारी थे जो लेन-देन का काम करते थे। बड़ा कर्मचारी बड़ा वेतन पाता था, लेकिन दौड़-धूप कम करता था। ज्यादा समय दफ्तर में ही बैठा रहता था। इससे छोटा कर्मचारी बहुत कुढ़ता था। उसे हमेशा यह बात सालती रहती थी कि काम वह अधिक करता है, लेकिन पैसे बड़ेवाले को अधिक मिलते हैं। एक दिन उसने सेठजी से अपने मन की बात कह दी। सेठजी समझदार थे, शान्त ही रहे। कहा कि विचार करके देखेंगे।

---

* प्रभात प्रकाशन, दिल्ली द्वारा प्रकाशित भगवान् श्रीराम के चरित्र पर लिखी गयी लेखक की पुस्तक।

कुछ दिन बाद जहाज से बन्दरगाह पर सामान आया। सेठजी ने छोटे कर्मचारी से कहा, 'जाकर देख आओ, क्या सामान आया है?'

कर्मचारी गया और कुछ देर बाद लौट आया, 'सेठजी, मैं देख आया। कपड़े आये हैं।'

सेठजी बोले, 'बहुत अच्छा। अब जरा पता कर आइए कि कितनी तरह के कपड़े हैं?'

उसने यह काम भी कुछ घण्टों में पूरा कर लिया—'सेठजी, कपड़े चार तरह के हैं—कुछ बहुत महँगे, कुछ बहुत सस्ते; कुछ महँगे और कुछ सस्ते।'

सेठ ने धन्यवाद दिया और पूछा, 'कितने रंगों के हैं?'

कर्मचारी ने कहा, 'मैं अभी पता करके आया।'

जब तक कर्मचारी रंगों की जानकारी प्राप्त करके लौटा, शाम हो चुकी थी। सेठजी ने उसको परिश्रम करने के लिए धन्यवाद दिया और बड़े कर्मचारी को बुलाया। छोटे कर्मचारी के सामने ही सेठजी बड़े से बोले, 'जहाज से कुछ माल आया है। बन्दरगाह पर है। उसे देख लीजिएगा। जब मैं आऊँ ता रिपोर्ट दीजिएगा।'

सेठजी रोज दिन के बारह बजे ऑफिस आते थे। जब आये तो बड़े कर्मचारी ने उन्हें रिपोर्ट दी कि ५० प्रतिशत लाभ पर उसने माल बन्दरगाह पर ही बेच दिया। उतरवाई, ढुलाई आदि का खर्चा ऊपर से बच गया।

सेठजी खुश हुए। उन्होंने बड़े कर्मचारी को विदा किया और छोटे को बुलाया। बोले, 'जिस माल को देखने कल आप दस बार गये थे उसे बड़े कर्मचारी ने देखा और बेच भी डाला। मुझे बिना कुछ झंझट उठाये ५० प्रतिशत का मुनाफा मिला। मैंने आप दोनों को माल देखने के लिए ही कहा था। पर आप उतना नहीं समझ पाये जितना बड़े कर्मचारी ने समझा। इसीलिए आपको कम वेतन मिलता है।'

अपनी शक्ति और क्षमता से अधिक कोई नहीं पाता। प्रायः हम लोगों को यह रोना रोते हुए देखते हैं कि फलाँ आदमी मूर्ख है, खूब कमा रहा है, मैं ज्ञानी हूँ चप्पल चटकार रहा हूँ। फलाँ आदमी भ्रष्टाचारी, व्यभिचारी है, गुलछर्रे उड़ा रहा है, मैं धर्मात्मा होकर चने चबाने के लिए तरस रहा हूँ। ऐसा हमें लगता है, लेकिन सचमुच में होता नहीं है। आप ऐसे आदमियों की जिन्दगी में जाकर झाँकिए, आप पायेंगे कि वे या तो आपसे अधिक श्रम कर रहे हैं या सबकुछ पाकर भी आपसे बुरी हालत में हैं। भगवान् ने हर किसी को अपना एकाउण्ट खोलने की छूट दे रखी है। लेकिन जो कमायेगा, एकाउण्ट वही खोल सकेगा। जो बैठा-बैठा गालियाँ देता रहेगा, वह बैंक होने पर भी जमा कुछ नहीं कर सकेगा।

कुछ लोग ज्ञानवश पाना नहीं चाहते। गुरु नानक ऐसे ही थे। जब वे घर-बार छोड़कर उपदेश के लिए निकल पड़े तो उनके साथ उनका एक प्रिय शिष्य मरदाना भी था। वह परछाईं की तरह गुरु के पीछे-पीछे रहता था। धीरे-धीरे गुरु नानक के उपदेश लोगों के हृदय तक उतरने लगे। उन्हें श्रद्धा से लोग दक्षिणा भी देने लगे। गुरु नानक उसे वहीं लोगों में बाँट देते थे।

दक्षिणा जब बढ़ने लगी तो मरदाना का मन डोल गया। उसने गुरुजी से कहा, 'अब चढ़ावा अधिक मिलने लगा है। इसे यूँ ही नहीं लुटा देना चाहिए।'

शिष्य की बात सुनकर गुरु नानक विकल हो उठे। उनके साथ रहकर भी मरदाना लोभ कर रहा है। बोले, 'क्या कहते हो?'

मरदाना ने गुरु को संसार का सार समझाया, 'इस चढ़ावे को यूँ लुटाना ठीक नहीं, गुरुजी। इसे बचाकर रखना चाहिए। हमें इससे मन्दिर और आश्रम बनवाना चाहिए, जिससे बुढ़ापे में वहाँ आराम से रह सकें।'

नानकजी बिफर पड़े, 'तुम्हें क्या हो गया है, मरदाना? अपना जीवन प्रभु के हाथों में देकर हम साधु हुए हैं। हमें अपने बारे में चिन्ता करने की क्या जरूरत? प्रभु हमारी देखभाल स्वयं करेंगे। मुझे धन जुटाना होता तो घर पर ही रहता। वहाँ मैं पैसा कमा ही रहा था।'

पवहारी बाबा भी ऐसे ही थे। एक बार वे अपने आश्रम के पास जंगल में बैठे ध्यान कर रहे थे। गाजीपुर शहर से एक अंग्रेज अफसर शिकार खेलने के लिए जंगल में आया था। बाबा को विचित्र मुद्रा और वेशभूषा में देखकर उसका मन चुहुलबाजी करने का हो आया। वह उन्हें परेशान करने लगा। उसका भारतीय नौकर बाबा को अच्छी तरह जानता था। वह साहब से बाबा को परेशान न करने के लिए कह रहा था। पर अंग्रेज अपनी मस्ती में था। बाबा चुपचाप सब सहन कर रहे थे। बस इतना ही कहते थे, 'दास को परेशान न करें।'

कुछ घण्टों बाद जब अंग्रेज गाजीपुर वापस लौटा तो उसे बुरी खबर मिली। उसके बच्चे को हैजा हो गया था। डॉक्टर पूरी कोशिश कर रहे थे, पर रोग पर काबू नहीं पा रहे थे। अंग्रेज अपने बच्चे के लिए बावला हो उठा। भारतीय नौकर ने समझ लिया कि यह बाबा को परेशान करने का फल है। उसने साहब से कहा कि चलकर बाबा से क्षमा माँगिए, तभी बच्चा ठीक होगा। बच्चे को बचाने के लिए अंग्रेज बाबा के पास दौड़ा। उनके पाँवों पर पड़कर रोने लगा। पवहारी बाबा ने कहा, 'दास क्या कर सकता है?' फिर जरा सी मिट्टी उठायी। अंग्रेज को देकर कहा कि इसे बच्चे को खिला देना। मिट्टी खाकर बच्चा स्वस्थ हो गया।

अंग्रेज दौड़-दौड़ फिर बाबा के आश्रम में आया। वे शान्त चित्त बैठे थे। अंग्रेज ने प्रणाम कर कहा, 'मेरा बच्चा ठीक हो गया, बाबा। मैं बहुत खुश हूँ। आप जो इच्छा हो, माँगिए। तुरन्त, इसी क्षण मैं आपको दे दूँगा।'

पवहारी बाबा सरल भाव से बोले, 'दास को कुछ चाहिए नहीं। उसे किसी चीज की जरूरत नहीं है।'

अब अंग्रेज को अपनी मूर्खता समझ में आयी। जो अपने बच्चे को प्राणदान नहीं दे सकता वह किसी को क्या दे सकता है! जो बाबा दूसरों को जिन्दगी दे सकते हैं उन्हें स्वयं किसी से कोई चीज लेने की क्या जरूरत होगी!

कुछ लोग प्रमादवश नहीं ले पाते। तमोगुण उनमें इतना भरा होता है कि कमाने की ओर उनका मन ही नहीं जाता।

किसी गाँव में एक आलसी रहता था। अपने घर के सामने फटे-पुराने कपड़ों में वह टूटी खाट पर लेटा रहता था। एक महात्मा उस राह से आया-जाया करते थे। उन्हें आलसी पर दया आयी। उसका जीवन सुधारने के लिए उन्होंने सोचा। उसके पास गये और बोले, 'बच्चा! इस तरह पड़े रहना ठीक नहीं। कुछ काम करो। भगवान् ने तुम्हें मनुष्य शरीर कुछ करने के लिए दिया है।'

आलसी कच्चा नहीं था। उसने आँख तक न खोली। बोला भी नहीं। मुँह हिलाना भी उसे पहाड़-सा लगता था। थोड़ी देर बाबा ने उत्तर की प्रतीक्षा की, फिर बोले, 'तुम नहीं बोलोगे तो मैं जाऊँगा नहीं, यहीं बैठा रहूँगा।'

आलसी को यह मंजूर नहीं था। उसने आँखें खोल दीं। एक क्षण के लिए बाबा को देखा और बोला, 'महाराज! आराम भी एक काम है। वह, आप देख ही रहे हैं, मैं कर रहा हूँ।'

बाबा ने समझाया, 'बेटा, यह तुम्हारा भ्रम है। यह काम नहीं है। उठो, सचमुच में कुछ करो।'

'क्या करूँ?'

'नौकरी।'

'इससे क्या होगा?'

'पैसा मिलेगा।'

'पैसे से क्या करूँगा?'

'अच्छा घर बनवाना, सुन्दर कपड़े पहनना, विवाह करना।' बाबा ने समझाया।

'यह सब करके क्या होगा, महाराज?' आलसी का सवाल था।

'फिर तुम्हारे बच्चे होंगे। उन्हें पाल-पोसकर बड़ा करना, पढ़ाना-लिखाना,

बड़ा आदमी बनाना।' महात्मा ने समझाया।

आलसी घाघ था। उसे समाधान नहीं हुआ—'इसके बाद, महाराज?'

अब महात्माजी का धैर्य टूट गया। हारकर बोले, 'इसके बाद बूढ़े हो जाओगे। चुपचाप घर में बैठकर आराम करना। बच्चे तुम्हारी देखभाल करेंगे।'

आलसी हँस पड़ा—'महाराज! मुझे पता था कि साधु लोगों को केवल बड़ी-बड़ी बातें ही करनी आती हैं। उनमें व्यवहार-बुद्धि नहीं होती। इसीलिए मैं आपसे बात नहीं करना चाहता था। किन्तु आपने जिद की।'

ज्ञानी बाबा से उसने व्यंग्य से सवाल किया, 'यदि अन्त में मुझे आराम ही करना है तो अभी से क्यों न करूँ? बुढ़ापे तक कर्म की चक्की क्यों चलाऊँ? बुढ़ापे में आराम का क्या मजा! मैं आपसे अधिक समझदार हूँ। इसी कारण शुरू से ही आराम कर रहा हूँ। चाहें तो आप भी यहाँ रह सकते हैं। बहुत जगह है।'

महात्माजी भाग खड़े हुए।

पाना कुछ लोगों के भाग्य में ही नहीं होता। कोई देना भी चाहे तो वे लोग ले नहीं पाते हैं।

भगवान् शिव का एक भक्त था। दिन-रात उनकी आराधना करता था। लेकिन बहुत गरीब था। भीख माँगकर गुजारा करता था। माँ पार्वती को उसकी दशा देखकर दया आयी। उन्होंने भगवान् शिव से निवेदन किया, 'प्रभु! यह आपका बड़ा निष्ठावान् भक्त है। गरीबी में जी रहा है। इसकी सुख-सुविधा का कुछ इन्तजाम कर दीजिए।'

भगवान् ने कहा, 'देवि! धन इसके भाग्य में लिखा ही नहीं है।'

'आप देकर तो देखिए।' पार्वती ने जोर दिया।

'जैसी तुम्हारी इच्छा।' भगवान् शिव ने कहा और भक्त को धन देने के उपाय पर सोच-विचार करने लगे। अन्त में यह तय हुआ कि धन की एक पोटली उसके रास्ते में छोड़ दी जाय, जिससे वह उसे लावारिस धन समझकर उठा ले। यूँ हाथ से देने पर उसके सम्मान को चोट लग सकती है।

भक्त जब भीख माँगकर लौट रहा था तो माँ पार्वती ने उसके रास्ते के बीचोबीच धन की पोटली रख दी। भक्त शिव-शिव रटता आ रहा था। किन्तु जैसे ही माता पार्वती ने उसके रास्ते में धन रखा, उसका मन बदल गया। जप छोड़कर वह कुछ और सोचने लगा। उसके मन में खयाल आया कि अन्धे लोग कैसे चलते हैं और रास्ता नहीं भूलते हैं। प्रयोग के तौर पर उसने अपनी आँखें बन्द कर लीं और चलता रहा। जब वह धन की पोटली को बहुत पीछे छोड़ गया तब उसने आँखें

खोलीं और प्रसन्न हो बोला—जरूर अन्धे अन्दाज से चलते होंगे। देखा, कैसे मैं बिना भटके यहाँ तक आ गया!

परेशान पार्वती को देख शिव मुसकराये।

संसार में ऐसे भी लोग हैं जो भाग्यवश अपनी शक्ति से अधिक पा जाते हैं, लेकिन उसका भोग नहीं कर पाते। भोग दूसरे लोग करते हैं। मेरे एक परिचित हैं। अपार धन है उनके पास। एक दिन उन्होंने कृपा करके मुझे अपने घर पर नाश्ते के लिए बुलाया। मेज पर सबकुछ सजाकर रखा हुआ था। एक-से-एक स्वादिष्ट खाद्य सामग्री वहाँ थी। हमने खाना शुरू किया, पर हमारे मेजबान चुपचाप बैठे रहे।

मैंने पूछा, 'आप नाश्ता कर चुके हैं?'

मेरे सवाल से उन्हें लगा कि जैसे उनके न खाने से मैं अपमानित महसूस कर रहा हूँ। वे विनयपूर्वक बोले, 'मेरे लिए नाश्ता करना मना है। डॉक्टर कहते हैं कि मुझे केवल रात में थोड़ी हरी सब्जी और सादी चपाती खानी चाहिए। मैं दोपहर में थोड़ी सी सलाद लेता हूँ। नाश्ते के समय लहसुन की दो कच्ची कलियाँ पानी के साथ लेता हूँ।'

मेरे होश ही गुम हो गये। धनी सज्जन चालीस वर्ष से अधिक के नहीं हैं। उनके बाप-दादों ने जो कमाकर छोड़ा था उसमें उन्होंने और भी जोड़ा है, लेकिन भोग नहीं पा रहे हैं। हमारे जैसे भाग्यहीनों को छप्पन व्यंजन बनाकर खिला रहे हैं। मैंने कृपालु प्रभु को मन-ही-मन नमस्कार किया।

कभी यह नहीं सोचना चाहिए कि किसी को कुछ अनायास मिल रहा है। सबको अपनी कमाई के अनुसार ही मिलता है। हनुमान को राम जो गौरव और महत्त्व दे रहे थे वह भी अनायास नहीं था। यह हनुमान की कमाई का फल था।

हनुमत जन्म सुफल करि माना।
चलेउ हृदयँ धरि कृपानिधाना॥

—हनुमानजी ने अपना जन्म सफल समझा। वे कृपानिधान प्रभु को हृदय में धारण करके चल पड़े।

चौरासी लाख योनियों में जीवन है। लेकिन मनुष्य उन सब में अपना विशिष्ट स्थान रखता है। मनुष्य को अपना लक्ष्य चुनने की स्वतन्त्रता है। यह आजादी प्रभु ने और किसी योनि के जीव को इस धरती पर नहीं दी है। शेष प्राणी केवल जीने के लिए जीते हैं। मनुष्य जन्म सफल करने के लिए जीता है। यह सफलता उसे तब मिलती है जब वह अपने लक्ष्य को प्राप्त कर लेता है।

हनुमान भक्त थे। वे प्रभु का बन जाना चाहते थे। प्रभु के काम आना चाहते थे। राम ने उन्हें अपना लिया। उनके सिर को छुआ। अपना विश्वासपात्र समझकर अँगूठी दी। सीता के लिए सन्देश दिया। हनुमान आकण्ठ उपलब्धि से भर गये। उन्होंने महसूस किया कि उनका जन्म लेना सफल हो गया।

यह सौभाग्य सबको नहीं मिलता। प्राय: आदमी जीवन का कोई लक्ष्य निर्धारित ही नहीं कर पाता है। वह पशु की जिन्दगी जीता है। खाना, पीना और मौज उड़ाना उसका जीवन बन गया है। जो मौज नहीं उड़ा पाता वह दु:ख उठाता है। उसी तरह जैसे एक कुत्ता कार में चलता है और एक सड़क पर डण्डे खाता है। लक्ष्यहीन जीवन की यह नियति होती है। यह कैसी विडम्बना है कि श्रेष्ठ लक्ष्य-निर्धारण का विशेषाधिकार और गौरव पाने के बाद भी आदमी लक्ष्यहीन बना रहता है। भगवान् की इस अनोखी देन का उपयोग न करना प्रभु की कृपा का अपमान है।

प्रपंच में फँसा आदमी प्रभु की इस देन को अपने हाथों में सँभाल नहीं पाता है। इसी कारण वह जीवन भर छटपटाता रहता है। सुख-शान्ति के लिए मन्दिर-मन्दिर घूमता है, तान्त्रिकों-ज्योतिषियों की शरण लेता है। किन्तु कोई काम नहीं आता है। जो स्वयं कदम नहीं उठाना चाहेगा, उसे दुनिया की कोई शक्ति चला नहीं सकेगी। आदमी अपने संकल्प से चलता है। इस संकल्प का जीवन में तभी आगमन होता है जब वह जीवन का कोई लक्ष्य तय करता है। बिना लक्ष्य के जीवन सफल नहीं होता।

सन् १९०६ में मदनलाल धींगरा इंजीनियरिंग की शिक्षा प्राप्त करने के लिए लंदन गये। उसी समय सावरकर भी कानून की शिक्षा प्राप्त करने के लिए लंदन गये थे। पर दोनों में बड़ा अन्तर था। धींगरा बहुत मस्त तबीयत के थे और सावरकर देश-भक्ति की भावना से भरे। सावरकर के सम्पर्क में आकर धींगरा भी देश-भक्ति की भावना से भर उठे। वे लंदन की क्रांतिकारी संस्था 'अभिनव भारत' के सदस्य बन गये। उनका जीवन मौज-मस्ती को छोड़कर देशव्रती बन गया।

लंदन में सर विलियम कर्जन वायली भारत की अंग्रेज सरकार के लिए काम करता था। वह क्रान्तिकारियों का भेद लेकर ब्रिटिश सरकार को बताता था। इसीलिए क्रान्तिकारियों ने उसे मार डालने का संकल्प किया। इस कार्य को १ जुलाई, १९०९ को धींगरा ने अंजाम दिया। भरी सभा में उन्होंने वायली को गोली मार दी। १७ अगस्त, १९०९ को उन्हें फाँसी की सजा दी गई। धींगरा ने 'भारतमाता की जय' बोलते हुए प्रसन्नतापूर्वक इसे स्वीकार किया। इंग्लैंड में हाहाकार और भारत में

जय-जयकार की गूँज हो उठी। मदनलाल धींगरा अमर हो गये।*

जीवन में जब महान् लक्ष्य आता है तो सचमुच मनुष्य वन्दनीय बन जाता है। हनुमान इसीलिए वन्दनीय बने। इसीलिए युगों-युगों से उनकी पूजा हो रही है।

राम का विश्वास पाकर और अपने जन्म को सफल मानकर जब हनुमान आगे बढ़े तो उनमें एक विशेष बात थी। वे हृदय में कृपानिधान राम को धारण करके आगे चले। और वानरों में तथा हनुमान में जो अन्तर है उसका एक संकेत यहाँ भी है। दूसरे वानर जब राम से अलग हुए थे तो हर्षपूर्वक राम का सुमिरन करते हुए जा रहे थे।

आइए, इस फर्क पर विचार करें। हनुमान और अन्य वानरों ने राम का एक ही तरह का रूप देखा था। किन्तु असर अलग-अलग हुआ। वानर राम को देखने के बाद हर्षित हुए, हनुमान ने अपने जीवन को सफल माना। वानर राम को सुमिरते हुए गये, हनुमान ने उन्हें अपने दिल में बिठा लिया।

प्रेम वहाँ भी है जहाँ आप किसी को देखकर हर्षित होते हैं। पर यह नीचे की कोटि का है। इसमें उतनी तन्मयता नहीं है। प्रेम के सागर में अभी तैर रहे हैं। डुबकी नहीं लगायी है। डुबकी लगाते ही जीवन सफल हो जायेगा। हनुमान ने डुबकी लगायी है। वे डूब-डूबकर प्रेम-सागर में नहा रहे हैं। उन्हें डूबने का कोई भय नहीं है। संसार का यह एक अनोखा सागर है कि जहाँ आप डूबना जान जायें तो तैरना भूल जाते हैं। तैरना ही नहीं, निकलना भी भूल जाते हैं। यहाँ डूबकर अमर पद मिल जाता है।

वानरों ने राम का सुमिरन करते विदा ली थी। यह स्थिति साधना की शुरुआत है। वानर अभी-अभी राम के प्रभाव में आये हैं, उनके दर्शन का लाभ पाये हैं। साधना के क्षेत्र में सभी के भीतर हनुमान जैसी छलाँग लेने की शक्ति नहीं है। अतः वे भक्ति का ककहरा पढ़ रहे हैं, नाम का सुमिरन कर रहे हैं। हनुमान ऊँचे धरातल पर हैं। प्रभु उनके हृदय में आ बैठे थे। जप इसलिए किया जाता है कि प्रभु हृदय में आयें। किन्तु जब वे हृदय में आ जाते हैं तो जप करने की जरूरत नहीं होती।

बच्चा बाहर होता है तो माँ उसे पुकारती है, किन्तु यदि वह घर के आँगन में खेल रहा हो तो पुकारने की जहमत नहीं मोल लेती।

---

* पिछले संस्करण में मदनलाल धींगरा के उल्लेख में कर्जन वायली के स्थान पर साण्डर्स का नाम चला गया था। यह एक भारी मूल थी। लेखक इसके लिए क्षमा प्रार्थी हैं— *लेखक*।

भक्त दो तरह के होते हैं—साधक और सिद्ध। साधक प्रभु का सुमिरन करता है और सिद्ध उसे हृदय में बिठा लेता है। हनुमान सिद्ध भक्त थे। उनकी कोटि ऊँची थी, उनकी साधना श्रेष्ठ थी। तभी प्रभु ने उन्हें औरों से अधिक गौरव तथा मान दिया।

राम के विश्वास को पाथेय और उनकी कृपा को बल बनाकर हनुमान माँ सीता की खोज के लिए चल पड़े। प्रभु के दयामय स्वरूप को देखकर वह आनन्द से भरे हुए थे। कोई अभागा ही होगा जो प्रभु का स्पर्श पाकर प्रमुदित न हो उठे।

□

स्वरूप-ज्ञान

राम काज लगि तव अवतारा

हनुमान को राम का विश्वास मिल गया था, लेकिन उन्हें अपने भीतर का विश्वास प्राप्त करना शेष था। जब तक भीतर का विश्वास प्रखर नहीं होता है, बाहर की कोई सिद्धि उनकी चेतना को जगा नहीं पाती है। वह तो केवल बाहर से ही धक्का दे सकती है। हनुमान की सोयी हुई आन्तरिक शक्ति को जगाने के लिए राम बाहर से धक्का दे रहे थे।

बाहर से आदमी को कोई भी जगा सकता है। आप कितनी भी गाढ़ी नींद में सोये हों, कोई दरवाजा खटखटाये, मुँह पर पानी का छींटा मारे तो उठ बैठेंगे। इसके लिए किसी विशेष व्यक्ति की जरूरत नहीं।

दिल्ली में मैं अपने मित्र से मिलने गया। बहुत बड़े पुलिस ऑफीसर हैं। इलाहाबाद में मेरे सहपाठी रह चुके हैं। वे घर पर नहीं थे। उनकी पत्नी ने बड़े स्नेह से बैठाया। चाय इत्यादि के लिए पूछा और कहा कि मित्र महोदय कुछ ही मिनटों में आ जायेंगे। मैं प्रतीक्षा करने लगा।

मुझे मित्र से मिलकर कहीं और जाना था, किन्तु देरी हो रही थी। इसीलिए मैंने सोचा कि जहाँ जाना है वहाँ फोन करके सूचित कर दूँ कि देर से आऊँगा। मित्र की पत्नी से कहा, 'भाभीजी, जरा एक फोन करूँगा।'

उन्होंने नौकर को कुछ निर्देश दिये। वह बाहर निकला और पाँच मिनट बाद लौटकर आया। बोला, 'साहब, अभी फोनवाला अर्दली बाहर गया है। दस मिनट में आ जायेगा तो फोन हो सकेगा।'

बात सीधी थी, पर मेरी समझ में बिलकुल नहीं आयी। मित्र की पत्नी से मैं अभी तक खुला नहीं था, अतः पूछ नहीं सका। जब मित्र आये तो सबसे पहले मैंने

अपनी यही शंका प्रकट की।

वे खुलकर हँसे। बोले, 'मैं पुलिस ऑफीसर हूँ न, इसीलिए यह झमेला है। यहाँ फोन पर एक सिपाही बैठता है। वही फोन मिलाता है। किसी और को फोन मिलाने का अधिकार नहीं है।'

टेलीफोन अर्दली की तरह किसी को बाहर से जगाने के लिए किसी की ड्यूटी नहीं लगानी पड़ती। सबको जगाने का अधिकार है। लेकिन यदि आदमी भीतर से सोया हो तो उसे कुछ खास लोग ही जगा सकते हैं। राम ऐसे ही खास व्यक्ति थे, उन्हीं के छूने से हनुमान जाग सके।

सुग्रीव भयवश ऋष्यमूक पर्वत पर रहते थे। बालि का आतंक उनके सिर पर मौत की तलवार की तरह लटक रहा था। हनुमान उनके साथ थे। भयभीत स्वामी के साथ रहकर उनकी शक्ति भी सो गयी थी। वे भी सुग्रीव जैसे भयभीत हो गये थे।

किसी जंगल में सिंह का एक छोटा बच्चा अपने परिवार से बिछड़ गया। इधर-उधर भटककर वह सियारों के झुण्ड में जा मिला। उन्हीं के साथ रहने लगा, उन्हीं जैसा जीवन जीने लगा। उन्हीं जैसा बोलने भी लगा।

एक दिन एक सिंह की नजर उस पर पड़ गयी। उसे आश्चर्य हुआ कि सिंह का बच्चा सियारों के बीच क्या कर रहा है। दौड़कर उसने उस बच्चे को पकड़ा। बच्चे ने सोचा, आज जान गयी। सिंह ने कहा, 'बेटे, तुम सिंह-पुत्र हो, सियारों में क्यों रहते हो? ये कायर हैं, तुम वीर हो।'

बात बच्चे की समझ में नहीं आयी। तब सिंह ने जोर से दहाड़ लगायी। बच्चे से भी दहाड़ लगाने के लिए कहा, पर वह सियार की तरह हुहुआने लगा।

सिंह ने एक तरकीब सोची। वह बच्चे को पानी के पास ले गया और परछाईं दिखाकर बोला, 'देख, तू मेरे जैसा है, सियार जैसा नहीं। चल, दहाड़ मेरे साथ...दहाड़।'

सिंह ने दहाड़ लगायी। चमत्कार हो गया। जोश में आकर बच्चा भी दहाड़ने लगा। उसने अपने स्वरूप को प्राप्त कर लिया।

हनुमान को अपना स्वरूप प्राप्त करने के लिए राम की प्रतीक्षा करनी पड़ी। सुग्रीव के साथ रहकर वह अपना स्वरूप खो बैठे थे।

आइए! इस पर विस्तार से चर्चा करें। शबरी की सलाह पर जब राम ऋष्यमूक पर्वत की तरफ आगे बढ़े तो सुग्रीव ने उन्हें ऊँचाई से देख लिया। देखते ही थर-थर काँपने लगे।

अति सभीत कह सुनु हनुमाना।
पुरुष जुगल बल रूप निधाना॥

—सुग्रीव ने अत्यन्त भयभीत होकर कहा—हे हनुमान! ये दोनों पुरुष जो आ रहे हैं वे बल और रूप के निधान हैं।

राम-लक्ष्मण को देखकर सुग्रीव के मन का भय प्रकट हो गया। वह यह जानने के लिए उत्सुक हो गये कि आखिर ये लोग क्यों आ रहे हैं? वे हनुमान से जाकर पता लगाने के लिए कहते हैं। किस तरह से वे हनुमान को जाने के लिए कहते हैं, वह उनके भय का और भी बड़ा प्रमाण है।

धरि बटु रूप देखु तैं जाई।
कहेसु जानि जियँ सयन बुझाई॥

—तुम ब्राह्मण का रूप धारण करके जाओ, देखो। उनकी असलियत अपने हृदय में जानकर मुझे इशारे से कह देना।

सुग्रीव का यह बयान भय की चरम सीमा है। वह हनुमान से कहते हैं कि तुम ब्राह्मण का वेश धरकर जाओ। अगर पता चले कि वे हमारे दुश्मन हैं तो इशारे से बता देना, मैं भाग खड़ा हूँगा। बालि ने उन्हें भेजा होगा तो वे जरूर मुझे मारने आ रहे होंगे।

भयभीत आदमी एक ही बात सोचता है कि उसे कोई मारने आ रहा है। उसकी हालत सावन के उस अन्धे की तरह होती है जिसे हर मौसम में हरियाली दिखाई देती है। सुग्रीव के पास भगवान् भी यदि सुदर्शन चक्र लेकर आ जाते तो वे यही सोचते कि उन्हें मारने आ रहे हैं। बालि ने उन्हें किराये के गुण्डे की तरह भेजा है। भय बड़ा भयानक होता है। वह आदमी के सत्व को, उसकी आत्मा को निचोड़ देता है। कहते हैं, सुग्रीव सूर्यपुत्र थे; पर जाने क्यों सूर्य का तेज उनमें नहीं था। कर्ण भी सूर्यपुत्र था, उसके प्रताप से महाभारत का हर पात्र थर्राता था। सुग्रीव की ऐसी हालत क्यों थी, भगवान् ही जानें।

हनुमान की हालत भी उन्होंने अपने जैसी ही कर रखी थी। सुग्रीव के भयभीत मन की छाया उन पर भी हावी थी।

बिप्र रूप धरि कपि तहँ गयऊ।
माथ नाइ पूछत अस भयऊ॥

—हनुमानजी ब्राह्मण का रूप धारण कर राम-लक्ष्मण के पास गये और माथा टेक उनके बारे में उनसे पूछने लगे।

यह चौपाई हमें साफ बताती है कि सुग्रीव के साथ रहकर हनुमान अपने को

पूरी तौर पर भूल गये थे। वे सचमुच अपने को शक्तिहीन समझने लगे थे। सुग्रीव के कहने से जो वेश हनुमान ने धरा था, वह भय का जीता-जागता नमूना है।

ब्राह्मण बनने का एक कारण था। उस समय की धर्मनीति में ब्राह्मण, स्त्री, बालक और गाय अवध्य माने गये थे। इनका वध नहीं किया जा सकता था। दूसरे, ब्राह्मण से कोई झूठ नहीं बोलता था। हनुमान अपने को बचाने के लिए और राम से उनकी सच्चाई जानने के लिए ब्राह्मण बने थे।

कुछ लोग कहते हैं कि डर के कारण नहीं, केवल भेद-नीति के कारण ही वे ब्राह्मण बने थे। और कई बार भी वे ब्राह्मण बने। मैं भी मानता हूँ कि वे और कई बार भी ब्राह्मण बने। जब विभीषण से मिले तब भी ब्राह्मण बने, जब अयोध्या में भरत से मिले तब भी ब्राह्मण बनकर मिले। इन दोनों अवसरों पर हनुमान के मन में कोई भय नहीं था, अत: उन्होंने ब्राह्मण जैसा व्यवहार किया। लेकिन जब वे पहली बार सुग्रीव के आग्रह पर राम से मिल रहे थे तब उनका व्यवहार ब्राह्मण जैसा नहीं था।

वे ब्राह्मण का रूप धारण करके गये और माथा झुकाकर राम से पूछने लगे। उस काल में ब्राह्मण किसी से सिर नवाकर प्रणाम नहीं करता था। लोग उसे इस तरह से प्रणाम करते थे। भय के कारण हनुमान हड़बड़ाये और हकलाये हुए थे। जो वे बाहर से थे उसके अनुरूप अन्दर से नहीं बन पा रहे थे। इसीलिए वीर रूप में उपस्थित राम को देखकर भयवश उन्होंने प्रणाम कर लिया। जब विभीषण के सामने ब्राह्मण बने थे तब विभीषण ने उन्हें प्रणाम किया था। ज़ब वे भरत के पास राम के आगमन का सन्देश लेकर गये थे तब प्रणाम की नौबत ही नहीं आयी, समाचार सुनकर भरत भाव-विभोर हो उठे।

हनुमान सुग्रीव के साथ रहकर कितने कमजोर हो गये थे। किन्तु राम ने जैसे ही उनके जीवन में प्रवेश किया, वे बदलने लगे। कुछ लोग मेरी इस बात का यह कहकर विरोध करते हैं कि हनुमान को यह शाप था कि तुम अपनी शक्ति को भूल जाओगे, जब कोई याद दिलायेगा तब उसे प्राप्त कर सकोगे। जब जामवन्त ने उन्हें याद दिलाया तब उन्हें अपना स्वरूप याद आया। इस प्रसंग में मेरा एक नम्र निवेदन है। जामवन्त ने पहले क्यों नहीं हनुमान को उनकी शक्ति का स्मरण करा दिया? वे बालि को मारकर सुग्रीव का सारा दु:ख हर लेते। राम को कष्ट करने की जरूरत ही नहीं पड़ती।

इस सम्बन्ध में मेरा एक खास मत है। मैं मानता हूँ कि इस संसार में कुछ लोग ऐसे होते हैं जो छूकर आदमी को बदल देते हैं, राख को झाड़कर भीतर के अंगारे को प्रकट कर देते हैं। विवेकानन्द पचासों साधु-सन्तों के पास गये थे, कहीं

उन्हें समाधान नहीं मिला। रामकृष्ण ने उन्हें छू दिया, वे एकदम रूपान्तरित हो गये। बुद्ध ने सारिपुत्र को छुआ, वे सदा के लिए उनके हो गये। अंगुलिमाल नर-हत्या छोड़कर भिक्षु बन गया।

आदमी पर वातावरण का बड़ा असर पड़ता है। भीष्म जब धर्म के सूक्ष्म तत्त्व पाण्डवों को समझा रहे थे तो द्रौपदी ने हँस दिया था। उसने पूछा था, 'महाराज! आज तो आप धर्म की ऊँची-ऊँची बातें कर रहे हैं, लेकिन जब कौरव अधर्म कर रहे थे तब आपकी यह धर्मबुद्धि कहाँ चली गयी थी?'

भीष्म नाराज नहीं हुए। उन्होंने द्रौपदी से कहा, 'उस समय मैं कौरवों का खाता था, उनके साथ रहता था। अतः मेरी भी बुद्धि उन जैसी अधर्मी हो गयी थी। अब मैं अर्जुन के बाणों से घायल होकर शर-शय्या पर पड़ा हुआ हूँ। कौरवों के अन्न से बना हुआ रक्त अर्जुन के बाणों की चोट खाकर टपक चुका है। अब उनका साथ भी यहाँ नहीं है। अतः मेरी धर्म-बुद्धि फिर जाग्रत् हो गई।'

बहुत हद तक मनुष्य अपने माहौल की उपज होता है। भीष्म की तरह हनुमान भी सुग्रीव की भय-मिश्रित रसोई खाकर अपना तेज खो बैठे थे। अब राम को पाकर वे अपने हृदय की राख झाड़ने लगे। उनके भीतर का अंगार प्रकट होने लगा।

राम ने जब सीता को देने के लिए अपनी अँगूठी दी और उनके सिर को छूकर अपना सन्देश दिया तो हनुमान पूरी तरह से राम के हो गये। सुग्रीव का रहा-सहा असर भी उनपर से जाता रहा। जब वे राम के हो गये तो बाह्यान्तर वीर बन गये। उनके जीवन का सारा भय जाता रहा। राम जिसके साथ हों, भय उसके पास फटक भी नहीं सकता। राम को देखकर भय भी भय खाता है।

इसके बाद हनुमान को कभी भय छू भी नहीं गया। वे एक नये रूप में हमारे सामने आते हैं। श्रद्धा, भक्ति, विश्वास और सेवा के चरम आदर्श का नाम हनुमान बन जाता है। आज हर कोई यह आकांक्षा करता है कि वह हनुमान जैसे भक्त बने। राम के स्पर्श के बाद हनुमान ने कैसे अपने सत्त्व को पाया, आइए इसपर तनिक और विचार करें।

समुद्र के किनारे सभी वानर परेशान बैठे थे। इसे कैसे पार किया जाय, यह समस्या थी। हर किसी के सामने कोई-न-कोई कठिनाई थी।

निज-निज बल सब काहूँ भाषा।
पार जाइ कर संशय राखा॥

—हर वानर ने अपने-अपने बल का वर्णन किया। पर समुद्र के पार जाने में सबको

सन्देह था।

जामवन्त और अंगद ने भी अपनी शक्ति के बारे में बताया। हनुमान फिर भी बैठे रहे। उन्हें अब भी अपने आप पर पूरा विश्वास नहीं जमा था। लेकिन जामवन्त ने देखा था कि राम ने अन्त में हनुमान को ही रोका था। उन्हें ही मुद्रिका दी थी, उन्हें ही अपना सन्देश दिया था। अत: उन्हें पक्का विश्वास था कि हनुमान राम का काम कर सकेंगे। यदि उनमें राम-काज करने की शक्ति अन्तर्निहित नहीं होती तो राम कभी उन्हें अपना विश्वस्त नहीं बनाते। जामवन्त जानते थे कि राम सामान्य पुरुष नहीं हैं। उन्होंने अंगद से साफ-साफ कहा था—

तात राम कहुँ जनि मानहु।
निर्गुन ब्रह्म अजित अज जानहु॥

—हे प्रिय अंगद! श्रीरामजी को मनुष्य न मानो। उन्हें निर्गुण ब्रह्म, अजेय और अजन्मा समझो।

जामवन्त ऋषियों जैसी वाणी बोल रहे थे। इससे पता चलता है कि उन्हें राम की वास्तविकता मालूम थी। ऐसे राम जब किसी को अपना काम सौंपते हैं तो उसका अर्थ यही होता है कि वह काम करने में सक्षम है। यही विचारकर जामवन्त ने हनुमान को स्वत्व-जागरण करने के लिए ललकारा।

कहइ रीछपति सुनु हनुमाना।
का चुप साधि रहेउ बलवाना॥

—जामवन्त ने कहा—हे हनुमान! हे बलवान्! सुनो, तुम चुप लगाकर क्यों बैठे हो?

अनुभव सबसे बड़ी पाठशाला है। इससे बुद्धि की सजगता बढ़ती है। मनुष्य उत्पन्न स्थितियों के समाधान के लिए परिस्थिति के अनुरूप रणनीति बना लेता है। जामवन्त यही कर रहे थे। राम ने जब हनुमान को अपना विश्वासभाजन बनाया था तब अंगद और नल-नील जैसे श्रेष्ठ वानर वहाँ थे; लेकिन यह किसी के दिमाग में नहीं कौंधा कि राम ने जिसे विश्वास दिया है उसे जगाया जाय। हमारी प्राचीन परम्परा में इसीलिए बूढ़ों की बड़ी कद्र की गयी है। पश्चिम में जहाँ उन्हें घर के बाहर फेंक दिया गया है, वहीं हमने उन्हें गले से लगाकर रखा है।

आज तो घर की व्याख्या ही बदल गयी है। पहले माता-पिता को लेकर घर का बोध होता था। आज पत्नी के साथ घर की शुरुआत होती है। आज कोई पूछता है कि आपके घर में कौन-कौन हैं तो हम तपाक से कहते हैं, 'हमारी पत्नी और तीन बच्चे।' फिर अगर कोई शर्म छोड़कर पूछे कि आपके माता-पिता? तब हम बड़ी सपाट भाषा में बोलते हैं—वे अपने घर में रहते हैं। कभी-कभी आते हैं। मैं

अब अपने घर में रह रहा हूँ। पत्नी आते ही आदमी जिस घर में रहना शुरू कर देता है उसे अपना कहने लगता है। जिस माँ-बाप के घर में वह पैदा हुआ था, वह उसके लिए पराया हो जाता है। आदमी अनुभव नहीं, उफान के साथ जीना पसन्द करने लगा है।

अमेरिका में किसी ने विवेकानन्द से पूछा था, 'आपके समाज में पत्नी का क्या स्थान है?' तब उन्होंने पूछनेवाले से एक नायाब सवाल किया था, 'आप पहले यह बताइए कि आपके समाज में माँ का क्या स्थान है?'

पूछनेवाला हड़बड़ा गया था। विवेकानन्द ने कहा, 'हमारे यहाँ पत्नी को तब तक अधिकार और स्थान नहीं मिलता है जब तक वह माँ नहीं बन जाती। जब वह माँ बन जाती है तो समझ जाती है कि सन्तान पैदा करने का अर्थ क्या होता है! परिवार चलाने की पीड़ा क्या होती है! ममता और वात्सल्य का अर्थ क्या होता है! इसीलिए स्थान पाने के लिए पत्नी को माँ बनने तक की प्रतीक्षा करनी होती है।'

प्रसिद्ध गांधीवादी वैज्ञानिक डॉ. आत्माराम ने एक बार अपने संस्मरण में एक रोचक और मार्मिक घटना का वर्णन किया था। वे अपनी उच्च शिक्षा पूरी करके कनाडा के एक अस्पताल में काम कर रहे थे। एक बार वे रात की ड्यूटी पर थे। रात के दो बजे एक बूढ़ा मरीज मर गया। डॉ. आत्माराम परेशान हो उठे। उन्होंने उस बूढ़े मरीज की फाइल मँगायी। उसे देखकर उसके बेटे का नाम और फोन नम्बर नोट किया। फिर दु:ख के साथ वे उसे फोन करने लगे।

डॉ. आत्माराम जानते थे कि दो बजे रात के समय किसी को जगाना ठीक नहीं होता। लेकिन जिस आदमी के पिता की मृत्यु हुई है उसे तो समाचार देना ही चाहिए। नहीं तो बाद में वह कहेगा कि अस्पतालवाले कैसे लापरवाह हैं! मेरे पिता की मृत्यु हो गयी, मुझे बताया तक नहीं।

फोन की घण्टी बजी। उधर से नींद में भरी अलसायी आवाज आयी— 'हैलो।'

डॉ. आत्माराम ने अपना कर्तव्य निश्चित किया। संवेदना और शोक से भरी आवाज में उन्होंने कहा, 'मिस्टर पीटर, यह समाचार देते हुए मुझे बड़ा अफसोस हो रहा है कि अस्पताल में अभी कुछ मिनट पहले आपके पिता का देहान्त हो गया। हमारी आपके साथ हार्दिक संवेदना है।'

उधर से कड़कती हुई आवाज आयी—'यह क्या मूर्खता है! इतनी रात को मुझे आपने क्यों परेशान किया? आपने मेरे पिता की फाइल नहीं देखी? आप अन्धे हैं? उस पर साफ लिखा है कि उनकी लाश को दफनाने के लिए किस एजेंसी से

सम्पर्क करना है। मैंने पूरे खर्च का पैसा वहाँ जमा कर रखा है। दूसरों को परेशान करने के बजाय अपने काम को जिम्मेदारी से करना सीखिए।'

डॉ. आत्माराम के होश गुम हो गये। अगर उनके पिता मरते और कोई उन्हें खबर देता तो वे उसका आभार मानते। दाह-क्रिया से पहले उड़कर कनाडा से भारत पहुँच जाने की कोशिश करते। अन्तिम बार पिता का मुख देख लेने के लिए उतावले हो उठते। लेकिन इस आदमी ने तो उन्हें गालियाँ दीं।

उन्होंने तय किया कि इस देश में नहीं रहना है। दूसरे दिन त्याग-पत्र देकर वे भारत आ गये।

हमारे समाज में बूढ़ों का बड़ा महत्त्वपूर्ण स्थान था। वे घर की शोभा थे। जिस घर में कोई बड़ा-बूढ़ा नहीं होता था वहाँ लोग कहा करते थे, 'क्या करें, हमारे घर में कोई सलाह देनेवाला नहीं है। जैसा बन पड़ता है, करते हैं।' हमारी जीवन-रचना में इसी कारण 'होम' की कोई व्यवस्था नहीं है। आश्रयहीन बूढ़े आश्रम में जाया करते थे। वहाँ अपने अनुभवों से बच्चों को शिक्षा देते थे। अनुभव संसार की सारी भारी-भरकम पुस्तकों से बड़ा है।

अनुभवी जामवन्त पूरे वानर समूह को सँभालने में लगे हुए थे। महीने भर की अवधि पूरी हो जाने के कारण सभी चिन्तित थे, मौत अपने सामने देख रहे थे। ऐसे समय में केवल जामवन्त ही शान्त-चित्त थे। सबको समझा रहे थे; क्योंकि उन्होंने जीवन में ऐसी बहुत सारी विषम परिस्थितियाँ झेली थीं। उनकी हड़बड़ी का जमाना बीत चुका था। जब आदमी जवान होता है, संघर्षों का पहली बार मुकाबला करता है तो वह हड़बड़ी में होता है। उसकी बुद्धि सन्तुलित नहीं होती। किन्तु जो जीवन में अनेक बार संघर्ष देख चुके हैं, अनुभवसिद्ध हो चुके हैं, वे विचारपूर्वक काम करते हैं।

जामवन्त ने विचारपूर्वक काम किया और हनुमान को ललकारा—क्यों चुप साधकर बैठे हुए हो?

वास्तव में हनुमान की स्थिति सबसे नाजुक थी। अंगद, नल, नील आदि तो अपनी ड्यूटी बजा रहे थे। महीन-दो महीने में अगर सीता का पता नहीं चलता तो वे लौटकर राम को जाकर कह सकते थे कि हमने पूरी कोशिश की, लेकिन सफल नहीं हो सके। कोई उनका क्या कर लेता? प्रयत्न करना उनके वश में था, उन्होंने किया। सफलता पर वे कैसे नियन्त्रण कर सकते थे! लेकिन हनुमान केवल ड्यूटी नहीं बजा रहे थे। वह तो राम का विश्वास अपने साथ लेकर आये थे। वह खाली हाथ लौटेंगे तो राम का विश्वास चकनाचूर हो जायेगा। प्रभु ने उनपर बड़ी आशाएँ

की हैं, उन आशाओं पर तुषारपात होते हनुमान कैसे देख सकते थे। आखिर कुछ सोचकर राम ने उन्हें अपने काम के लिए चुना होगा। वह काम यदि नहीं हो सकेगा तो राम के चुनाव में खोट मानी जायेगी। राम में कोई खोट हनुमान सोच ही नहीं सकते थे।

हनुमान का मौन दायित्व के इसी दर्द को जी रहा था। दायित्व का दर्द जिम्मेदार व्यक्ति के लिए बहुत कष्टकारी होता है। जो ढुलमुल चरित्र के होते हैं वे दायित्व को ओढ़ते-बिछाते रहते हैं। हो गया तो हो गया, नहीं हुआ तो कह देते हैं—क्या हमने सबका ठेका लिया है? लीजिए, आप ही कर डालिए। हनुमान का चरित्र दृढ़ और संकल्पबद्ध था। वह राम से जाकर नहीं कह सकते थे कि मुझसे जितना हुआ कर लिया, अब आप जाकर कोशिश कीजिए। वे तो राम के होकर अपने जन्म को सफल कर चुके थे। फिर राम से दूर कैसे जा सकते थे!

सेवक की सफलता कार्यसिद्धि में होती है, कार्य कैसे नहीं हो सका, इसका कारण बताने में नहीं। हमारे एक मित्र राजनीतिक नेता हैं। मन्त्री भी हैं। उनका एक अनुभव बड़ा विचित्र है। मन्त्री रहते हुए उन्हें सरकारी सेवकों, जिन्हें 'ब्यूरोक्रेट' कहा जाता है, से काम लेना पड़ता है। मन्त्री स्वामी हैं और वे सेवक। बिना इनके सहयोग के मन्त्री से राज नहीं चल सकता। मेरे मन्त्री मित्र बताते हैं कि जब वे जनहित के लिए कोई काम करने, नीति-योजना बनाने के लिए विचार करते हैं तो उसे कार्यरूप देने के लिए ब्यूरोक्रेटों को बुलाते हैं। वे लोग बात ही यहाँ से शुरू करते हैं कि इस प्रोजेक्ट को लेने में क्या-क्या कठिनाइयाँ हैं। उपयोगी होती हुए भी कैसे यह व्यावहारिक नहीं है। फिर जब मन्त्री दृढ़ता से बोलता है कि इसे करना ही है, तब वे ही लोग करने के रास्ते खोज लेते हैं। कुछ करने के लिए हाथ-पाँव हिलाना पड़ता है, सोचना-विचारना पड़ता है, दौड़-धूप करनी पड़ती है। इसीलिए एयर कण्डीशनर में बैठकर फाइल पर काम करनेवाली ब्यूरोक्रेसी जन-कल्याण के झंझट में नहीं पड़ना चाहती। वह बहाने बनाती है।

हनुमान आज जैसे चतुर सेवक नहीं थे कि राम को यह रिपोर्ट बनाकर भेज देते कि बीच में समुद्र होने के कारण सीता की खोज उपयोगी होते हुए भी व्यावहारिक नहीं है। इसके लिए फिर से एक कमेटी बनायी जाय और नये उपायों की छानबीन की जाय।

हनुमान निष्ठावान् एवं दृढ़ सेवक थे। स्वामी ने जो काम दे दिया है, उसे पूरा करके ही दम लेंगे, यह उनकी भावना थी। इस शरीर से या तो कार्य की सिद्धि होगी या यह समाप्त हो जायेगा, ऐसा व्रत था उनका। इसीलिए अकेले बैठे वे अपने

आप में ही मग्न थे। राह सूझ जाने की प्रतीक्षा में थे। ऐसे अत्यन्त नाजुक क्षण में जामवन्त ने उन्हें उनके स्वत्व की याद दिलायी।

पवन तनय बल पवन समाना।
बुधि बिबेक बिग्यान निधाना॥

—उन्होंने कहा—तुम वायु के पुत्र हो और बल में वायु के समान हो। तुम बुद्धि, विवेक और विज्ञान की खान हो।

जब आदमी अपने को भूल जाता है तो उसे किसी-न-किसी सहारे से जगाना पड़ता है। सहारा उसका परिचित हो तो याद आने में सुविधा होती है। बच्चा रो रहा हो तो अपना परिचित खिलौना पाकर झट चुप हो जाता है। किन्तु यदि आप उसे कोई ऐसी चीज दें जिसे वह जानता ही नहीं, तो वह रोता ही जाता है।

जामवन्त बड़ी खूबी से हनुमान को परिचित चीज के सहारे जगा रहे हैं। वह उन्हें उनके कुल की याद दिलाते हैं। कहते हैं कि तुम पवन के पुत्र हो, उन्हीं जैसा बल है तुममें। बैठे क्यों हो?

आदमी पर 'कुल' का बड़ा असर होता है। जब कोई बच्चा गलत काम करता है तो हम सभी उसे फटकारते हैं—इतने अच्छे और बड़े कुल में पैदा होकर ऐसा खराब काम करते हो। वास्तव में कहना तो हमें यह चाहिए कि बेटे, यह काम गन्दा है, इसे मत करो। लेकिन हम अधिक प्रभाव डालने के लिए बच्चे को उसके 'कुल' की मर्यादा की याद दिलाते हैं, उसके माँ-पिता की प्रतिष्ठा की याद दिलाते हैं। इसके बाद उसके अपने चरित्र की श्रेष्ठता की याद दिलाते हुए कहते हैं—तुम अच्छे और समझदार बच्चे हो। तुम्हें ऐसा काम नहीं करना चाहिए। कुल के गौरव के बाद व्यक्ति का अपना गौरव। ये दोनों याद रहें तो व्यक्ति अपने को कभी भूलता नहीं है।

इस मनोविज्ञान का सहारा लेकर जामवन्त जगा रहे हैं हनुमान को। हनुमान जब पवन के पुत्र हैं तो उन्हें भय कैसा! भला पवन किससे डरता है! वह तो निखिल संसार में सनसनी के साथ दौड़ता है। कौन है जो उसे बाँध सके! कौन है जो उसे साध सके! वह मुक्त है विचरने को, कहीं भी जा गुजरने को। फिर उसके पुत्र हनुमान के ऊपर बन्धन कैसा? हनुमान, उठो! अपने पिता के प्रताप की लाज रखने के लिए उठो। अपने भीतर दौड़ रहे रक्त की प्रतिष्ठा के लिए उठो।

कुल का गौरव याद दिला देने के बाद जामवन्त उन्हें उनके अपने चरित्र की याद दिलाते हैं। कहते हैं कि तुम बुद्धि, विवेक और विज्ञान की खान हो। इसमें से एक भी गुण जिसे मिल जाय, वह आकाश की ऊँचाइयाँ कूदने-फाँदने लगता है।

तुम्हारे में तो तीनों गुण मौजूद हैं। तुम क्यों चुप हो?

जामवन्त हनुमान के चरित्र को बहुत अच्छी तरह से प्रस्तुत कर रहे हैं। जो गुण हनुमान में समाहित हैं वे बेजोड़ हैं। ज्ञान सच्चे और श्रेष्ठ लक्ष्य-निर्धारण में सहायक होता है। बुद्धि से वह लक्ष्य-सिद्धि के लिए प्रयत्न करता है। विवेक उसका पथ-प्रदर्शक बनता है। ज्ञान होने से आदमी किसी बहकावे में नहीं आता। कोई उसे खाई-कुएँ में नहीं गिरा सकता, किसी ओछे कार्य में नहीं लगा सकता। वह जीवन को धन्य करने लायक सही लक्ष्य चुनता है। बुद्धि व्यक्ति की सबसे बड़ी सहायिका होती है। वह न हो तो बड़े-से-बड़ा लक्ष्य भी कागजी योजना बनकर रह जाता है। बुद्धि उसको पाने के साधन का इन्तजाम करती है। संसार में गलत-सही बहुत साधन हैं। बुद्धि कार्य-सिद्धि की जल्दी में साधनों की शुद्धता पर ध्यान नहीं देती। यह काम विवेक करता है। विवेक हो तो आदमी कभी गलत साधन का उपयोग नहीं करता है। विवेक सबसे बड़ा सलाहकार है। जहाँ ज्ञान और बुद्धि फेल हो जाते हैं, विवेक काम आता है।

शास्त्रों में एक बड़ी अच्छी बात कही गयी है। जब सारे आप्त वचन मनुष्य की मदद करने में असफल हो जायें तो उसे अपने विवेक से मदद लेनी चाहिए। विवेक सबसे बड़ा गुरु भी है। बुद्धि प्राय: अपने इस गुरु की बात नहीं सुनती है। उसकी गति टेढ़ी है। वह तिकड़म में विश्वास करती है। काम को झट-पट करने की ललक में कूद-फाँद करने का उसका जी होता है। विवेक उसे बाँधता है, सीधी राह चलना सिखाता है। इसीलिए बुद्धि उससे भड़काती है। विचारकों ने इसीलिए बुद्धि को ज्ञान और विवेक के बीच में डाला है। जब वह दोनों के बीच होती है तो सीधा चलने को बाध्य हो जाती है। जिसके पास बुद्धि हो उसे ज्ञान और विवेक भी अर्जित करना चाहिए, नहीं तो बुद्धि व्यक्ति को लम्बी उड़ान का लालच देकर बड़े बुरे पटकती है। फिर उठ-उड़ पाना मुश्किल होता है।

हनुमान तीनों के निधान हैं। इतना है उनके पास कि कभी खत्म ही नहीं हो सकता। फिर क्या कंजूसी? लक्ष्य-साधन के लिए फिर क्यों नहीं उठ खड़े होते? तुम्हारा चरित्र कितना श्रेष्ठ है! जिसके पास ज्ञान, बुद्धि, विवेक थोड़ा हो वह यदि उसे अपनी रोजी-रोटी के लिए बचा रखे तो समझ में आता है। तुम तो निधान हो, महान् हो। तुम उठो हनुमान। जामवन्त यही जागरण सन्देश दे रहे हैं महाबली हनुमान को।

कवन सो काज कठिन जग माहीं।
जो नहिं होइ तात तुम्ह पाहीं॥

—जगत् में कौन सा ऐसा कठिन कार्य है जो हे तात! तुमसे न हो सके।

जामवन्त बड़े शानदार ढंग से हनुमान के शौर्य का चित्रण कर रहे हैं। सचमुच संसार का बड़े-से-बड़ा काम करने के लिए जिन साधनों की जरूरत होती है वे सर्वोत्तम रूप में हनुमान को उपलब्ध थे। वे पवनपुत्र थे, इसलिए उनके बल की कोई सीमा नहीं थी। बल न हो तो आदमी बड़े काम नहीं कर पाता है। बल जुटाने के लिए वह सेना-फौज खड़ी करता है, गुण्डे-गुर्गे पालता है। हनुमान को बल के लिए किसी से याचना नहीं करनी थी। कोई दल भी नहीं बनाना था।

बल के बाद बुद्धि का नम्बर आता है। बुद्धि न हो तो बल बेकार हो जाता है और बुद्धि हो तो आप बल का सही उपयोग भी कर सकते हैं और बलवान् को पछाड़ भी सकते हैं।

एक पुरानी कहानी है। एक आदमी अपने रास्ते चला जा रहा था। कुछ दूर जाने पर एक झाड़ी के पास से आवाज आयी, 'मुझे बचाओ।'

आदमी ने इधर-उधर देखा, कहीं कुछ नहीं था। मन का भ्रम समझकर वह आगे बढ़ा। आवाज फिर आयी, 'मैं बोतल में बन्द हूँ, मुझे बचाओ।'

आदमी झाड़ी के पास गया। उसने देखा कि वहाँ एक बोतल पड़ी है। पर बोतल में कुछ था नहीं। वह लौटने को हुआ तो फिर आवाज आयी, 'मैं भूत हूँ। मुझे एक तान्त्रिक ने बोतल में बन्द कर दिया है। निकालो मुझे। मैं तुम्हारी सब आवश्यकताएँ पूरी कर दूँगा।'

साहस करके आदमी ने ढक्कन खोल दिया। भूत बाहर आ गया। उसने अपने मालिक से कहा, 'आप जो कहेंगे, मैं करूँगा। किन्तु मैं बैठा नहीं रह सकता। मुझे हर समय काम में रहना चाहिए। यदि काम नहीं मिला तो मैं आपको ही खा जाऊँगा।'

आदमी बुद्धिमान था। उसने भूत से कहा, 'ठीक है, चलो काम करो। पहले मुझे घर पहुँचाओ।'

क्षण मात्र में भूत ने उसे घर पहुँचा दिया।

मालिक ने कहा, 'मेरे लिए सुन्दर घर बनाओ।'

कुछ दिन में वह भी बनकर तैयार हो गया।

'मुझे सारी दुनिया घुमाओ।'

वह इच्छा भी भूत ने पूरी कर दी।

'मुझे सारे संसार के पकवान लाकर खिलाओ।'

भूत ने आज्ञा मानी और पकवान लाने के लिए चल पड़ा।

अब आदमी के सामने समस्या थी कि भूत को कौन सा काम दे। उसके सभी काम पूरे हो गये थे। वह चिन्तित था। तभी उसकी निगाह अपने कुत्ते पर पड़ी। वह परम प्रसन्न हो उठा।

जैसे ही भूत पकवान लेकर आया, उस आदमी ने कहा, 'अब तुम मेरे इस कुत्ते की पूँछ सीधी करो। जब तक सीधी न हो जाय, लगे रहो।'

कहते हैं कि तब से आज तक भूत उसी काम में लगा हुआ है और युगों-युगों तक लगा भी रहेगा।

बल और बुद्धि के साथ-साथ ज्ञान और विवेक भी किसी कार्य-सिद्धि के लिए बहुत आवश्यक होते हैं। वे भी हनुमान के पास प्रचुर मात्रा में हैं। हनुमान उनकी खान हैं।

कभी-कभी ऐसा भी होता है कि बल, बुद्धि, ज्ञान और विवेक के रहते हुए भी लोग जीवन में सफल नहीं हो पाते हैं। ऐसे लोगों के बारे में हम कहते हैं कि उसके भाग्य में कोई खोट थी। ईश्वर की कृपा उसे नहीं मिली थी। हनुमान के साथ यह खोट भी नहीं थी। उन्हें प्रभु का विश्वास और आशीर्वाद प्राप्त था। बल, बुद्धि, ज्ञान और विवेक जिसके पास हों वह स्वयं अकेले पहाड़ की छाती चीर देने के लिए तैयार हो जाते हैं, यदि उसमें ईश्वर की कृपा भी सहायक हो जाय तो सोने में सोहागा समझिए। दसों अँगुलियाँ घी में मानिए। ऐसा आदमी पहाड़ को गेंद की तरह अपने हाथों में उछाल सकता है। समूची वसुन्धरा को अपने ऊपर धारण कर सकता है। संसार में कौन सी ऐसी शक्ति होगी जो ऐसे झंझावात को रोक सके? प्रभंजन-पुत्र जब राम की कृपा लेकर लक्ष्य-सन्धान के लिए उठ खड़ा होगा तो विधाता भी उसके रास्ते में नहीं आ सकेगा। लक्ष्य-सिद्धि के प्रति यदि अटूट निष्ठा हो तो भगवान् भी बाधा नहीं डाल पाता है।

नेपोलियन के बारे में एक कहानी प्रचलित है। किशोरावस्था में उसने एक ज्योतिषी को अपना हाथ दिखाया। ज्योतिषी ने उसके जीवन के बारे में बहुत सारी बातें बतायीं। लेकिन नेपोलियन को जिस बात में रुचि थी उसके बारे में ज्योतिषी कुछ नहीं बोल रहा था।

नेपोलियन ने खुद पूछा, 'श्रीमन्, मेरी रेखाएँ देखकर बताइए, मैं सेनापति बन सकता हूँ?'

ज्योतिषी ने उसके हाथ को ध्यान से देखा और बोला, 'असम्भव। तुम्हारे हाथ में वह रेखा ही नहीं है।'

नेपोलियन ने तनिक दु:खित हो पूछा, 'कहाँ होती है रेखा?'

ज्योतिषी ने उसके हाथ पर अपने हाथ से लकीर खींचकर बताया, 'यहाँ।'

वीर नेपोलियन ने तनिक भी देरी नहीं की। चाकू निकालकर उसने अपने हाथ को उस स्थान पर चीर दिया जहाँ ज्योतिषी ने रेखा होने का संकेत किया था और फिर ज्योतिषी से बोला, 'लीजिए, लकीर मैंने बना दी। अब आप इसका भविष्य फल कहिए।'

चकित और मुग्ध ज्योतिषी ने कहा, 'मेरे बच्चे! तुम्हें भगवान् भी सेनापति बनने से नहीं रोक सकेगा।'

इतिहास जानता है कि नेपोलियन कितना महान् सेनापति हुआ।

लक्ष्य से एकरूपता व्यक्ति में अतुलित ऊर्जा का आविष्कार करती है। हनुमान के भीतर यह शक्ति भरी पड़ी थी। केवल उसे बाहर आने का रास्ता नहीं मिल रहा था। जामवन्त वही रास्ता तैयार कर रहे थे।

राह न मिले तो बड़े-से-बड़ा पराक्रम व्यर्थ हो जाता है। बड़ी-से-बड़ी सेना काम नहीं आती है। महाभारत युद्ध में कौरवों के पास अपार सेना थी। एक-से-एक पराक्रमी योद्धा उनके सहयोगी थे। पर न उनके पास राह थी, न राह दिखानेवाला दुर्योधन को एक मौका मिला था कि वह पथ-प्रदर्शक चुन सके, किन्तु उसने यह सुनहरा अवसर खो दिया।

युद्ध से पहले दुर्योधन और अर्जुन दोनों कृष्ण से सहायता माँगने पहुँचे थे। वे सो रहे थे—दोनों कृष्ण के करीबी रिश्तेदार थे। दुर्योधन की पुत्री का विवाह कृष्ण के पुत्र साम्ब के साथ हुआ था। अर्जुन ने उनकी बहन सुभद्रा से विवाह किया था। अतः उन दोनों को शयनागार तक जाने के लिए किसी ने मना नहीं किया। दुर्योधन अहंकार में था। वह कृष्ण के सिरहाने जा बैठा। अर्जुन विनम्र थे। वे पायताने की ओर बैठे।

जब कृष्ण जगे तो दोनों ने उनसे युद्ध में सहयोग करने का निवेदन किया। कृष्ण ने कहा, 'मैं स्वयं युद्ध नहीं करूँगा। बलराम भी नहीं करेंगे। युद्ध के लिए आप चाहें तो मेरी सेना ले सकते हैं। मैं केवल राय-सलाह देने के लिए प्रस्तुत रहूँगा। आप दोनों में से किसी एक को चुन लें।'

दुर्योधन ने सेना को चुना। वह सोचता था कि कृष्ण की राय-सलाह से क्या होनेवाला है, युद्ध तो सेना करेगी। उसे मौका मिला था मार्ग को, मार्गदर्शक को पाने का, किन्तु उसने जान-बूझकर उस मौके को खो दिया। अर्जुन ने कृष्ण को लिया। मार्गदर्शक को लिया, वह युद्ध जीत गया। कौरवों की महान् सेना, उनके श्रेष्ठ पराक्रमी योद्धा राह न मिलने के कारण नष्ट हो गये।

राह न मिले तो अन्दर की शक्ति धारण करनेवाले को ही ध्वस्त कर देती है। हनुमान की चुप्पी से जामवन्त को लगा था कि वे कहीं निराशा में अपने को ही न खत्म कर लें। इसीलिए वे उनके स्वत्व को जगाने लगे। इसका चमत्कारक परिणाम हुआ।

राम काज लगि तव अवतारा।
सुनतहिं भयउ पर्वताकारा॥

—हे हनुमान! श्रीराम के कार्य के लिए ही तो तुम्हारा अवतार हुआ है। यह सुनते ही हनुमान पर्वत के समान अत्यन्त विशालकाय हो गये।

चींटी से पहाड़ हो गये हनुमान। लघुता प्रभुता में बदल गयी। जाने कितने दिनों से उनके अंगार रूपी हृदय पर जो दीनता, दुर्बलता की राख जमी हुई थी वह धुल गयी। राम का मन्त्र पाकर हनुमान अपनी असलियत को पहचान गये।

प्रयत्न का समय भले ही लम्बा हो, किन्तु उपलब्धि का समय तो एक क्षण ही होता है। अँधेरा कितना ही घना और शताब्दियों का बना हो, प्रकाश आने का समय तो एक क्षण ही होता है। संघर्ष कितना ही पुराना हो, कितना ही जटिल उसका ताना-बाना हो, उसकी समाप्ति का समय एक क्षण ही होता है। दुःख कितना भी भारी हो, कितनी भी लाचारी हो, उससे उबरने का समय एक क्षण ही होता है।

यह क्षण आज हनुमान के जीवन में आ गया था। उनके हृदय ने यह मान लिया कि उनका अवतार राम के लिए हुआ है। अभी तक वे समझते थे कि उन्होंने केवल जन्म लिया है, जैसे और लोग जन्म लेते हैं—अपने कर्मों का भोग भोगने के लिए। जब कोई अवतार लेता है तो वह अपने कर्मों का भोग करने के लिए नहीं आता है। वह किसी महान् उद्‌देश्य में सहायक होने के लिए आता है। हनुमान यही भूल गये थे। इसीलिए उन्हें याद दिलाना पड़ा।

बन्दा बैरागी साधु बनकर तपस्या कर रहा था। गुरु गोविन्दसिंह उससे मिले। उन्होंने कहा, 'ओ बन्दा, तेरा जन्म माला जपने के लिए नहीं हुआ है। तू अवतारी पुरुष है। जा, समाज के उत्थान के लिए कार्य कर। मेरे अधूरे संघर्ष को पूरा कर।' बन्दा उठा और पंजाब आ गया। उसने अपना पूरा जीवन समाज की प्रतिष्ठा के लिए बलिदान कर दिया। उसके बच्चे का कलेजा चीरकर उसके मुख पर मारा गया, लेकिन वह अपने लक्ष्य से डिगा नहीं; क्योंकि गोविन्दसिंह ने उसे उसकी असलियत की पहचान कर दी थी।

राष्ट्रीय स्वयंसेवक संघ के पूर्व सरसंघचालक स्वर्गीय गुरुजी गोलवलकर

का जीवन भी ऐसे ही बदला था। वे रामकृष्ण मिशन में संन्यासी बन गये थे। संघ के संस्थापक डॉ. हेडगेवार जब उन्हें मिले तो कहा, 'गोलवलकर, तुम्हारा जन्म ध्यान करने के लिए नहीं, ध्यान देने के लिए हुआ है। तुम्हारा समाज विघटित और पतित है। इसके उत्थान की ओर ध्यान दो।' गुरुजी का रूपान्तरण हो गया। वह व्यक्तिगत मोक्ष की साधना का ध्यान छोड़कर समाज के उत्थान के प्रति ध्यान देने के लिए जुट गये। आजन्म उन्होंने अपना ध्यान हटाया नहीं।

रामकृष्ण ने विवेकानन्द से पूछा था, 'नरेन्द्र, तू चाहता क्या है?'

विवेकानन्द ने इसे अहोभाग्य माना कि गुरुजी महाराज उनसे कुछ पूछ रहे हैं। विनत हो बोले, 'अखण्ड समाधि और मोक्ष।'

'छी··· !' रामकृष्ण चीख पड़े, 'तू भी औरों की तरह स्वार्थी निकला। ऐसी कामना कभी मत कर। तेरा अवतार तो जनसेवा के लिए हुआ है। तू सबका कल्याण करेगा।'

विश्व जानता है कि विवेकानन्द ने अपने जीवन का कण-कण समाज-सेवा के लिए अर्पित कर दिया था।

हनुमान भी अपने जीवन का उद्देश्य जानकर बदल गये थे। उनका रोम-रोम आदर्श की आग से तप रहा था। वे अपने कद से ऊँचे हो गये। पर्वताकार होने में एक बड़ी गहरी बात छिपी है। जब आदमी के जीवन में महान् लक्ष्य आ जाता है तब उसका कद बढ़ जाता है।

सन् १९६५ के भारत-पाकिस्तान युद्ध में ऐसा ही हुआ था। भारत की सेनाएँ लाहौर तक पहुँचने के लिए उमड़ रही थीं। अयूब खाँ पाकिस्तानी रेडियो पर पागलों की तरह बोलते जा रहे थे, 'तीन फीट का यह धोतीवाला आदमी हमारे सामने क्या टिकेगा!'

भारत के प्रधानमन्त्री लालबहादुर शास्त्री कद के छोटे थे। धोती पहनते थे। लेकिन उनके जीवन में महान् आदर्श था। वे किसी पर आक्रमण के खिलाफ थे। लेकिन कोई आक्रमण करे तो भारत माँ की प्रतिष्ठा की रक्षा के लिए स्वयं को बलिदान करने की उनमें तत्परता थी। इसी बल पर उस धोतीवाले छोटे आदमी ने अयूब से कहा था कि हम शीघ्र ही चाय लाहौर पीने पहुँच रहे हैं—अपनी जाँबाज सेना के साथ।

सभी जानते हैं कि अयूब खाँ का कद शास्त्रीजी से दुगुना था, लेकिन युद्ध के बाद आधा भी नहीं रह गया।

महान् आदर्श व्यक्ति की मानसिक ही नहीं, शारीरिक शक्ति को भी बढ़ा

देते हैं। आदर्श के अनुरूप यदि मनुष्य बदले नहीं तो कार्य सिद्ध नहीं हो पाता। दूध से मक्खन निकालने के लिए पहले उसे दही के रूप में बदलना पड़ता है। दूध हाथ में लेकर मक्खन-मक्खन चिल्लाने से कभी मक्खन की उपलब्धि नहीं हो सकती। घर में प्रभु का फोटो-माला रख देने से आदमी धार्मिक नहीं बन जाता। प्रभु के अनुरूप जीवन को ढालना पड़ता है। किसी फैक्टरी में यदि काम सात बजे सुबह से शुरू होता हो तो वहाँ आप दस बजे काम पर जाने की जिद करके अपनी नौकरी कायम नहीं रख सकते।

अब हनुमान शरीर और मन दोनों से आदर्श के अनुरूप बन गये थे।

कनक बरन तन तेज बिराजा।
मानहुँ अपर गिरिन्ह कर राजा॥

—हनुमान का रंग सोने जैसा हो गया। शरीर पर तेज सुशोभित हो उठा। लगता है जैसे पर्वतों का एक दूसरा राजा सुमेर पैदा हो गया हो।

इस चौपाई में हनुमान के अन्दर हुए परिवर्तन को और काव्यात्मक ढंग से प्रस्तुत किया गया है। हनुमान बड़े ही नहीं हुए, उनका रूप-रंग भी बदल गया। पहले वे मलिन थे, अब दमकने लगे। शरीर सोने जैसा चम-चम करने लगा। जब तक भीतर से परिवर्तन न हो तब तक शरीर इस तरह से नहीं बदलता है। इतना विपुल तेज अनायास ही किसी की देह पर नहीं दमक सकता।

सिंहनाद करि बारहिं बारा।
लीलहिं नाघउँ जलनिधि खारा॥

—हनुमानजी ने बार-बार सिंहनाद करके कहा—मैं इस खारे समुद्र को खेल में ही लाँघ सकता हूँ।

देखा आपने यह चमत्कार! कितना बदल गये हैं हनुमान! घोर गर्जना करके वे कहते हैं कि मैं समुद्र को खेल में ही लाँघ जाऊँगा।

राम की कृपा का इससे बड़ा प्रमाण और क्या हो सकता है! जिसके भीतर राम आ जायें वह कितना कुछ कर सकने की शक्ति पा जाता है, यह हनुमान के वचन से हमें पता चलता है। कितने विश्वास के साथ हनुमान कह रहे हैं। वह यह नहीं कह रहे हैं कि मैं युक्तिपूर्वक समुद्र को लाँघ जाऊँगा। तट पर बैठे शुरू में सभी लोग युक्ति ही सोच रहे थे। हनुमान के भीतर जब राम आ गये तो उन्हें समुद्र लाँघने की युक्ति नहीं याद हो आयी। हनुमान किसी भी युक्ति से ऊपर उठ गये। उन्होंने कहा कि वे समुद्र को खेल में ही लाँघ जायेंगे। जैसे बच्चा खेल में थोड़ी सी दूरी को कूदता है, ठीक उसी तरह।

महान् संकटों को, बड़ी बाधाओं को, जब कोई खेल में पार कर जाने को कहे तो समझना चाहिए कि वह परमात्मा का परम प्रिय बन गया है। बच्चा पिता का हाथ पकड़कर चले तो गिर सकता है, लेकिन यदि पिता बच्चे का हाथ पकड़े हो तो गिरने की कोई सम्भावना नहीं होती। राम ने हनुमान का हाथ पकड़ रखा है। अतः वे कभी गिरेंगे नहीं।

संसारी आदमी गिरता है, क्योंकि वह प्रभु का हाथ पकड़कर चलना चाहता है। अपना हाथ प्रभु के हाथ में नहीं देता। आदमी चालाक है। हाथ दे दिया और प्रभु बाद में न छोड़ें तो? वह संसार कैसे चलायेगा? बीवी-बच्चों की कैसे देखभाल करेगा? शराब-सिगरेट पीने कैसे भाग सकेगा? उसके तो सभी काम ही रुक जायेंगे। इसी कारण वह भगवान् का हाथ पकड़ता है। ठोकर खाकर भी गिरता है और जब चाहता है, छोड़ भी देता है। ऐसे भक्त भगवान् की कृपा नहीं प्राप्त कर पाते।

हनुमान को राम ने अपने कृपापाश में बाँध लिया था। अतः वह खेल-कूद में कुछ भी कर सकने में समर्थ हो गये थे। यह पूरी सृष्टि भी तो लीला रूप में प्रभु का खेल है। जब परमात्मा ही खेल में सबकुछ करने में समर्थ है तो उसका भक्त क्यों नहीं होगा? इसी बल पर हनुमान घोषणा करते हैं—

सहित सहाय रावनहि मारी।
आनउँ इहाँ त्रिकूट उपारी॥

—मैं सहायकों सहित रावण को मारकर त्रिकूट पर्वत को उखाड़कर यहाँ ला सकता हूँ।

हनुमान का तेवर देखिए। कहाँ-से-कहाँ पहुँच गये हैं वे। प्रभु जब भीतर बैठे हों तो आदमी महाकाल से भी मुकाबला कर सकता है। आज के हनुमान की तुलना किसी तरह भी पहले के हनुमान से नहीं की जा सकती। इसीलिए साधु-सन्त कहते हैं—जीवन के द्वारा खोलो, प्रभु को भीतर आने दो। एक बार वे अन्दर आ गये तो फिर और किसी को पाने की, बुलाने की जरूरत नहीं पड़ेगी। ठाट से खिड़की-दरवाजे बन्द करके सो सकोगे।

आदमी एक अजीब चीज है। वह प्रभु को अन्दर नहीं आने देना चाहता। सोचता है, प्रभु अन्दर आ जायेंगे तो भोग-विलास में बाधा पड़ेगी। कभी प्रभु ने सोचा था कि वह आदमी के हृदय में रहेंगे, जहाँ वह उन्हें खोज न पाये। लेकिन भगवान् की यह चाल सफल नहीं हो पायी। आदमी ने उन्हें वहाँ से हटा दिया। अब उसके दिल में बीवी रहती है, बच्चे रहते हैं, प्रेमिका रहती है, 'सिनेमा स्टार'

रहते हैं।

भगवान् के लिए उसने मन्दिर बना दिया है। वहाँ भगवान् के रहने से आदमी को बहुत सुविधा हो गयी है। वह मनमाने ढंग से अपने जीवन को जी रहा है। अब सुबह चार बजे ब्राह्म मुहूर्त में उसे नहीं उठना पड़ता। सुबह-शाम वन्दन का झंझट उसे नहीं उठाना पड़ता। अब वह स्वतन्त्र है। जब उसके मन में आता है, मन्दिर में प्रणाम कर आता है, कुछ चढ़ावा चढ़ा आता है। भक्त की तरह ही भगवान् भी मस्त हो गये हैं। जब से हमने उन्हें हृदय से निकालकर मन्दिर में किराये के मकान में रखा है, तब से वे भी अलमस्त हो गये हैं। मन में आता है तो वर देते हैं, नहीं तो नहीं देते। जैसा भक्त वैसा भगवान्।

भक्त और भगवान् का आज का रिश्ता बड़ा बेतुका है। इसे बदलना होगा। भक्त भगवान् और भगवान् भक्त के हृदय में आयें, यह प्रयत्न करना ही सच्चा पुरुषार्थ है। हनुमान को यह पुरुषार्थ उपलब्ध हो गया था।

हनुमान कहते हैं कि मैं सहायकों सहित रावण को मार सकता हूँ। जिस त्रिकूट पर्वत पर लंका आधारित है, उसे उखाड़कर ला सकता हूँ। यह कथन हनुमान का शेखचिल्लीपना या बड़बोलापन नहीं है। यह उनके भीतर बैठे प्रभु की आवाज है।

महाभारत के युद्ध में जब भीम पटककर दु:शासन की छाती पर चढ़ बैठे थे तो उन्होंने गरजकर घोषणा की थी, 'दोनों सेनाओं के लोगो, सुनो! जिन हाथों से दु:शासन ने द्रौपदी को भरी सभा में नंगा करने की कोशिश की थी, उन्हें मैं तोड़ने जा रहा हूँ। जिसमें शक्ति हो, इसे आकर बचाये।'

घोषणा सुनकर अर्जुन रथ से कूद पड़े। उन्होंने कृष्ण से कहा, 'भीम ने दोनों सेनाओं को ललकारा है। अत: उनकी चुनौती को स्वीकार करके मैं दु:शासन को बचाने जा रहा हूँ। भीम के दर्प को मुझे तोड़ना ही होगा।'

कृष्ण मुसकराये और शान्त भाव से बोले, 'अर्जुन, भीम ने कोई दर्प नहीं किया है। वह अपनी प्रतिज्ञापालन करने के लिए तत्पर हैं। इस समय उनके भीतर से मैं बोल रहा हूँ। तुम उनसे मुकाबला नहीं कर सकोगे। व्यर्थ ही वीर होने का तुम्हारा अहं चकनाचूर हो जायेगा।'

अर्जुन फिर से अपने रथ पर आ बैठे।

जब परमात्मा का प्रताप जीवन में आता है तब आदमी छोटी बात नहीं कर पाता है। छोटा काम नहीं कर पाता है। वह प्रभु की गरिमा के अनुरूप बोलता और करता है। उसका अलग से अपना कोई व्यक्तित्व नहीं रह जाता है।

महानता पा जाने पर भी हनुमान ने विनम्रता नहीं छोड़ी थी। वास्तव में व्यक्ति जितना महान् होता है उतना ही विनयी होता है। हम यों भी कह सकते हैं कि महानता के बाद ही विनम्रता आती है। क्षुद्रता से विनम्रता का जन्म नहीं हो सकता।

जामवंत मैं पूँछउँ तोही।
उचित सिखावनु दीजहु मोही॥

—हे जामवन्त! मैं तुमसे पूछता हूँ, तुम मुझे उचित सीख दो कि मुझे क्या करना चाहिए?

पर्वताकार हो जाने के बाद हनुमान के मन में अहंकार नहीं आया। प्राय: आदमी थोड़ी सी सफलता पाकर भी आसमान पर चढ़ने लगता है, अपने अलावा और किसी का अस्तित्व ही नहीं समझता। वह सोचता है, वही सबकुछ जानता है, वही सबकुछ समझता है। हनुमान में ऐसी वृत्ति नहीं आयी। उनमें बड़ी शक्ति आ गयी थी, पराक्रम का बड़ा भाव उत्पन्न हो गया था। वे चाहते तो वानरों से कह सकते थे कि मुझे पता चल गया है कि क्या करना है। तुम लोग इन्तजार करो, मैं सीताजी को खोजकर आता हूँ।

उन्होंने जामवन्त से पूछा कि बताइए, मैं क्या करूँ? मुझे उचित सलाह दीजिए। यह 'उचित' शब्द बड़ा भावपूर्ण है। हनुमान को नये रूप में देखकर बहुत सम्भव था कि वानर उनके व्यक्तित्व से आतंकित हो उठे हों। यह स्वाभाविक भी है। आपका कोई घनिष्ठ मित्र यदि देश का प्रधानमन्त्री बन जाये तो आप भी पहले जैसी घनिष्ठता से बात नहीं करेंगे। लेकिन यदि वह आपकी पीठ पर एक हाथ मारकर कहे कि अमाँ यार, छोड़ो फॉरमेलिटी। खुलकर बात करो। तो आप घुल-मिलकर बात कर सकेंगे। जरा भी हिचकिचायेंगे नहीं।

हनुमान चाहते थे कि उनके साथी उनके व्यक्तित्व से आतंकित न हों, व्यर्थ की चापलूसी या जी-हजूरी न करें। इसीलिए उन्होंने जामवन्त से उचित सलाह देने के लिए कहा। उचित सलाह लक्ष्य की पूर्ति के लिए दी जाती है, सलाह माँगने वाले को खुश करने के लिए नहीं। जब सलाह माँगनेवाले को खुश किया जाता है तो सलाह कभी उचित नहीं होती। इसीलिए कहते हैं, सलाहकार और डॉक्टर को भयवश नहीं बोलना चाहिए।

जामवन्त ने हनुमान को सीता की खोज करने की सीख दी, जिसे हनुमान ने शिरोधार्य किया। हनुमान अब एक नये रूप में समुद्र को लाँघने के लिए तैयार थे। उनके चरित्र में महानता और व्यवहार में विनम्रता का मणिकांचन योग हो गया था।

इन दोनों गुणों के आये बगैर राम का काम सम्भव ही नहीं हो सकता। जो प्रयत्न करके अपने भीतर इन गुणों को लाते हैं, वे प्रभु के प्रिय हो जाते हैं। हम जितना देते हैं उसका लाख गुना पाते हैं। हनुमान ने तनिक सा काम करके सुग्रीव से राम की मित्रता करायी, राम ने उन्हें बल, बुद्धि, ज्ञान और विवेक से भर दिया। हनुमान ने सीता की खोज कर राम को सुखी किया, राम ने उन्हें अमर कर दिया।

□

समुद्र-सन्तरण

राम काजु कीन्हें बिनु मोहि कहाँ बिश्राम

समुद्र लाँघने से पहले हनुमान विश्वास और आत्मबल से भरे हुए हैं। अपने साथियों से बहुत प्यार और भावना के साथ बात कर रहे हैं। जो लोग कुछ क्षणों पहले मौत के भय से रो रहे थे, उनसे हनुमान कह रहे हैं कि तुम सब कन्द-मूल खाते हुए, यहाँ के कष्ट को सहते हुए मेरी तब तक प्रतीक्षा करना जब तक मैं सीता माँ की खोज करके लौट न आऊँ।

उनका यह प्रेम भरा आश्वासन वानर हृदय में ग्रहण कर सकें, इस हेतु हनुमान एक बात और जोड़ देते हैं। वे कहते हैं कि उनका हृदय आनन्द से भरा हुआ है, इससे उन्हें लगता है कि कार्य पूरा हो जायेगा। वानरों को इसी तरह की सान्त्वना की जरूरत थी। यदि हनुमान केवल यह कहकर जाते कि जब तक मैं न आऊँ तब तक इन्तजार करना, तो बहुतों के छक्के छूट जाते। कितना समय हनुमान लेंगे, कोई नहीं जानता, लौटेंगे भी या नहीं, किसे पता? वानर संशय में दुबले होते जाते, इसलिए हनुमान ने यह कहकर उनका मनोबल बढ़ाया कि काम पूरा हो जायेगा। वानरों को आश्वस्त कर हनुमान उड़े।

यह कहि नाइ सबन्हि कहुँ माथा।
चलेउ हरषि हियँ धरि रघुनाथा॥

—हनुमानजी सबको समझाकर, सबको माथा टेककर, हृदय में श्रीरघुनाथजी को धारण कर हर्षपूर्वक चले।

शुरुआत बड़ी शुभ रही। कोई बड़ा काम यदि निर्विघ्न करना हो तो उसकी शुरुआत शुभ ही होनी चाहिए। यह 'शुभ' कर्मकाण्ड में नहीं, आचरण में प्रकट होना चाहिए। कर्मकाण्ड में तो हर आदमी शुभ हो सकता है। वह तो दिखावट है,

बाहरी आदत है। एक पण्डितजी संस्कृत के बड़े आचार्य हैं। किसी का छुआ पानी नहीं पीते। चुटिया कसकर बाँधते हैं। जनेऊ पकड़कर रोज जाप करते हैं। लेकिन निमन्त्रण मिला तो जर्मनी हो आये। वहाँ से कुछ विदेशी सामान भी खरीद लाये। कोई लालच दिला दे तो धर्म को पोखरे में फेंक देते हैं।

एक आदमी रोज सुबह चींटियों को चीनी खिलाया करता था, जीव-सेवा करने के लिए। उस राह से जाते हुए एक आदमी ने अपने जूतों से अनजाने ही चींटियों को कुचल दिया। धर्मात्मा व्यक्ति बौखला उठा। उसने कुचलनेवाले आदमी से कहा, 'जीव-हत्या करते हो, शर्म नहीं आती।'

आदमी ने अपने को अपमानित महसूस किया। करारा जवाब देता हुआ बोला, 'चींटियों के लिए आप मुझे डाँट रहे हैं। लीजिए और कुचलता हूँ।'

धर्मात्मा से सहन नहीं हुआ। उसने पास में रखा डण्डा उठाया और उस आदमी पर दे मारा। आदमी का राम-नाम सत्य हो गया। जीवों की सेवा करनेवाले धर्मात्मा ने बड़ी शान से एक जीव की जान ले ली। यदि उसके मन में सचमुच जीव के प्रति दया होती तो चींटी के लिए मनुष्य की जान नहीं ले लेता।

हमारे एक परिचित बड़ी श्रद्धा से कहते हैं कि उन्होंने जीवन में बहुत कुछ कुकर्म किया लेकिन अपना धर्म नहीं छोड़ा। उनकी बात सुनकर मुझे बड़ा आश्चर्य हुआ। ऐसा कैसे हो सकता है कि आदमी कुकर्म भी करे और धर्म भी न छूटे। यह तो भगवान् के वश की बात नहीं है।

मैंने उस परिचित बन्धु से पूछा, 'यह अद्‌भुत चमत्कार आप कैसे सिद्ध कर सके?'

उन्होंने बड़ी मासूमियत से कहा, 'बड़े कष्ट उठाने पड़े। धर्म बचा ले गया। कितनी जगहों पर मेरा तबादला किया गया। लेकिन मैं कष्ट सहकर भी अडिग था। कहीं भी किसी का छूआ पानी मैंने नहीं पिया।'

अब मेरी समझ में आया कि कुकर्म करते हुए भी वे अपना धर्म कैसे बचा ले गये। ये धर्म केवल दिखावे हैं, आदतें हैं। वास्तविक धर्म आचरण में मुखरित होता है। हनुमान ने वही करके दिखाया।

उन्होंने कार्य आरम्भ करने से पले सभी को प्रणाम किया सिर झुकाकर। यह आन्तरिक विनम्रता की वन्दनीय अभिव्यक्ति है। इसका बड़ा दूरगामी परिणाम होता है। यदि आप कोई काम शुरू करने से पहले सिर ऊँचा करके चलें, तो आप में भी अहंकार का जन्म होगा और लोग भी आपको अहंकारी समझेंगे। आपको नीचा दिखाने के लिए लोगों में ईर्ष्याभाव पैदा होगा। वे लोग रोज आपके पतन के लिए

प्रार्थनाएँ करेंगे। इस तरह आप अनजाने ही लोगों की बददुआओं के शिकार हो जायेंगे। किन्तु यदि आप सबको प्रणाम करके कार्य शुरू करें तो उसका बड़ा अच्छा असर होगा। लोग आपकी सराहना करेंगे कि 'कितना भला आदमी है। अहंकार छू तक नहीं गया है। हम उसके कुछ भी नहीं लगते तो भी उसने प्रणाम करके आशीर्वाद माँगा। भगवान् उसे सफल करें।' इस तरह आप अनायास लोगों की ढेर सारी दुआएँ पा लेंगे। सबकी प्रार्थनाएँ आपके साथ हो जायेंगी। आप अपने आपको अकेला नहीं महसूस करेंगे।

हमेशा याद रखिए। आदमी एक-दूसरे को प्रभावित करता है। यदि आप पर कोई अपना मन केन्द्रित करके दुआएँ बरसाये तो वे मिलेंगी। कोई बददुआएँ दे तो वे भी प्राप्त होंगी। मन का केन्द्रीयकरण जितना अधिक होगा, सम्प्रेषण उतना ही प्रभावी होगा। अत: विनम्र रहना दुआ और आशीष पाने का सबसे सरल फॉर्मूला है।

हनुमान ने दिखावे के लिए प्रणाम नहीं किया था। यह उनके आचरण की खासियत थी। जो दिखावे के लिए करते हैं उन्हें सुफल नहीं मिलता। दिखावा आदमी को और गिराता है।

सबको प्रणाम करके हनुमान अपने हृदय में राम को धारण करके हर्षपूर्वक चले। यह और भी न्यारा प्रसंग है। सामान्य रूप से आदमी जब कोई काम करने चलता है तो वह हृदय में लक्ष्यपूर्ति की आकांक्षा लेकर चलता है। वह प्रसन्न नहीं, चिन्ता और चिन्तनशील होता है। आदमी कमजोर है तो चिन्ता करता है कि लक्ष्य पूरा हो या न हो। शक्तिवान् है तो चिन्तन करता है कि लक्ष्य को किस तरह अधिक प्रभावी ढंग से प्राप्त करे। पर हृदय में रहती है लक्ष्य की ही आकांक्षा। गाड़ी कहीं फँस गयी; तिकड़म और दाँव-पेंच से नहीं निकल रही है तब कहीं जाकर भगवान् को आदमी जुबान तक लाता है। हृदय तक नहीं जाने देता है। अपनी इसी प्रवृत्ति के कारण हम संसार में ठोकरें खाते हैं, इधर-उधर हर एक के सामने गिड़गिड़ाते रहते हैं। सफल नहीं हो पाते हैं। सफलता के लिए हमें हनुमान के तरीके को सीखना होगा।

जो भी काम करना हो, विनम्रता से करें और हृदय में परमात्मा को धारण करके करें। ऐसा होने से प्रसन्नता अपने आप आ जायेगी। हृदय में जब राम होंगे तब दु:ख-दर्द और शोक-विषाद आपको छू नहीं सकेंगे। ये लोग दिल को ही धक्का देते हैं और दिल में प्रभु बैठे हैं। फिर हार्ट अटैक की भी सम्भावना नहीं रहेगी; क्योंकि प्रभु पर भला कौन अटैक कर सकता है!

एक रामबाण ओषधि की तरह हनुमान सदैव राम को अपने हृदय में रखते हैं। इसीलिए जीवन में कभी उन्हें असफलता नहीं मिली। जब यह भाव मन में भीतर से पैदा होता है तब प्रभु लक्ष्य की सिद्धि के लिए स्वयं प्रयत्न करते हैं; लेकिन जब केवल दिखावा होता है तो लाख राम-राम कहिए, कुछ फर्क नहीं पड़ता।

एक आदमी के पास एक झोंपड़ी थी। वह उसमें रहकर किसी तरह अपनी जिन्दगी काट रहा था। एक दिन जोर से तूफान आया। वह झोंपड़ी को पकड़कर बैठ गया। हवा जरा तेज हुई तो लगा कि अब झोंपड़ी उड़ जायेगी। आदमी घबराया कि कल से रहेगा कहाँ? दु:ख की इस घड़ी में उसे झट भगवान् की याद आयी। प्रार्थना करने लगा, 'हे राम! झोंपड़ी बचा लो।' हवा और तेज होती गयी। उसने सोचा, राम से काम नहीं चलेगा। बड़े लोग अपनी पत्नियों का कहना अधिक मानते हैं, क्यों न सीता मैया को पुकारा जाय। वह 'सीता माँ-सीता माँ' चिल्लाने लगा। अब झोंपड़ी का एक हिस्सा टूटकर हवा में उड़ने लगा। आदमी घबरा गया।

उसे अचानक खयाल आया कि सीताजी हनुमानजी को पुत्र जैसा मानती हैं। यदि हनुमान आ जायेंगे तो राम-सीता सभी झोंपड़ी बचाने आ जायेंगे। वह हनुमान-हनुमान चिल्लाने लगा। तब तक तेज हवा के झोंकों में झोंपड़ी उड़ने लगी। उसने भगवान् के ऊपर अपना अन्तिम जाल फेंका—'हे राम, हे सीता, हे हनुमान! यह झोंपड़ी आपकी है। मैं तो इसमें पुजारी की तरह रहता था। यदि यह टूट गयी तो आप कहाँ रहेंगे? मैं तो पेड़ के नीचे भी रह लूँगा, पर आप इस तूफान में कहाँ जायेंगे?'

यह प्रार्थना भी बेकार गयी। झोंपड़ी तार-तार होने लगी। अब आदमी घबराया। उसे अपनी जान की सूझी। वह गिरती-उड़ती झोंपड़ी को छोड़कर भागा—भगवान्, लो सँभालो अपनी झोंपड़ी, मैं चला। आपसे झोंपड़ी तो सँभलती नहीं। कहते हैं कि संसार चलाता हूँ।

भगवान् को सच्चे हृदय से अपने भीतर धारण करना चाहिए। तभी उसका फल मिलता है। हनुमान का भाव हो तो भगवान् भक्त से कभी दूर नहीं रह सकते।

उड़ान भरने के लिए अब महावीर तैयार थे। समुद्र तट पर वे एक पहाड़ पर जाकर खड़े हो गये। भगवान् राम का नाम जोर-जोर से चिल्लाकर वे वेग से ऊपर उछले और हवा में तैरने लगे।

जिमि अमोघ रघुपति कर बाना।
एही भाँति चलेउ हनुमाना॥

—जैसे श्रीरामचन्द्र का अमोघ बाण चलता है, उसी तरह हनुमानजी चले।

सोच-विचार का समय समाप्त हो चुका था। हनुमानजी अब कर्तव्य-पथ पर थे। एक ही लक्ष्य था—सीता माँ की खोज। पथ लम्बा था, निष्ठा अटूट, साहस अदम्य। राम के अमोघ बाण की तरह हनुमानजी बढ़ते जा रहे थे। जैसे राम का बाण लक्ष्य-भ्रष्ट नहीं होता है, वही स्थिति हनुमान की थी। वे प्रसन्न मन बढ़ते जा रहे थे।

जब कोई किसी महान् काम के लिए आगे बढ़ता है तो कई तरह की कठिनाइयाँ उसके सामने आती हैं। पहली कठिनाई होती है प्रमाद की, आलस्य की। मन दो क्षण रुककर सुस्ताने का होता है। आराम करते-करते जो नींद आती है उसमें रस नहीं होता है। वह रह-रहकर उचट जाती है। थकान के बाद जो नींद आती है, वह बड़ी रसीली होती है। उसे छकने को मन होता है। छकने बैठ गये तो लक्ष्य-पूर्ति के लिए जरूरी एकाग्रता खण्डित होती है। पथिक भ्रमित और भ्रष्ट हो जाता है। हनुमान के सामने यह अवसर उपस्थित हुआ था, लेकिन वे अपने विवेक के कारण उससे बच गये।

जलनिधि रघुपति दूत बिचारी।
तैं मैनाक होहि श्रमहारी॥

—समुद्र ने हनुमान को राम का दूत समझकर मैनाक पर्वत से कहा कि तुम जरा समुद्र के बीच से ऊपर उठकर हनुमान को विश्राम करने का अवसर प्रदान करो।

आज्ञानुसार मैनाक ऊपर उठ गया। हनुमान से उसने प्रार्थना की कि थोड़ी घड़ी विश्राम करके तब वे आगे बढ़ें। लेकिन हनुमान ने इस आग्रह को बड़ी विनम्रता से ठुकरा दिया। वह अपना एक क्षण भी गँवाना नहीं चाहते थे। अभी कुछ ही देर पहले उन्होंने अपनी उड़ान भरी थी। अपनी गति को मन्द करने की उनकी तनिक भी इच्छा नहीं हुई। उन्होंने साफ मना कर दिया।

हनूमान तेहि परसा कर पुनि कीन्ह प्रनाम।
राम काजु कीन्हें बिनु मोहि कहाँ बिश्राम॥

—हनुमान ने मैनाक पर्वत को छूकर प्रणाम किया और कहा कि राम-काज किये बिना मुझे विश्राम कहाँ!

अपने शुभचिन्तक मैनाक को हनुमान ने आदर सहित अपने स्थान पर जाने के लिए विदा किया। उन्होंने अपना संकल्प उसे बता दिया कि राम का काम किये बगैर वे कभी विश्राम नहीं करेंगे।

सेवक की यही सच्ची पहचान है। वह स्वामी के कार्य को सर्वाधिक महत्त्व देता है। उसके शरीर का खण्ड-खण्ड हो जाये तो भी वह अपने कार्य में लगा रहता

है। उसे आराम सूझता ही नहीं।

छत्रपति शिवाजी को सिंहगढ़ जीतना था। यह इच्छा उन्होंने अपने अन्तरंग सरदार तानाजी से व्यक्त की। तानाजी के बेटे का कुछ ही दिनों में विवाह होने वाला था। वह चाहते तो विवाह के बाद सिंहगढ़ पर चढ़ाई करते। शिवाजी इसके लिए मान भी जाते। लेकिन उन्होंने अपने स्वामी की आज्ञा का पालन तुरन्त करना चाहा। उसी दिन रात को मराठा सेना ने तानाजी के नेतृत्व में किले पर चढ़ाई कर दी।

दोनों सेनाओं में घमासान युद्ध हुआ। मराठा सिपाही अपनी हार समझकर भागने का विचार करने लगे। जिस रस्से को पकड़कर वे लोग किले पर चढ़े थे उसी से उतरने की सोचने लगे। तानाजी ने अपने सैनिकों का पराजित मनोबल ताड़ लिया। उन्होंने रस्सा काट दिया और ललकारा—'वीर की तरह मरो! जो कायरों की तरह भागेगा उसे मैं काट डालूँगा।' फिर भयानक युद्ध हुआ। सिंहगढ़ मराठों ने जीत लिया, लेकिन तानाजी युद्ध में काम आये। स्वामी की सेवा के लिए उन्होंने अपने पुत्र के विवाह का स्वार्थ त्याग दिया था।

राणा प्रताप जब अकबर की सेना से बुरी तरह घिर गये थे तब झाला सरदार ने झपटकर मुकुट उनके सिर से लेकर अपने सिर पर रख लिया और बोला, 'महाराज! आप भाग जायें। आपकी सबको जरूरत है। मुझे मरने दें। आपके लिए मरना मेरे जीवन का सबसे बड़ा सौभाग्य होगा।' राणा प्रताप को बचाकर झाला शहीद हो गये।

सच्चा सेवक स्वामी के लिए अपना सबकुछ समर्पित करके रखता है। इसीलिए उसे अपने सुख-दु:ख की कोई चिन्ता नहीं होती है। कठिन-से-कठिन दु:ख को सहकर भी यदि वह स्वामी को सुख पहुँचा सके तो उसे प्रसन्नता होती है। यही भावना स्वामी और सेवक को जोड़ती है, सेवक को बलिदान के लिए तत्पर करती है और स्वामी को सेवक की हर तरह से देखभाल के लिए।

भक्ति ने एक नायाब चीज मनुष्य को सिखायी है कि स्वामी के चरणों में अपनी समस्त कामनाओं को डाल देना चाहिए, जिससे अपने लिए कुछ करने का लालच ही न रह जाय। फिर स्वामी की सारी कामनाएँ पूर्ण करने के लिए तैयार हो जाना चाहिए—मगन मन होकर, हनुमान की तरह।

हनुमान की भक्ति में, सेवा-भावना में जरा भी कच्चापन होता तो वे मैनाक के स्वागत-सत्कार को स्वीकार कर लेते। बड़े प्यार से उसने हनुमान को आराम करने के लिए कहा था। लक्ष्य से डिगाने के लिए जीवन में आकर्षण सुविधाओं के रूप में ही आते हैं।

एक राजा के राज्य में एक नौजवान पण्डित रहते थे। उनकी विद्वत्ता का दूर-दूर तक शोर था। लोग उनके पास ज्ञान प्राप्त करने के लिए आया करते थे। उस देश के राजा ने जब सुना तो उनकी भी इच्छा हुई कि विद्वान् से मिला जाय। मन्त्री को राजा ने युवक विद्वान् को बुलाने के लिए भेजा।

मन्त्री ने विद्वान् के घर पहुँचकर प्रणाम किया और राजा का मनोरथ बताया।

विद्वान् को यह बात अच्छी नहीं लगी। उन्होंने मन्त्री से कहा, 'हम विद्वान् हैं, सरस्वती की उपासना करते हैं। राजा को अगर कुछ सीखना हो तो कहिए, शिष्यभाव से गुरु के पास आयें।'

मन्त्री ने आकर राजा को युवक का जवाब सुना दिया। राजा ने पूछा, 'विद्वान् पुरुष विवाहित हैं?'

मन्त्री ने कहा, 'नहीं महाराज।'

'कोई उपाय करके उसका विवाह करा दो।'

कुछ दिनों बाद विद्वान् युवक का विवाह हो गया। दो-चार साल में बाल-बच्चे भी हो गये। फिर वह रोज दक्षिणा के लिए राजा के दरबार के चक्कर लगाने लगा।

किसी ने पूछा, 'पण्डितजी, रोज-रोज राजा के यहाँ क्यों जाते हैं?'

विद्वान् ने जवाब दिया, 'अब मैं तेज के लिए नहीं, पेट के लिए जीता हूँ। परिवार कर लिया है न!'

सुविधाओं के आकर्षण में फँसकर यदि एक बार आदमी लक्ष्य से डिग जाये तो डिगता ही जाता है, गिर जाये तो गिरता ही जाता है। चाय पीनेवाला पेट भरा होने पर भी नमकीन और पकौड़ी खा ही लेता है। इसी हेतु लक्ष्य से भटकाने वाले आकर्षणों से बचना चाहिए, उन्हें प्रणाम करके आगे निकल जाना चाहिए। जैसे हनुमानजी ने किया।

आकर्षण और सुविधा से कभी युद्ध नहीं करना चाहिए। ऐसा करने से ये मन में उथल-पुथल मचाते हैं। भोग-विलास की चीज दिख जाय तो न उसपर टूट पड़ना चाहिए और न उसे धिक्कारना चाहिए। दोनों तरह के व्यवहार में मन उसी पर टिका रहता है। कभी सकार रूप में, कभी नकार रूप में। मन का टिकना शरीर से भोगने से ज्यादा खतरनाक होता है।

दो साधु अपने रास्ते चले जा रहे थे। बीच में उन्हें नदी मिली। वहाँ एक स्त्री परेशान खड़ी थी। साधुओं में एक जवान था, एक प्रौढ़। प्रौढ़ साधु ने कहा—'परेशान न होओ। मेरे कन्धे पर बैठ जाओ, मैं तुम्हें पार उतार दूँगा।'

स्त्री साधु के कन्धे पर बैठकर पार उतर गयी। नौजवान साधु मन में कुढ़ रहा था। सोच रहा था कि लड़की थी, इसलिए इसने खुद अपने कन्धों पर उठाया। यदि लड़का होता तो यह उसे मेरे कन्धे पर लाद देता। यह शरीर से साधु है, पर मन से कामी है। लड़की को कन्धे पर बिठाकर उसके अंगों को छूकर इसने खूब मजा लिया होगा।

नौजवान साधु को मौन और चिन्तित देख प्रौढ़ साधु ने पूछा, 'अभी कुछ समय से तुम्हारा चेहरा बुझ क्यों गया है? तुम मौन और चिन्तित क्यों दिख रहे हो? बोलो! साधु को कोई बात मन में छिपानी नहीं चाहिए।'

नौजवान साधु खुला—'महाराज! मैं आपको लेकर चिन्तित हूँ। एक क्षण में आपका कितना पतन हो गया। दूसरे बोझ ढोने के लिए आप मुझे कहते थे, लेकिन स्त्री देखी तो आपने खुद कन्धे पर चढ़ा ली। आप काम के गुलाम बन गये। आपकी साधना नष्ट हो गयी।'

प्रौढ़ साधु ने प्यार से कहा, 'मुझे तो लगता है कि साधना तेरी नष्ट हुई है। मैं तो लड़की को नदी किनारे ही छोड़ आया; तू अभी तक उसे अपने मन में लिये चल रहा है। मैं जानता था, तुम स्त्री को कन्धे पर बिठा लोगे तो महीनों तक उसे कन्धे पर बिठाने का रस लेते रहोगे। तुम्हारी साधना अभी कच्ची है। पेड़ जब छोटा होता है तो चारों तरफ से घेरकर रखते हैं, जिससे उसे बकरी न खा सके; किन्तु जब वह बड़ा हो जाता है तो घेरे की जरूरत नहीं होती। तब उससे हाथी भी बाँध दो तो भी नहीं गिरता।

'मैंने तुम्हें छोटा पेड़ समझ बकरी रूपी स्त्री से बचाना चाहा था; पर देखता हूँ, तुम बचे नहीं। तुम तो उसमें और डूब गये। शरीर से तुमने जितना स्त्री को नहीं पाया मन से उसका कई गुना पा लिया। तुम्हारी हालत उस योगी की तरह है जो वेश्या के घर के सामने रहता था।'

नौजवान साधु रो पड़ा, 'क्षमा करें बन्धु! मैं अपराधी हूँ। मेरे कल्याण के लिए योगी की कथा भी बता दें।'

प्रौढ़ साधु कहने लगे, 'एक ही मोहल्ले में आमने-सामने के घरों में योगी और वेश्या रहते थे। योगी योग-साधना कर रहा था और वेश्या अपना तन बेच रही थी। लेकिन दोनों के मनों में कुछ और ही खिचड़ी पक रही थी। योगी सोचता रहता था—वेश्या बड़ी खूबसूरत है। सभी काम-कलाओं में प्रवीण है। वह लोगों को कितना खुश रखती होगी। मैं योगी ठहरा, नहीं तो एक दिन उसके पास जाता।

'वेश्या भी सोचा करती थी—आह! योगी कितना भाग्यशाली है। इस

कच्ची उम्र में ही भगवान् को समर्पित है। उसका मन दुनिया के आकर्षणों से दूर है। काश! मैं भी ऐसी हो पाती। मैं पतित वेश्या हूँ। उसको अच्छा नहीं लगेगा। नहीं तो उसके चरणों में जाकर बैठती। अपने जीवन को सफल बनाती।

'इसी तरह सोचते हुए दोनों का जीवन चलता रहा। एक दिन योगी मर गया। वेश्या ने सुना तो चीख पड़ी—हाय! वह धर्मात्मा चला गया। मुझ पतिता को अभी कितना और भोगना है। अचानक उसके भी प्राण छूट गये।

'यमराज के दूतों ने दोनों की आत्मा को पकड़ा। योगी और वेश्या दोनों परेशान थे। योगी को नरक के दूत और वेश्या को स्वर्ग के दूत पकड़कर ले जा रहे थे। यमराज के पास पहुँचकर योगी जोर से चिल्लाया—यह क्या बदतमीजी है! आप लोग अपना हिसाब भी ठीक से नहीं रख पाते। मैं योगी हूँ, मुझे नरक भेज रहे हैं और वेश्या को स्वर्ग! क्या आप लोगों को भी वेश्या से मोह हो गया है?

'यमराज हँसे—योगी महाराज! हमें वेश्या से मोह नहीं रहा है। हम तो कर्मों के अनुसार निर्णय दे रहे हैं। आपका शरीर बड़ा पवित्र था। वह देखिए, मृत्युलोक का दृश्य। हजारों लोग आपकी अन्तिम क्रिया की तैयारी कर रहे हैं, आपके लिए रो रहे हैं। पर मन से आप निम्न स्तर पर थे। हमेशा वेश्या द्वारा किये जा रहे भोग-विलास का ही सोचते थे। इसीलिए आपके शरीर को गौरव मिल रहा है लेकिन आपकी आत्मा को नरक।

'वेश्या शरीर से पतित थी। देखिए, मृत्युलोक में उसका शरीर सड़ रहा है, उसे कोई उठानेवाला नहीं है। पर आत्मा से वह बड़ी पवित्र थी। दिन-रात आपके महान् तप के बारे में सोचती थी। अपने श्रेष्ठ चिन्तन के कारण ही यह स्वर्ग जा रही है।'

आकर्षण का उपभोग शरीर ही नहीं, मन भी करता है। मन ज्यादा ही करता है। अतः आकर्षणों को छू करके, प्रणाम करके आगे बढ़ जाना चाहिए। उनके बारे में मन में प्रशंसा या विरोध का भाव नहीं बनाना चाहिए। बस, प्रणाम-भाव होना चाहिए—'हे आकर्षण महाराज! आप बड़े अच्छे हैं। समय होता, अपने को आपके योग्य पाता तो जरूर कुछ क्षण रुककर आपसे सत्संग करता, लेकिन अभी जाने दें। आपकी बड़ी कृपा होगी।' इस भाव के होने से आकर्षण हृदय पर खरोंच नहीं डालता है। हनुमान इसी कारण बिना खरोंच के निकल गये।

आकर्षण से बच जाने के बाद कोई एकदम नहीं बच जाता। इसके बाद उसे भय दबोचता है। भय का बन्धन बहुत पुरजोर होता है। विनयी को यह अधिक दबोचता है। इससे बचने के लिए आदमी को तनकर खड़ा होना चाहिए। एक बार

यदि आप तन गये तो यह समझ जाता है कि आपमें दम है। फिर आप विनम्र हो जायें तो कोई हर्ज नहीं।

हनुमान मैनाक के आकर्षण से छूटकर सुरसा के भय-जाल में फँस गये। देवताओं ने उसे हनुमान की बल-बुद्धि जानने के लिए भेजा था। यह पता लगाने के लिए भेजा था कि कहीं मायावी लंका में जाकर हनुमान भयभीत तो नहीं हो जायेंगे। लंका में जाकर फँस जाने से अच्छा है पहले फँस जाना। यहाँ से लौटना सम्भव हो सकता है, किन्तु वहाँ से लौटने की कल्पना भी नहीं की जा सकती।

भय आपने न देखा हो और कहते फिर रहे हों कि आप बड़े निडर हैं तो उसका कोई अर्थ नहीं है। भय आपके सामने मुँह बाए खड़ा हो, फिर भी आप मुसकरा रहे हों, हँसी-मजाक कर रहे हों तो समझना चाहिए कि आप सचमुच निडर हैं। हनुमान का भय से सीधा मुकाबला हुआ। सुरसा ने कहा कि देवताओं ने आज कृपा करके मुझे अच्छा भोजन दिया है। मैं तुझे खाऊँगी। हनुमान ने उसकी वन्दना की—

राम काजु करि फिरि मैं आवौं।
सीता कइ सुधि प्रभुहि सुनावौं॥
तब तव बदन पैठिहउँ आई।
सत्य कहउँ मोहि जान दे माई॥

—श्रीरामजी का कार्य करके मैं लौट आऊँ और सीताजी की खबर प्रभु को सुना दूँ। तब मैं आकर तुम्हारे मुख में घुस जाऊँगा, तुम मुझे खा लेना। हे माँ! मैं सत्य कहता हूँ। अभी मुझे जाने दो।

हनुमानजी के वचन में दो भाव भरे हुए हैं। सबसे पहला भाव यह है कि वे मरने से पहले राम का काम कर डालना चाहते हैं। उन्हें मृत्यु से कोई भय नहीं है। लेकिन लक्ष्य पूर्ण होने से पहले वे मरने को तैयार नहीं हैं। भक्त अपने स्वामी के काम को पूरा करने के लिए मौत को भी प्रतीक्षा करने की सलाह दे सकता है।

दूसरा भाव यह है कि भक्त से किसी का दु:ख नहीं देखा जाता। जब उन्होंने जाना कि सुरसा भूख से पीड़ित है तो आहार बनने के लिए तैयार हो गये। उसे तनिक प्रतीक्षा करने के लिए कहा। हनुमान चाहते तो ऐसा नहीं कहते। उनके सामने वायदा करने की कोई मजबूरी नहीं थी। कोई काम मजबूरी में किया जाय तो वह चरित्र की विशेषता नहीं बनता है। जो स्वत: जीवन में अवतरित हो वह चरित्र है। कोई आपकी पीठ पर बन्दूक रख दे और कहे कि 'गीता' बाँचो तो आप शंकराचार्य नहीं बन सकते। छुरे की नोक पर कोई आपकी अपनी सम्पत्ति लुटा देने के लिए

कहे तो आप हरिश्चन्द्र और हर्ष नहीं बन सकते। किसी का झापड़ खाने पर यदि आप गाने लगें तो तानसेन नहीं बन सकेंगे। भाव अन्दर से अपने आप आये तब वह स्वभाव बनता है। हनुमान स्वभाव से सुरसा की भूख दूर करने का वचन दे रहे थे।

भूख कभी वचन से शान्त नहीं होती। उसे तो ठोस आहार चाहिए। प्रतीक्षा करना भूख की आदत नहीं है। सुरसा ने कहा कि वह खायेगी ही। हनुमान ने अब अपनी विनम्रता छोड़ दी। उन्होंने कहा, 'लो, खा लो।'

हनुमान उसके मुख में चले गये। सुरसा ने अपना मुख आठ मील तक फैला दिया। हनुमान ने अपना शरीर सोलह मील तक का कर दिया। जब उसने अपना मुख सोलह योजन* किया तो हनुमानजी बत्तीस योजन के हो गये।

जस जस सुरसा बदनु बढ़ावा।
तासु दून कपि रूप देखावा॥

—सुरसा अपने मुख का जितना विस्तार करती थी, हनुमानजी अपना रूप उतना, उसका दूना कर देते थे।

भय को जीतने का यही तरीका है। आप उसके सामने निडर होकर खड़े हो जाइए, उसका सामना करिए, वह अपने आप भाग जायेगा। आप उसे देखकर भागेंगे तो वह बीच राह में ही दबोच लेगा।

एक रोचक वृत्तान्त सुनिए। अपनी साधना के दौरान विवेकानन्द वाराणसी आये थे। सड़क पर अपनी मस्ती में चले जा रहे थे। एक वानर ने उनका पीछा किया। किसी वानर से यह उनका पहला सामना था। उसके काटने के भय से स्वामीजी भागने लगे। वानर उन्हें और दौड़ाने लगा। एक बूढ़ा आदमी इस नौजवान संन्यासी की दयनीय दशा देख रहा था। उसने स्वामीजी को रोका। सलाह दी—भागोगे तो यह वानर जरूर काट खायेगा। रुको और मुकाबला करो। एक पत्थर उठाओ, इसकी तरफ झूठ-मूठ में ही चलाओ तो भी यह डरकर भाग जायेगा।

स्वामीजी ने ऐसा ही किया। उन्होंने पत्थर उठाया और बन्दर को मारने का अभिनय करने लगे। बन्दर डरकर भाग चला। तब से स्वामीजी ने जीवन में एक सूत्र सीखा—भागने से भय दबोचता है। खड़े होकर मुकाबला करने से भय को आप दबोचते हैं।

हनुमानजी ने मुकाबला किया। सुरसा जितना मुख बढ़ाती थी, वे अपना शरीर उसका दूना करते गये। अपने विराट् स्वरूप से उन्होंने भय को भी भयभीत

---

* एक योजन आठ मील के बराबर होता है।

कर दिया। किन्तु सुरसा को मारना या उससे लड़ना उनका लक्ष्य नहीं था। वह तो शीघ्र लंका पहुँचना चाहते थे। अतः बल का उपयोग करने के बाद उन्होंने बुद्धि का सहारा लिया। छोटा रूप धारण करके उसके मुख से निकल भागे।

बल और बुद्धि का सही उपयोग किया जाय तो भय की दाल नहीं गलती है। प्रायः होता ऐसा है कि भय को देखकर आदमी बल-बुद्धि खो बैठता है। वह इतना विजड़ित हो जाता है कि उससे कुछ सोचते ही नहीं बनता।

हमारे एक मित्र प्रायः सोते समय रात को एक भयानक सपना देखते हैं। सपने में उन्हें एक भूत पिस्तौल से मारना चाहता है। वैसे पहले भूत पिस्तौल लेकर नहीं चला करते थे, उनका भूत होना ही काफी होता था। किन्तु लगता है, अब उनका विश्वास आदमी पर से उठ गया है। वे सजग हो गये हैं। सोचते हैं, कहीं ट्रांजिस्टर बम की तरह आदमी ने अपने शरीर में भी 'बॉडी बम' न लगा रखा हो, गला दबाते ही फटे और भूत को भी ले डूबे!

शायद इसी सजगता से वह पिस्तौल लेकर आता है। लेकिन मेरे मित्र आतंकवादी नहीं हैं। भूत अगर उन्हें ऐसा सिद्ध करने के लिए जिद ही करे तो अधिक से-अधिक गृह-आतंकवादी कहा जा सकता है। वे घर में ही आतंक फैलाते हैं। चूँकि चोर घर में आता है, सम्भवतः इसीलिए पिस्तौलधारी है।

बहरहाल, मेरे मित्र जब पिस्तौल लिये भूत को देखते हैं तो चीख पड़ते हैं। कहना चाहते हैं—बचाओ, बचाओ⋯। पर मुख से आवाज नहीं निकलती। घिग्घी बँध जाती है। केवल हू-हू करते हैं। जब पत्नी उन्हें जगाती है तब वे निर्भय हो पाते हैं।

भय आदमी को हू-हू करने को बाध्य कर देता है, उसका बल-विवेक हर लेता है। फिर आदमी का नाश करता है। पर जो बल-बुद्धि को कायम रख पाते हैं वे भय का मुकाबला करते हैं। जब तक ये दोनों हथियार साथ होते हैं, भय चाहे बम भी लेकर आये, आदमी का कुछ भी नहीं बिगाड़ सकता। यदि ये दोनों न हों तो भय की छाया भी मनुष्य को लील सकती है, उसके लिए भय को शस्त्र-सज्जित होकर आने की जरूरत नहीं पड़ती।

भय का मनोविज्ञान बड़ा सीधा और सरल है। भागो मत, खड़े हो जाओ। इतंना कोई कर सके तो समझना चाहिए कि वह भयमुक्त हो गया।

हनुमान खड़े हो गये थे। अपना रूप बढ़ाकर सुरसा ने जो भय दिखाया था, हनुमान ने उसका करारा जवाब उसे दे दिया। हारकर सुरसा ने अपना असली रूप प्रकट किया।

मोहि सुरन्ह जेहि लागि पठावा।
बुधि बल मरमु तोर मैं पावा॥

—देवताओं ने तुम्हारे बुद्धि-बल का पता लगाने के लिए मुझे भेजा था, उसका पता अब अच्छी तरह मैंने पा लिया।

भय में जिसका बुद्धि-बल न जाये वह महान् ही माना जायेगा। जिसने भय को जीत लिया वह जीवन के किसी क्षेत्र में हार नहीं सकता। भयभीत होना ही व्यक्ति की सबसे बड़ी पराजय है। कोई चाहे कितनी ही लम्बी-चौड़ी बातें करे, कितना ही सिद्धान्त बघारे, लेकिन यदि वह भयभीत है तो उससे कुछ नहीं हो सकेगा।

उपनिषदों में निर्भय होने का सन्देश दिया गया है। बिना निर्भय हुए आदमी अपने जीवन में ऊँचा उठ ही नहीं सकता। जो डर रहा हो उससे धर्म नहीं हो सकता। रावण ने आतंक इसीलिए फैला रखा था कि ऋषि-मुनि डरें। डरने के कारण वे धर्म-भाव से वंचित हो जायेंगे।

आजकल लोगों ने भय को ही धर्म मान रखा है। भगवान् के भय के कारण पूजा हो रही है, कथा सुनी जा रही है, यज्ञ हो रहा है। सभी कामों के पीछे भय है। इसी कारण भगवान् सुनता नहीं। हमारे धर्मग्रन्थों ने बताया है कि धर्म प्रेम का दूसरा नाम है। भय तो धर्म का अभाव है, अनुपस्थिति है। हमारे यहाँ और धर्मों की तरह 'गॉड फियरिंग' (ईश्वर-भीरु) शब्द नहीं चलता है। हम ईश्वर से क्यों डरें? अभेद-बुद्धि है तो हमीं ईश्वर हैं। भेद-बुद्धि है तो हम ईश्वर की सन्तान हैं। पहली स्थिति में हों तो हम हमीं से क्यों डरें? यदि दूसरी स्थिति में हों तो पिता से किस बात का डर? उनसे प्रेम होना चाहिए। जिस घर में सन्तान पिता से डरने लगे वह घर डूबा ही समझिए।

हमारे यहाँ एक प्यारा शब्द है 'धर्मभीरु'—धर्म से डरनेवाला। धर्म-सृष्टि की धारणा करनेवाले शाश्वत नियम हैं। पूजा-पाठ को कहीं धर्म नहीं माना गया है। वह तो उपासना है। मनु ने धर्म के जो दस लक्षण बताये हैं वे सारी दुनिया पर लागू हो सकते हैं और सनातन हैं। संसार के किस समाज को धैर्य, क्षमा, दम, अस्तेय, शौच, इन्द्रिय-निग्रह, बुद्धि, विद्या, सत्य और अक्रोध की जरूरत नहीं होगी! धर्म के ये तमाम लक्षण जिन नियमों से मनुष्य में प्रतिष्ठित होते हैं, उनसे डरना चाहिए। कार चालक को ट्रैफिक पुलिस से नहीं डरना चाहिए, ट्रैफिक नियमों से डरना चाहिए। यदि आप कार ठीक से चला रहे हैं तो पुलिस का सिपाही खड़ा भी है तो कुछ नहीं बोलेगा। उसे आप नमस्कार न भी करें तो भी वह बुरा नहीं मानेगा। लेकिन यदि आपने कार

चलाने में नियम को तोड़ा तो लाख प्रणाम करें तो भी नहीं छोड़ेगा।

धर्म के अलावा संसार में और किसी से नहीं डरना चाहिए, भगवान् से भी नहीं। जो धर्म से डरते हैं उन्हें भगवान् का प्यार अनायास बिना कोई प्रयत्न किये मिलता है। अगर भगवान् भय दिखायें तो उसमें और भूत में क्या फर्क होगा? भगवान् अभय के प्रतीक हैं। उनके छूने से भय भागता है। हनुमान को उन्होंने छुआ तो उनका सारा भय समाप्त हो गया। वे सुरसा से भी टकरा सके। उसे भी हारकर कहना पड़ा—हनुमान, तुम बुद्धि और बल के जीवन्त प्रतीक हो।

राम काजु सबु करिहहु तुम्ह बल बुद्धि निधान।
आसिष देइ गई सो हरषि चलेउ हनुमान॥

—तुम राम का सब काम पूरा करोगे, क्योंकि तुम बल-बुद्धि के भण्डार हो। यह आशीर्वाद देकर वह चली गयी, तब हनुमानजी हर्षित होकर आगे बढ़े।

यह कितनी बड़ी बात है कि कोई आपको भय दिखाने आये और आशीर्वाद देकर चला जाय। आदमी अपने ही कर्म-फल भोगता है। यदि हनुमान डर जाते तो उन्हें आशीर्वाद नहीं मिलता। चारों तरफ से भर्त्सना और निन्दा मिलती। लोग हँसते और कहते—बन्दरिया का बच्चा चला था समुद्र लाँघने। तब कोई उन्हें पवन-पुत्र नहीं कहता। सभी कहते कि यह कुछ करनेवाला नहीं, केवल डींग हाँकनेवाला है। इसके अन्दर बल-बुद्धि नहीं है, इसीलिए विचार नहीं कर सका कि समुद्र लाँघना आसान नहीं है।

दुनिया बड़ी अजीब है। कोई सफल हो जाये तो उसको सिर-आँखों पर बिठा लेती है, असफल हो जाये तो पाताल लोक में डुबा देती है।

हनुमान ने भय को जीत लिया था, इसीलिए उनकी जयकार हो रही थी। भय भी उनके चरणों में विनत था। सुरसा भविष्यवाणी कर रही थी कि वे राम-काज करने में सफल होंगे।

अपने यात्रा-पथ पर हनुमान बढ़े जा रहे थे। उन्होंने राह के आकर्षण और भय को जीत लिया था। लेकिन मंजिल अभी दूर थी। रास्ते में उन्हें एक और संकट का सामना करना पड़ा। आदमी लालच और भय को जीत ले तो छल से उसका मुकाबला होता है। इस मुकाबले में एक फर्क है। लालच और भय सामने से आते हैं। मैनाक और सुरसा दोनों हनुमान के समक्ष आ खड़े हुए थे। उन्हें हनुमान ने देखा और जाना। इसलिए उनसे पार पाने में वे सफल हुए। अपने बुद्धि-बल से उन्होंने इन दो बाधाओं को बिना किसी सीधे संघर्ष के अपने पास से हटा दिया। यात्रा में कोई रुकावट नहीं आयी। वे आगे बढ़ते ही गये।

छल सदा पीछे से आता है। वह बिना बताये आक्रमण करता है। हमला हो जाने पर उसका अस्तित्व सामने आता है। इसी कारण छल से लड़ना कठिन होता है। वास्तविक योद्धा छल-विद्या से दूर रहते हैं। छल में युद्ध का गौरव नहीं, केवल प्रहार की क्रूरता है, शत्रु को हतप्रभ और आहत करने की कुटिलता है। छल की ऐसी कुटिलता से भी हनुमान को जूझना पड़ा।

निसिचरि एक सिंधु महुँ रहई।
करि माया नभु के खग गहई॥

—समुद्र में एक राक्षसी सिंहिका रहती थी। वह छल करके आकाश में उड़ते पक्षियों को खाया करती थी।

सिंहिका जब किसी जीव-जन्तु को आकाश में उड़ता हुआ देखती थी तो उसकी छाया पकड़ लेती थी। छाया पकड़ने से जीव की गति रुक जाती थी। वह नीचे गिरने लगता था। फिर उसे पकड़कर राक्षसी खा जाती थी। रामायण की वैज्ञानिक व्याख्या करनेवाले कहते हैं कि इस राक्षसी के पास अच्छे राडार यन्त्र थे। वह दूर से आती चीज की परछाईं उसमें देख लेती थी। जैसे आज के राडार दूर से ही परछाईं देखकर बता देते हैं कि कैसा और कौन वायुयान आ रहा है। राडार से परछाईं देखकर वह पहचान जाती थी कि यह शत्रु है या मित्र। यदि वह शत्रु है तो मिसाइल का उपयोग करके उसे मार देती थी। कुछ तो ऐसा भी कहते हैं कि रावण की सेना के पास ऐसे भी यन्त्र थे, जो शत्रु के विमान की गति को रोककर उसे पके आम की तरह जमीन पर गिरने को विवश कर देते थे।

यहाँ वैज्ञानिक विश्लेषण करना हमारा विषय नहीं है। हम इस समय केवल इतना जानकर सन्तोष कर लें कि राक्षसी परछाईं पकड़कर समुद्र से उड़कर गुजरने वाले जीव-जन्तुओं को खा लेती थी।

गहइ छाहँ सक सो न उड़ाई।
एहि बिधि सदा गगनचर खाई॥

—वह परछाईं को पकड़ लेती थी, जिससे उड़ने की शक्ति खत्म हो जाती थी। इस तरह वह उड़नेवालों को खा जाती थी।

आइए! जैसा कि हमारा अभीष्ट है, इस प्रसंग की हम गहरे उतरकर व्याख्या करें। राक्षसी ऊँचे उड़नेवाले को छल से खाती थी। यह तब का ही नहीं, आज का भी रिवाज है। जो बहुत ऊँचे उड़ता है उसे हम छल से समाप्त कर देना चाहते हैं। जो बहुत श्रेष्ठ काम करने के लिए आगे बढ़ता है, उसे हम बीच में ही पंगु बना देना चाहते हैं। प्राय: आदमी नीचे-नीचे चलना पसन्द करता है। अपने जैसा दूसरों को

देखकर खुश होता है। शराबी मयखाने में जाकर क्यों पीना चाहता है? वहाँ शराब का नशा बढ़ जाता है। वह ज्यों-का-त्यों रहता है। वहाँ जाकर शराबी की प्यास बढ़ जाती है। अपने जैसा बहुतों को पाकर उसका पीने का उत्साह बढ़ जाता है। घर में बीवी के सामने पीने का क्या मजा! हर पेग के साथ उसके नफरत भरे व्यंग्य-बाण सुनने को मिलेंगे। यही हालत और तरह के नशेड़ियों की होती है। वे घर से बाहर अपने झुण्ड में पीना चाहते हैं, जहाँ पीने का रस मिले। नशा छुड़ाना हो तो उसे सबसे पहले झुण्ड से अलग करना पड़ेगा। जब वह अलग हो जायेगा, दूसरी किस्म की आदतवालों के पास रहेगा, तब उसके सुधरने की आशा की जा सकेगी।

चोर घर में सुधर सकता है, लेकिन जेल में कभी नहीं। जेल में तो वह चोर मण्डली के साथ रहता है। रोज उसी विद्या पर प्रवचन सुनता है। चोर को सुधारना हो, सचमुच की सजा देनी हो तो ईमानदारों के बीच उसे रखना चाहिए।

परन्तु ऐसा हो नहीं पाता। आदमी अपने जैसा सबको देखना चाहता है, जिससे उसके ऊपर कोई अँगुली न उठा सके। जब कोई अँगुली उठाता है तो इसका मतलब यह होता है कि वह आदमी ऊँचा उठ गया है और कह रहा है कि तुम नीचे हो, ऊँचे उठो। ध्यान में रखिए! जो सचमुच ऊँचा उठ जाता है वह कभी नीचे रहनेवाले को धिक्कारता नहीं, उसे पुचकारकर अपने तक बुलाता है, दुलारकर पास में बिठाता है। पर लोग अपने स्थान से हिलना नहीं चाहते। उलटे ऊपर उड़ रहे आदमी को नीचे गिराना चाहते हैं, न गिरे तो मार डालना चाहते हैं।

वैष्णव धर्म के महान् अधिष्ठाता रामानुजाचार्य गुरु यादवप्रकाश के आश्रम में शिक्षा पा रहे थे। वे प्रखर विद्वान् थे। उनके गुरु शंकराचार्य के अनुयायी थे। रामानुज अपने गुरु से शंकर के सिद्धान्तों की शास्त्रीय आलोचना किया करते थे। गुरु उनसे हार जाते थे। सच्चा गुरु और अच्छा पिता अपने शिष्य और पुत्र से हारकर परम प्रसन्न होता है। किन्तु यादवप्रकाश प्रसन्न नहीं हो सके। उन्हें लगा कि रामानुज इसी तरह तर्क में जीतता रहा तो मेरे शिष्य उसके हो जायेंगे। मेरा आश्रम ही बन्द हो जायेगा। महान् विद्वान् यादवप्रकाश ने यह क्षुद्र निर्णय लिया कि ऊँचे उड़नेवाले युवक रामानुज की हत्या कर दी जाय। रामानुज की विद्वत्ता से जलने वाले अपने कुछ शिष्यों को उन्होंने विश्वास में लिया। योजना बनी कि पिकनिक के बहाने जंगल में जाया जाय और वहीं रामानुज को मार डाला जाय। संसार की यह पहली और अनोखी घटना थी, जब एक गुरु अपने ऊँचे उठ रहे शिष्य को अपने हाथों मारने जा रहा था।

पिकनिक की योजना के अनुसार सभी लोग जंगल में पहुँच गये। वहाँ

रामानुज के मौसेरे भाई गोविन्द को गुरु की चाल की भनक लग गयी। उसने एकान्त में रामानुज को सजग किया। वे जंगल में भागकर छुप गये। तब कहीं उनकी जान बची।

चैतन्य महाप्रभु के साथ भी ऐसा ही हुआ। वे परम विद्वान् होते हुए भी कृष्णभक्ति में लीन रहते थे। अपने अनेक चमत्कारों से उन्होंने अपने क्षेत्र के लोगों को अभिभूत कर रखा था। लोग उनका आदर और सम्मान करते थे। यह देखकर क्षेत्र के और पण्डित-विद्वान् उनसे जलने लगे। वे सोचते थे कि यदि निमाई पण्डित (चैतन्य का पूर्व नाम) इसी तरह लोकप्रिय और समादरित होते रहे तो उनके पास कोई नहीं आयेगा। वे लोग भूखों मरेंगे और निमाई अपनी माँ शची देवी और सुन्दरी पत्नी विष्णुप्रिया के साथ महन्थ बनकर मौज उड़ाता रहेगा।

अपनी क्षुद्र मानसिकता के प्रभाव में आकर पण्डितों ने चैतन्य महाप्रभु को मार डालने का निश्चय किया। चैतन्य ने योगबल से सबकुछ जान लिया। उन्हें इन पण्डितों की मूढ़ता पर दया आयी। उन्होंने सोचा कि केवल पुस्तक पढ़नेवाले इन विद्वानों का भी कल्याण होना चाहिए। इसलिए उन्होंने अपने प्रिय शिष्य नित्यानन्द को अकेले में कहा, 'इन विद्वानों और पण्डितों को सुधारने के लिए मैं संन्यास लूँगा, जिससे वे समझ सकें कि मैं धन के लिए पण्डित नहीं बना हूँ और जीवन में धन से ऊपर भी कोई चीज है।'

चैतन्य का निर्णय सुनकर उनके शिष्य, उनकी माँ और पत्नी सभी रोते रहे; पर चौबीस वर्ष की आयु में चैतन्य ने संसार का त्याग करके संन्यास ले लिया। इन्हें लोगों ने कृष्ण का अवतार कहा। ऐसे महापुरुष को पण्डितों ने मारना चाहा, क्योंकि वे उड़ रहे थे, ऊँचे जा रहे थे और उन्हें भी ऊँचा उठने के लिए कह रहे थे।

ऋषि दयानन्द के जीवन की घटना तो अभी बिलकुल ताजा है। इस महान् आत्मा ने लोगों को कुरीतियों के गर्त से निकाला। आधुनिक युग में नारी-उत्थान के वे सबसे बड़े मसीहा थे। ऐसे महापुरुष को एक स्त्री के षड्यन्त्र से मरना पड़ा। कारण वही था; वह सबको उठाना चाहते थे। जिस राजा ने नन्ही जान वेश्या की पालकी को कन्धा दिया। वह अपने धर्म और मर्यादा से गिर गया था। ऋषि दयानन्द ने उसे ऊपर उठने को कहा। वेश्या ने समझा, यदि राजा इस स्वामी के कहने से ऊपर उठ जायेगा तो उसका क्या होगा? उसके साथ कौन रहेगा? उसने अपने दुःख के मूल को ही नष्ट करने का ठान लिया। पैसे का लालच देकर उसने स्वामीजी के रसोइए को बहकाया और उसी के हाथों स्वामीजी को विष दिला दिया। धर्म के अन्दर फैले विष का पान करनेवाले संन्यासी को छल द्वारा विष देकर मार डाला

गया। उसका अपराध यही था कि उसने लोगों को उठने के लिए, ऊँचे उड़ने के लिए कहा था।

सिंहिका राक्षसी तमोगुण का प्रतीक थी। तमोगुणी व्यक्ति चाहता है कि हर कोई उसके साथ रेंगता ही रहे, कोई ऊँचा उठने की कोशिश न करे। जो कोशिश करता है उसे वह समाप्त कर देता है। राक्षसी भी ऐसा ही करती थी। छल से वह लोगों के जीवन की श्रेष्ठता को छीनती थी। उन्हें ऊँचा उठने से रोकती थी। कमजोर लोग हों तो अत्याचारी को आतंक फैलाने में सुविधा होती है। कायरों के गाँव डाकू लोग हवाई फायर करके ही लूट-पाट कर लेते हैं, उन्हें खून-खराबा करने की जरूरत नहीं होती है। कोई उनका विरोध ही नहीं करता।

साहसी और वीर लोगों पर अत्याचार करना बड़ा कठिन होता है। यह एक दैवी सत्य है कि मुकाबला किया जाय तो अत्याचार टिक नहीं पाता। वह तभी तक चलता है जब तक मुकाबला करनेवाले लोग न हों। जब समाज या व्यक्ति में मुकाबला करने की शक्ति आ जाती है तब अत्याचार की कब्र खुद जाती है।

आज राक्षसी की भेंट हनुमान से हो रही थी। हनुमान काल से भी मुकाबला करने में नहीं डरते।

सोइ छल हनूमान कहँ कीन्हा।
तासु कपटु कपि तुरतहिं चीन्हा॥

—परछाईं पकड़कर जीव को खानेवाला छल उसने हनुमान के साथ भी किया। हनुमानजी ने तुरन्त ही उसका कपट पहचान लिया।

आदतन जो छल वह सबके साथ करती आ रही थी वही उसने हनुमान के साथ भी किया। हनुमान सजग थे। उड़ान भरते समय उन्होंने रघुनाथ को अपने हृदय में रख लिया था। जिसके हृदय में प्रभु होते हैं, वह शतावधानी हो जाता है। सैकड़ों चीजों पर एक साथ ध्यान रख सकता है। किसी के छलावे-भुलावे में नहीं आता।

परमात्मा जहाँ हो वहाँ कपट और छल काम नहीं कर पाते। वे अपाहिज हो जाते हैं। भगवान् छल को तुरन्त पहचान जाते हैं।

एक आदमी ने ब्रह्मा की तपस्या की। वह प्रसन्न होकर भक्त के सामने अवतरित हुए। भक्त को पता था कि ब्रह्मा का एक सेकण्ड मृत्युलोक के करोड़ों वर्षों के बराबर होता है। इसी आधार पर उसने उन्हें छलना चाहा।

ब्रह्मा ने कहा, 'वर माँगो वत्स!'

भक्त ने विनम्रता से कहा, 'महाराज, मुझे कुछ ज्यादा नहीं चाहिए। मैंने किसी लालच और लोभ के लिए तपस्या नहीं की है। आप कृपा करके मुझे अपने

यहाँ का एक रुपया दे दें।'

ब्रह्मा समझ गये कि यह छली शिष्य एक रुपया माँगकर करोड़ों पर हाथ साफ करना चाहता है। उन्होंने छल का जवाब चतुराई से दिया, 'बेटे, थोड़ी प्रतीक्षा करो। मैं अपने यहाँ के एक सेकण्ड में तुम्हारे पास लौटकर आता हूँ।'

जहाँ प्रभु हों वहाँ छल करना अपना सर्वनाश बुलाना है। राक्षसी ने हनुमान को अपने छल से घेरा। प्रभुकृपा से सदा सजग हनुमान उसके कपट को पहचान गये।

हर क्षेत्र में सदैव आक्रमण बचाव से अधिक उपयोगी होता है। हनुमान ने अपने को बचाने की कोशिश नहीं की। उस पर आक्रमण किया।

छल से एक-दो बार बचा जा सकता है, हमेशा नहीं। हमेशा बचने का एक ही तरीका है कि छल करनेवाले का नाश कर दिया जाय। हनुमान ने यही किया।

ताहि मारि मारुत सुत बीरा।
बारिधि पार गयउ मति धीरा॥

—धीर बुद्धि, वीर पवनपुत्र हनुमान उस राक्षसी को मारकर समुद्र के पार चले गये।

हनुमान ने अपने रास्ते की अन्तिम बाधा को भी खत्म कर दिया। इस चौपाई में उन्हें धीर बुद्धि कहा गया है। भर्तृहरि ने कहा है कि धीर बुद्धि वही होता है जो लाख बाधाओं के होने पर भी अपने लक्ष्य से डिगता नहीं है जब हनुमान समुद्र लाँघने के लिए उड़े थे तो उन्हें बल-बुद्धि का भण्डार कहा गया था। ऐसे लोग भी यदि धीर बुद्धि न हों तो लक्ष्य तक पहुँचने से पहले ही विचलित हो जाते हैं। जिनमें बुद्धि के साथ धैर्य होता है वे ही सफलता प्राप्त करते हैं। धैर्य की पहचान पहले नहीं हो सकती। ऐसा कोई थर्मामीटर नहीं बना है जो पहले ही बता दे कि यह आदमी धीर है। उसे काम देकर परखना पड़ेगा। यदि बाधाओं को जीतता है तो धीर है, उनसे विचलित हो जाता है तो धीर नहीं है।

धर्म के दस लक्षणों में धैर्य को पहला स्थान दिया गया है। यदि आदमी में धैर्य न हो तो इस संसार में वह पागल हो जायेगा। आज हर तरफ 'क्यू' का 'कल्चर' है। आज के समय में यदि आपके पास धैर्य न हो तो आप जी नहीं सकेंगे। हर छोटे-बड़े काम में बाधाएँ इतनी हैं कि बिना धैर्य के आप टूट जायेंगे।

हनुमान बाधाओं को पार करके अपने लक्ष्य तक पहुँचने में सफल हो गये थे, इसी हेतु उन्हें मतिधीर कहा गया। जो बुद्धि को धैर्य के साथ जोड़ देते हैं वे सदैव सफल होते हैं।

एक राजा युद्ध में हार गया था। जान बचाने के लिए वह अपने किले में भाग

आया। वहाँ उसे एक दृश्य दिखाई दिया। एक चींटी अपने मुँह में दाना लिये दीवार पर चढ़ रही थी। थोड़ा ऊँचे जाकर वह गिर पड़ती थी। फिर उठती थी, चढ़ती थी और गिर पड़ती थी। पूरे दस प्रयत्नों के बाद वह अपने स्थान पर पहुँच सकी।

हारा हुआ राजा एकदम से उठ खड़ा हुआ। उसने सोचा, यदि चींटी में इतना धैर्य है तो मुझमें क्यों नहीं हो सकता! मैं तो केवल एक बार ही हारा हूँ। यह तो दस बार हारकर भी अपने लक्ष्य तक पहुँच गयी। राजा ने फिर से युद्ध किया और विजय प्राप्त की।

धैर्य मनुष्य का सदैव से सबसे बड़ा मित्र रहा है, लेकिन मनुष्य ने सबसे बड़ी उपेक्षा इसी की की है। जो उपेक्षा नहीं करते उनका जीवन धन्य हो जाता है। हनुमान ने धैर्य के साथ अपने लक्ष्य की सिद्धि करके यह धन्यता प्राप्त की थी। उन्होंने हमें सिखाया कि लालच, भय और छल तीनों से बचकर चलने से ही आदर्श और लक्ष्य की प्राप्ति होती है। जो इनके चंगुल में फँस जाता है वह मारा जाता है, लक्ष्य-भ्रष्ट हो जाता है।

छल की प्रतीक सिंहिका राक्षसी को मारकर हनुमान समुद्र-लंघन करके छल की नगरी लंका में पहुँच गये। जो समुद्र अन्य वानरों के लिए बाधा था वह हनुमान के लिए मार्ग बन गया था। मार्ग परिचित हो जाये तो कम-से-कम आना-जाना आसान हो जाता है। हनुमान को अब यह पूरा विश्वास हो गया था कि लौटने में उन्हें कोई कठिनाई नहीं होगी। सभी बाधाएँ नष्ट हो चुकी हैं। मार्ग तय करने में उन्होंने अपना पराक्रम बहुत खूबी के साथ प्रदर्शित किया। अब लंका में उन्हें अपने प्रभु के प्रताप और अपने पराक्रम को दिखाना है।

□

लंका में प्रवेश

मन महुँ तरक करैं कपि लागा

लंका की भूमि पर पहली बार रावण की इच्छा के विपरीत, उसकी जानकारी के अभाव में किसी के कदम पड़ रहे थे। हनुमान को यह गौरव मिला था कि अपनी पदध्वनि से वह स्वर्णमयी लंका के सुरम्य प्रदेश में स्थित रावण के अविजित साम्राज्य के सर्वनाश की घोषणा करें। प्रभु जिसे प्यार देते हैं उसे गौरव भी देते हैं।

गिरि पर चढ़ि लंका तेहिं देखी।
कहि न जाइ अति दुर्ग बिसेषी॥

—हनुमान एक पहाड़ की चोटी पर चढ़कर लंका की शोभा देखने लगे। दुर्ग बहुत बड़ा था और अनेक विशेषताओं से भरा था।

हनुमान सीताजी को खोजने और रावण की नगरी की विशेषता को देखने के लिए ही आये थे। लंका की कोई खास जानकारी उन्हें नहीं थी। जब तक वे स्वयं पूरी लंका न देख लें, या कोई जानकार आदमी उन्हें न मिल जाय तब तक वे अपने काम को शुरू नहीं कर सकते थे। जब रास्ते का पता ही न हो तो खोज कहाँ होगी?

लक्ष्य तक पहुँचने के लिए मंजिल का निर्धारण ही काफी नहीं, राह की जानकारी भी होनी चाहिए। और राह को जानने के लिए चलना भी जरूरी होता है। राह-राह चिल्लाने से न राह मिलती है और न मंजिल-मंजिल चिल्लाने से मंजिल मिलती है।

एक व्यक्ति बिना अध्ययन किये विद्वान् बनना चाहता था। पढ़ने में उसकी रुचि नहीं थी, लेकिन पढ़ने से लोगों को जो सम्मान मिलता है उसमें उसकी रुचि थी। वह भी चाहता था कि लोग आकर उसे प्रणाम करें, देश-दुनिया के बारे में उनसे राय-सलाह लें, ज्ञान-विज्ञान की बातें उससे पूछें।

बिना पढ़े यह सब सम्भव नहीं था और वह पढ़ना चाहता नहीं था। उसने एक उपाय सोचा। तपस्या करके ब्रह्मा को प्रसन्न करना चाहिए। उनसे वर माँगकर विद्वान् बन जाना चाहिए। उसने घोर तपस्या की। ब्रह्माजी प्रसन्न होकर उसके पास आये।

भक्त ने सिर झुकाकर वर माँगा, 'महाराज, मुझे आप विद्वान् बना दें। सभी विद्याओं का ज्ञान मुझे हो जाये।'

ब्रह्मा ने समझाया, 'बेटे, विद्या पाने के लिए पढ़ना पड़ता है, वह वरदान से नहीं मिलती है।'

भक्त चिन्तित हुआ, पर उसने आशा नहीं छोड़ी। वह और कठोर तपस्या करने लगा।

ब्रह्मा ने सोचा कि यह समझाने से नहीं मानेगा। इसे सीख देनी चाहिए। भक्त सुबह-शाम गंगा में नहाने जाता था। ब्रह्मा वहीं एक बूढ़े का वेश धारण कर पहुँच गये। उन्होंने नदी में बालू फेंकना आरम्भ कर दिया। भक्त ने दो-तीन दिन तक बूढ़े को यह पागलपन करते देखा। उससे रहा नहीं गया। उसने पूछा, 'बाबा, नदी में बालू क्यों फेंक रहे हैं?'

बूढ़े ने कहा, 'जीवों के प्रति दया के कारण। लोगों को गंगा पार करने में बड़ी तकलीफ होती है। मैं एक पुल बनाना चाहता हूँ, जिससे लोग आसानी से नदी पार कर लें। बालू इसीलिए फेंक रहा हूँ।'

तपस्वी भक्त जोर से हँसा—'आप पागल हो गये हैं बाबा, पुल ऐसे नहीं बनता!'

'कैसे बनता है, बच्चा?' बाबा ने पूछा।

भक्त ने कहा, 'इसके लिए बालू ही काफी नहीं; सीमेंट चाहिए, लोहा चाहिए, ईंट और पत्थर चाहिए, इंजीनियर और कारीगर चाहिए। तब जाकर कहीं पुल बनेगा।'

बूढ़ा हँसा, 'बच्चा! यदि पुल बनाने के लिए इतनी सारी चीजों की जरूरत है तो विद्या केवल तपस्या से कैसे मिल जायेगी! उसके लिए भी तो सुबह उठना चाहिए, पढ़ना चाहिए, पाठशाला जाना चाहिए। है कि नहीं!'

भक्त की समझ में बात आ गयी। उसने जान लिया कि चलने से लक्ष्य मिलता है, बैठने से नहीं।

एक साधु दिल्ली से हरिद्वार जा रहे थे। अचानक उन्हें शक हुआ कि वे रास्ता भूल गये हैं। पशु चरा रहे एक बूढ़े से उन्होंने पूछा, 'यह रास्ता कहाँ जाता है, बाबा?'

साधु की बात सुनकर बूढ़ा हँस पड़ा, 'यह रास्ता कहीं नहीं जाता है। यहीं रहता है, अपनी जगह पर। महाराज, जाते हम-आप हैं। आप बताइए, आपको कहाँ जाना है?'

साधु को क्षण मात्र में परम ज्ञान हो गया। हम चलते हैं। हमारे चलने से मंजिल मिलती है। रास्ता तो कभी का मंजिल तक पहुँच चुका है।

हनुमान चलनेवाले थे। चलकर ही वे आये थे। राह की रट लगाने का नहीं, राह पर चलने का उनका अभ्यास था। इसीलिए उन्होंने निश्चय किया कि चलकर लंका को देखना चाहिए।

लंका में सुरक्षा की कड़ी व्यवस्था थी। हनुमान गुप्तचर बनकर आये थे। उन्हें सीता को खोजने का काम करना था, अपने आगमन की डुगडुगी नहीं पीटनी थी। उन्हें बहुत सँभलकर चलना था। यदि रावण को पता चल गया कि राम का कोई दूत आ गया है तो वह सजग हो जायेगा, देश की सुरक्षा-व्यवस्था और कड़ी कर देगा। फिर सीता को खोज पाना बहुत कठिन हो जायेगा।

हनुमान ने रात में लंका में घुसने का फैसला किया। गुप्तचर के लिए रात का समय सबसे अच्छा होता है। सामान्य जनता खा-पीकर सो जाती है। बड़े अफसर-साहूकार आमोद-प्रमोद में व्यस्त रहते हैं। रात में व्यवस्था चौकन्नी नहीं होती। लोग एक-दूसरे को पहचानते भी कम हैं। यह सब अच्छी तरह सोचकर हनुमान ने रात में ही लंका का निरीक्षण करने का निश्चय किया।

मसक समान रूप कपि धरी।
लंकहि चलेउ सुमिरि नरहरी॥

—हनुमानजी ने मच्छर के समान छोटा रूप धारण कर लिया और श्रीराम का स्मरण करके लंका को चले।

चतुराई के कारण हनुमान ने अपना रूप छोटा कर लिया। राम का नाम लेते हुए वे आगे बढ़े। रूप छोटा करने के बारे में कई शंका उठाते हैं। कहते हैं कि ये मच्छर जैसे हो गये तो अँगूठी कहाँ थी। यह शंका बचकानी है। काव्य में ऐसे वर्णन उचित माने गये हैं। कोई किसी से डर जाता है तो हम बोलते हैं कि वह चूहा बन गया है। इसका मतलब है कमजोर बन जाना। वह सचमुच चूहा बन जाता तो बीवी डण्डा मारकर घर से भगा देती। यहाँ मच्छर का अर्थ है शरीर को भरसक छोटा कर लेना।

यहाँ एक तर्क यह भी दिया जा सकता है कि यदि हनुमान अपने को मच्छर जैसा छोटा बना सकते थे तो उनमें अँगूठी को भी छोटा करने की शक्ति

जरूर रही होगी।

दूसरा सवाल लोग यह करते हैं कि यदि हनुमान रूप बदलने में कुशल थे तो क्यों नहीं उन्होंने राक्षस का रूप धारण कर लिया। वे आराम से लंका में कहीं भी घूमते, कोई उन्हें कुछ भी नहीं कहता। सीता के पास जाकर वे फिर वानर बन जाते।

ऊपर से देखने में यह 'चाल' अच्छी लगती है, लेकिन वास्तव में अच्छी है नहीं। कोई रूप धारण करने के लिए उस शक्तिवान् आदमी को उस रूप विशेष पर ध्यान करना पड़ता है। उसका चेहरा और प्रवृत्ति को अपने भीतर समेटना पड़ता है। हनुमान राक्षस का रूप धरते तो राम के नहीं रह जाते, रावण के बन जाते। उनका स्वभाव भी राक्षसी हो जाता। फिर सीता की खोज की चिन्ता उन्हें नहीं होती।

रावण के बारे में रूप बदलने की एक ऐसी कथा बतायी जाती है।

जब सीता किसी तरह भी रावण को स्वीकार नहीं कर रही थीं तो उसने कोई और रास्ता ढूँढ़ने के लिए कुम्भकर्ण को जाकर जगाया।

रावण को देखकर कुम्भकर्ण चिन्तित हो उठा, 'भैया, आप यहाँ कैसे?'

रावण ने उसे सीता-हरण की पूरी कथा सुनायी और कहा कि सीता को वश में करने का कोई रास्ता बताओ।

कुम्भकर्ण ने कहा, 'तुम मायावी हो, फिर भी रास्ता पूछते हो? राम का रूप धारण करके सीता के पास चले जाओ। वह तुम्हें पहचान ही नहीं पायेंगी।'

रावण ने निराशा भरे स्वर में कहा, 'यह मैं कर चुका हूँ। जैसे ही मैं राम की आकृति पाने के लिए उनपर ध्यान करता हूँ, मैं रावण नहीं रह जाता। मेरे अन्दर फिर बुरे विचार उठते ही नहीं। कोई दुष्कर्म, दुराचार करने का मेरा मन ही नहीं होता। मैं एकदम पवित्र आत्मा हो जाता हूँ।'

हनुमान भी राक्षस रूप के प्रभाव में दुरात्मा हो सकते थे। इसीलिए उन्होंने सोच-समझकर अपना रूप कायम रखा। हाँ, उसे थोड़ा छोटा जरूर कर लिया। वह जैसे ही लंका के द्वार से घुसे, लंकिनी ने उन्हें देख लिया। डपटकर बोली—मुझसे बगैर पूछे कहाँ चला जा रहा है?

जानेहि नहीं मरमु सठ मोरा।
मोर अहार जहाँ लगि चोरा॥

—रे मूर्ख! तू मेरे बारे में नहीं जानता। संसार में जहाँ तक (जितने) चोर हैं वे मेरे आहार हैं।

इस प्रसंग में कई बातें विचार करने लायक हैं। लंका के द्वार पर रावण ने लंकिनी को रख छोड़ा था। दूसरे अध्याय में हम पढ़ चुके हैं कि किस तरह भयभीत

सुग्रीव ने तारा का उपयोग अपने निहित स्वार्थ के लिए किया था। उस सन्दर्भ में राम के व्यवहार की चर्चा करके हमने तुलना भी की थी।

इस समय लंकिनी का प्रसंग है। वह रावण के मुख्यद्वार पर पहरा देती है। रावण ने अनेक स्थानों पर स्त्रियों को लगा रखा था। विश्वामित्र के आश्रम में ताड़का थी, पंचवटी में शूर्पणखा थी, लंका में लंकिनी थी। रावण जानता था कि स्त्री का सम्मान करनेवाले आर्य लोग स्त्रियों पर हाथ नहीं उठायेंगे। इस तरह उसका आतंक बेरोक-टोक कायम रहेगा। राम और हनुमान दोनों ने उसकी इस चाल को चलने नहीं दिया। स्त्री पूज्य है, लेकिन यदि वह समाज में आतंक और अत्याचार फैला रही है तो उसको समाप्त करने में कोई पाप नहीं है। इसे राम ने भी किया और हनुमान ने भी।

राम जब विश्वामित्र के यज्ञ की रक्षा के लिए उनके आश्रम में पहुँचे थे तो सबसे पहले उन्हें ताड़का मिली थी।

चले जात मुनि दीन्हि देखाई।
सुनि ताड़का क्रोध करि धाई॥

—मार्ग में चले जाते हुए मुनि ने ताड़का को दिखलाया। शब्द सुनते ही वह क्रोध करके दौड़ी।

मुनि ने राम को ताड़का को दिखलाया, राम ने स्वयं ताड़का को नहीं देखा। यह क्षेत्र विश्वामित्र का जाना-पहचाना था। उन्हें पता था कि कौन कहाँ रहता है। दूसरा भाव यह है कि भयभीत मुनि थे, राम नहीं। जो भयभीत होता है वह भय को जल्दी देख लेता है। डरपोक आदमी को रात में भूत-ही-भूत दिखाई देते हैं। वह भूत के भूगोल का इतना अधिक परिचित होता है कि आँख मूँदकर भी बता सकता है कि भूत कहाँ है।

जैसे विश्वामित्र ने राम को ताड़का को दिखाया, वह क्रोध करके दौड़ी। राम स्त्री पर हाथ उठानेवाली नीति के समर्थक नहीं थे, लेकिन वह स्त्री आरती लेकर नहीं आ रही थी। क्रोध करके आ रही थी—उन्हें खाने के लिए। राम ने इसका अच्छा जवाब दिया।

एकहि बान प्रान हरि लीन्हा।
दीन जानि तेहि निज पद दीन्हा॥

—श्रीराम ने एक ही बाण से उसके प्राण हर लिये। और दीन जानकर उसको अपना पद प्रदान किया।

ताड़का को मारने से पहले राम ने विश्वामित्र से स्त्री को मारने के दोष-पाप

के बारे में नहीं पूछा। धर्मग्रन्थों की पाप-पुण्य की व्याख्या खोजने नहीं गये। वह धर्म-विरुद्ध कार्य कर रही थी, इस कारण राम ने उसका सफाया कर दिया।

हनुमान ने भी समुद्र में सिंहिका राक्षसी और लंका में लंकिनी के साथ ऐसा ही किया। दोष-पाप की चिन्ता किये बगैर उनपर प्रहार किया; क्योंकि वे श्रेष्ठ लक्ष्य-सम्पादन में, राम के काम में बाधा पहुँचा रही थीं।

ये दोनों उदाहरण हमारे पास थे, फिर भी अरब लुटेरों के आगमन पर हमने उनका उपयोग नहीं किया। धर्म को हम बुद्धि और हृदय से हीन कर्मकाण्डों से इतना जोड़ चुके थे कि हमें अपने महापुरुषों के आदर्श भी याद नहीं रहे। इसीलिए हम डूब भी गये।

सोमनाथ मन्दिर पर महमूद गजनबी ने आक्रमण किया था लूट-पाट करने के लिए। पण्डित लोग सोच रहे थे कि भगवान् अपने को बचायेंगे। भगवान् ने अपने को बचाने का रास्ता खोजा। राजपूतों ने पण्डितों से कहा, 'मन्दिर को बचाने के लिए हम युद्ध करेंगे।'

उन्होंने युद्ध की तैयारी आरम्भ कर दी। गजनवी को इसका पता चला। उसने एक नायाब तरकीब निकाली। अपनी सेना के आगे गायों का बड़ा झुण्ड खड़ा कर दिया। गायों के पीछे-पीछे वह बढ़ता गया। राजपूत योद्धा गाय को कैसे मार सकते थे, धर्म चला जाता। अत: वे पण्डितों से पूछते रहे। गायों को मारने के लिए व्यवस्था माँग रहे थे। पण्डितों ने कहा कि गाय किसी कीमत पर नहीं मारी जायेगी। फलत: वे सभी मारे गये। मन्दिर लूटा गया। न भक्त बचे, न भगवान्। बाद में उन गायों को मारकर गजनवी के सिपाहियों ने डटकर भोजन किया।

जाने क्यों, विद्वान्-पण्डित यह भूल गये थे कि धर्म का काम पड़ने पर राम और हनुमान दोनों ने स्त्रियों को मारा था। उन्हें कोई पाप नहीं लगा था। फिर राजपूत लोग गायों को मार देते तो क्या तकलीफ होती? धर्म जब विवेकशून्य हो जाता है तब उसमें जड़ता आती है। इसी जड़ता के कारण हमारा सर्वनाश हुआ। जब तक हमने अपने विचारों के पास जड़ता को फटकने नहीं दिया था तब तक हम अपने प्रताप की पताका फहराते रहे।

लंकिनी ने हनुमान से कहा कि जहाँ तक संसार में चोर हैं, वे सभी उसके आहार हैं। रावण ने इसीलिए उसे द्वार पर रख छोड़ा था। वीरों से उसे कोई भय नहीं था। क्योंकि अपने शौर्य के सामने उसे कोई वीर दीखता ही नहीं था। बस, केवल चोरों से उसे भय था। लंका सोने की जो थी। जहाँ सोना हो वहाँ चोर का भय रहेगा ही। इस भय से लंका को मुक्त करने के लिए लंकिनी वहाँ थी। वह

चोरों को झट पहचान जाती थी और उन्हें चट-पट मारकर खा जाती थी। लंकिनी के इस बल के कारण रात को रावण सुख की नींद सोता था। उसके पहरेदार मौज-मस्ती में रहते थे।

हनुमान छिपकर जरूर जा रहे थे, किन्तु चोर नहीं थे। अपने कार्य के अनुरूप उन्होंने रूप धारण कर रखा था। उसी के अनुरूप व्यवहार भी कर रहे थे। जब आदमी के सामने कोई महान् लक्ष्य हो तो कर्म के अर्थ बदल जाते हैं। सिपाही सीमा पर युद्ध करके जब दुश्मन के हजारों सैनिकों को मारता है तो उसे देशभक्ति और राष्ट्र-सेवा के लिए सम्मानित किया जाता है। लेकिन वही सिपाही यदि अपने गाँव में व्यक्तिगत झगड़ा करके किसी पर गोली चला दे तो उसे फाँसी की सजा होती है। यदि व्यक्तिगत स्वार्थ के लिए किसी को मारा जाता है तो पाप लगता है, किन्तु बड़े आदर्श के लिए किसी को मारना पड़े तो दोष-पाप उड़ जाते हैं।

राम-काज का बड़ा लक्ष्य लेकर हनुमान लंका में आये थे। उसे पूरा करने की उन्होंने रणनीति बनायी थी। वे चुपचाप छिपकर लंका को देखना चाहते थे। इसीलिए छोटा बनकर धीरे से द्वार से घुस रहे थे। लंकिनी ने उन्हें देख लिया। ललकारा। कहा कि चोर उसके आहार हैं। लेकिन हनुमान डरे नहीं, क्योंकि वे चोर नहीं थे। लोग कहते हैं कि चोर बड़ा निर्भय होता है। यह गलत बात है। बिना डरे कोई चोर हो ही नहीं सकता। चोर बहुत डरता है। जरा सा पत्ता भी खड़क जाये तो वह काँप उठता है। इसीलिए आपने देखा होगा कि चोर किसी से लड़ता नहीं है। वह मुकाबला नहीं करता। डाकू डटकर मुकाबला करता है, मार-पीट करता है, लूटता है। चोर केवल भागता है। चोर की सबसे बड़ी खूबी इसमें है कि वह कितना तेज भागता है।

हनुमान चोर नहीं थे, इसलिए भागे नहीं। राम-काज में बाधा बननेवाली लंकिनी को उन्होंने सबक सिखाया।

मुठिका एक महा कपि हनी।
रुधिर बमत धरनी ढनमनी॥

—महाकपि हनुमान ने उसे एक घूँसा मारा। वह खून की उलटी करती हुई धरती पर लुढ़क पड़ी।

लंकिनी पर प्रहार करके हनुमान ने लंका पर पहली चोट की। इसका बड़ा कारगर असर हुआ। लंकिनी कहने लगी कि जब ब्रह्मा ने रावण को वरदान दिया था तब उसे बताया था कि जब वह किसी वानर के मारने से विकल हो जायेगी तब उसे समझना चाहिए कि राक्षसों के नाश का समय निकट आ गया है।

बिकल होसि तैं कपि कें मारे।
तब जानेसु निसिचर संघारे॥

—ब्रह्मा ने कहा—जब तू वानर के मारने से व्याकुल हो जाय तब जानना कि राक्षसों का नाश होने वाला है।

बड़ा अच्छा प्रसंग है। यह सूत्र हनुमान को नहीं पता था, लंकिनी को पता था। अगर हनुमान को पता होता तो उनके पुरुषार्थ की कोई कीमत नहीं रह जाती। यदि पहले से ही पता हो कि निश्चित रूप से मेरा दुश्मन मेरे मारने से मरेगा तो संघर्ष का उत्साह 'फीका' पड़ जाता है। मजा तो तब है जब हर क्षण आप महसूस करते रहें कि पता नहीं क्या होगा और फिर भी आप जीत जायें।

इस प्रसंग का एक बड़ा प्यारा अर्थ है। जिन्हें जीवन में पुरुषार्थ करना हो उन्हें कभी ज्योतिषियों और भविष्यवक्ताओं के पास नहीं जाना चाहिए। उससे उनका बल और पराक्रम घटता है। यह काम भयभीत और चिन्तित लोगों को ही शोभा देता है।

लंकिनी को मारकर हनुमान ने अपनी शक्ति से अपने राह के रोड़े को हटाया था। फिर उन्हें ब्रह्मा के वचन का पता चला। वचन सुनकर उन्हें लगा कि वे सही दिशा में काम कर रहे हैं। उनका उत्साह दूना हो उठा। उन्होंने समझ लिया कि संघर्ष में समय भले ही लगे, विजय राम की ही होगी।

मार खाकर भयभीत लंकिनी बड़ी धार्मिक बन गयी। जैसे लक्ष्मण को देखकर सुग्रीव बन गये थे। संसारी आदमी भय से धार्मिक बनता है।

तात मोर अति पुन्य बहूता।
देखेउँ नयन रामकर दूता॥

—हे तात! मेरे बड़े पुण्य हैं जो मैं राम के दूत को अपनी आँखों से देख पायी।

लंकिनी मायावी राक्षसों के बीच रह रही थी। उसे भले लोगों से मिलने का कभी मौका नहीं मिलता था। वह तो चोरों को पकड़ने का धन्धा करती थी। कभी कोई अच्छी बात बोलने-सुनने का उसे अवसर नहीं मिलता था। अपने ही षट्राग में डूबी रहती थी।

इसीलिए सन्त-महात्मा कहते हैं कि आदमी को अपने षट्राग से कभी-कभी बाहर आना चाहिए। जीवन के जंजाल से जरा हटकर अच्छे-भले लोगों से भी मिलते-जुलते रहना चाहिए। इससे आत्मा को शान्ति मिलती है। केवल स्वार्थों के बन्द मकान में रहने से दम घुटने लगता है। आदमी को बाहर निकलकर जरा ताजा हवा भी लेनी चाहिए। ताजगी के बिना जिन्दगी का दम घुट जाता है।

बेचारी लंकिनी का दम भी लंका में घुट रहा था। उसकी मनोदशा की कल्पना कीजिए। उसे पता था कि कोई वानर जब उसे मारकर विकल करेगा तब उसकी मुक्ति होगी। होनी का पता हो तो उसकी प्रतीक्षा बड़ी दारुण होती है। आपको यदि पता हो कि वानर देखने से आपकी मृत्यु होगी तो कोई ईश्वर-दर्शन की भी घोषणा करे तो भी आप अयोध्या या चित्रकूट नहीं जायेंगे। जहाँ वानर के मिलने का शक होगा, पैर नहीं रखेंगे। लंकिनी का हर दिन मौत की एक प्रतीक्षा था।

किसी आदमी को ज्योतिषी ने बताया कि वह पानी से मरेगा। उसने नदी-तालाब के पास जाना बन्द कर दिया। कुआँ देखकर रास्ता बदल देता था। लेकिन जब मौत का दिन आ गया तो वह बचा नहीं। भोजन करके जब वह पानी पी रहा था तो पानी उसकी श्वास नली में अटक गया। वह तड़पकर मर गया।

राक्षसों के गले में भी पानी अटकने का समय आ गया था। इसलिए हनुमान की मार से लंकिनी विकल हुई। विकल होने के साथ-ही-साथ ताजा हवा का झोंका भी उसने अपने भीतर महसूस किया। वह कभी भी भक्त से नहीं मिली थी। कचरे जैसी जिन्दगी जी रही थी। हनुमान को देखकर उसने महसूस किया कि आज उसका जीवन धन्य हो गया। वह कुछ अच्छी चर्चा कर सकेगी।

तात स्वर्ग अपबर्ग सुख धरिअ तुला एक अंग।
तूल न ताहि सकल मिलि जो सुख लव सतसंग॥

—लंकिनी ने कहा—हे तात हनुमान! स्वर्ग और मोक्ष के सब सुखों को तराजू के एक पलड़े में रखा जाय तो भी वे सब मिलकर दूसरे पलड़े में रखे उस सुख के बराबर नहीं हो सकते जो क्षण मात्र के सत्संग से होता है।

यह बयान बहुत महत्त्वपूर्ण है। यदि इसे किसी साधु-महात्मा ने कहा होता तो उसका उतना महत्त्व नहीं होता। जिसका दम घुट रहा हो, वह यदि बाहर आकर सुख महसूस करे तो ताजा हवा का मोल बढ़ जाता है। जो पर्वत-वनों में खुली हवा में रहते हैं वे अगर ताजा हवा की प्रशंसा करें, तो उसका उतना मोल नहीं होता है। खयाल रखिए, राम की महिमा साधुओं के राम-राम करने से नहीं बढ़ी है। उनकी महिमा इसलिए बढ़ी कि जब दुखियारों ने उन्हें पुकारा तो उनके दुःख दूर हो गये। अजामिल और गणिका तर गये। गज और द्रौपदी का दुःख जाता रहा। परमात्मा इन्हीं दुखियारों के कारण प्रिय और पूज्य बना। प्यासा व्यक्ति यदि पानी से प्यास बुझाकर पानी के गुण गाये तो उसका ज्यादा असर होता है। रेगिस्तान में रहनेवाला पानी पाकर ललक उठता है। मानसून के समय मुंबई में बहुत सारे अरब आते हैं। वे घनघोर बरसात देखना चाहते हैं। अपने देश में उन्हें बूँदाबाँदी देखने का भी

अवसर नहीं मिलता। पानी की कीमत वे जानते हैं। जो रोज गंगा में नहा रहा हो वह पानी की प्राणरक्षक शक्ति को क्या समझेगा?

घोर तामसिक वातावरण में लंकिनी जी रही थी। हनुमान ने उसे छुआ तो एकदम से वह बदल गयी। इसीलिए उसे क्षण मात्र का सत्संग का सुख स्वर्ग और मोक्ष से बड़ा लगने लगा।

चैतन्य महाप्रभु के जीवन की एक घटना है। उनके शिष्य नित्यानन्द और हरिदास कीर्तन करने में माहिर थे। वे लोगों को कीर्तन-रस में डुबोकर परमात्मा के करीब लाने का प्रयत्न करते थे। चैतन्य के नगर नदिया में दो भाई रहते थे। जमींदार थे। भयानक तामसिक और शराबी थे। नित्यानन्द ने उन्हें बदलना चाहा। कीर्तन करते हुए उनके पास पहुँचे। दोनों भाई जगन्नाथ और माधव, जिन्हें गाँववाले जगाई और मधाई के नाम से पुकारते थे, शराब में धुत थे। कीर्तन सुनकर उनके नशे में बाधा पड़ी।

वे चीखकर बोले, 'भाग जाओ यहाँ से?'

नित्यानन्द भागने के लिए नहीं आये थे। उन्होंने कीर्तन की गति बढ़ा दी। लोग कीर्तन सुनकर राम-रस में डूबने लगे, पर शराबियों को यह शोर भयानक लगा। मधाई ने शराब का एक बरतन उठाया और नित्यानन्द पर दे मारा। उनके सिर से खून बहने लगा। दर्द से बिलखते नित्यानन्द बोले, 'तुमने मुझे मारा। क्या समझते हो कि अब मैं तुम पर दैवी प्रेम की वर्षा करना बन्द कर दूँगा?'

उनकी प्रेम भरी वाणी सुनकर बड़ा भाई जगाई सन्न रह गया। छोटा मधाई अभी भी नशे में डूबा था।

चैतन्य महाप्रभु को जब पता चला तो वे क्रोध से काँप उठे। उन्होंने कहा, 'उसकी यह हिम्मत! निताई को मार दिया। अभी मैं उनका सर्वनाश किये देता हूँ।'

नित्यानन्द ने उन्हें रोका। कहा, 'प्रभु! वे अज्ञानी हैं। नशे में हैं। अँधेरे में जी रहे हैं। उन्हें मारिए नहीं, उनका उद्धार करिए।'

महाप्रभु ने नित्यानन्द की बात मान ली। वे कीर्तन करते हुए गये और जगाई को अपने गले से लगा लिया। जगाई का एकदम रूपान्तरण हो गया। महाप्रभु को छूते ही साँप की तरह उसके पापों की केंचुल अपने आप उसके शरीर से छूट गयी। वह चैतन्य के शरीर से निकलनेवाली दैवी चेतना का भार सहन न कर पाने के कारण बेहोश हो गया। लोग जोर-जोर से कीर्तन करने लगे। छोटे भाई मधाई का नशा भी अब दूर हो गया था। वह भी कीर्तन में शरीक हो गया।

चैतन्य के सत्संग से दोनों भाई बदल गये। अपने पापों का पश्चात्ताप करने

के लिए उन्होंने हर एक के हृदय को मथ देनेवाला तरीका अपनाया। दोनों भाई रोज सुबह गंगा तट पर जाते थे, नहाते थे। फिर जितने लोग वहाँ होते थे उनके पैरों पर गिरकर अपने पुराने अपराधों के लिए क्षमा माँगते थे। धर्म के क्षेत्र में तमोगुण का इस तरह सतोगुण में बदलना एक अद्‌भुत और अनोखी घटना है। दोनों भाई जगाई और मधाई के नाम से महाप्रभु चैतन्य के महान् शिष्यों में गिने जाते हैं। क्षण भर के सत्संग ने उन्हें पूरी तौर पर जिन्दगी के लिए बदल दिया था।

छोटे से सत्संग का प्रभाव हजारों वर्षों की पूजा-प्रार्थनाओं से बड़ा होता है। आदिकवि वाल्मीकि का जीवन इसका उपयुक्त उदाहरण है। अपने जीवन के शुरू में वे लुटेरे थे। उनका नाम रत्नाकर था। हजारों लोगों को उन्होंने लूटा था। रोज ही दस-पाँच लोगों पर वह हाथ साफ करते थे। रोज ही लोग उनके सामने चिल्लाते-गिड़गिड़ाते थे, पर किसी का असर उनके ऊपर नहीं पड़ा था। वे दया-करुणा से परे हो चुके थे।

लेकिन एक दिन वे एकदम बदल गये। साधुओं के एक वाक्य ने उनके जीवन में तूफान खड़ा कर दिया। उनके समूचे अस्तित्व में सनसनी फैल गयी। एक नया मनुष्य उनके भीतर अवतरित हो गया। साधुओं का वाक्य बड़ा सीधा और संक्षिप्त था—'रत्नाकर! हमें लूटकर जो पाप तुम कर रहे हो उसका भागीदार कौन बनेगा? तुम अकेले या जिन्हें तुम यह पाप की कमाई खिला रहे हो वे सब?'

रत्नाकर ने इस तरफ कभी ध्यान ही नहीं दिया था। उनके हृदय का जैसे एक कोना खुल गया हो और जीवन के चरम सत्य की ताजा हवा उन्हें तर कर रही हो। वह अपने घर की ओर भागे। परिवार-जनों से साधुओं का सवाल दुहराया तो वे साफ बोले, 'पाप तो तुम खुद ही भोगोगे। हमारी देखभाल करना तुम्हारा कर्तव्य है। तुम उसे कैसे करते हो, यह तुम जानो। हमने तो तुम्हें पाप करने को कहा नहीं।'

अब रत्नाकर का पूरा हृदय खुल चुका था। ताजा हवा आर-पार बह रही थी। अन्धकार छँट गया था। ज्ञान का सूरज अपनी पूरी आभा के साथ उनके भीतर उदित हो उठा था।

क्षण मात्र का सत्संग जीवन को बदलने में समर्थ होता है। सत्संग आदमी तभी करता है। जब उसे परिवर्तन की चाह होती है। पूजा-प्रार्थना आदमी कुछ माँगने के लिए, कुछ पाने के लिए करता है। सत्संग स्वयं को बदलने के लिए किया जाता है। सत्संग का अर्थ है—सच्चे और श्रेष्ठ आदमी के पास बैठना। ऐसे आदमी के पास बैठना जिसका जीवन बदल चुका हो। जो अपना जीवन बदल चुका हो वही दूसरे का बदल सकता है।

सत्संग वे ही करते हैं जिनके भीतर प्रेम होता है। लोभी वहाँ नहीं जाता क्योंकि वहाँ स्वर्ग या मोक्ष का टिकट नहीं मिलता, लॉटरी खुलने का भाग्य नहीं बनता। वहाँ तो प्रेम का सौदा होता है, जीवन को बदलने का व्यापार होता है, बिना मोल-भाव के बिक जाने का कारोबार होता है। इसीलिए सत्संग की इतनी महिमा गायी गयी है। बड़े पुण्यों के फलस्वरूप लोगों में सत्संग करने का भाव आता है।

बहुत दिनों तक अन्धकारपूर्ण जीवन बिताने के बाद लंकिनी ने सत्संग का फल पाया था। इसीलिए वह भीतर से इसके महत्त्व को महसूस कर रही थी। मार खाकर, खून की उलटी करके भी वह ऐसे प्रसन्न थी जैसे हनुमान ने उसे गले लगाया हो और लड्डू खाने को दिया हो। कभी-कभी पीड़ा भी आनन्ददायी होती है। लंकिनी की यही दशा थी। चोट खाकर उसे भागना चाहिए था, चिल्लाना चाहिए था, अपनी मरहम-पट्टी का इन्तजाम करना चाहिए था। वह अपने शरीर की वेदना को भूल गयी। जब प्रभु का प्रसाद मिलता है, सत्संग का सौभाग्य जुटता है तब आदमी अपने शरीर को भूल जाता है; उसके दुःख-दर्द को भी भूल जाता है। वह एकदम प्रभुमय हो जाता है।

प्रभुमय हो जाने से हृदय की सभी कालिख धुल-पुँछ जाती है। आदमी निस्स्वार्थ और निर्मल हो जाता है, वह केवल प्रभु के अनुकूल ही सोचता है। जिसे प्रेम किया जाता है उसके लिए सबकुछ लुटाने की, मिटाने की चाह मन में रहती है।

इस प्रसंग की एक और व्याख्या हो सकती है। लंकिनी श्री हनुमान की मार से आहत है और ब्रह्माजी के वरदान को फलित होते देख रही है। उसका सत्संग-भाव भय से उपजा है। अतः जब वह सत्संग की महिमा का बखान करती है तो स्वभाव से ही सत्संगी श्री हनुमानजी प्रभावित नहीं होते। जबकि स्वाभाविक रूप से भक्ति-भावना में डूबे रहनेवाले विभीषण को देखकर वे भाव-विभोर हो उठते हैं। इस प्रसंग का मूलार्थ यह है कि भक्ति जब भावना से भीगी होती है तो वन्दनीय बनती है, जब भय से पैदा होती है तो बहुत भीतर तक प्रभावित नहीं करती है। इसीलिए हनुमान सत्संग के बारे में इतनी ऊँची बात कहनेवाली लंकिनी को धन्यवाद नहीं देते।

भय से आये या भाव से सत्संग का अपना एक मोल है। वह जीवन को रूपान्तरित करता है। भय और भाव दोनों आचरण को विशुद्ध करते हैं। आचरण की विशुद्धता ही भक्ति है। जब भक्ति जीवन में आ जाती है तो मनुष्य के सभी दोष पाप धुल जाते हैं। यह एक ऐसी किरण है जो जीवन के गहन अन्धकार को प्रकाश से भर देती है। यह जीवनदायिनी भक्ति सत्संगति के माध्यम से जीवन में सहज रूप

से उतर जाती है।

अब सत्संग के बाद लंकिनी के मन में राम आ गये थे, रावण वहाँ से लुप्त हो गया था। अत: वह राम के कार्य के लिए आये हनुमान को उपदेश करने लगी—

प्रबिसि नगर कीजे सब काजा।
हृदयँ राखि कोसलपुर राजा॥

—हे हनुमानजी! हृदय में अयोध्या के राजा राम को रखे हुए लंका नगरी में प्रवेश करके सब काम कीजिए।

वैसे यह फॉर्मूला हनुमान के पास पहले से ही था, लेकिन लंकिनी के मुख से उसका निकलना एक अलग अर्थ रखता है। वह हनुमान की याचना से पहले ही उनकी अपनी शक्ति भर मदद करना चाहती है। उसने अभी सत्संग के द्वारा राम को अपने हृदय में पाया है। अभी-अभी उसने महसूस किया है कि वह कितना बदल गयी है। राम की कृपा का असर उसके मन-प्राण में अभी ताजा है। इसीलिए वह हनुमान को कह रही है कि वे अपने हृदय में राम को धारण करें। वह राम की महिमा का बखान भी करती है।

हनुमान सबकुछ केवल सुनते हैं, जवाब में कुछ कहते नहीं। लंकिनी से वह लंका का कोई भेद भी नहीं पूछते। वह समझ रहे हैं कि लंकिनी अभी भाव में है। उसपर सत्संग का प्रभाव छाया हुआ है। भक्त होने के नाते वह उसके भाव को नहीं तोड़ते हैं। उसे राममय छोड़कर आगे बढ़ जाते हैं। लेकिन जाते समय उसकी सलाह का उपयोग करना नहीं भूलते हैं।

अति लघु रूप धरेउ हनुमाना।
पैठा नगर सुमिरि भगवाना॥

—हनुमानजी ने बहुत ही छोटा रूप धारण किया और राम का स्मरण करते हुए लंका में प्रवेश कर गये।

फिर से कहा गया है कि हनुमान ने अपना रूप छोटा कर लिया। वे तो मच्छर के समान रूप धारण करके चले ही थे, फिर दुबारा यह कहने की जरूरत क्यों पड़ी? इसका एक गहरा कारण है। निकलते समय लंकिनी ने हनुमान को देख लिया था। उसे मारने के लिए हनुमान तत्पर हुए थे। छोटा आदमी किसी को मार नहीं सकता। उसे तो लोग मारने को दौड़ते हैं। निश्चय ही मारते समय हनुमान बड़े बन गये होंगे। उनके अन्दर के क्रोध ने उनके शरीर को फुला दिया होगा। उनकी धमनियों में बहता हुआ रामभक्ति का रक्त जब राम के काम में पड़ती बाधा को देखकर उबला होगा तो निश्चय ही वे कई गुना बढ़ गये होंगे।

आदि शंकराचार्य के प्रिय शिष्य पद्मपाद के साथ भी ऐसा ही हुआ था। उग्र भैरव नामक एक तान्त्रिक कापालिक शंकराचार्य का भक्त बन गया था। वह उनकी खूब सेवा करने लगा था। एक दिन उसने शंकराचार्य को धमकाकर कहा, 'मैं तुम्हारी सेवा अपने स्वार्थ के लिए करता रहा। मुझे अपनी साधना के लिए एक योगी का बलिदान देना है। शुद्ध शरीर की बलि देने से देवी मुझसे प्रसन्न होंगी। मुझे सारी सिद्धियाँ मिल जायेंगी।'

शंकराचार्य तैयार हो गये। कापालिक के हित के लिए अपने को कुरबान करने का निश्चय उन्होंने कर लिया। एक दिन रात को जब सभी लोग सो रहे थे तब कापालिक ने शंकर को उठाया और उनका वध करने के लिए जंगल की ओर चल पड़ा। कापालिक बहुत खुश था कि आज उसकी साधना पूरी हो जायेगी।

इधर सोते हुए पद्मपाद ने एक सपना देखा कि कोई आदमी उनके गुरु का वध कर रहा है। वे चीखकर जाग उठे। अपने और साथियों को जगाया। सबने देखा, गुरुजी वहाँ नहीं हैं। हाहाकार मच गया। सभी लोग चारों तरफ अपने गुरु को खोजने के लिए दौड़ने लगे। कहीं कुछ पता नहीं चल रहा था।

पद्मपाद नरसिंह भगवान् के उपासक थे। गुरु की प्राणरक्षा के लिए उन्होंने भक्तिभाव से भगवान् नरसिंह की स्तुति करनी आरम्भ कर दी। सबके आश्चर्य की सीमा नहीं रही, जब उन्होंने देखा कि पद्मपाद का रूप एकदम बदल गया। वे साधु के बजाय एक महावीर लगने लगे। अचानक वे जंगल की ओर भागे। तान्त्रिक आचार्य शंकर का वध करने के लिए तलवार चलाने ही वाला था कि पद्मपाद आ गये। उन्होंने तान्त्रिक के हाथ से तलवार खींचकर उसे ही मार डाला। उग्र भैरव क्षण मात्र में समाप्त हो गया। शंकराचार्य बच गये।

अपने प्रिय शिष्य को उस तरह रौद्र रूप में देखकर शंकराचार्य समझ गये कि यह दैवी भाव में है। वह ध्यानमग्न हो भगवान् नरसिंह की स्तुति करने लगे। पद्मपाद बेहोश होकर गिर गये। गुरु की स्तुति पूर्ण होने पर जब उन्हें होश आया तब वे साधु जैसे सामान्य बन गये थे।

क्रोध में आदमी का बदल जाना स्वाभाविक है। हनुमान को भी जरूर बदलना पड़ा होगा। न बदले होते तो फिर से छोटा रूप धारण करने की जरूरत नहीं पड़ती। हनुमान छोटे बनकर राम का नाम लेते हुए आगे बढ़े।

छोटा बनने से आदमी लोगों की निगाह में नहीं चढ़ता। आदतन आदमी छोटे और सामान्य लोगों की कभी चिन्ता नहीं करता है। हनुमान को निगाह बचाकर आगे बढ़ना था।

वह राम का नाम भी लेते जा रहे थे। लंकिनी ने उन्हें यही उपदेश दिया था। बस जरा सा फर्क था। उसने कहा था—राम को हृदय में रखना; हनुमान ने उन्हें जीभ पर रख लिया था। यह हनुमान की गलती नहीं, बुद्धिमानी थी। वानर स्वभाव से ही चंचल और वाचाल होता है। कितना भी ज्ञान होने पर स्वभाव का असर कुछ-कुछ बना रहता है। हनुमानजी इस पर नियन्त्रण रखना चाहते थे। उन्हें लंका को घूम-घूमकर देखना था। कोई विचित्र चीज देखकर चंचलता और वाचालतावश कुछ जोर से मुख से निकल जाता तो पहरेदार सजग हो सकते थे, हनुमान पकड़े जा सकते थे। इसको रोकने का एक ही तरीका था—जुबान पर राम हों। राम रहेंगे तो चंचलता और वाचालता दोनों रुक जायेंगी। राम का आगमन व्यक्ति को सहज करता है।

हनुमान सहज रहना चाहते थे। सहज रहने पर आदमी सजग भी रहता है, सोच-विचार भी अच्छी तरह कर सकता है। लक्ष्य की ओर उसके कदम सधे हुए उठते हैं, वह लड़खड़ाता नहीं। राम-नाम का नशा ही एक ऐसा नशा है जिसे पाकर आदमी डगमगाता नहीं, अडिग हो जाता है।

मंदिर मंदिर प्रति करि सोधा।
देखे जहँ तहँ अगनित जोधा॥

—हनुमानजी ने एक-एक घर अच्छी तरह खोजा। उन्हें लंका के अनेक योद्धा देखने को मिले।

सीताजी की खोज के लिए हनुमान प्रत्येक घर को ध्यान से देख रहे थे। वाल्मीकि रामायण में इसका बड़ा विस्तृत और रोमांचक वर्णन है। तुलसी उसके विस्तार में नहीं गये हैं। इन्होंने इतना ही बताना जरूरी समझा कि हनुमान लंका के उन सभी स्थानों पर गये जहाँ बड़े लोग रहते थे। उन्होंने रावण के विचित्र भवन को भी देखा। सीता उन्हें कहीं नहीं मिलीं। अब हनुमान की चिन्ता बढ़ गयी।

अचानक उनकी चिन्ता दूर हो गयी। उन्हें एक ऐसा भवन दिखाई पड़ा जहाँ भगवान् का मन्दिर बना हुआ था।

रामायुध अंकित गृह सोभा बरनि न जाइ।
नव तुलसिका बृंद तहँ देखि हरष कपिराइ॥

—वह भवन श्रीरामजी के धनुष-बाण चिह्न से अंकित था। उसकी शोभा वर्णन से परे थी। वहाँ नये-नये तुलसी के वृक्षों को देखकर हनुमानजी बहुत हर्षित हुए।

इस प्रकरण में एक चीज ध्यान देने लायक है। हनुमानजी जब राक्षसों के घरों को देख रहे थे तब लिखा गया कि वे मन्दिर-मन्दिर जा रहे हैं। रावण के घर में गये तब भी लिख गया कि वे 'दसानन मन्दिर' में गये। किन्तु उन्होंने जब

विभीषण का घर देखा तो उसे 'भवन' कहा गया।

भवन एक पुनि दीख सुहावा।
हरि मंदिर तहँ भिन्न बनावा॥

—हनुमानजी को फिर एक अच्छा भवन दिखाई पड़ा, जिसमें भिन्न तरह का एक भगवान् का मन्दिर भी बना था।

लंका-दहन के समय भी इसी तरह के शब्दों का प्रयोग किया गया है। जब हनुमानजी लंका जलाने के लिए एक घर से दूसरे घर कूद रहे हैं तो घर को मन्दिर कहा गया है।

देह बिसाल परम हरुआई।
मंदिर तें मंदिर चढ़ धाई॥

—हनुमान की देह बड़ी विशाल है, लेकिन फुरतीली है। वे दौड़कर एक महल से दूसरे महल पर चढ़ जाते हैं।

इसी सन्दर्भ में विभीषण के घर का वर्णन करते समय उसे गृह अर्थात् घर कहा गया है।

जारा नगरु निमिष एक माहीं।
एक बिभीषन कर गृह नाहीं॥

—उन्होंने एक क्षण में सारा नगर जला डाला। केवल विभीषण का घर बचा।

मेरा यह दृढ़ विश्वास है कि शब्दों का यह प्रयोग केवल तुक भिड़ाने के लिए या दोहा-चौपाई के छन्द को ठीक रखने के लिए नहीं किया गया है। इसके पीछे भावनाओं और प्रवृत्तियों का एक गहरा संकेत है। इस संकेत को समझ लेने से जीवन-मूल्यों का वास्तविक फर्क सही रूप में समझ आ जाता है। राक्षस और मनुष्य के जीवनादर्श की लक्ष्मण रेखा दिखाई पड़ जाती है।

राक्षस स्वयं को सबसे श्रेष्ठ, सबसे महान् समझते थे। वे मानते थे कि इस पृथ्वी पर वास्तविक देवता वे हैं। उनकी ही पूजा सर्वत्र होनी चाहिए। वे अपने निवास को मन्दिर कहते थे। इसलिए नहीं कि वह बड़ा पवित्र था, इसलिए कि उसमें वे रहते थे। अहंकार आदमी में पंख लगा देता है। वह अपने को भगवान् जैसा समझने लगता है। राक्षसों का चिन्तन ऐसा ही था। रावण स्वयं को भगवान् समझता था और उसके सहायक स्वयं को देवता समझते थे। उन्होंने अपने घरों को मन्दिर का नाम दे रखा था। भले ही उसमें कीर्तन-भजन न होकर सुरापान हो रहा हो।

पूरी लंका में विभीषण अलग तरह की जिन्दगी जी रहे थे। वे अपने को देवता या भगवान् नहीं, भक्त मानते थे। इसीलिए उनके घर को भवन कहा गया।

हाँ, उनके घर में एक मन्दिर था, जिसमें भगवान् की प्रतिष्ठा थी, जहाँ विभीषण पूजा-आराधना किया करते थे।

नजदीक से जब हनुमान ने देखा तो उनके भवन को 'गृह' कहा। उसमें उन्होंने तुलसी के पेड़ लगे हुए देखे। भवन तभी गृह बनता है जब उसमें आदमी सपरिवार रहता है। भवनों में भी आदमी काम-काज के लिए आठ-दस घण्टे रहता है, लेकिन उसे घर नहीं कहा जाता। कहीं सो जाने से भी कोई स्थान घर नहीं बन जाता है। घर तब बनता है जब हम अपने परिवार के बीच काम-काज से अलग होकर कुछ घण्टे बिताते हैं, एक-दूसरे से प्यार-मुहब्बत की बात करते हैं। जहाँ हम सहज होकर जीते हैं। जहाँ हम स्वयं को अपने में महसूस करते हैं। दस दिन घर से दूर रहकर जब कोई वापस लौटता है तो अपना बिस्तर उसे बड़ा प्यारा लगता है। अपनी थाली में भोजन उसे बड़ा स्वादिष्ट लगता है।

विभीषण जहाँ रहते थे, वह घर था। वहाँ अपनापन था। वहाँ अपने को भगवान् समझने का अहंकार नहीं था। इसीलिए विनम्रता और भक्ति का प्रतीक तुलसी का पौधा वहाँ था, राम के धनुष-बाणों का सुन्दर अंकन वहाँ पर था। हनुमान इसे देखकर चकित हुए।

लंका निसिचर निकर निवासा।
इहाँ कहाँ सज्जन कर बासा॥

—लंका तो राक्षसों का निवास-स्थान है। यहाँ सज्जन पुरुष का निवास कैसे?

हनुमान का चकित होना स्वाभाविक था। रेगिस्तान में झरना मिल जाये तो किसे आश्चर्य नहीं होगा! कोयले की खान में हीरे की उपलब्धि किसे नहीं उत्फुल्ल कर देती! घने अँधेरे में भटकनेवाले को प्रकाश की एक किरण ब्रह्म-प्राप्ति का सुख देती है। हनुमान इधर-उधर भटक रहे थे। उन्हें ऐसा कोई सूत्र नहीं मिल रहा था जिसे पकड़कर वे सीता के पास तक पहुँच सकें। सभी स्थानों पर अँधेरा-ही अँधेरा था। विभीषण का घर उन्हें आशा की किरण नजर आया।

मन महुँ तरक करैं कपि लागा।
तेहीं समय बिभीषनु जागा॥

—हनुमान मन में तर्क करने लगे। उसी समय विभीषण जागे।

तर्क करना जरूरी था। हनुमान माया की नगरी लंका में थे। राक्षस चोर को पकड़ने के लिए जिस तरह लंकिनी को बाहर रख छोड़े थे, उसी तरह 'रामदूत' को फँसाने के लिए घर भी बनाकर रख सकते थे। उत्तेजना और जोश में हनुमान कुछ नहीं करना चाहते थे। हड़बड़ी में यदि उन्होंने दरवाजा खटखटाकर कुछ पूछ लिया

तो पकड़े जा सकते हैं। तब तो समुद्र लाँघने का सारा परिश्रम व्यर्थ हो जायेगा। उसी हेतु हनुमान मन में विचार करने लगे कि उन्हें क्या करना चाहिए। इतने में ही उनकी मुश्किल आसान हो गयी। विभीषण जाग उठे।

राम राम तेहिं सुमिरन कीन्हा।
हृदयँ हरष कपि सज्जन चीन्हा।।

—विभीषण ने उठते ही राम-राम कहना शुरू किया। हनुमान ने समझ लिया कि वे सज्जन हैं। उससे वे बहुत हर्षित हुए।

विभीषण ने उठते ही राम-राम कहा। यह एक ऊँचा भाव है। हम सुबह उठकर अपनी जिन्दगी शुरू करते हैं। यह शुरुआत शुभ नाम और शुभ काम से होनी चाहिए। शुभ काम ही हमसे होगा, इसकी गारण्टी हम नहीं दे सकते, लेकिन उठते ही शुभ नाम लेंगे, यह गारण्टी हम दे सकते हैं। उठते ही हमें अपने इष्टदेव का नाम लेना चाहिए। इससे जीवन में मंगल आता है, मन को शान्ति मिलती है।

राम-नाम सुनते ही हनुमान ने समझ लिया कि यह व्यक्ति सज्जन है। सज्जन न होता तो उठते ही राम-राम क्यों करता! इससे हनुमान हर्षित हुए। भक्त जब दूसरे भक्त को देखता है तो उसे स्वाभाविक हर्ष होता है। रामकृष्ण जब किसी भक्त को देखते थे तो उसे देखते ही समाधि में डूब जाते थे। संसारी लोगों का साथ उन्हें विष जैसा लगता था।

चैतन्य महाप्रभु अपने भक्तों को पाने के लिए तड़पते थे। नित्यानन्दजी से उनका मिलन बड़े अद्भुत ढंग से हुआ था। एक दिन चैतन्य महाप्रभु ने कहा कि शहर में एक प्यारा भक्त मुझे मिलने आया हुआ है, उसे लाओ। बिना उसको देखे मेरे प्राण निकले जा रहे हैं। भक्तगण निकल पड़े ऐसे किसी साधु को देखने के लिए। बहुत खोज के बाद भी वे उन्हें पा नहीं सके। भक्तों के खाली हाथ पहुँचने पर चैतन्य रोने लगे। अचानक वे भाव में डूबकर एक तरफ दौड़ने लगे। भक्त भी दौड़े। चैतन्य भाव में ही नन्दन आचार्य के घर पहुँच गये। वहाँ नित्यानन्द बैठे मिले, भक्तिभाव में डूबे। चैतन्य प्रभु उन्हें पाकर भाव-विभोर हो उठे। नित्यानन्द को पाकर उन्होंने जैसे जीवन में सबकुछ पा लिया। भक्त जब भक्त को पाता है तो ऐसी स्थिति होती है। दोनों एक ही भाव में डूबने लगते हैं।

एहि सन हठ करिहउँ पहिचानी।
साधु ते होइ न कारज हानी।।

—हनुमान ने सोचा कि विभीषण से अपनी ओर से बढ़कर परिचय करना चाहिए, क्योंकि साधु से कार्य की हानि नहीं होती।

परिचय सदैव पहले अपना देना चाहिए। फिर दूसरे से आशा करनी चाहिए। परिचय करने में विलम्ब भी नहीं करना चाहिए। इस संसार में यदि बहुत कुछ सीखना-समझना है तो आदमी को स्वयं पहल करने के लिए तैयार रहना चाहिए। स्वयं पहल करने से समय बचता है, आपकी शक्ति भी यों ही जाया नहीं होती।

हनुमान ने सोचा, परिचय तुरन्त अपनी तरफ से करना चाहिए। यदि विभीषण भला आदमी होगा, जैसा कि दिखाई दे रहा है, तो कुछ बातें करेंगे; यदि गड़बड़ होगा तो आगे बढ़ जायेंगे। बुद्धिमान आदमी समस्या को लटकाता नहीं, तुरन्त निर्णय लेकर वारा-न्यारा करता है।

उन्होंने यह भी सोचा कि साधु पुरुष से पहचान करने में कोई हानि नहीं होती। साधु पुरुष के हृदय में भगवान् बैठे होते हैं। ऐसा हृदय कभी किसी के बारे में बुरा सोच ही नहीं सकता। ईसा मसीह को जिन्दा ही कीलों से ठोक दिया गया, लेकिन उन्होंने किसी को शाप नहीं दिया। दुआ ही करते रहे, 'हे प्रभु! इन्हें क्षमा करो। ये नहीं जानते हैं कि ये क्या कर रहे हैं।' मृत्यु के मुख में खड़े होकर इतनी करुणा प्रदर्शित करना एक दैवी चरित्र के ही वश की बात है। ऋषि दयानन्द ने भी विष देनेवाले अपने रसोइए को क्षमा कर दिया था।

सन्त हमेशा मदद करता है, सुख पहुँचाता है। इसी में उसे आनन्द मिलता है। इसी विचार से हनुमान परिचय प्राप्त करने के लिए ब्राह्मण का रूप बनाकर विभीषण के पास पहुँच गये। उन्हें देखते ही विभीषण ने प्रणाम किया और पूछना आरम्भ कर दिया।

की तुम्ह हरि दासन्ह महँ कोई।
मोरें हृदय प्रीति अति होई॥

—क्या आप हरिभक्तों में से कोई हैं? मेरे हृदय में आपको देखकर अत्यन्त प्रेम उमड़ रहा है।

जब हनुमान ने विभीषण को देखा था तो उनका हृदय हर्षित हो उठा था। अब जब विभीषण हनुमान को देख रहे हैं तो उनका हृदय भी प्रेम से भरा हुआ है। यह दो भक्तों का मिलन है। जब दो भक्त मिलते हैं तो प्रेम का ही प्रवाह होता है। बाकी सभी भाव तिरोहित हो जाते हैं।

अपने भीतर अत्यन्त तीव्रता से उमड़ते प्रेम को देखकर विभीषण ने तो यहाँ तक समझ लिया कि स्वयं राम ही उनसे मिलने आ गये हैं।

की तुम्ह रामु दीन अनुरागी।
आयहु मोहि करन बड़भागी॥

—क्या आप दीनों से प्रेम करनेवाले स्वयं राम ही हैं, जो मुझे बड़भागी बनाने आये हैं?

जब भक्त किसी को देखकर अतिशय प्रसन्न हो जाये तो जान लेना चाहिए कि वह उस व्यक्ति में ईश्वर की अनुभूति कर रहा है। जहाँ ईश्वर की उपस्थिति जितनी अधिक होती है, भक्त वहाँ उतना ही खिंचाव और आकर्षण महसूस करता है। हनुमान विभीषण को देखकर हर्षित हुए थे। इससे पता चलता है कि विभीषण में प्रभु की उपस्थिति थी; लेकिन कम मात्रा में, नहीं तो हनुमान हर्षित नहीं होते। किन्तु हनुमान को देखकर विभीषण 'अतिप्रीति' होने की बात कहते हैं। इसका अर्थ है कि हनुमान में प्रभु का वास ज्यादा है। इसीलिए वे विभीषण को ज्यादा खींच रहे हैं। विभीषण उन्हें स्वयं प्रभु राम समझकर अपने आपको सौभाग्यशाली समझ रहे हैं।

तब हनुमंत कही सब राम कथा निज नाम।
सुनत जुगल तन पुलक मन मगन सुमिरि गुन ग्राम॥

—तब हनुमानजी ने श्रीराम की सारी कथा कहकर अपना नाम बताया। सुनते ही दोनों के शरीर पुलकित हो गये और श्रीराम के गुण-समूहों का स्मरण करके दोनों के मन मगन हो उठे।

विनय एवं भक्ति का यह चरमोत्कर्ष है। दो भक्तों के प्रथम मिलन का यह अत्यन्त संवेदनशील वर्णन है। दोनों एक-दूसरे को विनम्रता और भक्ति में पछाड़ने में लगे हैं।

हनुमानजी पहले सारी रामकथा कहते हैं, फिर परिचय देते हैं। लोक-व्यवहार में पहले परिचय दिया जाता है तब समाचार। किन्तु प्रेम का संसार और व्यवहार अलग ही है। यहाँ पहले प्रेम-पाती दी जाती है, फिर परिचय दिया जाता है। मरीज रोग से तड़प रहा हो तो पहले उसका डॉक्टर से परिचय नहीं कराया जाता, उसे दवा दी जाती है। जब वह अच्छा हो जाता है तो डॉक्टर से परिचय भी कर लेता है और उसे धन्यवाद भी दे देता है। विरहिणी जब प्रेमी का पत्र पढ़ लेती है तब निश्चिन्त होकर पत्रवाहक का हाल-चाल पूछती है।

विभीषण भक्ति के भाव में थे। इसीलिए हनुमान ने सबसे पहले राम की कथा सुनायी, फिर अपना परिचय दिया। कथा के बीच दोनों पुलकित थे। सुनाते हुए हनुमान और सुनते हुए विभीषण। कथा के खत्म होते ही राम के गुणों को याद कर दोनों आनन्दित हो उठे, दोनों का मन रामरस में डूब गया।

धर्मकथा की यही कसौटी है। जब तक वक्ता और श्रोता दोनों न डूब जायें, कथा कच्ची ही रहती है। समझना चाहिए, या तो वक्ता में खोट है या श्रोता में, या

दोनों में। कथा में यदि रस न मिले तो भक्त को प्रभु से प्रार्थना करनी चाहिए कि वह उसके हृदय को अपनी उपस्थिति से भिगो दे। उसके बन्द दरवाजों को खोल दे। प्रभु ऐसा कान दे दे जो उसकी कथा सुनने के लिए ही ललकता रहे, ऐसा मन दे दे जो उसी में डूबा रहे।

कुछ घड़ी शान्त-मौन रहने के बाद विभीषण शुरू करते हैं। हनुमान दूत हैं। प्रभु के पास से आये हैं। जरूर कुछ सन्देश लाये होंगे। विभीषण जानने को उत्सुक हैं। पहले अपनी दशा का वर्णन करते हैं। कहते हैं कि कितनी तकलीफ में हैं। विपरीत प्रवृत्ति के लोगों के बीच वे ऐसे जी रहे हैं जैसे दाँतों के बीच में जीभ होती है।

तात कबहुँ मोहि जानि अनाथा।
करिहहिं कृपा भानुकुल नाथा॥

—हे हनुमान! मुझे अनाथ जानकर क्या रामजी कभी मुझपर कृपा करेंगे?

भक्त का भाव अनाथ का होता है। वह किसी संसारी आदमी को अपना नाथ नहीं मानता। उसके धन-वैभव की चिन्ता या चाह नहीं करता। वह परमात्मा के सिवाय न किसी को चाहता है, न मानता है। विभीषण ऐसे ही भाव से भरे हैं। इसलिए हनुमान से पूछ रहे हैं कि भगवान् उन्हें कब सनाथ करेंगे? उनकी तो आन है कि जिसका कोई नहीं होता है उसके सखा-सहयोगी वे बन जाते हैं। मैं जानता हूँ, मेरे पास कुछ नहीं है। तामसी शरीर प्राप्त हुआ है। साधन-भजन की जानकारी नहीं है। उनके चरण-कमलों में समर्पित करने लायक प्रेम भी नहीं है। केवल एक ही आधार, एक ही आसरा उन्हें पाने का मुझे दिखाई देता है।

अब मोहि भा भरोस हनुमंता।
बिनु हरिकृपा मिलहिं नहिं संता॥

—अब मुझे कुछ भरोसा हुआ है हनुमान, क्योंकि बिना परमात्मा की कृपा के सन्त नहीं मिलते।

जिसे प्रभु अपनी कृपा देना चाहता है उसके पास अपना दूत भेज देता है। भक्त दुःख उठाता है कर्मक्षय होने तक। कर्मों का बन्धन टूट जाने पर मुक्ति का मार्ग खुल जाता है। प्रभु-कृपा की बाँसुरी बजने लगती है। हनुमान को देखकर विभीषण ने महसूस किया कि उनका कर्मों का भोग पूरा हो गया है। तभी उन्हें सन्त के दर्शन हुए हैं। प्रभु की कृपा के कारण ही हनुमान ने आगे बढ़कर उनसे परिचय किया।

विभीषण का भाव देखकर हनुमान बहुत प्रसन्न होते हैं। उनका हृदय विभीषण की विनम्रता और सरलता देखकर भावना से भर उठता है। वे राम के

स्वभाव की चर्चा करने लगते हैं।

सुनहु बिभीषन प्रभु कै रीती।
करहिं सदा सेवक पर प्रीती॥

—हे विभीषण, सुनिए! प्रभु की यही रीति है कि सेवक पर सदा प्रीति रखते हैं।

भगवान् का प्रेम हानि-लाभ से परिचालित नहीं होता। उन्होंने एक बार जिसको पकड़ लिया, पकड़ लिया। उनका प्रेम 'सदा' के लिए होता है। सांसारिक प्रेम बनता-मिटता रहता है। कुछ लेना होता है तो लोग प्रेम जताते हैं, मिल जाता है तो छू-मन्तर हो जाते हैं। भगवान् में स्थायी भाव है।

हनुमान प्रभु की कृपा का स्वरूप वर्णन कर लेने के बाद उसकी व्यापकता का वर्णन करते हैं। कहते हैं कि भगवान् प्रेम को स्वीकार करते हैं, जाति-पाँति नहीं देखते। कुल-नाम नहीं देखते। आप अपने को तामसी मत कहिए। मुझे ही देखिए, मैं ही कहाँ का ऊँचे कुलवाला हूँ! वानर हूँ। चंचल स्वभाववाला हूँ। सभी तरह से नीच हूँ। मेरा नाम जो सुबह ले ले उसे उस दिन भर भोजन नहीं मिलता। फिर भी प्रभु ने मुझे अपार प्रेम और गौरव दिया है। उनके सामने व्यक्ति का परिचय केवल प्रेम से होता है। हनुमान कहते हैं—

अस मैं अधम सखा सुनु मोहू पर रघुबीर।
कीन्ही कृपा सुमिरि गुन भरे बिलोचन नीर॥

—हे सखा! सुनिए, मैं ऐसा अधम हूँ पर श्रीरामजी मुझ पर भी प्यार करते हैं। ऐसा कहते, भगवान् के गुणों को याद करके हनुमान के नयन भर आये।

हनुमान अपने अनुभव से बोल रहे हैं। राम ने प्रेम देने से पहले उनका कुल-नाम नहीं पूछा था, केवल भीतर का प्रेम देखा था। शबरी के बेर खाते समय राम ने उसकी जाति नहीं पूछी थी। केवट और गुह को गले लगाते समय राम ने उन्हें पवित्र बनने के लिए गंगा नहाने को नहीं कहा था, स्वयं भी उनसे मिलकर गंगा नहीं नहाये थे।

जिसका हृदय पवित्र और शुद्ध हो राम वहाँ डेरा डाल देते हैं। नाम और वंश से नीच ऐसे अनेक भक्त हुए हैं जिनके हृदयों में राम आ बैठे थे।

महान सन्त नामदेव जाति के दर्जी थे। उनकी जाति के कारण पुजारी मन्दिर में जाकर उन्हें प्रभु के विग्रह के सामने बैठकर भजन-पूजन नहीं करने देता था। इससे नामदेव को बड़ा दुःख हुआ। वे रोकर कहने लगे, 'हे परमात्मा! यह तेरी गलती है कि तूने मुझे दर्जी के घर पैदा किया। तुम्हारी गलतियों की सजा मुझे क्यों मिल रही है? पुजारी मुझे क्यों तुम्हारे दर्शनों से वंचित कर रहा है?'

भक्त नामदेव की फटकार सुनकर भगवान् के होश ठिकाने हो गये। एक चमत्कार घटा। मन्दिर का द्वार उधर घूम गया जिधर नामदेव खड़े थे। सभी लोग नामदेव के प्रभाव से काँप उठे। फिर किसी ने उनका अपमान नहीं किया।

सन्त रविदास मोची थे। जूता सीकर अपनी रोजी-रोटी कमाते थे। प्रभु ने उन्हें भी अपना लिया। कबीर की तरह ही स्वामी रामानन्द के वे महान् शिष्य हुए। उन्हें भी शुरू में जाति-पाँति के भेद के नाम पर बहुत सताया गया, पर वे शान्त रहे। किन्तु एक दिन परमात्मा ने उनके विरोधियों को शान्त कर दिया।

एक भक्त के घर कथा का आयोजन था। वहीं सबको भोजन भी करना था। भक्त ने सन्त रविदास को भी भोजन पर बुलाया था। ब्राह्मणों ने सुना तो विरोध किया। कहने लगे कि 'रविदास आयेंगे तो हम नहीं आयेंगे।' भक्त की रक्षा और विवाद को टालने के लिए सन्त रविदास ने तय किया कि वे भोजन के लिए नहीं जायेंगे। लेकिन उनका मन खिन्न हो गया था।

भगवान् से भक्त का दुःख नहीं देखा गया। एक चमत्कार हुआ। जब ब्राह्मण लोग भोजन कर रहे थे तो उन्हें दिखाई देता था कि हर दो ब्राह्मण के बीच में रविदास बैठे खा रहे हैं। उनके लिए भोजन कर पाना मुश्किल हो गया। वे दौड़ते हुए सन्त के पास गये और उनके चरणों में गिर गये।

सचमुच, भगवान् भक्त को उसकी भावना से पहचानते हैं; और सारे उपादान उनके सामने अर्थहीन होते हैं। हनुमान प्रभु की इसी विशेषता का वर्णन करते हुए रो रहे हैं। राम को याद करके उन्हें अलौकिक आनन्द मिल रहा है।

इसी प्रसंग में हनुमान ने पहली बार विभीषण को सखा कहा। दोनों राम-भक्त एक-दूसरे के मित्र हो गये। इस मित्रता की लाज हमेशा दोनों ने कायम रखी। उनके बीच कभी भेद नहीं पनपा।

'सखा' शब्द सुनते ही विभीषण में और परिवर्तन हो आया। पहले उन्होंने राम के नाते हनुमान को पाया था, अब अपने नाते पा गये। मित्रता में सम्बन्ध बराबरी का होता है। बाकी सभी रिश्तों में एक ऊपर तो दूसरा नीचे रहता है।

हनुमान ने विभीषण की सहायता की थी—राम की कृपा का उनके प्रति उल्लेख करके। अब विभीषण आगे बढ़कर हनुमान की मदद कर रहे हैं।

पुनि सब कथा बिभीषन कही।
जेहि बिधि जनकसुता तहँ रही॥

—फिर विभीषण ने सीता माता जिस तरह लंका में रहती थीं, वह सब कथा सुनायी।

माँ सीता का समाचार सुनकर हनुमान व्याकुल हो उठे। उन्हें कुछ और जानने-सुनने का खयाल न रहा। वे सीताजी को देखने के लिए तड़प उठे।

तब हनुमंत कहा सुनु भ्राता।
देखी चहउँ जानकी माता॥

—तब हनुमान ने कहा—हे भाई! सुनो, मैं जानकी माता को देखना चाहता हूँ।

सीता माता का समाचार सुनानेवाले विभीषण हनुमान को बहुत प्रिय हो गये। उन्होंने उन्हें सखा से भाई बना लिया, अपने और करीब खींच लिया। उनकी व्यग्रता देखकर विभीषण ने उनको सीता माता के दर्शन का उपाय बता दिया। इसके बाद हनुमानजी ने उनसे विदा ली।

करि सोइ रूप गयउ पुनि तहवाँ।
बन असोक सीता रह जहवाँ॥

—फिर हनुमानजी पहलेवाला वही छोटा रूप धारण कर वहाँ गये, जहाँ अशोक वन में सीताजी रहती थीं।

विभीषण के पास हनुमान विप्र रूप में थे। अब उन्हें फिर बाहर निकलकर आगे बढ़ना था। इसलिए उन्होंने अपना छोटा रूप फिर धारण किया और सीता माता को देखने के लिए अशोक वन की ओर चल पड़े।

हनुमान के मन में उत्साह भी था और विकलता भी थी। उन्हें आशा नहीं थी कि सीता माता को वे इतने शीघ्र खोज सकेंगे। विभीषण के सहयोग के कारण वे एक कठिन काम को आसानी से पूरा करने में सफल होने जा रहे थे। भगवान् जब किसी से काम करवाना चाहता है तो साधन भेज देता है। विभीषण हनुमान के प्रभु-प्रदत्त साधन बन गये थे। महाभारत में भगवान् को पाण्डवों को जिताना था, वे स्वयं अर्जुन के साधन बन गये थे। कृष्ण नहीं होते तो पाण्डव नहीं जीत सकते थे। भगवान् की इसी अहेतुक कृपा के कारण हनुमान उत्साह से भरे थे।

विकलता उन्हें इस बात की थी कि माँ सीता कैसे और किन परिस्थितियों में जी रही होंगी। यातना-ताड़ना के बीच रघुनाथ की वह सुकुमारी प्रिया कैसे अपने दिन काट रही होंगी? अपनों से दूर निर्जन एकान्त अशोक वन में रावण के आतंक को वे कैसे झेल रही होंगी? यहाँ तो कोई उनका आँसू पोंछनेवाला भी नहीं है। उनसे कोई दो मीठे बोल बोलनेवाला भी नहीं है।

विचारों और भावों की इसी उथल-पुथल में पड़े हनुमान अशोक वाटिका में पहुँच गये।

□

सीता-दर्शन

परम दुखी भा पवनसुत देखि जानकी दीन

भगवान् अपने 'जन' की सहायता के लिए हर स्थिति-परिस्थिति में साधन जुटा देता है। हनुमान की सहायता के लिए विभीषण मिल गये थे। अब सीता की सहायता के लिए हनुमान आ पहुँचे हैं। भक्त की पुकार उन तक तमाम बाधाओं को तोड़-फोड़कर पहुँचती है और उनकी सहायता भक्त तक हवा की तरह बेरोक-टोक बहती आती है। कितना शक्तिशाली है रावण! देवता तक जिसकी चाकरी करते हैं, उसकी नाक के नीचे हनुमान निर्भय हो घूम रहे हैं। कौन रोक सका है उन्हें, कौन रोक सकता है उन्हें!

निज पद नयन दिएँ मन राम पद कमल लीन।
परम दुखी भा पवनसुत देखि जानकी दीन॥

—सीताजी नेत्रों को अपने चरणों में लगाये हुए हैं और मन श्रीरामजी के चरण-कमलों में लीन है। जानकीजी को इस तरह असहाय देखकर हनुमान बहुत दुःखी हुए।

सीताजी की पहचान और उनके निवास-स्थान के बारे में विभीषण ने हनुमानजी को सूत्र दे दिये थे। उसी के आधार पर वे अशोक वन के उस भाग में पहुँचे जहाँ सीता थीं। उन्हें देखकर मन-ही-मन हनुमान ने प्रणाम किया। वे सीताजी की दशा को देखकर बहुत दुःखी हुए। उनका शरीर एकदम से दुबला हो गया था। वे निरन्तर राम का नाम जपे जा रही थीं।

अत्यन्त दुःख के बावजूद भी हनुमानजी सतर्क थे। वे जल्दीबाजी में कोई निर्णय नहीं लेना चाहते थे। खूब सोच-विचारकर वे कदम बढ़ाना चाहते थे।

तरु पल्लव महुँ रहा लुकाई।
करइ बिचार करौं का भाई॥

—हनुमान वृक्ष के पत्तों में छुपे रहे और सोचने लगे कि हे भाई! क्या करूँ?

सही स्थान तक पहुँच गये थे हनुमान, लेकिन उस स्थान की उन्हें कोई जानकारी नहीं थी। कब कौन सीता के पास आता है, वह कुछ नहीं जानते थे। अगर किसी ने उन्हें सीता से बात करते देख लिया तो उनसे अधिक सीता माता पर विपदा आयेगी। राक्षस उन्हें और परेशान करेंगे। यही सब सोचकर हनुमान दुविधा में फँसे हुए थे।

तभी रावण बहुत सारी स्त्रियों के साथ सज-धजकर आ गया। वह सीता को अपने वश में करने के लिए साम, दान, दण्ड और भेद की नीतियों द्वारा समझाने लगा। सीता शील और दृढ़ता के साथ रावण को धिक्कारती रहीं। रावण क्रोध में उन्हें मारने दौड़ा तो मन्दोदरी ने आगे आकर बचा लिया। रावण सीताजी को चेतावनी देते हुए बोला कि यदि एक महीने के भीतर वे रावण की बात नहीं मानेंगी तो वह उन्हें मार डालेगा।

जब रावण चला गया तो सीता को राक्षसियाँ यातना देने लगीं, उन्हें रावण का हो जाने के लिए कहने लगीं।

सीता असह्य वेदना में थीं और हनुमान कठिन दुविधा में। ये दोनों राम के 'जन' थे। उन्हें उबारने के लिए राम की सहायता वायु की तरह बहती हुई आ पहुँची।

त्रिजटा नाम राच्छसी एका।
राम चरन रति निपुन बिबेका॥
सबन्हौ बोलि सुनाएसि सपना।
सीतहि सेइ करहु हित अपना॥

—राक्षसियों में एक का नाम त्रिजटा था। उसकी श्रीराम के चरणों में प्रीति थी। वह विवेक में निपुण थी। उसने सबको बुलाकर अपना सपना सुनाया और कहा—सीताजी की सेवा करके अपना कल्याण करो।

उसने अपना सपना विस्तार से सुनाया। भयानक सपना हो और कोई विस्तार से सुनाये तो सुननेवाले भयभीत और आतंकित होते हैं। त्रिजटा इसी उद्देश्य से अपना सपना सुना रही थी।

सुनो! मैंने सपने में देखा है कि एक वानर आकर लंका जला गया है। राक्षसों की सेना को उसने मार डाला है। रावण नंगा है और गधे पर सवार है। उसके सिर मुँड़े हुए हैं, बीसों भुजाएँ कटी हुई हैं। इधर से वह दक्षिण दिशा को जा रहा है और मानो लंका विभीषण को मिल गयी है। लंका में श्रीराम की जय हो रही है। राम ने सीताजी को बुला भेजा है। मैं निश्चय के साथ कहती हूँ, यह सपना कुछ ही दिनों

में सच होगा।

त्रिजटा के इस भयानक सपने को सुनकर सभी राक्षसियाँ डर गयीं। सपना वाकई भयानक था। रावण को नंगा और गधे पर सवार देखने की कल्पना बड़ी रोमांचक है। भय से काँपती राक्षसियाँ सीता के चरणों में पड़कर क्षमा माँगने लगीं। इसके बाद वे डर से इधर-उधर भाग गयीं।

अब सीता त्रिजटा के सामने व्याकुल होकर रोने लगीं। उसने उन्हें समझाया और फिर अपने घर चली गयी।

प्रभु ने अवसर प्रदान किया। जाने कितने दिनों बाद सीता अकेली हुई थीं। यही समय था जब हनुमान उनसे मिल सकते थे। हनुमान ने इस अवसर का लाभ उठाने को सोचा। वे सीता का विरह से व्याकुल रूप देखकर दुःख से भर उठे थे। उनका एक-एक क्षण करोड़ों वर्षों के समान बीत रहा था। सेवक अपने स्वामी के दुःख को इतनी ही गहराई से महसूस करता है। छोटे से कष्ट को भी बड़ा करके आँकता है। सीता का कष्ट तो बहुत ही दारुण था। अतः हनुमान ने अपना कर्तव्य निश्चित किया।

कपि करि हृदयँ बिचार दीन्हि मुद्रिका डारि तब।
जनु असोक अंगार दीन्ह हरषि उठि कर गहेउ॥

—हनुमानजी ने हृदय में विचारकर सीताजी के सामने अँगूठी डाल दी। मानो अशोक वृक्ष ने अंगार दे दिया हो, यह समझकर सीताजी ने उसे हर्षित होकर उठकर हाथ में ले लिया।

सीता मरना चाहती थीं, कष्ट से उबरना चाहती थीं। इसके लिए उन्हें आग की जरूरत थी, जिससे वे अपने को जलाकर खत्म कर सकें। लेकिन मौत के साधन के बजाय उन्हें जीवन का साधन मिल गया।

इस सुख का वर्णन कोई भुक्तभोगी ही कर सकता है। कोई फाँसी पर चढ़ने के लिए दिन गिन रहा हो और अचानक उसकी रिहाई का आदेश आ जाये तो जो सुख आदमी को मिलेगा, वही सीताजी को अँगूठी देखकर मिला।

भयानक दुःख में अचानक मिलनेवाली सुख की हवा आदमी को सशंकित भी करती है। वह सोचता है कि नरक में सुकून आया कैसे? उसे सुख में छल और कपट की गन्ध आती है। अँगूठी को पाकर सीता ऐसे ही ऊहापोह में पड़ी थीं। इतने में हनुमान रामकथा गाने लगे।

रामचंद्र गुन बरनैं लागा।
सुनतहिं सीता कर दुख भागा॥

—वह श्रीराम के गुण गाने लगे, जिसे सुन सीता के सभी दुःख दूर हो गये।

हनुमान की यही विशेषता है। जब वे राम का गुण गाते हैं तो सबका दुःख भाग जाता है। विभीषण मगन हो गया था। सीता निश्चिन्त हो गयीं। राम का नाम कभी किसी को खाली हाथ नहीं लौटाता—न कहनेवाले को, न सुननेवाले को। कोई भूल से भी सुन ले तो उसका भी कल्याण हो जाता है। कोई विरोध में भी 'राम' बोल दे तो वह मुक्त हो जाता है।

राम की कथा सुन, दुःखों से मुक्त हो सीताजी ने प्रार्थना की, 'हे भाई, तुम राम की कथा सुना रहे हो, पर प्रकट क्यों नहीं होते?'

हनुमान ने अब विलम्ब नहीं किया। वे सीता माँ के निकट आ गये। जब सीता ने उन्हें वानर भेष में देखा तो मायावी राक्षस समझ अपना मुँह फेर लिया। उनके मन में आश्चर्य हुआ कि वे मायाजाल में कैसे फँस गयीं। हनुमान ने उनकी मनोदशा को समझ लिया।

राम दूत मैं मातु जानकी।
सत्य सपथ करुनानिधान की॥

—उन्होंने कहा—हे माता जानकी! मैं राम का दूत हूँ। यह मैं करुणानिधान की सच्ची शपथ के साथ कह रहा हूँ।

हनुमान सीता के लिए अपरिचित थे। लेकिन राम को वह अच्छी तरह से जानती थीं, इसलिए हनुमान बड़ी खूबी से राम का सहारा लेकर सीता के मन में अपने प्रति विश्वास पैदा करना चाहते हैं। वे राम को करुणानिधान कहते हैं। करुणा के कारण ही तो प्रभु ने हनुमान को सीता के पास भेजा है। यदि वे पत्थर-हृदय होते तो हनुमान को यहाँ आने की जरूरत नहीं पड़ती। राम के इस गुण को सीता भी अच्छी तरह जानती हैं। वे राम के इसी गुण की सत्य शपथ लेकर कहते हैं कि माँ, मैं राम का दूत हूँ। मैं आपकी खोज के लिए उनकी आज्ञा और कृपा से यहाँ तक आ पहुँचा हूँ।

यह मुद्रिका मातु मैं आनी।
दीन्हि राम तुम्ह कहँ सहिदानी॥

—हे माता! यह अँगूठी मैं ही लाया हूँ। श्रीरामजी ने मुझे यह आपको देने के लिए निशानी के तौर पर दी है।

हनुमान सीता को समझाते हैं कि हे माता! मैं प्रभु का विश्वासपात्र हूँ। अपनी प्रिया के लिए इतनी कीमती और भावना से भरी निशानी कोई ऐरे-गैरे के साथ नहीं भेजता है। प्रभु अपने सेवकों को अच्छी तरह पहचानकर ही उनको कोई

दायित्व देते हैं। उनके साथ छल नहीं किया जा सकता।

अब सीता का मन थोड़ा ठिकाने आता है। वे पूछती हैं कि नर-वानर में दोस्ती कैसे हुई, तो हनुमान पूरी कथा बता देते हैं। हनुमान को प्रभु का सेवक जान सीताजी का मन विश्वास से भर उठता है।

बूड़त बिरह जलधि हनुमाना।
भयहु तात मो कहुँ जलजाना॥

—हे तात हनुमान! मैं तो विरह-सागर में डूब रही थी। तुम मेरे लिए जहाज बनकर आ गये।

सीताजी ने हनुमान को बहुत बड़ा गौरव दिया। उन्हें रक्षा करनेवाला जहाज कहा। वे चाहतीं तो 'डूबते को तिनके का सहारा' कहकर भी अपने भाव को व्यक्त कर सकती थीं। तब कहने का अर्थ तो हम समझ जाते, लेकिन उनकी भावना की उदात्तता समझ में नहीं आती। हनुमान को जब उन्होंने जहाज कहा तो न केवल हनुमान ऊपर उठे, सीता के भावों की श्रेष्ठता भी हमारे सामने प्रखर रूप में उपस्थित हो गयी। जो बड़े होते हैं वे ही बड़प्पन दे पाते हैं। छोटा तो सभी को गिराने की सोचता है।

हनुमान के प्रति कृतज्ञता प्रकट करने के बाद सीता बड़े प्रेम से राम का समाचार पूछती हैं, अपने दुःख की तीव्रता हनुमान को बताती हैं। बताते-बताते वे रो पड़ती हैं।

देखि परम बिरहाकुल सीता।
बोला कपि मृदु बचन बिनीता॥

—सीताजी को परम व्याकुल देखकर हनुमानजी कोमल और विनीत वचन बोले।

हनुमान राम के सन्देश को सीताजी को सुनाने की तैयारी कर रहे हैं। सीताजी विरह से व्याकुल हैं। जब कोई पीड़ा से कराह रहा हो तब उससे शंकराचार्य और रामकृष्ण परमहंस की भाषा नहीं बोलनी चाहिए कि यह संसार माया है। सत्य केवल परमात्मा है, उसी पर मन लगाओ। ऐसी भाषा बोलनी चाहिए जो आकुल आदमी को सान्त्वना दे सके, धीरज बँधा सके। ऐसी भाषा बोलने के लिए शैली और अन्दाज भी उसके अनुकूल होना चाहिए। लाठी-मार भाषा में सान्त्वना नहीं प्रकट की जा सकती। ऐसा करने से कही हुई बात दुःखी आदमी के दिल तक नहीं पहुँच पायेगी। उसे दिल तक पहुँचाने के लिए कहने का अन्दाज कोमल और विनीत होना चाहिए। कोमलता और नम्रता ये दोनों मन को सीधे छूती हैं।

मातु कुसल प्रभु अनुज समेता।
तव दुख दुखी सुकृपा निकेता॥

—हे माता! सुन्दर कृपा के धाम प्रभु राम भाई लक्ष्मण के साथ कुशल से हैं। परन्तु आपके दुःख से दुःखी हैं।

बहुत धीरे-धीरे चतुरता से हनुमान राम के विरह को सीता के सामने खोल रहे हैं। कहते हैं कि राम कुशल से तो हैं, लेकिन आपके दुःख से दुःखी हैं। कुशलता शरीर की है। उनके हाथ-पाँव ठीक-ठाक हैं। लेकिन मन आपकी डोर से बँधा हुआ है। कृपा के धाम प्रभु आपके अभाव में बेचैन हैं। अपनी कृपा से सबको चैन देनेवाले प्रभु आपके न रहने से बड़े कष्ट में हैं।

जनि जननी मानहु जियँ ऊना।
तुम्ह ते प्रेम राम कें दूना॥

—हे माता! मन में ग्लानि मत कीजिए। श्रीरामजी के हृदय में आपसे दूना प्रेम है।

किसी और सन्दर्भ में यह कथन चोट करनेवाला हो सकता था। सीता सोच सकती थीं कि छोटा करके मेरे प्रेम का अपमान किया जा रहा है; लेकिन दुःख की इस दारुण घड़ी में हनुमान के वाक्य सीता को अमृत जैसे लग रहे थे। आह! कितनी भाग्यशाली हूँ मैं जो राम मुझे इतना प्यार करते हैं। दुःख झेल रही सीता के लिए इससे बड़ी और कोई नियामत नहीं हो सकती थी। वह हनुमान के प्रति कृतज्ञ हो उठीं।

रघुपति कर संदेसु अब सुनु जननी धरि धीर।
अस कहि कपि गदगद भयउ भरे बिलोचन नीर॥

—हे माता! अब धीरज धरकर राम का सन्देश सुनिए। ऐसा कहकर हनुमानजी प्रेम से गद्गद हो गये। उनके नेत्रों में जल भर आया।

सीता को राम के प्रेम के बारे में अभी तक हनुमान ने उन्हें वह बताया था जो उन्होंने देखा था। राम का सन्देश सुनाने के लिए अब वे तत्पर हो रहे हैं। जानकी को मानसिक रूप से सन्देश सुनाने के लिए हनुमान ने तैयार कर लिया है। अब सीता जान गयी हैं कि राम उन्हें सम्पूर्ण अन्तःकरण से प्यार करते हैं। सन्देश अब उन्हें डरायेगा नहीं, यत्न से सहलायेगा।

एक और विचित्र बात हनुमान करने जा रहे हैं। राम ने उनसे कहा था कि पहले मेरा बल कहना, फिर विरह।* लेकिन हनुमान यहाँ सबकुछ उलट रहे हैं।

---

* इस मार्मिक प्रसंग की विस्तृत व्याख्या के लिए प्रभात प्रकाशन, दिल्ली से प्रकाशित लेखक की श्रीराम के चरित्र पर लिखी पुस्तक 'हरि कथा अनन्ता' देखिए।

किन्तु यह उनकी मनमानी नहीं है। राम के वचनों के प्रति अनादर-भाव भी नहीं है। यह उनकी परिस्थिति की अनोखी समझ है। वह बड़ी सूझ-बूझ के साथ अपनी बात कह रहे हैं।

सीता ने हनुमान से बड़े साफ शब्दों में कुछ ही क्षणों पहले पूछा था—राम मुझे याद करते हैं कि नहीं? कहीं उन्होंने मुझे भुला तो नहीं दिया?

ऐसे में हनुमान यदि राम का बल बखानते तो मूरख कहे जाते। सीता का हृदय राम का प्रेम जानने के लिए लालायित था। हनुमान ने सबसे पहले सीता के हृदय को शान्त करना चाहा।

एक और विचित्रता देखिए। हनुमानजी ने सीता को राम का सन्देश सुनने के लिए धैर्यपूर्वक बैठने को कहा और स्वयं सुनाने से पहले उन सन्देशों का स्मरण करके ही रोने लगे। स्वयं धैर्य खोकर सीता से धैर्य धारण करने को कह रहे हैं हनुमान। यह अजब न्यारी स्थिति है। प्रेम के राज्य में ऐसा ही होता है। वहाँ सब कुछ विचित्र ही घटता है।

हनुमान की मनोदशा देखकर अचानक मुझे श्रीमद्‌भागवत के उद्धव की याद आ रही है। वे रोती हुई गोपिकाओं के लिए कृष्ण का सन्देश लेकर गये थे। उनके सिर पर ज्ञान की गठरी थी और दिल में सूखी सरस्वती बह रही थी। गोपिकाओं के आँसुओं को पोंछने के चक्कर में वे ज्ञान के चाकू से उनकी आँखें ही निकालने लगे। उन्हें लगता था कि आँखें नहीं रहेंगी तो आँसू भी बन्द हो जायेंगे। उन्हें कौन समझाता कि आँसू आँखों में नहीं, दिल में होते हैं। आँखें तो महज मार्ग हैं।

कुछ घड़ी सुनने के बाद गोपियों ने ही उन्हें ठीक कर दिया। उनकी ज्ञान-गठरी को गोपियों ने गोरस की अपनी मटकी में रख और उनके हृदय की सूखी सरस्वती को जमुना के कृष्ण जल से भर दिया।

इसे कमाल ही कहेंगे। हद है मतबद्धता की। रोती हुई गोपियों को हँसते हुए समझाने चले गये थे उद्धव।

हनुमान की दशा देख हृदय की श्रद्धा उमड़-उमड़कर उनके चरणों में लोटती है। वे जानते हैं कि सीता दु:ख में हैं। राम का विरह उनके मन-प्राण को कचोट रहा है। ऐसी दुखियारी सीता को शान्त करना है, जीवन देना है।

वे अपने मन को सीता के भाव तक ले आते हैं। स्वयं रोने लगते हैं। दु:खी व्यक्ति के दु:ख को यदि सचमुच दूर करने में किसी की रुचि हो तो उसे उसके भाव के स्तर पर आकर समझाना चाहिए। तब बात उसकी समझ में आती है, उसके दिल

तक पहुँचती है।

हृदय में भावनाओं की पुलक और आँखों में वेदना का नीर लेकर जब हनुमान सीता के सामने राम के सन्देश को कहने के लिए प्रस्तुत हुए तो सीता एकाग्रचित्त और प्रेममय हो उनका भावमय मुख निहारने लगीं।

कहेउ राम बियोग तव सीता।
मो कहुँ सकल भए बिपरीता॥

—हे सीते! तुम्हारे वियोग में मेरे लिए सभी पदार्थ प्रतिकूल हो गये हैं।

पहले ही वाक्य से सीता का सारा दुःख दूर हो सकता था। विरह की अभिव्यक्ति के लिए इससे अधिक प्रभावी और पुर असर वचन और क्या हो सकता है! दो पंक्तियों में राम के पूरे हृदय को निचोड़कर उसके रस से सीता के पूरे अस्तित्व को हनुमान ने भिगो दिया। प्रेमरस की ऐसी गाढ़ी चासनी हनुमान के सिवा और कौन बना सकता था!

जब हनुमान सीता की खोज के लिए चले थे तो राम ने इतना ही कहा था कि मेरे विरह को सीता से अच्छी तरह कह देना। राम ने केवल दिशा-निर्देश किया था। अपनी विद्या-बुद्धि और समझ के बल पर हनुमान ने गजब का प्रेम-पत्र लिख डाला। सेवक अगर सूझ-बूझवाला हो तो हर बात के लिए उसे कहना नहीं पड़ता; वह स्वामी का रुख पहचान जाता है।

राम की वियोग-भावना को हनुमान अब विस्तार से बताते हैं। राम कह रहे हैं, 'सीते! तुम्हारे न रहने से मेरे लिए कमलों के वन भालों के समान हो गये हैं। मेघ मानो खौलता हुआ तेल बरसाते हैं। जो हित करनेवाले थे वे ही अब पीड़ा देने लगे हैं। शीतल 'मन्द' सुगन्धित वायु अब साँप की साँस की तरह जहरीली और गरम हो गयी है।'

कहेहू तें कछु दुख घटि होई।
काहि कहौं यह जान न कोई॥

—दुःख कह डालने से कुछ घट जाता है। पर कहूँ किससे, यह दुःख कोई जानता ही नहीं है।

हृदय को रसबोर और रुला देनेवाला चित्रण है यह। राम को सारी सृष्टि सीता के अभाव में खाये जा रही है। उनका मन उचट गया है। सामाजिक और आध्यात्मिक दोनों दृष्टियों से राम की इस स्थिति का गहरा अर्थ है। पत्नी इस संसार में पति की अन्तर्परिचिता होती है। वह पति के हृदय को छू सकती है, उसे दुःख में सहला सकती है, सुख में आलोकित कर सकती है। वह न हो तो व्यक्ति अन्दर से

सूना हो जाता है। अन्तर्जगत् के सभी मधुरभाव उड़ जाते हैं। स्त्री सृष्टि को कोमलता प्रदान करती है। यदि यह संसार केवल पुरुषों का होता तो जीवन को जी पाना मुश्किल हो जाता। हर कोई मुँह फुलाये और आँखें तरेरे ही रहता। इस धरती पर मधुर मुसकान और बंकिम चितवन तो परियों की कहानियों में ही मिलती।

विधाता का विधान बड़ा न्यारा है। उसने सबकुछ बड़ा सन्तुलित बनाया है। हर एक को जीने के लिए सहारा दिया है। संसार में कोई ऐसा नहीं है जो ताल ठोंककर यह कह सके कि उसे किसी का सहारा नहीं चाहिए, वह अकेला जी सकता है। जो संसार को त्यागने का दावा करते हैं, ऐसे साधु-महात्मा भी इस धरती पर ईश्वर की नियामतों के भरोसे रहते हैं। हवा, पानी, धूप की जरूरत साधु को भी पड़ती है। गृहस्थ की दो रोटियों का प्रसाद पाये बिना उसकी साधना नहीं हो सकती। 'भूखे भजन न होइ गोपाला' की कहावत बड़ी सटीक है।

इस संसार में हर किसी को सहयोग चाहिए। इसीलिए जीना सम्भव हो रहा है। अगर लोग अपने भरोसे जी लेते तो सारा संसार हिटलर की औलादों से भर गया होता। सहयोग ही एक-दूसरे की चिन्ता करना हमें सिखाता है। हम अच्छी तरह जानते हैं कि संसार में यदि केवल हमीं होंगे तो सुखी नहीं रहेंगे। सुख के लिए दूसरे का होना बड़ा जरूरी है।

आध्यात्मिक क्षेत्र में भी यह नियम लागू होता है। पुरुष अकेले निश्चेष्ट होता है; उपाधि के लिए, रचना के लिए उसे प्रकृति चाहिए। दोनों का सहयोग ही नित्य को लीलामय बनाता है। समुद्र शान्त हो तो उसमें लहरें उठाने के लिए पत्थर फेंकना पड़ता है, तूफान उठाना पड़ता है। समुद्र पुरुष है। पत्थर और तूफान प्रकृति हैं। लहरें लीला हैं। लहरें थम जायें तो समुद्र फिर शान्त हो जाता है। प्रकृति ही पुरुष को खींचकर लीलामय बनाती है। उसके बगैर पुरुष में शक्ति होती है, लेकिन शोभा नहीं। प्रकृति के बगैर पुरुष शोभायमान नहीं होता। सीता के बिना राम, राधा के बिना कृष्ण अधूरे रहते हैं। सीता न हों तो राम की शक्ति को कौन धारण करेगा, उन्हें लीलामय कौन बनायेगा? राधा न हों तो कृष्ण को कौन नचायेगा? उनकी बाँसुरी को भुवन-मोहिनी कौन बनायेगा?

यह द्वैतभाव ही सृष्टि का प्राण है। इसी से हर जीव को जीवन-रस मिलता है। इस द्वैतभाव को बीच से हटा दिया जाय तो आदमी सूख जाता है। भक्त इसीलिए द्वैतभाव चाहते हैं। वे एक रस भरी दुनिया चाहते हैं, जिसके कण-कण में प्रभु समाया हो। उस दुनिया को वह प्यार करता है। चैतन्य महाप्रभु एक गाँव से गुजर रहे थे। वहाँ लोग ढोलक बनाते थे। उन्होंने उसे देखा और समाधि में डूब

गये। किसी को कुछ समझ में ही नहीं आया। शिष्य भी व्याकुल थे। जब वे सहज हुए तो लोगों ने पूछा, तो चैतन्य ने बताया, 'आह! यह ढोलक ही तो बजता है प्रभुनाम कीर्तन में। प्रभु इसमें समाये बैठे हैं। मैंने उन्हें इसमें देख लिया था।' भक्त चर-अचर सब में प्रभु को देखता है।

मैं रामायण पर प्रवचन करने के लिए एक बार दक्षिण अफ्रीका गया था। वहाँ एक सज्जन ने एक विचित्र सवाल पूछा, 'प्रभु सर्वशक्तिमान है, यह कहना तो ठीक है; लेकिन वह सर्वव्यापक है, यह कहना तो ठीक नहीं।'

मैंने कहा, 'क्यों? अगर वह सर्वव्यापक है तो आपको क्या तकलीफ है?'

सज्जन बोले, 'तकलीफ है। अगर वह सर्वव्यापक होगा तो उसे टट्टी-पेशाब में भी रहना पड़ेगा। यह हम कैसे सोच सकते हैं!'

मैंने उन्हें समझाया, 'भगवान् के निवास के प्रति आपकी जो चिन्ता है उसकी मैं प्रशंसा करता हूँ। लेकिन आपको यह किसने बताया कि टट्टी और पेशाब खराब चीजें हैं? ये आपके लिए खराब हो सकते हैं, सबके लिए नहीं। परमात्मा ने इस संसार में कोई भी चीज खराब नहीं बनायी है। यदि वह खराब चीज बनायेगा तो मानना पड़ेगा कि कहीं-न-कहीं वह खराब है। परमात्मा को हम सत्य, शिव और सुन्दर मानते हैं; सत्, चित् और आनन्द के रूप में जानते हैं। उससे खराब चीज बन ही नहीं सकती। लेकिन वह सारी चीजें केवल एक के लिए नहीं बनाता है, वह सबका खयाल रखता है।

'यह बात सही है कि टट्टी-पेशाब मनुष्य के लिए उपयोगी नहीं हैं, लेकिन सुअर और नाली के कीड़े से पूछिए तो वह कहेगा कि उसके लिए यह सबसे अच्छा भोजन है। हमारी धरती बंजर हो जायेगी, यदि उसे खाने को टट्टी-पेशाब न मिले। अनाज, सब्जी, फल-फूल और कन्द-मूल कुछ भी नहीं पैदा होगा।

'परमात्मा यदि सभी चीजें केवल मनुष्य के लिए उपयोगी बनाता तो आदमी इस धरती पर और किसी को जीने ही नहीं देता। वह सभी चीजें अपने घर में बटोर रखने के लिए सब पर हमला बोल देता।

'यह बड़ा विचित्र लगता है कि हम-आप निश्चित करें कि भगवान् को कहाँ रहना चाहिए। हम होते कौन हैं? उसके लिए क्या अच्छा है, क्या बुरा है, यह वह खुद देखेगा। जो इतनी बड़ी सृष्टि की रचना कर सकता है वह अपने रहने की जगह भी अच्छी तरह बना सकता है। यह संसार उसका है। वह सब में समाया है।'

प्रभु की इस दृष्टि का आनन्द लेने के लिए द्वैतभाव का होना जरूरी है— भक्त-भगवान् चाहिए, स्त्री-पुरुष चाहिए, सुख-दु:ख चाहिए, रात-दिन चाहिए।

अँधेरा-उजाला चाहिए।

सीता को दु:ख न होता, वियोग न होता तो राम का विरह-सन्देश उन्हें आनन्दित नहीं करता। पत्नी घर में बैठी हो और आप बोलें कि बादल गरम तेल बरसा रहे हैं तो हँसेगी। कहेगी कि उसका पति पागल हो गया है। पत्नी साथ हो तो मेघ सोमरस बरसाते हैं, कामरस बरसाते हैं। तभी अच्छा लगता है। सीता का अभाव न होता तो राम की भावना वेदना को इतनी गहराई से नहीं छू पाती। जब तक हृदय को बेधा न जाय तब तक विरह-रस नहीं टपकता। राम सीता के वियोग से बिंधे हुए थे।

बड़ी वेदना के साथ वे कहते हैं कि हे सीते! दु:ख कहने से घटता है। लेकिन कहा किससे जाय? जब तक समझनेवाला न हो, दु:ख कहने से घटता नहीं। उलटे आदमी उपहास के योग्य बन जाता है। अपने दर्द को यदि कोई सड़क पर खड़ा होकर चिल्लाकर सुनाये तो लोग हँसेंगे, मजाक उड़ाएँगे, मजा लेंगे; लेकिन कोई बाँटेगा नहीं। दु:ख बाँटने के लिए सम्बन्ध की नहीं, समझ की जरूरत होती है।

साधु-सन्त, दयालु पुरुष हर किसी के रिश्तेदार नहीं होते हैं; लेकिन जहाँ किसी को दु:ख में देखते हैं, दौड़ पड़ते हैं; उसको सहलाने-दुलराने के लिए उतावले हो उठते हैं। उनके हृदय में समझ होती है, इसीलिए वे दु:ख बाँटते हैं।

राम अपना दु:ख किससे बाँटें? सारी दुनिया तो राम से दु:ख हरने को कहती है। राम को अपना दुखड़ा सुनाती है। अगर लोग जान जायेंगे कि राम अपना दु:ख उन्हें सुनानेवाले हैं तो लोग अपना दु:ख किसको सुनायेंगे? राम के पास क्यों आयेंगे?

एक राजा एक महात्मा को बहुत आदर देता था। रोज उनसे ज्ञान की बातें करने उनके पास जाया करता था। एक दिन राजा ने महात्मा से निवेदन किया कि वे राजमहल चलें।

राजा की इच्छा का मान रखने के लिए एक दिन महात्माजी राजमहल आये। राजा ने उनका बड़ा स्वागत-सत्कार किया। कहा, 'आप पहली बार आये हैं। कुछ माँगिए। मैं हर चीज देने के लिए प्रस्तुत हूँ।' महात्माजी मना करते रहे, किन्तु राजा जिद कर रहे थे। महात्माजी ने कहा—

'अच्छा, माँगता हूँ।'

इतने में पास के मन्दिर से शंख-ध्वनि हुई। पूजा का समय हो गया था। राजा ने प्रभु की आराधना में हाथ जोड़कर आँखें बन्द कर लीं।

पूजा की समाप्ति पर महात्मा ने कहा, 'मैं चलता हूँ।'

राजा बोला, 'महाराज, आप कुछ माँगनेवाले थे?'

महात्माजी हँसे, 'माँगनेवाला था; पर अब इच्छा नहीं रही। प्रभु ने बचा लिया।'

'मैं समझा नहीं।' राजा ने कहा।

साधु ने कहा, 'राजन्, जब शंख बजा था तब आप पूजा करने लगे थे। भगवान् से आप मन-ही-मन धन-दौलत माँग रहे थे। मेरा माथा ठनका। अरे, यह राजा भी तो भिखारी है। फिर मैं इससे क्यों माँगूँ! अच्छा है, उसी से माँगूँ, जिससे यह माँग रहा है।'

जो खुद माँग राह हो, वह दानी कैसे बन सकता है? जो स्वयं दुःख सुनाने को आतुर हो, वह दूसरे का दुःख सुनने के लिए समय कैसे पा सकता है?

तत्व प्रेम कर मम अरु तोरा।
जानत प्रिया एकु मनु मोरा॥

—मेरे और तेरे प्रेम का तत्त्व एक मेरा मन ही जानता है।

इस संसार में राम केवल अपने मन को ही ऐसा पाते हैं जो उनकी सुन सके, जो उनको समझ सके। लौकिक और आध्यात्मिक दोनों अर्थों में बड़ा सारपूर्ण है राम का यह कथन। संसार में यदि पत्नी न हो तो आदमी अकेला हो जाता है। धन-दौलत, बाल-बच्चे सबकुछ होने पर भी वह अपने को अधूरा और खाली पाता है। जीवन का सब सुख-भोग उसे नीरस लगता है। मन रेगिस्तान बन जाता है।

आध्यात्मिक अर्थ में तो स्थिति और करुणापूर्ण होती है। प्रभु के द्वार पर सदैव भिखमंगों की कतार खड़ी रहती है। सभी लोग माँगते ही रहते हैं। संसारी आदमी सुख-सुविधा और स्वर्ग माँगता है तो असंसारी मस्ती और मोक्ष। भगवान् को लोग दुःख सुनने के लिए ही बना समझते हैं। उसे दो घड़ी आराम की भी फुरसत लोग नहीं देते हैं। जब जो चाहता है, पुकारने लगता है। काँटा भी गड़ा तो राम को पुकारता है। ऐसी स्थिति में प्रभु अपना दुःख किससे रोयें, अपनी बात किससे कहें? बस, एक मन ही है जो उनका साथी है।

सो मनु सदा रहत तोहि पाहीं।
जानु प्रीति रसु एतनेहि माहीं॥

—हे सीते! मेरा वह मन सदा तेरे ही पास रहता है। बस, मेरे प्रेम-रस का सार इतने में ही समझ ले।

बात को मार्मिक मोड़ देकर राम अपनी प्रिया सीता का मन मोह लेते हैं। कहते हैं कि यदि मेरा मन मेरे पास होता तो तुम्हारे न रहने पर मेरा दुःख बाँट सकता

था। मैं उससे दुःख-सुख कह सकता था। लेकिन वह मन तो तेरे पास है। मैं तो यहाँ निपट अकेला हूँ। संसार का कोलाहल मेरे भीतर आकर एकदम निःशब्द और गूँगा हो जाता है। रस की गंगा मेरे तक पहुँचकर धारहीन हो जाती है। मैं सबकुछ तुम्हें देकर फकीर हो गया हूँ। अपने पास रहनेवाले मेरे मन से तुम पूछना कि मैं तुम्हें कितना चाहता हूँ, कितना प्यार करता हूँ। तुम्हारे बिना मेरे दिन कैसे गुजरते हैं! तुम्हारी अनुपस्थिति मुझे कितना सालती है। मेरा अस्तित्व कितना अर्थहीन हो गया है। तुम्हें निवेदित होने को मेरे प्राण कितने व्याकुल हैं।

राम का यह सन्देश शब्द नहीं, भावना का रसायन था। सीता इसे सुनते ही अपनी सुधि भूल बैठीं। वे राममय हो उठीं।

प्रभु संदेसु सुनत बैदेही।
मगन प्रेम तन सुधि नहिं तेही॥

—प्रभु का सन्देश सुनते ही जानकीजी प्रेम में डूब गयीं। उन्हें अपने शरीर का होश न रहा।

प्रेम में डूबने पर शरीर का बोध रह ही नहीं सकता। शरीर अहंकार का सर्जन करता है और प्रेम विसर्जन। शरीर के प्रति सजगता जितनी बढ़ेगी, अहंकार उतना ही बलवान् होगा और उसके रहते प्रेम पनप नहीं सकता। घर में बकरी हो तो घास के कल्याण की कामना नहीं की जा सकती। जो जितना ही प्रेम करता है उतना ही शरीर के भाव को भूलता जाता है। तीर्थंकर महावीर ने जड़-चेतन सबसे अपने को एकाकार कर लिया था, अतः वे शरीर को पूरी तौर पर भूल गये थे। कपड़े उन्हें काटते थे। रामकृष्ण परमहंस की भी यही हालत थी। प्रभु का भाव उनपर इतना रहता था कि वे कपड़े सँभाल ही नहीं पाते थे। रह-रहकर नंगे हो जाते थे। दूसरों को बुरा न लगे, इसलिए भक्तगण बार-बार उनकी कमर में धोती लपेट दिया करते थे। चैतन्य महाप्रभु को कृष्ण-भाव में कुछ भी खबर नहीं होती थी। मीरा गिरधर गोपाल में इतना रम गयी थीं कि उन्हें लोक-लाज के बारे में सोचने की फुरसत ही नहीं होती थी। मन जब प्रभु में लीन हो जाता है तब सारे उपादान छूटने लगते हैं। वह एक-एक कर सारे आवरण उतारने लगता है। उसे शरीर रखने की भी इच्छा नहीं होती है। केवल जन कल्याण के लिए वह उसे सँभालकर रखता है, जीने के लोभ के कारण नहीं।

प्रभु का प्रेम पाकर सीता भी अपना तन भूल बैठी थीं। हनुमान उनकी दशा देखकर विकल हो उठे। गहरे प्रेम के भाव में यदि कोई जाता है तो वह शरीर का त्याग भी कर सकता है। सीता ने यदि शरीर त्याग दिया तो प्रभु राम की पीड़ा का

तो कोई ओर-छोर नहीं होगा। वे सीता माँ को शरीर-भाव में लौटाने का प्रयत्न करते हैं।

कह कपि हृदयँ धीरु धरु माता।
सुमिरु राम सेवक सुखदाता॥

—हे माता! हृदय में धैर्य धारण करो और सेवकों को सुख देनेवाले राम का स्मरण करो।

जब प्राण-मन गहरे प्रेम-रस में डूबे हों तो उन्हें बाहर खींचकर लाने का एक ही तरीका है कि जिसके लिए डूबे हों उसको पुकारा जाय। वही बचा सकेगा। हनुमान उन्हें राम का स्मरण करने को कहते हैं।

सीता का भाव हमें यह प्रमाण देता है कि हनुमान सन्देश देने में कितने माहिर हैं। उन्होंने राम का हृदय पूरी गरिमा और गौरव के साथ सीता को दे दिया था। हनुमान जानते थे कि राम का भाव पाकर सीता अपने भाव में नहीं रह सकेंगी। इसीलिए सुनाते समय उन्होंने कहा—सुन जननी धरि धीर। सीता ने धैर्य देकर सुना जरूर, लेकिन सुनकर धैर्य धारण नहीं रख सकीं।

राम का भाव मिल जाये तो अपना भाव कोई नहीं रख पाता! सोने की खान मिल जाये तो कोयले से घर भरने का मन किसका होगा? प्रिय मिल जाये तो विरह-गीत गाने में रुचि किसकी रहेगी? शराब मिल जाये तो क्या शराबी कभी होश में रहना पसन्द करेगा? उसे तो बस डूबे रहने में ही आनन्द मिलेगा।

शंकराचार्य जब आठ वर्ष की आयु में संन्यासी हुए थे तो वे भिक्षा माँगने के लिए गये। घर में केवल गृहिणी थी। वह बहुत दुःखी हुई। उसके पास देने को ज़रा भी अन्न नहीं था। उसका गरीब पति बाहर कुछ कमाई करने गया था। पर संन्यासी को बगैर भिक्षा दिये लौटाया नहीं जा सकता। उसके पास एक आँवला था। उसने श्रद्धा से शंकराचार्य की झोली में उसे डाल दिया। तेजस्वी संन्यासी का हृदय करुणा से भर आया। उन्होंने भक्तिभाव से देवी लक्ष्मी की स्तुति आरम्भ कर दी। सोने के आँवले घर में गिरने लगे। चकित और श्रद्धाविनत गृहिणी ने जब उन सोने के आँवलों को शंकराचार्य को देना चाहा तो उन्होंने कहा, 'माँ! मैं संन्यासी हूँ। प्रभु को पाने के बाद कुछ पाना शेष नहीं रह जाता।'

रामकृष्ण परमहंस भी पैसे को नहीं छू पाते थे। उनकी सेवा करनेवाले उनके भतीजे हृदय ने जब उन्हें एक दिन बहुत सताया तो उन्होंने बनारस भाग जाने का निश्चय किया। किन्तु वे जा नहीं सके। कपड़े तो उन्होंने उठा लिये, लेकिन पैसा वे किसी तरह भी नहीं छू सके।

राम से जो बँधता है उसे दूसरे आकर्षण नहीं बाँध पाते। सांसारिक ऐश्वर्य के बारे में कितना ही चिल्लाओ, वह नहीं सुनता है। कोई जबरदस्ती दे भी तो मुँह फेर लेता है; लेकिन राम का नाम कोई जरा सा गा दे, गुनगुना दे तो वह अपनी सुधि भूल जाता है। सीता को रावण ने तीनों लोकों का ऐश्वर्य देना चाहा था, पर उन्होंने ठुकरा दिया। हनुमान ने जरा सा राम का गुण गाया, वे अपने अस्तित्व को ही भूल बैठीं।

सीता को प्रसन्न और निश्चिन्त करने के लिए हनुमान उनको रास्ता बताते हैं। कहते हैं कि प्रभु के रहते आपको चिन्ता नहीं करनी चाहिए।

उर आनहु रघुपति प्रभुताई।
सुनि मम बचन तजहु कदराई॥

—हे माँ! राम की प्रभुता को आप अपने हृदय में लाइए और मेरे वचन सुनकर कायरता छोड़ दीजिए।

हनुमान ने देखा कि यदि सीता के भीतर इतना तीव्र प्रेमभाव रहा तो वे अपने शरीर की चिन्ता नहीं कर सकेंगी। उन्हें प्रभु के भाव से एकदम दूर नहीं किया जा सकता। संसार के, स्वयं के भाव में पूरी तौर पर लौटाया नहीं जा सकता। एक ही उपाय है कि प्रभु के भाव का स्वरूप बदल दिया जाय। सीता के मन को राम के प्रेम से हटाकर प्रभुता की तरफ लाया जाय। प्रेम डुबोता है, प्रभुता उबारती है। वे सीता से अपने हृदय में राम का प्रताप लाने के लिए कहते हैं। प्रभु का प्रताप जब सीता अपने भीतर भरेंगी तो उनमें जीवन जीने का उत्साह आयेगा। जीवन की धन्यता पौरुष और पराक्रम में है। बिलबिलाते हुए कीड़ों की तरह जीना तो मौत की नीरस प्रतीक्षा है। हनुमान सीता को ऐसी प्रतीक्षा से उबारना चाहते हैं।

राम ने चलते ही हनुमान से कहा था कि सीता को पहले मेरा बल कहना। मेरा प्रताप सुनकर जब उनके अन्दर जीने की शक्ति आ जाय तब मेरे विरह की चर्चा करना। राम ने बहुत ही ठीक सोचा था। कमजोर आदमी को भावनात्मक धक्का—अच्छा या बुरा, कैसा भी—लगे तो वह उसे सह नहीं पाता है। मर सकता है। लेकिन यदि उसे टॉनिक दे दिया जाय तो उसकी सहन-शक्ति बढ़ जाती है। राम जानते थे कि हनुमान को देखते ही सीता मेरे बारे में पूछकर रोने लगेंगी, ऐसे में हनुमान भी यदि मेरा रोना उनको सुनाने लगेंगे तो कमजोर सीता भावना के वेग को नहीं सह पायेंगी।

राम की इस सीख को समय आने पर हनुमान उपयोग में नहीं ला सके। वे सीता के दु:ख को देखकर इतने द्रवित हो गये कि उनमें दम ही नहीं रहा कि वे

प्रताप का कथन कर सकें। कोई रोते-रोते वीर रस की कविता का पाठ नहीं कर सकता। रोते हुए तो विरह गीत ही गाया जा सकता है, वेदना को ही जुबान दी जा सकती है। हनुमान अपने हृदय की कोमलता से मजबूर थे। उद्धव की तरह वे ज्ञानी नहीं थे, अतः मनमानी करने का भाव उनके मन में नहीं आ सका। वे भक्त थे। दूसरे का दु:ख देखकर पिघलना भक्त का स्वभाव है। वे भी पिघल उठे। उन्होंने सन्देश पहले दे दिया।

राम का सन्देश सुनकर सीता के हृदय को भाव का प्रबल धक्का लगा। हनुमान को अब अपनी गलती और राम की सजगता का बोध हुआ। वे सीता के हृदय में राम का प्रताप भरने के लिए उसका बखान करने लगे।

निसिचिर निकर पतंग सम रघुपति बान कृसानु।
जननी हृदयँ धीर धरु जरे निसाचर जानु॥

—राक्षसों के समूह पतंगों के समान और राम के बाण अग्नि के समान हैं। हे माता! हृदय में धैर्य धारण करो। राक्षसों को जला ही समझो।

सीता का मन रखने को हनुमान कोई चिकनी-चुपड़ी बात नहीं कर रहे हैं। वे वास्तविक सत्य की घोषणा कर रहे हैं। पंचवटी में जब राम ने महर्षियों के समक्ष 'निसिचर हीन करहुँ महि' की प्रतिज्ञा की थी तो सीता ने उसे स्वयं सुना था। प्रभु के प्रताप से वह अवगत थीं। उसी के बल पर ही तो वह रावण से टकराने का साहस रखती थीं। रावण की कैद में रहकर भी वे जिस दृढ़ता से बात करती थीं, उसके पीछे राम का प्रताप ही था। खर-दूषण को सेना समेत प्रभु ने जिस तरह यमपुर भेजा था, वह दृश्य सीता के मन में अब भी ताजा है। राम के उसी प्रताप और पराक्रम का स्मरण और जीवन्तता से सीता को हनुमान अवगत करा रहे हैं।

वे कहते हैं कि जैसे पतंगे आग पर स्वयं आकर मरते हैं उसी तरह राक्षस राम के बाणों से मरेंगे। बड़ी सच्ची बात है। प्रभु किसी को मारना नहीं चाहते। कोई स्वयं मरना चाहे तो वे विवश हो जाते हैं। आग कभी पतंगों से मरने के लिए नहीं कहती, वे स्वयं आकर जल मरते हैं।

प्रभु को जो प्रेम करता है वह जीवन्मुक्त हो जाता है, लेकिन जो उनसे विरोध करता है, वह अपनी मौत को बुलाता है। राम जिसे मारें, वह बच नहीं सकता। वह किसी को भी पुकारे, उसकी रक्षा नहीं हो सकती।

एक सुन्दर कथा है। राम प्रवर्षण गिरि पर रह रहे थे। बरसात का समय था। वे लक्ष्मण के साथ पम्पा सरोवर में नहाने गये। अपने धनुष को उन्होंने भीगी जमीन में गाड़कर खड़ा कर दिया। उसके ऊपर अपने कपड़े रख दिये। नहाने के बाद राम

ने धनुष को उखाड़ा। नीचे खून लगा था। उन्होंने लक्ष्मण से कहा, 'भाई! बड़ा पाप हुआ। लगता है, किसी की हत्या हो गयी। जरा जमीन को खोदो तो।'

लक्ष्मण ने चटपट माटी हटायी तो एक मेढक दिखाई पड़ा। वह बुरी तरह घायल था। राम ने करुणा से पूछा, 'अरे भले मानस! हमेशा तो टर्र-टर्र करते रहते हो, किन्तु जब धनुष से चोट लगी तो चिल्लाये क्यों नहीं? मैं धनुष उखाड़ लेता। तुम्हारी सेवा करता।'

मेढक ने बहुत विनय के साथ राम से कहा, 'प्रभु! जब कोई और मारता है तो मैं टर्र-टर्र करके आपको बुलाता हूँ। किन्तु जब आप मार रहे हों तो मैं किसको बुलाऊँ? यही सोचकर मैं चुप रहा।'

प्रभु की मार से बचना असम्भव है। हनुमान जानकीजी को विश्वास दिलाते हैं कि राक्षसों को जला ही समझिए। प्रभु ने यह काम पहले ही कर दिया होता, लेकिन उन्हें आपका पता नहीं चला था।

राम बान रबि उएँ जानकी।
तम बरूथ कहँ जातुधान की॥

--हे जानकीजी! राम-बाण रूपी सूर्य के उदय होने पर राक्षसों का सेना रूपी अन्धकार कहाँ टिक सकता है!

सूरज अँधेरे का सबसे बड़ा शत्रु है। वह रहे तो अँधेरा टिक नहीं सकता। सूरज अकेले ही अँधेरे की लाख-लाख सेना को क्षण-मात्र में नष्ट कर देता है। हनुमान इसी तरफ संकेत कर रहे हैं। राम अकेले ही राक्षसों को मारने में सक्षम हैं। उनकी सेना कितनी ही बड़ी क्यों न हो, वे कितने ही मायावी क्यों न हों, राम के सामने नहीं टिक पायेंगे।

प्रभु का प्रताप अनोखा है। महाबली बालि को उन्होंने देखते-देखते ही मार दिया था। दुन्दुभि राक्षस की अस्थियों और ताल के पेड़ों को एक ही बाण में उन्होंने ढहा दिया था। हनुमान ने यह सब देखा था। उन्हें प्रभु के पराक्रम पर पूर्ण विश्वास था।

अपने इस विश्वास के बल पर ही उन्होंने सीता के सामने भविष्यवाणी की—

कछुक दिवस जननी धरु धीरा।
कपिन्ह सहित अइहहिं रघुबीरा॥
निसिचर मारि तोहि लै जैहहिं।
तिहुँ पुर नारदादि जसु गैहहिं॥

—हे माँ! कुछ दिन और धीरज धारण करो। रामचन्द्रजी वानरों सहित यहाँ आयेंगे और राक्षसों को मारकर आपको ले जायेंगे। नारद आदि ऋषि-मुनि तीनों लोकों में उनका यश गायेंगे।

यह सान्त्वना नहीं, सत्योक्ति है। जिस तरह से हनुमान को लंका में सफलता मिल रही है, उसे देखकर वे भावी विजय का आसानी से अनुमान कर रहे हैं। जब दूत को इतनी आसानी से सिद्धि मिल रही है तो स्वामी को तो कुछ प्रयत्न करना ही नहीं पड़ेगा।

इस समय हनुमान की जुबान नहीं, उनके भीतर राम के प्रति जो अटूट विश्वास है, वह बोल रहा है। सेवक को स्वामी पर अखण्ड आस्था होती है। बिना ऐसा हुए सच्ची सेवा हो ही नहीं सकती। सेवक जब अपने स्वामी को नाकारा समझेगा तो, तब वह किसी काम को उत्सर्ग की भावना से नहीं कर सकेगा। फिर वह अपना पेट ही पाल सकेगा। आदर्शों को नहीं सँभाल सकेगा।

हनुमान की यह भविष्यवाणी सीता को सन्तुष्ट नहीं कर पायी। उन्हें लगा जैसे कोई छोटा बच्चा अपनी दुखियारी माँ को कह रहा हो, 'माँ, तुम दुःखी न हो, मैं तुम्हारे लिए कुबेर का खजाना उठा लाऊँगा।' सीता बहुत ही छोटे रूप में हनुमान को देख रही थीं, इसीलिए उन्हें तनिक भी उनकी बात पर विश्वास नहीं हुआ। वे अपना सन्देह प्रकट करती हुई बोलीं, 'सब वानर तो तुम्हारे जैसे ही छोटे होंगे। राक्षस तो बलवान् हैं। फिर राम कैसे जीत सकेंगे?'

सीता माता का सन्देह देखकर हनुमान ने अपना असली स्वरूप उनके सामने प्रकट कर दिया।

कनक भूधराकार सरीरा।
समर भयंकर अतिबल बीरा॥

—हनुमान का शरीर सोने के पर्वत (सुमेरु) के आकार का अत्यन्त विशाल था। युद्ध में शत्रुओं के हृदय में भय उत्पन्न करनेवाला था। अत्यन्त बलवान् और वीर था।

बात कितनी भी बड़ी क्यों न हो, उसका विश्वास दिलाने के लिए आदमी के भीतर अपना भी बल होना चाहिए। हनुमान का आकार जब छोटा था तब सीता को उनकी बात पर विश्वास नहीं आ रहा था। सीता का विश्वास पाने के लिए हनुमान ने अपने कथन को नहीं बदला। केवल अपने रूप को बदल दिया। सामान्यतः लोग रूप और पद की प्रतिष्ठा करते हैं। कोई प्रधानमंत्री हो तो सब लोग उसकी बात सुनते हैं, उसका कहा मानते हैं; लेकिन यदि वह चुनाव हार जाय तो उसके ऑफिस का चपरासी भी उसकी बात नहीं सुनता है। पद से ही आदमी की

प्रतिष्ठा और पहचान होती है।

एक राजा नदी के किनारे टहल रहा था। उधर से एक साधारण सा आदमी गुजरा। वह बिना राजा की तरफ ध्यान दिये निकल गया। राजा को बुरा लगा। उसने उसे बुलाया और डाँटकर कहा, 'कैसे आदमी हो, जानते हो कि मैं राजा हूँ, फिर भी बिना प्रणाम किये चले जा रहे हो।'

आदमी ने तनिक घबड़ाकर कहा, 'आप सिंहासन पर नहीं थे, इसीलिए मैंने आपको प्रणाम नहीं किया। आपने इस समय राजा जैसे कपड़े भी नहीं पहन रखे हैं। फिर मैं प्रणाम किसको करता? आपका शरीर तो किसी भी साधारण आदमी जैसे हैं, उसे मैं क्या प्रणाम करूँ? हाँ, आपके सिंहासन और कपड़ों को प्रणाम कर सकता हूँ।'

राजा चिल्लाया, 'क्या बकते हो?'

आदमी ने कहा, 'सच कहता हूँ, महाराज। आप चाहें तो परीक्षा कर लें।'

दूसरे दिन वह आदमी राजा को मैले-कुचैले कपड़े पहनाकर बाजार में अपने साथ ले गया। दोनों एक जगह बैठ गये। वह आदमी चिल्लाकर कहने लगा, 'ये इस देश के महाराजा हैं, इन्हें प्रणाम करो।' सुनकर लोग हँसते और आगे बढ़ जाते। कुछ लोग उसे मजाकिया और कुछ पागल कहते।

पूरा दिन बीत गया, पर राजा को किसी ने प्रणाम नहीं किया। दूसरे दिन जब राजा हाथी पर चढ़कर सिपाहियों के साथ राजसी कपड़ों में सज-धजकर सिंहासन पर बैठकर बाजार में आया तो सभी उसे झुककर प्रणाम करने लगे। राजा की समझ में आ गया कि आदमी सच कह रहा था। लोग पद की पूजा करते हैं, व्यक्ति की नहीं।

सीता अभी तक हनुमान को पद से नहीं जानती थीं। केवल नाम से उन्होंने जाना था। लंका तक पहुँच आने को उन्होंने कोई पराक्रम नहीं समझा था। उन्हें लगा था कि वानर है, उछल-कूदकर आ गया होगा। जब उन्होंने राक्षसों के नाश की बात कही तब सीता को लगा कि यह तो बहुत बढ़-चढ़कर बात कर रहा है।

इसीलिए हनुमान ने अपना असली रूप दिखाया। जिस रूप में अभी तक हनुमान थे, उसमें यदि वह दो-चार आम-अमरूद भी रखवालों को चकमा देकर तोड़ लेते तो सीता को आश्चर्य होता। रावण के सर्वनाश की तो बात ही दूसरी है। किन्तु हनुमान का पर्वताकार रूप देखकर उन्हें विश्वास हो गया। उन्हें अब किसी भाषण, किसी आँकड़े और किसी गवाह की जरूरत नहीं रह गयी। उन्होंने समझ लिया कि वानरों में दम है।

सीता मन भरोस तब भयऊ।
पुनि लघु रूप पवनसुत लयऊ॥

—हनुमान के विशाल रूप को देखकर सीताजी के मन में विश्वास हुआ। फिर हनुमान ने अपना रूप छोटा कर लिया।

भरोसा भाषण से नहीं, विभूति से होता है। अर्जुन कृष्ण के करीब थे। घनिष्ठ मित्रता थी दोनों में। एक-दूसरे को जानते-समझते थे, लेकिन युद्ध के मैदान में संशय और दुविधा की घड़ी में अर्जुन अपना विश्वास कृष्ण के ऊपर टिका नहीं सके। कृष्ण के लिए यह अत्यन्त पीड़ा का समय था। लेकिन उन्हें अपने प्रिय मित्र अर्जुन को उबारना था, संशय और दुविधा से मुक्त करना था। इसके लिए उन्होंने अर्जुन को अपनी विभूति, अपना विराट् रूप दिखाया। उसे देखने के बाद ही कृष्ण के कथनों का उन्होंने विश्वास किया।

इसके पहले कृष्ण बोलते जा रहे थे कि मैं सबको मार चुका हूँ। सभी लोग पहले से ही हार चुके हैं, केवल तुम निमित्त बनो। युद्ध का निश्चय करके तुम उठो। मैं तुम्हारे साथ हूँ।

अर्जुन के ऊपर कृष्ण के इन भाषणों का तनिक भी असर नहीं हुआ था। वे दोनों सभाओं में खड़े अपने भाई-बन्धुओं को देखकर विजड़ित थे। किन्तु जैसे ही कृष्ण ने अपना विराट् रूप दिखाया, अर्जुन सबकुछ समझ गये।

सीता भी क्षण मात्र में सबकुछ समझ गयीं। इसके बाद हनुमान ने अपना रूप छोटा कर लिया।

सुनु माता साखा मृग नहिं बल बुद्धि बिसाल।
प्रभु प्रताप तें गरुड़हि खाइ परम लघु ब्याल॥

—हे माता! सुनो, वानरों में बहुत बल-बुद्धि नहीं होती। परन्तु प्रभु के प्रताप से बहुत छोटा साँप भी गरुड़ को खा सकता है।

यह हनुमान की विनम्रता है। इसी के बल पर सदा हनुमान जीतते हैं। सीता को उन्होंने अपना विशाल रूप दिखाया था, लेकिन वे नहीं चाहते कि सीता उन्हें बड़ा या बलवान् समझ लें, बुद्धिमान और ज्ञानवान् समझ लें। अपने बारे में सफाई देते हुए वे कहते हैं कि वानरों में बहुत शक्ति-बल नहीं है। लेकिन उन्हें प्रभु के प्रताप का सहारा मिला हुआ है। जिसे परमात्मा का सहारा मिल जाता है उसे फिर संसार में कोई हरा नहीं सकता है। हनुमान ने इसे अपने जीवन में प्रत्यक्ष देखा था। सुग्रीव वर्षों से बालि के आतंक से व्याकुल थे। चोरों की तरह लुके-छिपे फिरते थे। परन्तु जब राम ने उन्हें छू दिया तब वे बालि से टकराने के लिए तैयार हो गये।

उनके जीवन का सारा भय जाता रहा। वे सचमुच के सूर्यपुत्र बन गये। हनुमान स्वयं भी तो प्रभु के स्पर्श की महिमा थे। अत: वह सीता माता के मन में अपने बारे में नहीं, राम के प्रताप के बारे में विश्वास भरना चाहते हैं।

वे सीता को विश्वस्त करते हुए कहते हैं कि माँ! यदि राम का प्रताप साथ हो तो साँप का बच्चा भी गरुड़ को खा सकता है। कहावत यह है कि गरुड़ का भोजन साँप है। उनकी शक्ति मिल जाय तो कोई भी अनहोनी हो सकती है, कोई भी चमत्कार घट सकता है।

मन संतोष सुनत कपि बानी।
भगति प्रताप तेज बल सानी॥
आसिष दीन्हि रामप्रिय जाना।
होहु तात बल सील निधाना॥

—भक्ति, प्रताप, तेज और बल से सनी हुई हनुमान की वाणी को सुनकर सीताजी के मन में सन्तोष हुआ। उन्होंने हनुमान को राम का प्रिय जानकर आशीर्वाद दिया कि हे तात! तुम बल और शील के निधान होओ।

अहंकारी कभी किसी को सन्तोष नहीं दे पाता है। वह तो और उत्तेजित-उद्विग्न करता है। विनम्र आदमी की वाणी से गंगा फूटती है। वह सबको सन्तुष्ट एवं शान्त करता है। सीता भी हनुमान की बात सुनकर बहुत प्रसन्न हुई। हनुमान की विनम्र वाणी में चार तत्त्व भरे हुए थे—भक्ति, प्रताप, तेज और बल। बल सभी पुरुषार्थों का आधार है; उनके बगैर आदमी कुछ भी नहीं कर सकता है। शास्त्र तो यहाँ तक कहते हैं कि बलहीन को आत्मज्ञान नहीं हो सकता। जिसके बल हो उसे सावधान रहना चाहिए। सावधानी के लिए जरूरी है बल के उपयोग की विधि को जानना। सीता के कथन में उसकी विधि अच्छी तरह बतायी गयी है।

बल पुरुषार्थ के मन्दिर की नींव है और भक्ति उसका कलश। प्रताप और तेज उसके मजबूत खम्भे हैं। बल का यदि प्रदर्शन होगा तो राक्षसी भाव बढ़ेगा। इसीलिए कहा गया है कि बल को गहरे बैठना चाहिए, दिखाई नहीं देना चाहिए। तभी मन्दिर मजबूत और टिकाऊ होगा। ऐसा होने से भक्ति रूपी कलश चमकता रहेगा, नहीं तो गिर जायेगा। भक्ति यदि ऊपर कलश पर न बैठी रहे तो बल प्रताप और तेज से साँठ-गाँठ करके अत्याचारी बन जाता है। यदि भक्ति उसके सिर पर बैठी रहे तो वह सदाचारी रहता है। प्राय: बल अहंकार को जन्म देता है। उसके साथ तेज और प्रताप मिले हों तो वह साक्षात् अहंकार बन जाता है! रावण की रचना में सबकुछ था, केवल एक तत्त्व खिसक गया था—भक्ति का तत्त्व। उसने भक्ति का

इस्तेमाल अपने स्वार्थ के लिए किया था। शिव और ब्रह्मा की उसने घोर तपस्या की। बड़ी भक्ति दिखायी। सिर काटकर शिव के चरणों में रख दिये। बल तो उसके पास पहले से ही था। वह चाहता था तेज और प्रताप। शिव ने उसे उसकी भक्ति देखकर दे दिया। ध्यान रखिए, रावण को वरदान उसकी भक्ति देखकर मिला था, उसका बल देखकर नहीं। शिव कृपा से उसने तेज और प्रताप पा लिया। फिर उसने भक्ति को माथे से उतार फेंका। अहंकार का मुकुट उसने अपने सिर पर रख लिया। भक्ति जाते ही अहंकार आता है और अहंकार ही बलशाली राक्षस हो जाता है।

हनुमान के पास भक्ति थी, इसीलिए सीता प्रसन्न हुईं। भक्ति बल को काबू में रखती है, सही मार्ग पर चलाती है, भटकने-लटकने से बचाती है। उसके यश को बढ़ाती है।

अपने आशीर्वाद में सीता हनुमान के लिए बहुत श्रेष्ठ कामना करती हैं। कहती हैं कि तात, तुम बल और शील के निधान होओ।

आशीर्वाद देने से पहले सीता बहुत अच्छी तरह हनुमान के भाव को पहचान लेना चाहती हैं। वह देखकर समझ लेती हैं कि हनुमान राम के प्रिय हैं। अतः ऐसा आशीष देती हैं जो उन्हें राम का और प्रिय बना सके। राम को इस संसार में सबसे अधिक प्रिय है चरित्र। इसीलिए सीता हनुमान से कहती हैं कि तुम बल और चरित्र के धनी बन जाओ। जब व्यक्ति के पास शील अर्थात् अच्छा चरित्र हो तो उसका बल सही दिशा में काम करता है। चरित्र के अभाव में बल पाशविक प्रवृत्ति ग्रहण कर लेता है।

अजर अमर गुननिधि सुत होहू।
करहुँ बहुत रघुनायक छोहू॥

—हे पुत्र! तुम अजर, अमर और गुणों के खजाने होओ। रघुनाथजी तुम पर बहुत कृपा करें।

सीता को हनुमान ने जो अमृत सन्देश दिया था, उसका ऋण चुकाने की कोशिश कर रही हैं वह। घोर यातना सह रही सीता को केवल एक ही सन्देश की जरूरत थी—राम कैसे रह रहे हैं, मुझे मुक्त कराने के लिए क्या उपाय कर रहे हैं? रोज वह रोया-छटपटाया करती थीं। कोई उन्हें बचाने, समझानेवाला नहीं था। सीता यह कष्ट सहते-सहते बिना राम को देखे मर भी सकती थीं। लेकिन हनुमान ने उनकी रक्षा कर ली। उन्हें हनुमान ने उनका प्राप्य दे दिया। अँगूठी दिखाकर राम को दिखा दिया। सन्देश सुनाकर राम का प्रेम बता दिया। विशाल रूप दिखाकर मुक्ति का आश्वासन दिला लिया। दुखियारी सीता को इनमें से एक चीज का मिलना भी

सपना था। हनुमान ने सबकुछ एक साथ मिला दिया। सीता के लिए हनुमान से अधिक इस संसार में कौन प्रिय हो सकता था।

अपने हृदय के प्रेम को व्यक्त करने के लिए ही उन्होंने हनुमान को 'पुत्र' कहा। सीता का यह सम्बोधन औपचारिक नहीं, आन्तरिक था। जो उन्होंने हनुमान को दिया वह अपने पुत्रों तक को नहीं दिया था। उन्होंने कहा—तुम अजर, अमर और गुणों के खजाने हो जाओ।

तीनों में से यदि एक ही वरदान सीता देतीं तो उसमें उतनी गरिमा नहीं होती। तीनों के एक साथ होने से वर की गरिमा बढ़ जाती है। आदमी अजर हो जाये, कभी बूढ़ा न हो, सदा जवान ही रहे तो उसका क्या फायदा! मृत्यु उसे दबोचेगी और दुर्गुण उसे भरमायें, बहकायेंगे। अमर हो जाये, किन्तु बुढ़ापे और दुर्गुण से घिरा रहे तो भी क्या मिलेगा? आदमी मरना ही पसन्द करेगा। आदमी गुणों का खजाना हो जाये, लेकिन उसे बुढ़ापा और मौत धर दबायें तो गुणों का क्या उपयोग होगा? अजर-अमर हो जाये, पर गुण न हो तो जीना मरने से भला। अजर हो जाये, गुण भी मिल जाये, पर अमर न हो तो कितने दिन धराधाम पर रह सकेगा? अमर भी हो जाये और गुणी भी, पर अगर बुढ़ापा पिण्ड न छोड़े तो चारपाई पर घिसटकर आदमी क्या करेगा?

अतः तीनों चाहिए। आदमी अजर होगा तो उसमें बराबर तेज, प्रताप और बल बना रहेगा। अमर होगा तो सदैव इनका उपयोग करता रहेगा। गुणों का खजाना होगा तो सही राह पर चलेगा। कभी गलत आदर्श नहीं चुनेगा। अजरता और अमरता का उपयोग परमार्थ के लिए करेगा। दूसरे का दुःख हरकर हर्षित होगा। सबके कल्याण के लिए कार्यरत रहेगा।

आशीष देने के बाद सीताजी ने हनुमान के लिए एक और कल्याण-कामना की। उन्होंने कहा—रघुनाथ तुम पर बहुत कृपा करें। वह जानती थीं कि हनुमान के लिए अजर, अमर और गुणवान् होने का तब तक कोई मतलब नहीं है जब तक वह यह जान न लें कि इनके द्वारा प्रभु की प्रसन्नता भी मिलेगी। यदि सीताजी द्वारा दी जा रही शक्तियाँ रघुनाथ के प्रेम-भाव में बाधक हैं तो हनुमान उन्हें कभी स्वीकार नहीं करेंगे।

सच्चा भक्त वही है जो सारी नियामतों को प्रभु के प्रेम के लिए ठुकरा दे। केवट ने मणि की अँगूठी ठुकरायी, जटायु ने अजरता और अमरता तथा बालि ने राजसिंहासन। प्रभु मिल गये तो कुछ नहीं चाहिए, यही भक्त का भाव होता है। हनुमान का आचरण इस भाव के नितान्त अनुकूल है।

करहु कृपा प्रभु अस सुनि काना।
निर्भर प्रेम मगन हनुमाना॥

—'प्रभु कृपा करें', ऐसा सुनते ही हनुमान पूर्ण प्रेम में मग्न हो गये।

आह! हनुमान का भाव कितना श्रेष्ठ है। उनकी चरण-धूलि भी मिल जाये तो आदमी श्रेष्ठता का शिखर छू सकता है। जैसे उन्होंने सुना कि सीता कह रही है कि प्रभु तुम पर कृपा करें, वे भाव में डूब गये। उन्हें सीता के अन्य वरदानों की बिलकुल खबर नहीं रही। अपने बारे में भूलकर वह राम के बारे में सोचने लगे। भक्त के लिए सबसे बड़ी खबर यही होती है कि उसके स्वामी उसे प्यार करते हैं। एक बार यदि उसे पता चल जाये कि स्वामी का प्रेम और विश्वास उसे प्राप्त है तो फिर दुनिया में उसे कोई भय नहीं रहता। उसका चोला मग्न हो जाता है।

चैतन्य महाप्रभु एक दिन अपने शिष्यों के आध्यात्मिक जीवन के बारे में भविष्यवाणी कर रहे थे। सभी शिष्यों को उन्होंने बताया कि कितने दिनों में उन्हें उच्चतम स्थिति प्राप्त हो जायेगी। उनके एक प्रिय शिष्य मुकुन्द भी थे। उनके बारे में उन्होंने कहा, 'इसकी मुक्ति अभी सम्भव नहीं। इसे लाख जन्मों तक साधना करनी पड़ेगी तब यह मुक्त होगा।'

मुकुन्द चैतन्य के बहुत प्रिय शिष्य थे। लोग सोचते थे, सबसे पहले वे ही मुक्त होंगे। गुरु की वाणी सुनकर सभी काँप उठे। उन लोगों ने सोचा कि मुकुन्द ग्लानि और निराशा से रोने लगेंगे। पर वे तालियाँ बजाकर हँसते हुए नाचने लगे। लोग चकित थे। पूछने पर उन्होंने बताया, 'आज मेरी प्रसन्नता की सीमा नहीं है। गुरुजी ने मेरी मुक्ति की तिथि निश्चित कर दी। अब मैं निश्चिन्त हो गया। लाख जन्म तो मैं यूँ ही निकाल दूँगा।'

चैतन्य महाप्रभु अपने शिष्य के इस अखण्ड विश्वास पर रीझ गये। बोले, 'मुकुन्द, तेरे विश्वास को देखकर मुझे ईर्ष्या होती है। जितना विश्वास तू मुझपर करता है, काश! मैं अपने पर उतना कर पाता। पुत्र, तू तो अभी से ही मुक्त है। तेरी परीक्षा तो मैं इसलिए लेता हूँ कि संसारी लोग समझ सकें कि स्वामी पर सेवक को कितना विश्वास करना चाहिए।

हनुमान जानते थे कि राम उन्हें प्रेम करते हैं, लेकिन सीता का आशिष पाकर उन्हें यह महसूस हुआ कि अब राम उन्हें कभी नहीं छोड़ेंगे। हनुमान बार-बार सीता को प्रणाम करने लगे। फिर हाथ जोड़कर बोले—

अब कृतकृत्य भयउँ मैं माता।
आसिष तब अमोघ बिख्याता॥

—हे माँ! मैं अब कृतार्थ हो गया। आपका आशीर्वाद अचूक है, यह बात प्रसिद्ध है।

सीता ने हनुमान को जो कुछ दिया वह कोई और नहीं दे सकता था। अमर, अजर और गुणवान् होने का वर तो वह किसी भी देवता की तपस्या करके पा सकते थे। लेकिन 'राम की कृपा उन पर बनी रहे', यह वर सीता के अलावा और कोई नहीं दे सकता था। राम पर सीता से अधिक किसका अधिकार हो सकता है! आखिर अर्धांगिनी और गृहिणी जो ठहरीं। राम सीता से अधिक किसकी सुनेंगे! अतः हनुमान ने अपने आपको कृतार्थ और धन्य माना। सब लोग सुरक्षा की गारण्टी चाहते हैं। भक्त भी इससे अलग नहीं है। हनुमान कहते हैं कि माँ, तुम्हारा आशीष कभी खाली नहीं जाता। यह दुनिया में प्रसिद्ध है।

हनुमान बल-बुद्धि और विवेक के धनी हैं। सीता से मिले आशीष को वे परखना चाहते हैं। साथ-ही-साथ राक्षसों की शक्ति भी आँकना चाहते हैं। वे सीताजी से कहते हैं—

सुनहु मातु मोहि अतिसय भूखा।
लागि देखि सुंदर फल रूखा॥

—हे माता, सुनो! सुन्दर फलवाले वृक्षों को देखकर मुझे बड़ी ही भूख लग आयी है।

हनुमान के कथन में एक टेढ़ापन है, जिससे संकेत मिलता है कि वह कुछ उत्पात करने के लिए सोच रहे हैं। वे कहते हैं कि सुन्दर फलवाले वृक्षों को देखकर मुझे भूख लग आयी है। यह कथन भक्त हनुमान के अनुरूप नहीं है। इसे तो वीर हनुमान ही कह सकता है। भक्त को फल देखकर भूख नहीं लगती। भूख लगती है तब फल खाता है। फल देखकर या तो लालची और पेटू को भूख लगती है या उसे जो किसी से राह चलते दुश्मनी मोल लेना चाहता है। हनुमान दूसरी कोटि में आते हैं। उन्हें राक्षसों से लड़ाई ठाननी थी।

एक शेर था। उसने तय कर रखा था कि अकारण किसी की हत्या नहीं करेगा। यह प्रतिज्ञा उसके लिए महँगी पड़ रही थी; लेकिन करे क्या! वचनबद्ध था। हर जानवर उसको देखकर प्रणाम करता था, कोई तकरार नहीं करता था। इसीलिए किसी को मारने का उसे मौका नहीं मिलता था। वह भूख से बिलबिलाने लगा। फिर उसने सोचा कि क्यों न खुद ही तकरार मोल ली जाय! खुद ही दुश्मनी की जाय।

एक दिन वह झरने के प्रवाह में पानी पी रहा था। एक बकरी आयी। उसने शेर को प्रणाम किया और पानी पीने लगी। शेर का मन बकरी को देखकर ललचा

गया। उसने दुश्मनी करने की ठानी, 'ओ बकरी! तुमने मेरा पानी क्यों जूठा किया?'

बकरी शेर का आरोप सुनकर हतप्रभ हो गयी, 'श्रीमन्, पानी ऊपर से नीचे बह रहा है। आप ऊपर हैं, मैं नीचे। वस्तुतः मैं आपका जूठा पी रही हूँ।'

शेर ने देखा, बात बन नहीं रही है। वह जोर से गरज उठा, 'बेवकूफ बकरी! जंगल के राजा से जुबान लड़ाती है! तूने नहीं तो तेरे बाप ने पानी जूठा किया होगा।'

बकरी जब तक सफाई दे, शेर ने उसकी टाँगें चीर दीं।

हनुमान भी दुश्मनी मोल लेकर राक्षसों की टाँग चीरना चाहते थे। सीता ने उन्हें आगाह किया कि वन में रावण के बड़े-बड़े योद्धा पहरा देते हैं। हनुमान ने उसकी तनिक भी चिन्ता नहीं की।

तिन्हकर भय माता मोहि नाहीं।
जौं तुम्ह सुख मानहु मन माहीं॥

—हे माता! यदि आप मन में सुख मानें तो मुझे उनका तनिक भी भय नहीं है।

अपने उत्पाती कार्य में हनुमान सीता की स्वीकृति चाहते हैं। बड़े नटखट ढंग से वह एक चुलबुले बच्चे की तरह अपनी प्यारी माँ सीता से कहते हैं कि यदि आपको मेरा यह उत्पात पसन्द आ रहा हो तो आज्ञा दे दें। राक्षसों के बल को मैं देख लूँगा।

बेटे की शरारत किस माँ को नहीं अच्छी लगती! वह भी यदि बच्चा आज्ञाकारी और शीलवान् हो। माँ को जब विश्वास होता है कि बच्चा कोई गलत राह नहीं पकड़ेगा तो वह उसे शरारत से मना नहीं करती, उसकी शरारत का आनन्द भी उठाती है।

देखि बुद्धि बल निपुन कपि कहेउ जानकी जाहु।
रघुपति चरन हृदयँ धरि तात मधुर फल खाहु॥

—हनुमानजी को बुद्धि और बल में निपुण देखकर जानकीजी ने कहा—हे तात! जाओ। रघुनाथजी के चरणों को हृदय में धारण करके मीठे फल खाओ।

सीता माँ ने हनुमान को अब अच्छी तरह जान लिया था। उनके बुद्धि-बल को उन्होंने पूरी तरह पहचान लिया था। अब उन्हें कोई भी भय नहीं था। वह जानती थीं कि हनुमान कोई खराब काम नहीं करेंगे, इसकी उनमें बुद्धि है और उन्हें कोई नाहक सता नहीं सकेगा, इतना बल उनमें है। जिस पुत्र के पास बुद्धि और बल दोनों हों उसकी माँ सीताजी की तरह निश्चिन्त होकर चैन की नींद सो सकती है।

सीता ने फल खाने के लिए हनुमान को एक सूत्र बताया। उन्होंने कहा कि हे पुत्र! राम के चरणों को अपने हृदय में धारण करके तुम मीठे फल खाना। इसके

कई अर्थ हैं। राम जिसके हृदय में होंगे उसे सदा ही मीठा फल खाने को मिलेगा। जीवन में कभी कोई कठिनाई, पीड़ा और वेदना नहीं भोगनी पड़ेगी। राम स्वयं उस भक्त की सारी तकलीफों को अपने ऊपर ओढ़ लेंगे।

राम जिसके हृदय में होंगे वह कभी कड़वा फल नहीं चख सकेगा। उसके जीवन में कभी कोई कड़वाहट आयेगी ही नहीं। राम उसे इतनी पहचानने की शक्ति दे देते हैं कि वह कड़वे फल की तरफ आँख ही नहीं उठाता है। उसका जीवन सदा मीठा बना रहता है।

यह संसार एक जंगल है। इसमें रहकर आदमी को बहुत पापड़ बेलने पड़ते हैं, तरह-तरह के फल चखने पड़ते हैं। अपने कर्मों के अनुसार वह फल को पाता है। यदि किसी की इच्छा सिर्फ मीठे फल को पाने की है तो उसे अपने हृदय में राम को लाना होगा। जब राम हृदय में आते हैं तब आदमी सत्-असत् और मीठा-कड़वा पहचानने लगता है। उसे कोई ठग नहीं पाता है।

बनारस में एक सन्त थे—तैलंग स्वामी। उन्हें लोग शिव का अवतार मानते थे। वे नंगे रहा करते थे। गंगा में पद्मासन लगाये बैठे रहते थे। डूबते नहीं थे। उनसे एक राजा मिलने आया। उसे अपने ऊपर बड़ा घमण्ड था। स्वामीजी को वह छकाना चाहता था। नाव में बैठकर वह गंगा के बीच में गया, जहाँ स्वामीजी पानी पर बैठे थे। प्रणाम करके उसने स्वामीजी को नाव पर बुलाया। स्वामीजी उसका मनोभाव जान गये। वे नाव पर आकर बैठ गये।

उन्होंने देखा, राजा के पास सोने की म्यानवाली एक तलवार है। स्वामीजी ने उसे देखने के लिए माँगा। राजा ने प्रसन्नता से तलवार दे दी। यह क्या! स्वामीजी ने उसे गंगा में फेंक दिया। सोने की तलवार को इस तरह पानी में जाते देख राजा स्वामीजी पर बरस पड़ा। वह उन्हें भला-बुरा कहने लगा।

स्वामीजी तनिक मुसकराये। पानी में हाथ डाला और दो तलवारें उनके हाथ में आ गयीं। दोनों एक-सी थीं। उन्होंने कहा, 'इसमें से अपनी ले लो।'

राजा हत्प्रभ और विमूढ़ बन गया था। वह अपनी तलवार को पहचानने में सफल नहीं हुआ।

स्वामीजी ने दोनों तलवारें गंगा में फिर फेंक दीं। तब तक नाव कुछ आगे बढ़ गयी थी। उन्होंने पानी में हाथ डाला और राजा की तलवार निकालकर दे दी। साथ-ही-साथ गम्भीर स्वर में बोले, 'मूर्ख राजा, जिस तलवार को तू पहचान भी नहीं सकता उसको अपनी कहकर क्यों रो रहा था? तुझमें जब अपनी तलवार को पहचानने की शक्ति नहीं है तो साधु को क्या पहचानेगा!'

राम के भक्त को कोई ठग नहीं सकता। वह सदा मीठे फलवाले ही काम करने को उत्सुक होगा।

यदि सचमुच की भूख लगी हो तो भी बिना राम को हृदय में धारण किये नहीं खाना चाहिए। संसार दुःख-सुख की लीला-भूमि है। यहाँ खानेवाले अधिक और कमानेवाले कम हैं। उत्पादन घट रहा है और करोड़ों लोग अच्छा खाना नहीं पा रहे हैं। भोजन करते समय सम्भव है कि हमें अच्छा खाना न मिला हो, पर खाना तो है ही। जिसको अच्छा खाना मिल रहा है उसको गाली देने से तो पेट भरेगा नहीं। इसीलिए अपने खाने को प्रिय बनाने का प्रयत्न करना चाहिए। इसका एक ही तरीका है कि उसे परमात्मा को समर्पित करके खाया जाय। तुम्हारी चीज है प्रभु, तुम्हीं को दे रहा हूँ, इस भाव से ग्रहण किया जाय। यदि भोजन परमात्मा का हो गया तो वह जरूर मीठा होगा। कोई अपने आराध्य को फीकी और कड़वी चीज कैसे देगा! इस तरह दृष्टि बदल जाने से, परमात्मा को समर्पित कर देने से भोजन मीठा और प्रिय हो जाता है। संसार की संघर्ष भूमि में अच्छी तरह जीने का यही मूल मन्त्र है।

सीता से मूल मन्त्र पाकर हनुमान फल खाने के लिए आगे बढ़े।

चलेउ नाइ सिरु पैठेउ बागा।
फल खाएसि तरु तोरैं लागा॥

—वे सीताजी को सिर नवाकर चले और बाग में घुस गये। फल खाये और वृक्षों को तोड़ने लगे।

हनुमान परम प्रसन्न थे। उनको सीता की अनुमति मिल गयी थी। अब वे कुछ उत्पात भी करेंगे तो उनको कोई डाँट नहीं सकेगा। राम और सुग्रीव से कह देंगे कि मुझे भूख लगी थी। तार, टेलीफोन और टेलेक्स तो था नहीं कि आपको सन्देश भेजकर मैं अनुमति माँगता। न खाता तो मर जाता। मर जाता तो राम को सीता माता का सन्देश कौन सुनाता! राम को सीता का सन्देश नहीं मिलता तो सुग्रीवजी, आपको लक्ष्मणजी के बाण से कौन बचाता? अतः सबकी भलाई के लिए और अपनी पेट-भराई के लिए मैंने सीता माता से फल खाने की आज्ञा ले ली। रामजी, आप भी तो सीता माता के विरोध में नहीं जायेंगे न!

यही सब गुनते हुए मस्त-मगन हनुमानजी सीता माता के चरणों में प्रणाम करके फल खाने लगे और वृक्षों को तोड़ने लगे। बहुत देर तक अनुशासित रहने के बाद अब हनुमानजी को थोड़ा हाथ-पैर भाँजने का मौका मिला था। वे सीता माँ की कृपा के प्रति कृतज्ञ हो उठे।

हनुमान ने अशोक वन में क्या-क्या किया, उन्होंने रावण का मान-मर्दन और लंका-दहन कैसे किया, इसका विस्तृत वर्णन हम अगले अध्याय में करेंगे। यहाँ हम उस प्रसंग को उठायेंगे जब हनुमानजी लंका जलाकर फिर सीताजी के पास आ गये हैं। आते ही वे सीताजी के सामने हाथ जोड़कर खड़े हो गये।

पूँछ बुझाइ खोइ श्रम धरि लघु रूप बहोरि।
जनक सुता कें आगें ठाढ़ भयउ कर जोरि॥

—पूँछ बुझाकर, थकावट दूर करके और फिर छोटा रूप धारण कर हनुमानजी सीताजी के सामने हाथ जोड़कर जा खड़े हुए।

यह दोहा हनुमान के चरित्र का अद्‌भुत उदाहरण है। हनुमान अपने को छोटा करके हाथ जोड़कर जानकीजी के सामने खड़े होते हैं। प्रायः आदमी जब सफलता प्राप्त कर लेता है तो सीना तानकर चलता है, अपने सिर को हिमालय-सा बना लेता है। सफलता की मीनार पर अपने व्यक्तित्व को टाँगकर सबसे ऊँचा बनना चाहता है। हनुमान ने इसके विपरीत आचरण किया। वे छोटा बनकर सीताजी के पास गये। सीताजी के सामने अपनी गौरवपूर्ण सफलता की गाथा गाने की तनिक भी इच्छा उनके मन में नहीं थी।

वे जानकीजी के सामने हाथ जोड़कर खड़े हुए। यह विनम्रता का, अहंकारहीनता का अनोखा आचरण है। अभिमानी आदमी सफलता पाने के पहले विनम्र हो सकता है, लेकिन सफलता पा लेने के बाद उसका कद सुरसा की तरह बढ़ने लगता है। उसे हर किसी को यह दिखाने की चाह होती है कि वह बड़ा महान् है, शक्तिवान् है।

हनुमान प्रभु के प्यारे थे। उन्होंने राम को अपने हृदय में बसा रखा था। जिसके भीतर प्रभु का अवतरण हो जाता है, उसके पास अहंकार-अभिमान फटक ही नहीं सकते। उसे स्वयं के लिए कुछ दिखाने की चाह होती है और न पाने की। उसका सबसे बड़ा सन्तोष यही होता है कि उसने अपने स्वामी का काम कर दिया।

सेवक के लिए सफलता सबसे बड़ी परीक्षा होती है। यदि उसे पाकर वह तन गया तो समझिए कि प्रभु के राज्य में अभागा बन गया और यदि वह विनत हो गया तो समझिए कि सृष्टि का समूचा सौभाग्य उसके करगत हो गया।

हनुमान झुक गये थे। इसीलिए अभिमान और अहंकार के पाँव रुक गये थे। इसे विनम्रता और संयम की पराकाष्ठा ही कहा जायेगा कि हनुमान ने सीता से इस बारे में तनिक भी चर्चा नहीं की कि उन्होंने अब तक क्या-क्या गुल खिलाया हैं, उन्मत्त राक्षसों को कितना डराया है, कितना सताया है। वे सीताजी से राम को देने

के लिए केवल निशानी माँगकर झटपट भाग जाना चाहते हैं।

मातु मोहि दीजे कछु चीन्हा।
जैसें रघुनायक मोहि दीन्हा॥

—हे माता! मुझे कोई निशानी दीजिए, जैसे रघुनाथजी ने मुझे दी थी।

यहाँ एक बात बहुत मजेदार है। अगर हनुमानजी केवल फल खाने में ही रुचि रखते होते तो माता सीता से कह सकते थे कि माँ, मुझे अपनी निशानी दे दो, अपना सन्देश दे दो। मैं फल खाकर उधर से ही धीरे से निकल जाऊँगा। लेकिन उन्हें तो जैसे मैंने पहले उल्लेख किया है, जान-बूझकर उत्पात मचाना था, राक्षसों के बल को परखना था, उनके आत्मविश्वास और मनोबल को जाँचना था। इसलिए वे सन्देश और निशानी नहीं ले गये थे। उन्हें जाने की जल्दी नहीं थी। वे अपना काम पूर्ण करने के लिए दृढ़ थे।

स्वाभाविक रूप से राम के लिए उन्हें कुछ ले जाना था। वे राम के हृदय को जानते थे। ऋष्यमूक पर्वत पर जब सुग्रीव ने उन्हें सीता के वस्त्राभूषण दिखाये तो राम उन्हें सीता ही समझकर भाव में कैसे डूब गये थे, यह हनुमान ने अपनी आँखों से देखा था। वे समझते थे कि सीता की निशानी का मोल राम की निगाह में क्या होगा।

चूड़ामनि उतार तब दयऊ।
हरष समेत पवनसुत लयऊ॥

—तब सीताजी ने चूड़ामणि उतारकर दी। हनुमान ने उसे हर्षपूर्वक ले लिया।

हनुमान इस चूड़ामणि से अच्छा व नायाब उपहार राम को और कुछ नहीं दे सकते थे। सीता की निशानी को पाकर वे परम प्रसन्न हुए, क्योंकि वे इससे अपने स्वामी को खुश कर सकेंगे।

हनुमान ने केवल निशानी माँगी थी। लेकिन सीता ने साथ में सन्देश भी दे दिया। यहाँ हनुमान की मर्यादा साफ झलकती है। सीता उन्हें पुत्र कह चुकी हैं। जब उन्होंने राम का सन्देश दिया था तब सीता ने उन्हें पुत्र नहीं कहा था। उस समय वे खुलकर बोल गये थे। अब माँ से पुत्र कैसे उसके प्रेम की बात पूछे? यह संकोच था उनको।

सीता ने इस संकोच को अपनी तरफ से तोड़ा।

कहेहु तात अस मोर प्रनामा।
सब प्रकार प्रभु पूरन कामा॥
दीन दयाल बिरिदु संभारी।
हरहु नाथ मम संकट भारी॥

—सीताजी ने कहा—हे तात! मेरा प्रणाम निवेदित करना और इस प्रकार कहना—हे प्रभु! यद्यपि आप सब प्रकार से पूर्णकाम हैं, तथापि दीनों पर दया करना आपका विरद है। अत: उस विरद को याद करके हे नाथ! मेरे भारी संकट को दूर कीजिए।

अपने दु:ख और राम के भक्त-वत्सल स्वरूप का उल्लेख करने के बाद सीताजी श्रीराम को उनके प्रेमपूर्ण स्वरूप का स्मरण कराती हैं।

तात सक्रसुत कथा सुनाएहु।
बान प्रताप प्रभुहि समुझाएहु॥

—हे तात! इन्द्र के पुत्र जयन्त की कथा सुनाना और प्रभु को उनके बाण का प्रताप समझाना।

जयन्त की कथा सीता और राम के आन्तरिक प्रेम की स्मृति की एक अमूल्य धरोहर सीता के हृदय में थी। वह सोच रही थीं कि राम उन्हें कितना प्यार करते हैं। जरा सी चोट पहुँचानेवाले जयन्त को उन्होंने दण्डित किया था। किन्तु मुझे घोर अपमानित करनेवाले रावण को उन्होंने अब तक कैसे छोड़ रखा है।

अपने दारुण दु:ख कहते हुए सीता अपने संकल्प को भी दोहराती हैं।

मास दिवस महुँ नाथु न आवा।
तौ पुनि मोहि जिअत नहिं पावा॥

—यदि महीने भर में नाथ न आये तो फिर मुझे जीती न पायेंगे।

सीता का यह वचन विषादजन्य उद्‌गार नहीं, अपितु वस्तु-स्थिति का सुस्पष्ट अंकन है। वह अपने आप को अकेली पा रही हैं। हनुमान उनके जीवन में एक दैवी सहायक बनकर आये थे, पर अब वे भी जा रहे हैं। अत: सीता को अपने अँधेरे भविष्य का चित्र स्पष्ट दिख रहा है।

व्याकुल माँ जानकी को हनुमान समझाते हैं—

जनकसुतहि समुझाइ करि बहु बिधि धीरजु दीन्ह।
चरन कमल सिरु नाइ कपि गवन रामपहिं कीन्ह॥

—हनुमानजी ने जानकीजी को समझाकर बहुत प्रकार से धीरज दिया और उनके चरण-कमलों में सिर नवाकर राम के पास चल दिये।

हनुमान को बहुत जल्दी थी। वे लंका में आतंक फैलाकर आये थे, उसे जलाकर आये थे। यदि वह बहुत देरी लगाते तो रावण की सेना तैयारी करके उनका पीछा कर सकती थी। अभी तो सभी भौंचक थे। उन्हें समझ ही नहीं आ रहा था कि हो क्या गया? इतने में ही हनुमान उड़ जाना चाहते थे।

उन्होंने सीता माता का सन्देश सुना, उनके दु:ख को समझा और सब तरह

से उन्हें धैर्य बँधाकर, उनके चरणों की धूलि लेकर वे श्रीराम के पास चल दिये। उन्हें पता था कि उनके साथी बड़ी चिन्ता और उत्सुकता के साथ उनकी प्रतीक्षा कर रहे होंगे।

हनुमान को एक चीज का और खयाल था। रामचन्द्रजी ने अपने सन्देश में उनसे कहा था कि सीता को मेरा बल-विरह समझाने के बाद तुम तुरन्त आ जाना। राम के सन्देश में स्पष्ट कहा गया था—'वेगि तुम आयहु'।

राम के हृदय की भावना को अच्छी तरह से हनुमान समझ रहे थे। जिस प्रभु ने सीता की सुधि भुला देनेवाले सुग्रीव को मारने की घोषणा की होगी, वे सीता के लिए हृदय से कितने व्यग्र होंगे। सुग्रीव ने दो-चार दिन ही विलम्ब किया था। लेकिन राम का धैर्य उतने से ही टूट गया था। प्रभु तो धैर्य के, करुणा व प्रेम के साक्षात् रूप हैं। लेकिन सीता की याद में वे अपने सारे गुणों को खो बैठे थे। उनका धीरज जाता रहा था। सुग्रीव के प्रति उनका क्रोध भभक उठा था। राम ने शायद ही कभी धीरज खोया, शायद ही कभी क्रोध किया। सीता के प्रेम ने प्रभु को विचलित कर दिया था।

हनुमान राम को फिर विचलित और व्यग्र नहीं देखना चाहते। वे उन्हें प्रसन्न और प्रमुदित करके अपने जीवन को धन्य करना चाहते हैं। 'हनुमान सीता का समाचार लेकर आ गये हैं', यह समाचार जब प्रभु सुनेंगे तो उनके आनन्द की सीमा नहीं होगी। राम के चेहरे पर विराजित उस आनन्द भाव को हनुमान अपनी आँखों से देखना चाहते हैं।

□

इस प्रसंग के बाद हनुमान लंकाकाण्ड के अन्त में सीता से मिलते हैं। राम अपने शौर्य और पराक्रम से रावण का सर्वनाश कर चुके होते हैं। विभीषण राजा बन चुके होते हैं। तब राम प्रेमपूर्वक हनुमान से कहते हैं कि हे तात! लंका जाकर सीता का समाचार लेकर आओ।

हनुमान जब लंका में आये तो राक्षसियाँ उनका पद-वन्दन करने लगीं। उन्होंने बड़े आदर से उन्हें सीता माता से मिलाया। हनुमान ने सीता माता को प्रणाम किया और प्रभु का सब कुशल सुनाया, युद्ध में विजय का समाचार दिया।

संवाद सुनकर सीताजी बहुत प्रसन्न हुईं। उनका हृदय हर्ष से भर उठा।

अति हरष मन तन पुलक लोचन सजल कह पुनि पुनि रमा।
का देउँ तोहि त्रैलोक महुँ कपि किमपि नहिं बानी समा॥

—श्रीजानकीजी के हृदय में अत्यन्त हर्ष हुआ। उनका शरीर पुलकित हो गया। नेत्रों

में जल छा आया। वे बार-बार कहती हैं—हे हनुमान! मैं तुझे क्या दूँ! इस समाचार के समान तीनों लोकों में और कुछ भी नहीं है।

यह सीता का हृदय बोल रहा है। वह आज बन्धनमुक्त हो रही हैं। उन्हें दुःख पहुँचानेवाला रावण अपने कुल के साथ सर्वनाश को प्राप्त हो चुका है। अँधेरा छँट गया है। सूरज की किरण की तरह प्रभु राम का यश चारों और फैल रहा है। सीता को इससे अधिक और क्या चाहिए।

वह हनुमान को यह समाचार सुनाने के लिए कुछ देना चाहती हैं। यदि शुभ समाचार मिले तो सन्देशवाहक को कुछ देना चाहिए। कम-से-कम उसका मुँह मीठा करना चाहिए। वे बार-बार हनुमान से कहती हैं—तुम्हें क्या चाहिए? बोलो।

सुनु मातु मैं पायो अखिल जग राजु आजु न संसयं।
रन जीति रिपुदल बंधु जुत पस्यामि राममनामयं॥

—हनुमानजी ने कहा—हे माता! मैंने आज निस्सन्देह सारे जगत् का राज्य पा लिया है। मैं रण में शत्रु सेना को जीतकर भाई सहित निर्विकार राम को अपनी आँखों से देख रहा हूँ।

हनुमान ने बड़ी विनम्रता से सीता के सामने अपना भाव रख दिया। उन्होंने कहा कि हे माँ! युद्ध के बाद, उपलब्धि के उपरान्त राम को निर्विकार देखना जीवन की सबसे बड़ी धन्यता है। यह संसार के तीनों लोकों के राज्य से बढ़कर है। संसार में थोड़ा सा करके, कमा के लोग फूले नहीं समाते हैं। अखबारों में फोटो छपवाते हैं, अभिनन्दन ग्रन्थ लिखवाते हैं, जीते-जी अपने स्मारक बनवाते हैं। जुगाड़ करके अपने नाम पर पथ लिखवाते हैं। इतिहास की महायात्रा में चींटी से दिखनेवाले ये नाम के भूखे 'महापुरुष' अपने को जीवित रखने के लिए कितनी उछल-कूद करते हैं। लेकिन राम शान्त और सहज हैं। देवताओं तक को चरणों में झुकानेवाले महाप्रतापी रावण को मारकर भी राम तनिक भी उत्तेजित और गर्वित नहीं हैं। उनको शान्त-सहज देखना जीवन का सबसे बड़ा गौरव है, सबसे बड़ी प्राप्ति है।

यह सब हनुमान ने पा लिया था। इसीलिए वह सीता माता से कहते हैं कि उन्हें और कुछ पाने की इच्छा नहीं है। फिर भी सीता उन्हें उनका सर्वोत्तम प्राप्य दे देती हैं।

सुनु सुत सद्गुन सकल तब हृदयँ बसहुँ हनुमंत।
सानुकूल कोसलपति रहहुँ समेत अनंत॥

—हे पुत्र! सुन, समस्त सद्गुण तेरे हृदय में बसें और हे हनुमान! लक्ष्मण सहित कोसलपति राम तुम पर सदा प्रसन्न रहें।

जीवन में भक्त यही दो चीजें चाहता है, जो सीताजी ने हनुमान को दीं—सद्‌गुणी होना और राम का कृपापात्र होना। जब तक सद्‌गुणों का विकास न हो, जीव परमात्मा की कृपा को अपने भीतर आमन्त्रित नहीं कर पाता है। निर्मल जल की दो विशेषताएँ होती हैं—उसमें नीचे की जमीन भी साफ दिखाई देती है और छाया भी। हृदय में सद्‌गुण आने पर आदमी अपने स्वरूप को भी पहचान लेता है और प्रभु का बिम्ब भी देख लेता है।

इसीलिए सदैव प्रभु को पाने के लिए हृदय की शुद्धता को पहली शर्त माना गया है। यह तीन मार्गों से भक्त को मिल सकती है—पूर्वजन्म के कर्मों से, सत्संगति से और गुरु की कृपा से। तीनों में से कोई भी हो तो आदमी उन्हें पा सकता हैं। हनुमान को तीनों एक साथ उपलब्ध हो गये थे। पूर्वजन्मों के कर्म भी उनके बुरे नहीं थे। होते तो रघुनाथ उन्हें मिलते ही नहीं। सत्संग का भी अभाव नहीं था। सदैव भले लोगों के बीच हनुमान को रहने का मौका मिला। लंका में भी जहाँ उन्हें केवल दुर्जन ही मिलने चाहिए थे, जहाँ सत्संग की कल्पना भी नहीं की जा सकती थी, उन्हें विभीषण मिल गये—भक्ति के साक्षात् स्वरूप, समर्पण के जीवन्त प्रतीक। सीता उनकी माँ बन गयीं। माँ सबसे बड़ी गुरु होती है। वह सन्तान को सही मार्ग दिखाती है, सदा आशीर्वादों से उसकी झोली भरती रहती है, नित्य मंगलकामना करती रहती है। वह सन्तान की उन्नति के लिए सम्पूर्ण हृदय से यत्न करती है। सीता ने ऐसा ही किया। उन्होंने बिना माँगे ही हनुमान को उनकी सबसे प्रिय वस्तु 'रघुनाथ की प्रीति' भरपूर रूप में दे दी।

सीता के आशीर्वाद में एक विशेषता है। वह हनुमान से यह कहती हैं कि रघुनाथजी का प्रेम तुम पर बना रहे। उन्होंने दो बार आशीर्वाद दिये। दोनों बार यही भाव दोहराया। वे चाहतीं तो ऐसा कह सकती थीं कि पुत्र, सदैव रघुनाथजी पर तुम्हारी प्रीति अखण्ड बनी रहे। यह आशीर्वाद भी कोई बुरा नहीं होता, लेकिन इसमें सुरक्षा की उतनी गारण्टी नहीं होती।

भक्त की भगवान् में भक्ति अखण्ड हो, यह कामना अच्छी है; लेकिन इसमें एक संकट है। भक्त संसार में रहता है, मायाजाल में फँसा होता है। वह अपनी साधना में लटक-भटक सकता है। प्रभु को भूल सकता है।

शुकदेवजी को उनके पिता व्यास ने ज्ञान-प्राप्ति के लिए राजा जनक के पास भेजा था। जनक ने एक दिन ऋषि-पुत्र के सम्मान में नृत्य-नाटक का कार्यक्रम रखा। आयोजन के आरम्भ होते ही उन्होंने शुकदेवजी को तेल से भरा हुआ एक कटोरा दिया और कहा कि इसे लेकर राजमहल के सात चक्कर लगा आइए, लेकिन

तेल गिरना नहीं चाहिए। नहीं तो सारी साधना नष्ट हो जायेगी। कठिन परीक्षा थी। लुभावने कार्यक्रम चल रहे थे, ऐसे में शुकदेवजी को अपना मन तेल पर बाँधकर रखना था। उन्होंने सातों चक्कर पूरे किये। तेल की एक बूँद भी नहीं गिरी। जनक ने प्रसन्न होकर पूछा, 'मुनिवर, नृत्य-नाटक कैसा रहा?'

शुकदेव बोले, 'मुझे तो कुछ पता नहीं कि यहाँ नृत्य-नाटक भी चल रहा था। मेरा ध्यान तो तेल के कटोरे पर था।'

इसके दो अर्थ हैं। यदि तेल के कटोरे को हम भगवान् मानें तो अर्थ निकलता है कि जब मन परमात्मा पर होता है तब भक्त को माया का कोलाहल नहीं सुनाई देता। यदि कटोरे को संसार मानें तो अर्थ निकलता है कि आदमी जब संसार में, इन्द्रिय-सुख में रमा होता है तो उसे परमात्मा के आनन्द का नृत्य दिखाई-सुनाई नहीं पड़ता। प्रभु दरवाजे पर खड़े होकर दस्तक भी दें तो भी उसे पता नहीं चलता।

भक्त भगवान् को पकड़े तो छूटने का भय बना रहता है। भक्त की पकड़ बहुत मजबूत नहीं होती। वह संसार के एक धक्के से भी टूट सकती है।

प्रभु की पकड़ बड़ी मजबूत होती है। वह जिसे पकड़ता है उसके गिरने की सम्भावना सदा के लिए नष्ट हो जाती है। नारद को प्रभु ने पकड़ रखा था; माया की ठोकर खाकर वे गिर रहे थे, प्रभु ने उन्हें उठा लिया था। कामजयी ऋषि का कामासक्त हो जाना माया का प्रबल आघात है। नारद अकेले होते तो यह चोट उनकी साधना और तपस्या को नष्ट कर देती, पर प्रभु उनकी बाँह पकड़े थे, इसीलिए नारद आसानी से बच गये।

यदि भक्त को आजन्म बचना और सुरक्षित रहना है तो उसे कोशिश यही करनी चाहिए कि प्रभु उसकी बाँह पकड़ें। फिर यात्रा बहुत आसान हो जायेगी, चिन्ताएँ समाप्त हो जायेंगी। सारे बोझ प्रभु पर आ जायेंगे। वे ही कर्ता होंगे, वे ही कर्म।

धर्म की जय-यात्रा में हनुमान को सीता यही निर्भयता देना चाहती थीं। इसीलिए उन्होंने कहा कि हे पुत्र! प्रभु का प्रेम तुम पर सदा बना रहे। उनका प्रेम अहेतुक होता है। किसी कारण की खोज नहीं करता। सेवा करोगे तभी प्रेम मिलेगा, यह व्यापार-भाव वहाँ नहीं होता। यह सुनकर हनुमान धन्य हो गये। उन्होंने अपना जीवन सफल माना।

□

बल-प्रदर्शन

देखि प्रताप न कपि मन संका

रावण के प्रताप को प्रत्यक्ष चुनौती देने के लिए अब हनुमान तैयार हो गये हैं। इसके लिए उन्हें माँ सीता की आज्ञा मिल चुकी है। जननी का प्रसाद पाकर हनुमान अपने भीतर अतुलित बल का अनुभव कर रहे हैं। रावण को सीधी टक्कर देने का उन्माद उनके भीतर उमड़ आया है।

फल खाने के साथ-ही-साथ उन्होंने बाग को उजाड़ना भी आरम्भ कर दिया। जब रखवालों ने उन्हें रोकना चाहा तो उन्हें भी मारने लगे।

रहे तहाँ बहु भट रखवारे।
कछु मारेसि कछु जाइ पुकारे॥

—बाग में बहुत से योद्धा रखवाले थे। उनमें से कुछ को हनुमान ने मार डाला और कुछ ने जाकर रावण से गुहार की।

वास्तव में हनुमान की इच्छा चुपचाप फल खाकर निकल भागने की नहीं थी। वे अपने बल के आतंक को रावण तक पहुँचाना चाहते थे। उसका यही तरीका था कि मारा-मारी की जाय। वे सीधे रावण के दरबार में भी पहुँचकर उछल-कूद कर सकते थे, लेकिन तब आतंक उतना पुरअसर नहीं होता। अपने पौरुष का प्रदर्शन कर हनुमान धीरे-धीरे किन्तु प्रभावी ढंग से रावण के हृदय में खलबली मचाना चाहते थे।

नाथ एक आवा कपि भारी।
तेहिं असोक वाटिका उजारी॥

—हे नाथ! एक बड़ा भारी बन्दर आया है। उसने अशोक वाटिका उजाड़ डाली।

जीवन में पहली बार रावण इस तरह का समाचार सुन रहा था। आज तक

उसने केवल यही सुना था कि उसके आदमियों ने कहाँ, किसका घर उजाड़ डाला, कितने लोगों को मार डाला, कितने गढ़ जीत लिये। आज नदी उलटी बह रही थी। सूरज पश्चिम से निकल रहा था।

रावण चकित-विजड़ित था। रखवाले कहे जा रहे थे—महाराज! वह फलों को खा रहा है, वृक्षों को उखाड़ रहा है और रक्षकों को मार रहा है।

बड़ा नायाब तरीका हनुमान ने चुना है। यदि वे स्वयं अपने पराक्रम का वर्णन करते तो इतनी अच्छी तरह नहीं कर सकते थे। भयभीत आदमी भय पैदा करनेवाले का वर्णन हजारों गुना बढ़ाकर करता है। भूतों की इसीलिए बड़ी भयानक कहानियाँ प्रचलित हैं। डरा हुआ आदमी एक तनिक देखता है और दस तनिक बोलता है। जिन साधु-महात्माओं ने भूत को देखा है, वे कहते हैं—वह एक अशरीरी छाया होता है। लेकिन जिन डरपोकों ने देखा है, वे कहते हैं कि वह चण्ड-मुण्ड और रक्तबीज को लील जानेवाली महामाया जैसा होता है।

निडर आदमी शत्रु को उसके सही कद में देखता है, क्योंकि लड़ने के लिए सबसे जरूरी यही है कि दुश्मन का सही आकलन किया जाय। भयभीत आदमी शत्रु को कई गुना करके देखता है, क्योंकि उसे लड़ना नहीं, भागना होता है। भयदाता को बड़ा बताने से भागने की आजादी मिल जाती है, लड़ने से छुटकारा मिल जाता है। डरे हुए रक्षक रावण के सामने हनुमान का बाहुबल इसी भाव से बखान रहे हैं।

रावण की समझ में कुछ नहीं आता है। वह रक्षकों की सहायता के लिए और अनेक योद्धाओं को भेज देता है। हनुमान उनको देखकर गर्जना करते हैं। अभी तक हनुमान ने गर्जना नहीं की थी। वह खेल-खेल में फल खा रहे थे। रक्षकों को लात-मुक्का मारते हुए हँसी-मजाक करते जा रहे थे। पर अनेक राक्षस योद्धाओं को आता देख हनुमान ने गर्जना की।

युद्ध में आक्रमण सबसे अच्छा बचाव होता है। हनुमान ने गर्जना करके आक्रमण की शुरुआत की। गजब की मिट्टी के बने हैं हनुमान! उनके विश्वास को तो देखिए। राक्षसों के घर में बैठे हैं, उसे तोड़-फोड़ रहे हैं और उलटे गर्जना भी कर रहे हैं! गर्जना तो राक्षसों को करनी चाहिए थी। नुकसान उनका हो रहा था। इसी को कहते हैं—सीनाजोरी। हाँ, मैं तुम्हारा माल खा रहा हूँ, घर उजाड़ रहा हूँ। बोलो, क्या करोगे? लड़ोगे? आओ! हो जायें दो-दो हाथ।

सब रजनीचर कपि संघारे।
गए पुकारत कछु अधमारे॥

—हनुमान ने सब राक्षसों को मार डाला। कुछ जो अधमरे थे, वे चिल्लाते हुए रावण के पास गये।

अब रावण की समझ में कुछ बात आयी। उसने परिस्थिति की गम्भीरता को समझा। अपने पुत्र अक्षयकुमार को उसने अनेक सुभटों के साथ वानर का सामना करने के लिए भेजा।

हनुमान का आतंक धीरे-धीरे बढ़ रहा है। रक्षकों की पहली पुकार पर रावण ने कुछ भट (योद्धा) भेजे थे। अब जब अक्षयकुमार जा रहा है तो उसके साथ सुभट (श्रेष्ठ योद्धा) जा रहे हैं—चला संग लैं सुभट अपारा।

रावण के बेटे को देखकर हनुमान ने अपनी रणनीति तय की। उन्हें अच्छा अवसर मिल रहा था।

आवत देखि बिटप गहि तर्जा।
ताहि निपाति महाधुनि गर्जा॥

—उसे आते देख हनुमानजी ने एक वृक्ष हाथ में ले उसे ललकारा और उसे मारकर महाध्वनि की।

लंका में पहली आग इसी घटना से लग गयी। रावण का पुत्र किसी वानर के हाथों मारा जाय, यह एक शर्मनाक घटना थी। इससे अधिक डूब मरने लायक परिस्थिति रावण के जीवन में बहुत दिनों से कभी नहीं आयी थी।

अक्षयकुमार को देखते ही हनुमान ने समझ लिया कि अब राक्षस लोग उनकी उपस्थिति को गम्भीरता से ले रहे हैं। पहले जब कुछ छोटे-मोटे वीरों को रावण ने भेजा था तब हनुमान को उसने एक साधारण वानर माना था, जो कहीं से भटककर, लंकिनी से बचकर अशोक वन में फल खाने के लिए घुस आया है। किन्तु जब हनुमान ने सबको मार भगाया तो उसका माथा ठनका। उसने अपने प्रतापी पुत्र अक्षयकुमार को भेजा।

क्षण मात्र में उसका वध करना आतंक को घर-घर में आग की तरह फैलाना था। हनुमान ने यही किया। उन्होंने एक वृक्ष उखाड़ा और उस पर दे मारा। अक्षयकुमार अभी सोच भी नहीं पाया था कि क्या करे कि उसकी मृत्यु हो गयी। हनुमान घोर गर्जना करने लगे।

कछु मारेसि कछु मर्देसि कछु मिलएसि धरि धूरि।
कछु पुनि जाइ पुकारे प्रभु मरकट बल भूरि॥

—उन्होंने सेना में से कुछ को मार डाला, और कुछ को पकड़-पकड़कर धूल में मिला दिया। कुछ ने फिर जाकर पुकार की कि हे प्रभु! बन्दर बहुत बलवान् है।

हनुमान के आतंक के कारण भय रूप बढ़ता जा रहा है। पहले जब रखवाले रावण के पास आये थे तो उन्होंने कहा था कि 'कपि भारी' है। अब जब हनुमान ने अक्षयकुमार को मार डाला तो वे कह रहे हैं कि 'मरकट बल भूरि' है—अर्थात् बहुत ही बलवान् है। हनुमान में भी परिवर्तन आ रहा था। शुरू में वे हँस-खेल रहे थे। जब 'नाना भट' आये तो वे गर्जना करने लगे, किन्तु जब अक्षयकुमार को सुभटों के साथ देखा तो उसे मारकर महाधुनि के साथ गर्जना करने लगे।

रावण अब तक चिन्तित था। पुत्र का वध सुनकर वह क्रोधित हो उठा। उसने मेघनाद को भेजा, लेकिन साथ में एक हिदायत भी दी—

मारसि जनि सुत बाँधेसु ताही।
देखिअ कपिहि कहाँ कर आही॥

—हे पुत्र! मारना नहीं, उसे बाँध लाना। उस बन्दर को देखा जाय कि कहाँ का है!

जब आतंक फैलता है तो आतंक करनेवाले को जानने की उत्सुकता होती है। अभी तक रावण हनुमान के बारे में गम्भीर नहीं था। उसने अक्षयकुमार को कोई खास निर्देश नहीं दिया था। उसे भेजने का केवल इतना ही मतलब था कि उत्पाती वानर को मार भगाया जाय। किसी गम्भीर संघर्ष की बात उसके मन में नहीं थी। लेकिन जब हनुमान ने अक्षयकुमार को मार डाला तो रावण को सोचने पर मजबूर होना पड़ा। वह यह जानने के लिए उत्सुक हो उठा कि वह वानर कौन है? बिना वानर से मिले आतंक की जड़ तक नहीं पहुँचा जा सकता था। इसीलिए उसने मेघनाद से हनुमान को बाँधकर लाने को कहा।

मेघनाद क्रोधित होकर अक्षयकुमार के वध का बदला लेने के लिए तुरन्त चल पड़ा।

कपि देखा दारुन भट आवा।
कटकटाइ गर्जा अरु धावा॥

—हनुमान ने देखा कि इस बार भयानक योद्धा आया है। तब वे कटकटाकर गरजे और दौड़े।

यहाँ एक बात ध्यान देने लायक है। जब हनुमान से छोटे-मोटे योद्धा लड़ रहे थे तब वे सतर्क नहीं थे। यों ही उन्हें घुमा-फिराकर मार रहे थे। किन्तु जब बड़े योद्धा आये तो हनुमान सजग हुए। उन्हें देखने लगे। जब अक्षयकुमार आया था तब उसे 'आवत देखि' हनुमान ने अपनी रणनीति की रचना की थी। अब जब मेघनाद आ रहा है तब—कपि देखा दारुन भट आवा। देखकर हनुमान पहचान गये कि यह भयानक योद्धा है।

आमने-सामने के युद्ध में आँखें सबसे बड़ी हथियार होती हैं। उनके द्वारा योद्धा अपने शत्रु की शक्ति का आकलन करता है। फिर उसे अच्छी तरह तौलकर आक्रमण करता है। अगर कोई बिना देखे जोश में आकर शत्रु पर टूट पड़े तो उसे मरा ही समझिए। धीर योद्धा पहले शत्रु को देखकर उसकी शक्ति को पहचानते हैं फिर अपनी रणनीति का निश्चयन करते हैं। ऐसे लोग सदा सफल होते हैं। मुश्किल से उन्हें असफलता का मुख देखने को मिलता है।

वास्तव में युद्ध में हार-जीत का निर्णय हथियार नहीं, आँखें करती हैं। शत्रु को देखते ही डर गये तो गये और आनन्दित हुए, उत्साहित हुए तो शत्रु गया। आमने-सामने के युद्ध का गणित बड़ा आसान होता था। आज के युद्ध-शास्त्र ने 'नया गणित' सीख लिया है। नेता लोग राष्ट्र संघ में ह्विस्की का पेग लेते हुए लुभावनी मुसकराहट के साथ शान्ति पर चर्चा करते हैं और देश की सीमाओं पर बम फटते रहते हैं, बन्दूकें चलती रहती हैं।

सामने से आते मेघनाद को देखकर हनुमान ने उसका बल आँक लिया। वे भयानक गर्जना करते हुए दौड़े। उनकी यह गर्जना उससे भी तेज थी जो उन्होंने अक्षयकुमार को मारकर की थी। एक पेड़ को उखाड़कर उन्होंने मेघनाद के रथ पर पटक दिया। रथ टूट गया। मेघनाद अब हनुमान की तरह ही बिना रथ के हो गया।

रहे महाभट ताके संगा।
गहि गहि कपि मर्दइ निज अंगा॥

—उसके साथ जो बड़े-बड़े योद्धा थे उन्हें पकड़कर हनुमानजी अपने शरीर से मसलने लगे।

मेघनाद के सैनिकों को बुरी तरह रौंदकर हनुमान ने आतंक का घनघोर दृश्य उपस्थित कर दिया था। मानसिक रूप से मेघनाद अपने बलशाली सैनिकों को मरता देख जरूर विचलित हुआ होगा। चिन्ता से उसकी शक्ति कुछ घटी होगी। इसीलिए अब उसपर प्रहार करने के लिए हनुमान ने सोचा। वे मेघनाद से भिड़ गये। भयानक युद्ध होने लगा, जैसे दो हाथी भिड़ गये हों। हनुमान ने उसे एक जोरदार घूँसा लगाया और पेड़ पर जा चढ़े। मेघनाद क्षण भर को मूर्च्छित हो गया। फिर वह माया का युद्ध करने लगा। लेकिन हनुमान उसमें भी उससे भारी पड़े। अन्त में हारकर मेघनाद ने ब्रह्म अस्त्र का इस्तेमाल किया।

ब्रह्म अस्त्र तेहिं साँधा कपि मन कीन्ह बिचार।
जौं न ब्रह्मसर मानउँ महिमा मिटइ अपार॥

—अन्त में मेघनाद ने ब्रह्मास्त्र का प्रयोग किया। हनुमानजी ने मन में विचार किया

कि यदि ब्रह्मास्त्र को नहीं मानता हूँ तो उसकी अपार महिमा मिट जायेगी।

श्रेष्ठ और सज्जन पुरुष दूसरों की महिमा, दूसरों के सम्मान के बारे में चिन्ता करते हैं। क्षुद्र और दुर्जन लोग अपनी महिमा और अपने सम्मान के बारे में दिन-रात सोचते रहते हैं। किस तिकड़म से अपना अभिनन्दन करवा लें, किस हिकमत से अपना फोटो अखबारों में छपवा लें, टेलीविजन में दिखवा लें, यही उनकी जिन्दगी की आस होती है। हनुमान को अपने मान-सम्मान की चिन्ता नहीं थी। उसे तो उन्होंने प्रभु-चरणों में समर्पित कर रखा था। अपना सबकुछ उन्होंने राम के नाम लिख दिया था।

उन्हें ब्रह्मा के सम्मान की चिन्ता हो रही थी। यदि वे ब्रह्म अस्त्र की मार से बच पाते तो उनका गौरव तो जरूर बढ़ता, लेकिन ब्रह्मा की बड़ी हेठी होती। ब्रह्मा हनुमान के लिए श्रेष्ठ और वन्दनीय थे। उनका अपमान करना हनुमान के लिए असम्भव था।

पूज्य जनों का भक्त बड़ा ध्यान रखता है। चैतन्य महाप्रभु के एक बड़े श्रद्धावान् भक्त थे। उनका नाम पुण्डरीक विद्यानिधि था। वे सदा श्रद्धा के भाव से भरे रहते थे। कभी नीचे उतरते ही नहीं थे। एक बार वे गंगास्नान के लिए गये और बिना नहाये, केवल जल को छूकर माथे से लगाकर लौट आये। चैतन्य ने कहा कि वहाँ तक गये तो नहाये क्यों नहीं? गंगा में नहाने से करोड़ों जन्मों के पाप कट जाते हैं। वे मुक्तिदायिनी हैं।

पुण्डरीक बोले—'महाराज! पापों की मुझे चिन्ता है। वे और करोड़ों वर्ष तक रहें तो भी चल सकता है। लेकिन मैं गंगा माँ का अपमान नहीं कर सकता था। मैं नहाता तो मुझे परम पूजनीया माँ गंगा को अपने पाँव से छूना पड़ता। बिना पैर पानी में डाले नहाना असंभव था और मैं अपनी माँ को पाँव से छू नहीं सकता था। हमें तो माँ के पाँव छूने चाहिए। इसलिए प्रभु! मैं बिना नहाये लौट आया।'

चैतन्य अपने भक्त के भाव को देखकर रो पड़े। यह श्रद्धा वे अपने जीवन में भी नहीं ला सके थे। उन्होंने पुण्डरीक विद्यानिधि का नाम बदलकर पुण्डरीक प्रेमनिधि कर दिया।

दूसरे के प्रति आदर-भावना, श्रेष्ठ भाव ही आदमी को महान् बनाते हैं। जो अपने लिए ही जीते हैं, इतिहास उनकी चिन्ता नहीं करता है। जो दूसरों का खयाल करके अपने स्वार्थ का बलिदान करते हैं, उन्हें मानवता युग-युगों तक याद करती है।

पाण्डव योद्धा अर्जुन के जीवन की एक घटना है। वे भगवान् शिव से

पाशुपत अस्त्र माँगने के लिए उनकी तपस्या कर रहे थे। और तपस्या के दौरान उन्होंने एक दिन देखा कि एक जानवर घायल अवस्था में उनके पैरों के पास आकर गिर गया है। उन्होंने उसके घाव को देखकर उसे बचाने का उपाय करना आरम्भ किया। किन्तु इसी बीच उसे मारनेवाला किरात आ गया। किरात ने डपटकर कहा, 'शिकार मेरा है, मुझे वापस दे दो।'

अर्जुन ने कहा, 'यह घायल होकर मेरी शरण में आया है। मैं इसे बचाऊँगा।'

किरात का स्वर और कठोर हो उठा। उसने कहा, 'अगर तुम मेरी बात नहीं सुनोगे तो तुम्हें मुझसे युद्ध करना पड़ेगा।'

शरण में आये निरीह जानवर को बचाने के लिए अर्जुन युद्ध करने को तैयार हो गये। किरात से उनका भयानक युद्ध चला। पर वह हारता ही नहीं था। हारकर अर्जुन ने सोचा कि इसे किसी मन्त्रसिद्ध अस्त्र से मारना चाहिए। अस्त्र उठाते ही उन्हें एक बाात याद आयी। जो अस्त्र वह चलाने जा रहे थे उसके प्रभाव से वातावरण दूषित हो सकता था। उससे उत्पन्न होनेवाले विकिरण से आस-पास की वनस्पतियाँ नष्ट हो जातीं, जीव-जन्तु मर जाते। अपनी विजय के लिए अर्जुन इतने निर्दोष लोगों की जान खतरे में नहीं डालना चाहते थे। उन्होंने अस्त्र को वापस अपने तरकस में रखकर किरात से कहा, 'मैं अपनी पराजय स्वीकार करता हूँ। तुम अपना शिकार ले जाओ।'

किरात हँसा—'क्यों? अभी तो तुम बड़े हथियार निकाल रहे थे। चलाओ न उन्हें?'

अर्जुन ने गम्भीर स्वर में कहा, 'तुम्हारे जैसे क्षुद्र प्राणी को मारने के लिए इतने बड़े अस्त्र का उपयोग करके मैं निर्दोष लोगों की जान को खतरे में नहीं डालना चाहता।'

किरात अब एकदम बदल गया। वह साक्षात् शिव के रूप में दिखाई देने लगा। अर्जुन नतमस्तक हो गये।

भगवान् शिव ने कहा, 'वत्स! अब मैं जान गया कि तुम श्रेष्ठ अस्त्र रखने के अधिकारी हो। तुमने मानवता के बचाव के लिए अपनी पराजय स्वीकार करके मुझे जीत लिया। अब मुझे विश्वास है कि अस्त्र-शस्त्र का उपयोग तुम जरूरत पड़ने पर ही करोगे, उत्तेजना में आकर, मात्र अपनी स्वार्थ-पूर्ति के लिए नहीं।'

महाभारत युद्ध में अर्जुन ने कई कठिन परिस्थितियाँ आने के बावजूद पाशुपत अस्त्र का इस्तेमाल नहीं किया। उसे बाध्य होकर उस समय करना पड़ा जब अश्वत्थामा ने उत्तरा के गर्भ को समाप्त करने के लिए ब्रह्मास्त्र का प्रयोग किया था।

हनुमान ने अपने बल का प्रदर्शन करने के लिए ब्रह्मा की महिमा नहीं गिरायी। उसके सामने नतमस्तक हुए। लेकिन एकदम बेकार नहीं गया उनका बँधना। उन्होंने घायल होकर गिरते समय बहुत सारे राक्षसों को अपने नीचे दबाकर पीस डाला।

जब मेघनाद ने देखा कि हनुमान मूर्च्छित हो गये हैं तब उसने उन्हें नागपाश में बाँधा और लेकर चल पड़ा।

भगवान् शिव हनुमान की इस लीला को लक्ष्य करते हुए पार्वती से कहते हैं—

जासु नाम जपि सुनहु भवानी।
भव बंधन काटहिं नर ग्यानी॥
तासु दूत कि बंध तरु आवा।
प्रभु कारज लगि कपिहिं बँधावा॥

—हे पार्वती! सुनो, जिसका नाम जपकर ज्ञानी मनुष्य संसार के बन्धन को काट डालते हैं, उनका दूत कहीं बन्धन में आ सकता है! किन्तु प्रभु के कार्य के लिए हनुमान ने स्वयं अपने को बँधा लिया।

आइए, जरा ध्यान से देखते चलें कि शिव ने यह बात क्यों कही। हनुमानजी के लिए तो यही गौरवपूर्ण बात थी कि वे ब्रह्मा के सम्मान के कारण बँध गये। पर शिव इससे आगे का विचार कर रहे हैं। अब मेघनाद हनुमान को लेकर जा रहा है। हनुमान को होश आ गया है। अब वे क्यों बँधे हुए हैं। ब्रह्मा के मान की रक्षा कर ली हनुमान ने, अब उन्हें अपने प्राण की भी रक्षा करनी चाहिए। लेकिन वे क्यों नहीं कर रहे हैं?

ऐसा कोई सवाल पार्वती के मन में उठ सकता था। मानस में जहाँ कहीं भी सवाल उठने की गुंजाइश हुई है, भगवान् शिव झट से उसका कोई कारण दे देते हैं। वे नहीं चाहते कि पार्वती की श्रद्धा टूटे, वे उसी तरह का संशयात्मक सवाल करें जैसा सती ने किया था। संशय के कारण ही सती को उन्होंने खो दिया था। पार्वती को वह खोना नहीं चाहते। अतः जहाँ भी संशय आता है, वे पार्वती के पूछने से पहले ही उसका समाधान कर देते हैं। भगवान् शिव रामकथा सुनाकर भवानी पार्वती को श्रद्धा की प्रतिमूर्ति बनाना चाहते हैं।

उन्होंने पार्वती को समझाया—राम का दूत कभी किसी बन्धन में आ ही नहीं सकता। जो सबके बन्धनों को काटते हैं वे अपने दूत को किसी बन्धन में कैसे रख सकते हैं! राम के काम के लिए ही दूत बन्धन को अपने गले में डालता है।

महाप्रभु चैतन्य के परमप्रिय शिष्य नित्यानन्द उनकी छाया की तरह रहते थे।

अचानक एक दिन गुरु ने अपने प्रिय शिष्य से कहा, 'हम कृष्ण नाम का प्रचार कर रहे हैं। प्रभु को घर-घर पहुँचा रहे हैं, लेकिन एक कमी रह गयी है। गृहस्थ सोचता है कि साधु के पास कोई झंझट नहीं है। वह 'नाम-जप' आसानी से कर सकता है। लेकिन कारोबार में फँसे आदमी के लिए धर्म का भाव ठीक नहीं। अगर लोग ऐसा ही सोचते रहे तो हमारे प्रचार का क्या असर होगा? इसके लिए कुछ करना चाहिए।'

'क्या करें, महाराज?' नित्यानन्द ने पूछा।

महाप्रभु बोले, 'तुम्हें विवाह करके गृहस्थ बनना पड़ेगा। मैं चाहता हूँ कि लोग तुम्हें देखकर प्रेरणा ले सकें कि गृहस्थ होकर भी धर्म किया जा सकता है।'

नित्यानन्द संन्यासी थे। संन्यास से गृहस्थ धर्म में लौटना पाप माना जाता है, पतन कहा जाता है। पर अपने गुरु की आज्ञा से वे इस बन्धन में बँध गये।

लेकिन कोई उन्हें अपनी लड़की देने को तैयार नहीं हो रहा था। एक ब्राह्मण की दो लड़कियाँ थीं। वह विवाह करने को तैयार था, एक का विवाह कर देता तो दूसरी का विवाह ही नहीं होता; क्योंकि संन्यासी से पुत्री का विवाह अनुचित माना जाता था। अतः चैतन्य ने नित्यानन्द से कहा कि तुम दोनों लड़कियों से विवाह कर लो।

नित्यानन्द ने यह भी स्वीकार कर लिया। जिसका तन-मन संन्यासी हो गया हो, वह विवाह करे और वह भी दो लड़कियों से, सुनकर कँपकँपी छूट जाती है। लेकिन गुरु की आज्ञा से गृहस्थों को धर्म की शिक्षा देने के लिए नित्यानन्द विवाह-बन्धन में बँध गये।

जब सारे उत्तर भारत में आचार्य रामानन्द भक्ति से भरी हुई वाणी से घोषणा कर रहे थे कि 'जाति-पाँति पूछे नहिं कोई, हरि को भजे सो हरि का होई' तब उनके चरणों में महाराष्ट्र से चलकर आये एक व्यक्ति ने शरण ली, 'महाराज! मुझे अपना लें।'

आचार्य ने भावना से भरे इस युवक को अपनी टोली में शामिल कर लिया। उन्होंने उस युवक को संन्यास की दीक्षा दी। युवक का नाम था विट्ठल पन्त। वह विवाहित था, लेकिन वह सांसारिक जीवन में कोई रुचि नहीं रखता था। अतः घर से भागकर गुरु के चरणों में आ गिरा था। गुरु को पता नहीं था कि यह शिष्य विवाहित है।

विट्ठल पन्त की पत्नी रुक्माबाई बड़ी साधु प्रकृति की महिला थीं। वह सदा भगवान् की सेवा में लीन रहती थीं। उन्होंने पति को वापस लाने का व्रत लिया और बनारस आ गयीं। एक दिन अवसर देखकर वे आचार्य रामानन्द के चरणों में

लौट गयीं। आचार्य ने सोचा, युवा स्त्री है, सन्तान की कामना से आयी होगी। आशीष दिया—'पुत्रवती हो।'

रुक्माबाई रोने लगीं। उन्होंने निवेदन किया, 'प्रभु! मेरा पति तो आपका शिष्य होकर संन्यासी हो गया है। मैं आपके आशीर्वाद को कैसे फलीभूत कर सकती हूँ?'

आचार्य ने विट्ठल पन्त को बुलाया और गृहस्थ धर्म में लौटने की आज्ञा दी। गुरु की बात मानकर वे फिर से गृहस्थ हो गये, संसार में लौट आये।

उनके चार सन्तानें हुईं—चारों संन्यासी—साधारण नहीं, प्रखर, तेजस्वी और महिमामण्डित। बड़े पुत्र निवृतनाथ नाथ पंथ के आचार्य बने, मझले ज्ञानदेव सारे संसार में सन्त ज्ञानेश्वर के नाम से अमर हो गये, छोटे पुत्र सोपान देव और पुत्री मुक्ताबाई भक्ति आन्दोलन में ज्ञानेश्वर के श्रद्धावान् सहायक रहे।

कट्टरपन्थियों ने विट्ठल पन्त को जीने नहीं दिया। वे संन्यासी से गृहस्थ बने थे, इसलिए उन्हें प्रायश्चित्त के लिए नदी में डूब मरने को कहा। सन्त हृदय विट्ठल पन्त और उनकी पत्नी रुक्मा देवी ने नदी में जीवित समाधि ले ली। फिर भी कट्टरपन्थियों का मन नहीं माना। वे उनकी सन्तानों को सताते ही रहे।

स्वामी की आज्ञा मानकर जीवन को कष्ट और विपत्ति की आग में झोंकना सेवक अपना परम कर्तव्य मानता है। नित्यानन्द और विट्ठल इसीलिए फिर से गृहस्थ हो गये थे। हनुमान ने भी इसीलिए बन्धन स्वीकार किया था। उन्हें अपने स्वामी का काम करना था, रावण के सामने राम के प्रताप को उद्घाटित करना था।

हनुमान आये जरूर थे, छिपकर लेकिन छिपकर जाना नहीं चाहते थे। वह रावण को राम के प्रताप से अवगत कराना चाहते थे जिससे वह सीता को भविष्य में दुःख न दे। अपनी मौत की तैयारी में ही वह इतना व्यस्त हो जाय कि उसे सीता का खयाल ही न आये। हुआ भी ऐसा ही। लंका-दहन के बाद रावण राम से ही जूझने में व्यस्त रहा। वह कभी सीता के पास नहीं पहुँच पाया।

भगवान् शिव अपनी प्रिया पार्वती को यह बता रहे हैं कि हनुमान क्यों बन्धन में पड़े। शक्ति बन्धन में नहीं थी कि उसने हनुमान को बाँधा। यह तो हनुमान की रणनीति थी, जो उन्होंने बन्धन को स्वीकार कर लिया। बन्धन को उन्होंने बाधा नहीं, मार्ग बनाया। इसी के माध्यम से वे रावण तक पहुँचने में सफल हुए।

कपि बंधन सुनि निसिचर धाए।
कौतुक लागि सभाँ सब आए॥

—बन्दर का बाँधा जाना सुनकर राक्षस लोग दौड़े और तमाशा देखने के लिए सभा

में इकट्ठे हो गये।

हनुमान यदि गुपचुप में पकड़ लिये जाते तो यह आनन्द नहीं मिलता। रावण से वह केवल कुछ गिने-चुने दरबारियों के सामने मिलते तो मिलन का मजा नहीं आता। जब वे शोर-शराबे के साथ दरबार में पहुँचे तो बहुत सारे राक्षस वहाँ उपस्थित हो गये। उन्हें यह जानने की ललक थी कि देखें, वानर का क्या होता है! हनुमान खुश थे कि उन्हें बिना डुगडुगी बजाये, बिना कोई खास प्रचार किये अच्छी-खासी संख्या में श्रोता मिल गये। अब भाषण का मजा रहेगा। राम के प्रताप का डंका बजाने में अब आनन्द आयेगा। अब रावण से वाक्‌युद्ध करेंगे तो यह कमी नहीं अखरेगी कि वाहवाही करनेवालों की कमी है।

हनुमान रावण की सभा में पहुँचकर उसका वैभव देखने लगे। सबकुछ भव्य और विशाल था।

कर जोरें सुर दिसिप बिनीता।
भृकुटि बिलोकत सकल सभीता॥

—देवता और दिशाओं के स्वामी हाथ जोड़े बड़ी नम्रता के साथ भयभीत हुए रावण की भौं की ओर देख रहे थे।

गजब का आतंक था रावण का। इस आतंक को चुनौती देने हनुमान आ गये थे। वहाँ पर बड़े-बड़े देवता हाथ जोड़े खड़े थे। भय और आतंक ही रावण के हथियार थे। उसने अपने आतंक द्वारा देवताओं को भयभीत कर रखा था। उन्हें अपने दरबार में केवल शोभा के लिए खड़ा कराकर सबको डराता था। वह चाहता था कि लोग जानें कि यदि रावण के दरबार में देवताओं की यह स्थिति है तो औरों की क्या बिसात है! भय भाषण देने से, कानून बनाने से उतना नहीं फैलता है जितना किसी को सरेआम गोली मारकर चौराहे पर टाँग देने से। देवता रावण के दरबार में जीवित दरबारी नहीं थे। उनसे कभी राय नहीं ली जाती थी। वे तो वहाँ टँगे हुए थे, जीवित भय के प्रतीक के रूप में। मुरदा टाँगने से कुछ दिन बाद बदबू फैलती। उन्हें बार-बार बदलना पड़ता। इन सब झंझटों से बचने के लिए रावण ने देवताओं को अपने दरबार में टाँग रखा था। सुविधा भोगी आदमी सत्ता से इसी तरह टँगा रहता है। किन्तु सुविधाओं को लात मारनेवाले सत्ता से आतंकित नहीं होते।

हनुमान को सुविधाओं से कुछ वास्ता नहीं था। वे जंगल में रहकर, कन्द-मूल-फल खाकर, राम नाम गाकर मस्त रहने के आदी थी। इसीलिए उन्हें रावण के प्रताप ने आतंकित नहीं किया, भय ने नहीं सताया। उन्हें तो सुविधाएँ छिनने का कोई डर ही नहीं था, क्योंकि उनके पास कोई सुविधा थी ही नहीं। वे रावण के

ऐश्वर्य को देखकर भी मस्त-मगन थे।

देखि प्रताप न कपि मन संका।
जिमि अहिगन महुँ गरुड़ असंका॥

—उसका प्रताप देखकर हनुमानजी के मन में जरा भी डर नहीं हुआ। वे ऐसे निश्शंक खड़े रहे जैसे सर्पों के समूह में गरुड़ निर्भय खड़ा रहता है।

बड़ी अच्छी बात कही गयी है। गरुड़ सर्पों के बीच केवल निर्भय होकर खड़ा ही नहीं होता, उन्हें खाता भी है, उनका सर्वनाश भी करता है। वहाँ उपस्थित सभी लोगों को हनुमान इसी दृष्टि से देख रहे थे। रावण की सभा में निर्भय होकर खड़ा होना बड़े भारी साहस की बात है। साधारण आदमी सिपाही देखकर डरता है कि कहीं जेल में न बन्द कर दे। हनुमान तो सिपाहियों के सिपाही, आतंक के प्रतीक रावण को देख रहे थे। उन्हें मन में जरा भी भय का आभास नहीं हो रहा था। वह निडर हो रावण की सभा का कौतुक देख रहे थे।

आदमी केवल भय के कारण डरता है। यदि भय को जीत लिया जाय तो फिर डरने की कोई बात नहीं रह जाती है। शुरू में ही सीताजी ने हनुमान से कहा था, 'फल खाने के लिए तो कह रहे हो, पर यहाँ के रखवाले बलवान् हैं।' हनुमान ने जवाब दिया था, 'मुझे भय नहीं है।'

भय न हो तो आदमी यमराज को भी इन्तजार करने के लिए कह सकता है। निर्भय वे ही हो सकते हैं जो किसी से कुछ पाना नहीं चाहते हैं। जिनकी सभी इच्छाएँ प्रभु के चरणों में समर्पित होती हैं। जो अपने को कर्ता नहीं, निमित्त मानते हैं।

हनुमान की बुद्धि में निमित्त भाव था। वह जानते थे कि काम तो राम कर रहे हैं, लेकिन हनुमान को गौरव देने के लिए आगे रखे हुए हैं। यह राम की कृपा है कि उन्होंने अपने काम की पूर्ति के लिए हनुमान को चुना। वे किसी और को चुनने में पूरी तरह स्वतन्त्र थे। इस भाव के कारण ही हनुमान रावण की सभा में निर्भयता के मूर्तिमन्त स्वरूप लग रहे थे।

कपिहि बिलोकि दसानन बिहसा कहि दुर्बाद।
सुत बध सुरति कीन्हि पुनि उपजा हृदयँ बिषाद॥

—हनुमान को देखकर रावण दुर्वचन कहता हुआ खूब हँसा। फिर पुत्रवध का स्मरण किया तो उसके हृदय में विषाद उत्पन्न हो गया।

दुर्जन आदमी की सबसे बड़ी पहचान यही है कि वह किसी को दयनीय स्थिति में देखकर हँसता है और दुर्वचन बोलता है, गन्दे व्यंग्य करता है। हँसना और गाली देना रावण की मुख्य विशेषता थी। इसमें उसे आनन्द आता था। जब वृत्तियाँ

निम्नगामी होती हैं तो आदमी को इसी तरह के कामों में आनन्द आता है। शराब पीकर बड़े-से-बड़े सज्जन पुरुष भी गाली देने में उस्ताद हो जाते हैं।

अचानक रावण को खयाल आया कि यह वानर दयनीय नहीं, दुर्दमनीय है। इसने अक्षयकुमार को मारा है। अत: उसकी खिल्ली उड़ाने की वृत्ति लुप्त हो गयी। वह बहुत दु:खी हो उठा। उसके मन में हनुमान के प्रति प्रतिशोध की भावना उमड़ पड़ी। वह कठोर हो हनुमान से कहने लगा। उसने कहा कि हे वानर! तू कौन है? और किसके बल पर तुमने अशोक वन को उजाड़कर नष्ट कर डाला? क्या तुमने कभी मेरे बारे में सुना नहीं? रे शठ! मैं तुझे बहुत निश्शंक देख रहा हूँ।

रावण ने अच्छी तरह हनुमान को पहचान लिया। वे निडर थे, इसलिए लग भी रहे थे। भय छिपाये नहीं छिपता। उसी तरह निर्भयता भी होती है। निर्भय आदमी की आँखों में एक अलग ही चमक होती है। उसे देखते ही पहचाना जा सकता है। आज बहुत दिनों के बाद रावण ने अपने दरबार में किसी व्यक्ति को देखा था, जिसकी आँखों में निर्भयता की चमक थी। अभी तक तो उसके दरबार में डरे हुए लोग आते थे, बुझी हुई आँखोंवाले आते थे, झुकी हुई आँखोंवाले आते थे। खुली हुई आँखोंवाले आदमी को रावण पहली बार देख रहा था। इसीलिए कुछ देर तक वह हनुमान को देखता ही रहा। फिर बोला—

मारे निसिचर केहिं अपराधा।
कहु सठ तोहि न प्रान कइ बाधा॥

—तूने किस अपराध से राक्षसों को मारा? रे मूर्ख! बता, क्या तुझे प्राण जाने का भय नहीं है?

यह सच है कि हनुमान को प्राणों का भय नहीं था। जिन्हें प्राण का भय होता है वे सेवक नहीं बनते हैं। उन्हें नौकर कहा जाता है। स्वामी के प्रति प्राणों को समर्पित कर देने के बाद ही कोई सेवक बनता है।

रावण उत्तेजना और क्रोध में था। उसने एक ही साँस में कई सवाल पूछ लिये थे। जो आदमी शान्त-सहज होता है वह सवालों की झड़ी नहीं लगता, धीरे-धीरे बात करता है। हनुमान के कारनामों से रावण उद्वेलित था। इसलिए उसने ताबड़तोड़ अनेक प्रश्न पूछ डाले थे। हनुमान बड़ी निर्भीकता के साथ उसके सवालों का एक-एक करके जवाब देते हैं।

वे कहते हैं—हे रावण! सुन, जिनका बल पाकर माया सम्पूर्ण ब्रह्माण्डों के समूहों की रचना करती है; जिनके बल से ब्रह्मा, विष्णु और महेश सृष्टि का सृजन, पालन और संहार करते हैं; जिनके बल से हजारों फनवाले शेषनाग पर्वत और वन

सहित समूचे ब्रह्माण्ड को सिर पर धारण करते हैं; जो देवताओं की रक्षा के लिए नाना प्रकार की देह धारण करते हैं और जो तुम्हारे जैसे मूर्खों को शिक्षा देनेवाले हैं; जिन्होंने शिवजी के धनुष को तोड़ डाला और उसी के साथ सारे राजाओं का गर्व चूर कर दिया; जिन्होंने खर-दूषण और त्रिशिरा तथा बालि को मार डाला, जो सबके सब अतुलित बलवान् थे; जिनके लेश मात्र बल से तुमने समस्त चराचर जगत् को जीत लिया और जिनकी प्रिय पत्नी को तुम चोरी से हर लाये, मैं उन्हीं का दूत हूँ।

राम की प्रभुता का बड़ा लम्बा बखान हनुमान करते हैं। हमने पहले ही बताया है कि हनुमान ने रावण के दरबार में अपने आगमन को एक दैवी विधान माना है। इसका उपयोग वह राम की प्रताप-कथा में कर रहे हैं। रावण की सभा में यदि कोई शत्रु का दूत उसका गुण गाये तो यह शत्रु की और उसके दूत की महानता ही कही जायेगी। रावण के दरबार में लोग दुःख सुनाने आते थे, किसी का गुणगान नहीं। वहाँ तो अभी तक देवता, गन्धर्व, किन्नर केवल रावण का ही गुणगान करते रहे हैं। इस सभा में पहली बार यह अजीबोगरीब बात हो रही है कि एक वानर राम के गुण गा रहा है, उन्हें समस्त सृष्टि का स्वामी बता रहा है।

रावण के लिए इससे अधिक तकलीफदेह बात और क्या होगी कि हनुमान कह रहे हैं, 'तुमने राम का ही तनिक-सा बल लेकर तीनों लोकों को जीता है।' भरी सभा में रावण इसे कैसे स्वीकार कर सकता था! यह तो उसकी प्रतिष्ठा पर सीधा प्रहार था। हनुमान उसे पराक्रमी-प्रतापी न मानकर राम का भाड़े का टट्टू मान रहे थे। राम अपना बल खींच लें तो रावण कुछ नहीं रह जायेगा, ऐसा कह रहे थे। यह स्थिति रावण के लिए बड़ी कष्टदायक थी। लेकिन वह हनुमान के धुआँधार भाषण से अभिभूत हो गया था।

राम का और अपना परिचय देने के बाद हनुमान अब कह रहे हैं कि वे रावण को भी अच्छी तरह जानते हैं।

जानउँ मैं तुम्हारि प्रभुताई।
सहसबाहु सन परी लराई॥
समर बालि सन करि जसु पावा।
सुनि कपि बचन बिहसि बिहरावा॥

—मैं तुम्हारी प्रभुता को खूब जानता हूँ। सहस्रबाहु से तुम्हारी लड़ाई हुई थी और बालि से युद्ध करके तुमने यश प्राप्त किया था। हनुमान के वचन सुनकर रावण ने हँसकर बात टाल दी।

बड़े मनोवैज्ञानिक ढंग से हनुमान रावण के गर्व को चूर-चूर कर रहे हैं।

पहले उन्होंने राम के प्रताप को खूब बढ़-चढ़कर सुनाया। वे एक वाक्य में भी कह सकते थे कि मैं राम का दूत हूँ, किन्तु तब वातावरण में राम के नाम की सनसनी नहीं फैलती, लोगों के बीच में चर्चाएँ नहीं होतीं। कोई सुनता, कोई नहीं सुनता। लेकिन जिस तरह हनुमान ने भाषण दिया था, उससे सभी राम के बारे में अच्छी तरह जान गये।

अब हनुमान ने रावण का परिचय दिया। कुल दो लाइन में घसीट दिया। लेकिन ये दोनों लाइनें बड़ी चुभती हुई थीं। रावण को कोई हजार गाली देता तो उसे उतनी चोट नहीं लगती जितनी हनुमान की दो लाइनों से लगी। किसी प्रतापी राजा से उसकी प्रजा और उसके दरबारियों के सामने यह कहा जाय कि मैं तुम्हें अच्छी तरह जानता हूँ। तुम दो राजाओं से लड़ने गये थे, दोनों ने तुम्हें हरा दिया था, तो उसकी हालत बड़ी दयनीय तो हो ही जायेगी। अपनी दयनीयता को दूर करने के लिए विवाद को इस दुर्बल मुद्दे पर न टिकाने की नीति के नाते रावण ने हँसकर हनुमान की बात को टाल दिया।

फिर हनुमान यह बताने लगे कि उन्होंने राक्षसों को क्यों मारा? वे बोले— मुझे भूख लगी थी। मैंने फल खाया। चंचल प्रकृति के कारण कुछ पेड़ तोड़ दिये। राक्षस मुझे मारने लगे। अपनी देह सबको प्रिय होती है। इसीलिए मैं भी चुप नहीं रहा।

जिन्ह मोहि मारा ते मैं मारे।
तेहि पर बाँधेउँ तनयँ तुम्हारे॥

—जिन्होंने मुझे मारा उनको मैंने भी मारा। उसपर तुम्हारे पुत्र ने मुझे बाँध लिया।

रावण की सभा में उसके प्रताप की गम्भीरता को छिन्न-भिन्न करने के लिए हनुमान नाटक कर रहे हैं। वानर के स्वभाव की चंचलता का लाभ उठाकर वे बड़ी मासूमियत से किन्तु बड़े चुटीले अन्दाज से बोल रहे हैं। बार-बार रावण को प्रभु और स्वामी कह रहे हैं, अपने को एकदम निर्दोष बता रहे हैं। दोष मेघनाद पर डाल रहे हैं। कहते हैं कि यदि इन लोगों ने मुझे परेशान न किया होता तो मैं कुछ फल खाकर दो-चार पेड़ तोड़कर चला गया होता। सारा हंगामा तुम्हारे सिपाहियों और पुत्रों का खड़ा किया हुआ है।

मोहि न कछु बाँधे कइ लाजा।
कीन्ह चहउँ निज प्रभु कर काजा॥

—मुझे अपने बाँधे जाने की कुछ भी लज्जा नहीं है। मैं तो अपने प्रभु का कार्य करना चाहता हूँ।

रावण के दरबार में, उसके सहयोगियों में कितने लोग ऐसे मिलेंगे जो हनुमान की तरह निष्ठावान् हों। आतंक और भय पैदा करनेवाला आदमी निष्ठा और प्रेम नहीं पैदा कर पाता। दुष्टों के सहायकों में तलवार के जोर से निष्ठा और लूट के जोर से प्रेम उत्पन्न होता है। जो भले होते हैं वे अपने चरित्र से निष्ठा और अपने हृदय से प्रेम पैदा करते हैं। राम के पास चरित्र भी था और हृदय भी। इसीलिए वे हनुमान जैसी निष्ठा का मूर्तिमन्त स्वरूप पैदा कर सके। अपने स्वामी के काम के लिए किसी भी तरह की तकलीफ सहने में हनुमान को कोई चिन्ता नहीं होती है। अगर अपने प्रभु के लिए उन्हें नरक में भी जाना पड़े तो वे उसके लिए सदैव तत्पर रहेंगे। स्वामी को 'न' कहने की स्थिति हनुमान के जीवन में कभी आयी ही नहीं।

वे कहते हैं कि यहाँ बँधकर आने में मैं कोई शर्म नहीं महसूस कर रहा हूँ। मैं इतना जानता हूँ कि यहाँ आने में मेरे प्रभु का काम पूरा हो रहा है।

बिनती करउँ जोरि कर रावन।
सुनहु मान तजि मोर सिखावन॥

—हे रावण! मैं हाथ जोड़कर तुमसे विनती करता हूँ। तुम अभिमान छोड़कर मेरी सीख सुनो।

राम किसी को दुःख नहीं देते, इसलिए राम का भक्त भी किसी को दुःख नहीं दे सकता। हनुमान रावण को उसका दुःख दूर करने का उपाय बता रहे हैं। यदि उपाय को रावण नहीं मानेगा तो उसकी इच्छा! मानने से बचेगा, बसेगा। न मानने से लुटेगा, मिटेगा।

हनुमान कहते हैं कि अभिमान छोड़कर मेरी बात को सुनो। जब तक हृदय में अभिमान हो, आदमी को कोई सीख समझ में नहीं आती है। अभिमान 'सीखने' का प्रबल विरोधी है। वह तो सारी दुनिया को सिखाना चाहता है। उसके लिए संसार में दूसरों से जानने-सीखने लायक कोई चीज नहीं होती। सीख को हृदय में उतारने के लिए अहंकार को हृदय से निकालना होता है। जब तक वह अन्दर रहेगा, सीख को घुसने नहीं देगा। हनुमान रावण से इसीलिए प्रार्थना कर रहे हैं कि वह अभिमान छोड़कर उनकी बात को सुने।

देखहु तुम्ह निज कुलहि बिचारी।
भ्रम तजि भजहु भगत भय हारी॥

—तुम अपने पवित्र कुल का विचार करके देखो और भ्रम को छोड़कर भयहारी भगवान् को भजो।

रावण का कुल भक्ति के लिए प्रसिद्ध था। पुलस्त्य महान् ऋषियों में गिने

जाते हैं। हनुमान उसकी याद रावण को दिला रहे हैं। जाने क्यों, किन्तु ऐसा होता है कि बड़े अत्याचारी बड़े घरों में ही पैदा होते हैं। छुटभैये लठैत नीचे के तबके से आते हैं। रावण का भी कुल ऊँचा था। वह बड़ा ऋषि बन सकता था, पर बड़ा अत्याचारी बना। सत्ता को पाने और टिकाने के लिए उसने आतंक का सहारा लिया।

मनुष्य में दोनों सम्भावनाएँ हैं। वह देव भी बन सकता है और दानव भी। रावण के पूर्वज देवतास्वरूप थे, लेकिन उसने उस मार्ग को नहीं चुना। साधारण मनुष्य बनकर जीने में कोई रस नहीं था, इसलिए दानव बनने का संकल्प उसने कर लिया। वह उसी रास्ते पर बढ़ता रहा। यह एक कटु सत्य है कि अत्याचारी सदा शिखर पर नहीं रह सकता। पाप का घड़ा भर जाने पर उसका अन्त आता है। फिर उसकी बुद्धि भी वैसी बन जाती है। इसीलिए रावण के भीतर सीता को हर लाने की कुमति आयी।

हनुमान कहते हैं कि तुम अपने पूर्वजों की परम्परा की ओर लौट चलो। भक्तों के भय को दूर करनेवाले राम को सारे भ्रम दूर करके भजो।

भ्रम के साथ भजन होना बड़ा मुश्किल है। जिसमें जरा भी शक्ति होती है वह बड़े भ्रम पालकर रखता है। ये भ्रम जब तक भरमाते हैं, प्रभु पास नहीं आते हैं। रावण को तो छोटा-मोटा भ्रम नहीं था। वह तो अपने को परमात्मा समझता था। इतने बड़े भ्रम को अपने भीतर पालनेवाला राम के पास कैसे जा सकता था! इसीलिए रावण कभी राम के निकट नहीं जा सका।

हनुमान और आगे समझाते हुए कहते हैं—जो देवता, राक्षस और समस्त चराचर को खा जाता है, काल भी जिनके डर से अत्यन्त डरता है, उनसे कदापि वैर न करो। मेरे कहने से जानकी को दे दो।

प्रनतपाल रघुनायक करुना सिंधु खरारि।
गएँ सरन प्रभु राखिहैं तव अपराध बिसारि॥

—खर के शत्रु श्रीराम शरणागतों के रक्षक और दया के समुद्र हैं। शरण जाने पर प्रभु तुम्हारा अपराध भुलाकर तुम्हें अपनी शरण में रख लेंगे।

रावण के लिए हनुमान की यह सीख बड़ी उलटी थी। आज तक उसने लोगों को शरण दी थी। अब हनुमान उसे शरण लेने की बात कह रहे हैं।

राम चरन पंकज उर धरहू।
लंका अचल राजु तुम्ह करहू॥

—तुम रामजी के चरण-कमलों को हृदय में धारण करो और लंका का अचल राज्य करो।

हनुमान की इस सीख का पचास प्रतिशत तो रावण को पूर्ण हृदय से मान्य था। लेकिन पचास प्रतिशत और को मानने में भारी दिक्कत दी।

किसी ने मुझे एक कहानी सुनाई थी। एक आदमी से उसके मित्र ने पूछा—'तुम विवाह कब कर रहे हो?'

आदमी ने जवाब दिया, 'विवाह पचास प्रतिशत तय हो चुका है, केवल पचास प्रतिशत बाकी है।'

'मतलब?' मित्र ने आश्चर्य व्यक्त किया।

'मतलब यह कि मैं तो विवाह के लिए तैयार हूँ, लेकिन मुझसे विवाह करने के लिए कोई लड़की नहीं तैयार हो रही है।'

रावण की स्थिति भी ऐसी ही थी। वह लंका का अचल राज्य तो जरूर करना चाहता था, लेकिन अपने हृदय में राम के चरण-कमलों को रखने की उसकी कोई इच्छा नहीं थी। हृदय में रखने के लिए उसके पास अपना बड़ा भारी अहंकार था, दस सिर होने का गुमान था। देवताओं को चरणों में झुकाने का दम्भ था। फिर वह राम को कहाँ रखता?

हनुमान कहते हैं कि तुम्हारे दादा पुलस्त्य ऋषि का यश निर्मल चन्द्रमा के समान है। तुम उसमें कलंक न बनो। राम-नाम के बिना वाणी शोभा नहीं पाती। मद-मोह को छोड़कर विचारकर देखो। सब गहनों से सजी हुई स्त्री भी कपड़ों के बिना शोभा नहीं पाती।

'जो राम का विरोधी होता है उसकी प्रभुता रही हुई भी चली जाती है। उसका पाना न पाने के बराबर होता है। जिन नदियों का मूल स्रोत नहीं होता वे बरसात के बाद सूख जाती हैं।'

सुनु दसकंठ कहउँ पन रोपी।
बिमुख राम त्राता नहिं कोपी॥
संकर सहस बिष्नु अज तोही।
सकहिं न राखि राम कर द्रोही॥

—हे रावण! सुनो, मैं प्रतिज्ञा करके कहता हूँ कि राम के विरोधी की रक्षा करनेवाला कोई नहीं है। हजारों ब्रह्मा, विष्णु और शिव राम के साथ द्रोह करनेवाले तुमको नहीं बचा सकते।

हनुमान ये वचन अपने हृदय की गहराइयों से बोल रहे हैं। उनके भीतर का अखण्ड विश्वास स्वर बनकर गूँज रहा है। इसीलिए हनुमान प्रतिज्ञा के साथ कह रहे हैं, रावण के समस्त सभासदों को सुना रहे हैं। राम से टकराने का क्या प्रतिफल हो

सकता है, यह वह सबको बड़ी गम्भीरता और दृढ़ता से बता रहे हैं। यह बड़ा उपयुक्त अवसर है, क्योंकि रावण के सभी सहयोगी और सलाहकार यहाँ उपस्थित हैं। सबको राम के विरोध का परिणाम जान लेना चाहिए।

मोहमूल बहु सूल प्रद त्यागहु तम अभिमान।
भजहु राम रघुनायक कृपा सिंधु भगवान॥

—मोह ही जिसका मूल है, ऐसे बहुत पीड़ा देनेवाले, तम रूपी अभिमान का त्याग कर दो और रघुकुल के स्वामी कृपा के समुद्र भगवान् श्रीराम का भजन करो।

रावण का सारा राज्य-वैभव तो तम पर ही टिका था, अभिमान पर ही आधारित था। अगर वह इसे ही छोड़ देता तो टिकता कहाँ, ठहरता कहाँ!

हनुमान उसे सहारा देने के लिए कह रहे हैं। बताते हैं कि राम का भजन करो। वे कृपासिन्धु हैं, तुम पर भी कृपा करेंगे। पर रावण क्यों कर सुनता? वह तो अपने को महादानी समझता था, फिर वह राम से कृपा की भीख कैसे माँगता?

बोला बिहसि महा अभिमानी।
मिला हमहि कपि गुर बड़ ग्यानी॥
मृत्यु निकट आई खल तोही।
लागेसि अधम सिखावन मोही॥

—अभिमानी रावण बहुत हँसकर बोला—हमें यह बन्दर बड़ा ज्ञानी गुरु मिला है। रे दुष्ट! तेरी मृत्यु निकट आ गयी है। अधम, मुझे शिक्षा देने चला है!

रावण ने अपने शरीर पर अभिमान का तेल लगा रखा था, अतः हनुमान के 'सिखावन का गंगाजल' उसके ऊपर से छलककर बाहर गिर गया। रावण तनिक भी भीगा नहीं—न बाहर से, न भीतर से। उलटे वह हनुमान पर बरस पड़ा। उसे लगा कि यह बन्दर का बच्चा मेरी ही सभा में, मेरी ही प्रजा में फोकट में मुझे भाषण दे रहा है। इसमें रावण को अपना भारी अपमान लगा। उसने इसे अपनी मूर्खता भी समझा कि बन्दर को इतना बक-बक करने का मौका दिया। उसे तो पहले ही रोक देना चाहिए था। उसने कड़ककर कहा कि तेरी मौत आयी है, तभी तू ऐसी सीख मुझे दे रहा है।

उलटा होइहि कह हनुमाना।
मति भ्रम तोर प्रगट मैं जाना॥

—हनुमान बोले—इससे उलटा ही होगा, मृत्यु तेरी आ गयी है। मैंने तेरी बुद्धि के भ्रम को अच्छी तरह से जान लिया है।

रावण की फटकार हनुमान को अपने स्वामी की अवहेलना लगी। इसलिए

वे अपने को रोक नहीं सके। उन्होंने रावण को करारा जवाब दिया। जो सच्चे हृदय से दी गयी सीख को नहीं मानता है, उसकी मृत्यु वास्तव में निकट होती है।

हनुमान के करारे और मुँहतोड़ जवाब को सुनकर रावण उत्तेजित हो उठा। उसने कहा कि इसकी जान ले लो। राक्षस हनुमान को मारने के लिए दौड़े। तभी विभीषण ने कहा—दूत को मारना अनुचित है। इसे कोई और दण्ड देना चाहिए। सभा में उपस्थित सभी लोगों ने विभीषण की बात का अनुमोदन किया।

मैं तो इसे प्रभु का चमत्कार मानता हूँ। जब से हनुमान लंका में आये हैं, कदम-कदम पर उन्हें साधन मिलते जा रहे हैं। अभी रावण उन्हें मारना चाहता था। अचानक विभीषण बीच में आ गये। विभीषण के मत का रावण की सभा ने समर्थन भी कर दिया। शायद यह पहली बार हुआ होगा कि रावण के सामने उसके सभासदों ने उसकी बात न मानकर दूसरे की मान ली हो।

और सरस्वती की कृपा देखिए। रावण ने भी सबके मत को स्वीकार कर लिया। अभी तक लोग उसके मत को स्वीकारते रहे थे। उसने कहा—बन्दर का कोई अंग काटकर तब उसे भेजो।

कपि कें ममता पूँछ पर सबहिं कहउँ समुझाइ।
तेल बोरि पट बाँधि पुनि पावक देहु लगाइ॥

—मैं सबको समझाकर कहता हूँ कि बन्दर की ममता पूँछ पर होती है। अत: तेल में कपड़ा डुबोकर उसे इसकी प्यारी पूँछ में बाँध दो, फिर आग लगा दो।

रावण सोच रहा है कि वह बहुत अकल की बात कर रहा है। लेकिन उसे पता नहीं कि वह अपनी कब्र खोद रहा है। अपनी बुद्धिवश जो बहुत चालाकी करते हैं, उनकी यही हालत होती है।

एक धनी आदमी ने रात को सपना देखा कि कल शाम को वह मर जायेगा। डरकर उसकी नींद खुल गयी। वह घबड़ा गया था। उसने पण्डितों को बुलाकर सपने का रहस्य पूछा। सभी ने सोचकर कहा कि जिस घड़ी में आपने सपना देखा है उस घड़ी के सपने सच होते हैं। आप मर सकते हैं।

वह आदमी और घबड़ाया। उसने पण्डितों से बचाव का उपाय करने को कहा। जो उपाय बताया गया वह बड़ा महँगा था। अगर इतना पैसा उसने कर्मकाण्ड पर खर्च कर दिया तो जान बचाने का फायदा क्या होगा! जान तो वह पैसे के लिए बचाना चाहता था, किन्तु जब पैसा ही पण्डितों के पास चला जायेगा तो वह जान बचाकर क्या करेगा?

वह बहुत उदास था। उसके मुनीम ने पूछा तो धनी आदमी ने सबकुछ बता

दिया। मुनीम ने कहा, 'इतनी सी बात से आप घबड़ा गये! जीवन भर आपने अपनी दुकान पर लोगों को ठगा है, आज आप यमदूतों को ठग लीजिए।'

धनी आदमी ने कहा, 'कैसे?'

मुनीम ने कहा, 'शाम को यमदूत यहाँ आने वाले हैं। आप यहाँ से कहीं दूर निकल जाइए। जब वे यहाँ आयेंगे तो आपको न देखकर वापस चले जायेंगे। फिर आप रात तक लौट आइएगा।'

धनी आदमी को अपना मुनीम पण्डितों से अधिक विद्वान् लगा। उसने मुनीम को सलाह के लिए धन्यवाद दिया और अपनी कार लेकर चल पड़ा। वह खुश था कि उसने यमदूतों को ठग लिया। वह अपनी मस्ती में कार को उड़ाये, यमदूतों को पीछे छोड़े चलता जा रहा था। जैसे ही शाम हुई, उसकी कार सामने से आती एक गाय से टकरायी और नीचे गहरी खाई में गिर गयी।

रावण भी जल्द ही गहरी खाई में गिरने वाला था। अभी की उसकी प्रसन्नता गिरने के पहले की है। वह कह रहा है कि बन्दर जब बिना पूँछ के अपने स्वामी के पास जायेगा तब अपने स्वामी को यहाँ लेकर आयेगा।

जिन्ह कै कीन्हिसि बहुत बड़ाई।
देखउँ मैं तिन्ह कै प्रभुताई॥

—जिनकी इसने बहुत बड़ाई की है, तब मैं उनकी प्रभुता देखूँगा।

हनुमान रावण के अहंकार और अज्ञान भरी वाणी को सुनकर मुसकरा रहे थे। राक्षस उनकी पूँछ में कपड़ा और तेल लगाते जा रहे थे। पुरवासी लोग हनुमान को असहाय देख उनका मजाक उड़ा रहे थे।

बाजहिं ढोल देहिं सब तारी।
नगर फेरि पुनि पूँछ प्रजारी॥

—राक्षस ढोल बजा रहे हैं और तालियाँ पीट रहे हैं। ऐसा करते हुए उन लोगों ने हनुमान से नगर का चक्कर कटवाया और फिर पूँछ में आग लगा दी।

आग लगते ही हनुमान ने अपना रूप छोटा कर लिया। वे टपाक से कूदकर घरों की छत पर चले गये और उन्हें जलाने लगे। राक्षसों की स्त्रियाँ भय से काँपने लगीं।

हरि प्रेरित तेहि अवसर चले मरुत उनचास।
अट्टहास करि गर्जा कपि बढ़ि लाग अकास॥

—उस समय भगवान् की प्रेरणा से उनचासों पवन चलने लगे। हनुमानजी अट्टहास करके गरजे और बढ़कर आकाश से जा लगे।

ईश्वर अपने भक्तों के लिए हमेशा सफलता का मार्ग खोलता जाता है। हवाओं का सहयोग पाकर हनुमान बड़ी तेजी से सारी लंका में आग फैलाने लगे। पूरे नगर में हाहाकार मच गया।

तात मातु हा सुनिअ पुकारा।
एहिं अवसर को हमहि उबारा॥

—हाय मैया, हाय बप्पा, इस समय हमें कौन बचायेगा? यही पुकार चारों तरफ सुनाई दे रही है।

हनुमान का आतंक सबके ऊपर छा गया है। भयानक आग में लपकते हुए हनुमान को देखकर राक्षसों के होश उड़ गये हैं। उन्होंने पहली बार लंका में इस तरह का हाहाकार देखा है। सभी कह रहे हैं कि यह वानर नहीं है। भेष बदलकर कोई देवता आया हुआ है। वह रावण से अपने अपमान का बदला ले रहा है।

साधु अवग्या कर फलु ऐसा।
जरइ नगर अनाथ कर जैसा॥

—सभी कह रहे हैं—साधु के अपमान का यह फल है, इसीलिए लंका अनाथ के नगर की तरह जल रही है।

दुष्ट आदमी को जब मार पड़ती है तब ज्ञान आता है। अब जब लंका जल रही है तब ये लोग सोच रहे हैं कि हमें साधुओं को परेशान नहीं करना चाहिए था। लेकिन जब इस काम के लिए रावण से मोटी-मोटी रकम मिलती थी, सुख-सुविधा मिलती थी तब उन्हें साधुओं को सताने में खूब मजा आता था। तब इन लोगों ने एक बार भी रावण से नहीं कहा था कि यह काम ठीक नहीं है।

जारा नगरु निमिष एक माहीं।
एक बिभीषन कर गृह नाहीं॥

—हनुमान ने सारी लंका को क्षण भर में जला दिया, केवल विभीषण का घर ही बचा।

हनुमान को अपना काम जल्दी करना था। राक्षसों को वह आक्रमण का मौका नहीं देना चाहते थे। अतः उन्होंने सबकुछ फटाफट जला डाला। केवल विभीषण का घर छोड़ दिया, क्योंकि विभीषण भक्त थे और उन्होंने हनुमान की बड़ी सहायता की थी।

लंका-दहन में किये गये हनुमान के पराक्रम का वर्णन करने के बाद भगवान् शिव फिर पार्वती के मन में उठनेवाले किसी सन्देह को निर्मूल करते हैं।

ताकर दूत अनल जेहिं सिरिजा।
जरा न सो तेहि कारन गिरिजा॥

—हे पार्वती! जिन्होंने अग्नि को बनाया हनुमान उन्हीं के दूत हैं, इसी कारण वे आग से नहीं जले।

पार्वती स्वाभाविक रूप से यह सवाल पूछ सकती थीं कि इतनी देर तक पूँछ में आग लगी रहने के बाद भी हनुमान क्यों नहीं जले? उसी का जवाब शिव ने बिना पूछे ही दे दिया। शिवजी बार-बार पार्वती को यह बताना चाहते हैं कि राम ब्रह्म हैं।

उलटि-पलटि लंका सब जारी।
कूदि परा पुनि सिंधु मझारी॥

—हनुमान ने उलट-पुलटकर सारी लंका जला दी। फिर वे समुद्र में कूद पड़े।

रावण की नाक के नीचे हनुमान का यह भयंकर पराक्रम था। अशोक वन उजाड़ने से लेकर लंका जलाने तक का महान् शौर्य प्रदर्शित कर हनुमान वापस जाने के लिए तैयार हुए। उन्होंने माँ सीता से मिलकर राम के लिए उनकी निशानी और सन्देश लिये और इसके बाद रावण की लंका को अपने प्रताप से थर्राते हुए चल दिये।

चलत महाधुनि गर्जेसि भारी।
गर्भ स्त्रवहिं सुनि निसिचर नारी॥

—चलते समय उन्होंने जोर की आवाज के साथ भारी गर्जन किया, जिसे सुनकर राक्षसों की स्त्रियों के गर्भ गिरने लगे।

आतंक का बड़ा असरदार चित्रण है यह। हनुमान जाते-जाते अपने आतंक की गूँज लंका में छोड़े जा रहे हैं। वर्तमान की लंका का सर्वनाश भले ही राम आनेवाले दिनों में वानर सेना के साथ करें, भविष्य की लंका का सर्वनाश आज ही हनुमान ने शुरू कर दिया। भय से स्त्रियों के गर्भ गिरने लगे।

प्रतापी रावण के राज्य की यह कैसी स्थिति है! हनुमान ने देखते-देखते भय से उनके दिलो-दिमाग को आच्छादित कर दिया। असल में, लंकावासियों ने जाने कितने वर्षों से भय की छाया तक भी नहीं देखी थी, आतंक का नाम तक भी नहीं सुना था। ये दोनों शब्द उनके लिए अजनबी थे। जब हनुमान ने अपने पराक्रम के द्वारा व्यावहारिक रूप में इन दोनों शब्दों का अर्थ उनके सामने खोला तो वे अपने को सँभाल ही न सके। आपको पता हो कि रास्ते में भूत मिलेगा तो अपने को तैयार करते जायेंगे। इससे भय की मात्रा कम होगी, लेकिन यदि आप मन में बाँसुरी बजाते हुए, होंठों पर प्रेमगीत गुनगुनाते हुए मस्ती में अपनी प्रेमिका से मिलने जा रहे हों और रास्ते में एक चुड़ैल मिल जाय तो आपकी हालत देखने लायक होगी।

आतंक और भय अनजाने आपके सामने खड़े होंगे। राक्षसों की यही हालत थी। राक्षसियों की हालत तो और भी बदतर थी। पत्नी चाहे राक्षस की हो या मनुष्य की, वह अपने पति के अलावा और सबकी हुंकार से डरती है।

हनुमान की यह अन्तिम गर्जना लंकावासियों के कानों में यमदूत की कालध्वनि बनकर बराबर गूँजती रही। इसे रावण भी कभी भुला नहीं पाया। तभी तो जब वह अंगद के सामने राम के सभी योद्धाओं का मजाक उड़ा रहा था तब हठात् उसके मुख से हनुमान की प्रशंसा निकल गयी।

सिल्पि कर्म जानहिं नल नीला।
है कपि एक महा बलसीला॥
आवा प्रथम नगरु जेहिं जारा।
सुनत बचन कह बालिकुमारा॥

—रावण ने कहा कि नल-नील तो केवल शिल्पकर्म जानते हैं। हाँ, एक वानर जरूर महान-बलवान् है, जो पहले आया था और जिसने लंका जलायी थी। यह सुनकर अंगद हँस पड़े।

रावण को नल-नील पर आकर बात खतम कर देनी चाहिए थी। लेकिन जब मन में भय होता है तब आदमी का अपने ऊपर नियन्त्रण नहीं रहता है। वह तरंग में बात बोल ही जाता है। रावण इसी कारण बोल पड़ा था। इसका अंगद ने खूब मजाक उड़ाया।

रावण और लंकावासियों के ऊपर सीता की खोज के समय हनुमान ने जो चोट की, उसे वे कभी भूल नहीं पाये। वह भय रात-दिन उनके हृदय में बना रहा। कभी वे सुख की नींद सो नहीं पाये। अपने ऊपर से उनका 'परम सुरक्षित' होने का विश्वास उठ गया।

मनोवैज्ञानिक ढंग से हनुमान ने रावण और लंकावासियों को उसी दिन से पराजित कर दिया था। वे अधमरे हो अपनी प्राणरक्षा का उपाय ढूँढ़ते रहे। राम पर आक्रमण करने की हिम्मत उनकी नहीं हुई। वे केवल अपने आपको राम के आक्रमण से बचाते ही रहे।

हनुमान के इस पराक्रम में प्रभु राम की कृपा का बहुत बड़ा हाथ है, पर इसमें हनुमान का अपना ही कुछ योगदान है। आखिरकार, कुम्हार मिट्टी से बरतन बनाता है, बालू से नहीं।

□

राम की सेवा

कपि उठाइ प्रभु हृदयँ लगावा

राम के प्रताप की पताका हर लंकावासी के हृदय में बहुत गहरे गाड़कर हनुमानजी वापस आ गये। समुद्र के किनारे उनके साथी बड़ी व्यग्रता से उनकी प्रतीक्षा कर रहे थे। हनुमान को आते देख सभी जय-जयकार कर उठे। उन्हें लगा जैसे उनका नया जन्म हो गया हो। लेकिन वह यह जानने के लिए भी उतावले थे कि हनुमान ने काम पूरा किया है या नहीं। उनका शरीर देखकर ही वानर सब कुछ पहचान गये।

मुख प्रसन्न तन तेज बिराजा।
कीन्हेसि रामचंद्र कर काजा॥

—हनुमान का मुख प्रसन्न है और शरीर तेज से भरा है। यह देखकर वानरों ने समझ लिया कि राम का काम हो गया।

शरीर सबसे बड़ा परिचय-पत्र है—खासकर चेहरा। इसे पढ़कर आप आदमी के भीतर तक झाँक सकते हैं। भीतर क्रन्दन हो तो बाहर अभिनन्दन कर पाना बहुत कठिन होता है। यह या तो साधु कर पाता है या काइयाँ। सबके लिए यह साधना संगत नहीं। साधु पुरुष भीतर की पीड़ा भीतर ही रखकर मुसकराता रहता है, लोगों का दुःख-दर्द दूर करता रहता है। काइयाँ आदमी भी ऊपर से मुसकराता रहता है; लेकिन वह इस मुसकान से दूसरों का दुःख-दर्द दूर नहीं करता है, दूसरों को ठगता है।

हनुमान सहज भाव में थे। उनके भीतर-बाहर आनन्द का सागर लहरा रहा था। उनके मुख पर प्रसन्नता और शरीर पर तेज छाया हुआ था। वानरों ने समझ लिया कि राम का काम हनुमान पूरा करके आये हैं। सभी लोग हनुमान से मिलकर

परम प्रसन्न हुए और आनन्दपूर्वक राम के पास जाने के लिए चल पड़े।

चले हरषि रघुनायक पासा।
पूँछत कहत नवल इतिहासा॥

—नये-नये समाचार पूछते हुए सभी लोग हर्षपूर्वक रघुनाथ के पास चल दिये।

स्थिति का बड़ा सुन्दर आकलन हुआ है यहाँ। जब कोई कहीं से कोई बड़ा काम करके आता है तो उसके सगे-सम्बन्धी और हित-मित्र उसे घेर लेते हैं। उससे सभी समाचारों को आनन्दपूर्वक सुनते हैं। उसकी प्रतीक्षा में वे किस तरह जी रहे थे, इसकी चटपटी कथा सुनाते हैं। घुल-मिलकर बहुत सारी बातें करते हैं। हनुमान के आगमन से वानरों की ऐसी ही स्थिति बन गयी थी। वे मिल-बैठकर चर्चा करना ज्यादा अच्छा समझते, लेकिन इसके लिए समय नहीं था। हनुमान को राम के पास पहुँचने की जल्दी थी। उन्हें माता सीता का सन्देश सुनाना था। इसलिए सभी लोग चलते-चलते हनुमान से नये-नये समाचारों को सुनने लगे।

शीघ्र ही वानर गण किष्किन्धापुर आ पहुँचे। वे मधुवन में घुसकर अंगद की अनुमति से फल खाने लगे। जब रक्षकों ने रोका तो उन्हें भी मारने लगे।

जाइ पुकारे ते सब बन उजार जुबराज।
सुनि सुग्रीव हरष कपि करि आये प्रभु काज॥

—रक्षकों ने जाकर पुकारा कि युवराज अंगद वन उजाड़ रहे हैं। यह सुनकर सुग्रीव हर्षित हुए कि वानर प्रभु का कार्य कर आये हैं।

यह एक बड़ी रोचक स्थिति है। रक्षक गण सुग्रीव से जाकर कह रहे हैं कि अंगद वन उजाड़ रहे हैं। आज के जमाने में क्या यह सम्भव है कि राजा का बेटा या प्रधानमन्त्री का बेटा कोई गलत काम करे और पुलिसवाले उसे कुछ कह सकें? आज तो उनके चमचों को भी कुछ कह पाना कठिन है। पुलिसवाला 'सस्पेण्ड' कर दिया जायेगा। उसे नौकरी से हाथ धोना पड़ेगा। लेकिन सुग्रीव की व्यवस्था कैसी सधी हुई थी। राजा हो या युवराज, उसे रक्षकों से पूछकर ही कुछ लेना पड़ता था। यदि ऐसा न हो तो फिर रक्षक रखने का अर्थ क्या! यदि चोर के लिए दण्ड का विधान करनेवाला राजा ही चोर हो जाये तो नियम पर विश्वास किसका जमेगा!

समाचार सुनकर सुग्रीव बहुत खुश हुए। और कोई समय होता तो वह अंगद को पकड़ लाने के लिए कहते, उन्हें सजा देते। लेकिन यह स्थिति एकदम अलग थी। बच्चा जीतकर आये तो ऊधम मचाता आता है। माँ-बाप को यह अच्छा भी लगता है। और कोई समय हो तो वे चिल्लाते हैं, लेकिन जीत की खुशी में हर्षाते हैं, ऊधमी बच्चे को गले लगाते हैं। सुग्रीव इस समय इसी भाव में थे। उन्होंने सोचा

कि वे यदि सीता की खोज करके न आये होते तो मधुवन के फल खाने की उनकी हिम्मत नहीं होती।

इतने में सभी वानर आ गये। उन्होंने सुग्रीव को प्रणाम करके समाचार सुनाया।

नाथ काजु कीन्हेउ हनुमाना।
राखे सकल कपिन्ह के प्राना॥

—हे नाथ! हनुमान ने ही सब कार्य किया। उन्होंने सभी वानरों के प्राण बचा लिये।

सभी वानरों के मन में हनुमानजी के प्रति बड़ा कृतज्ञ भाव है। वे हनुमान की भूरि-भूरि प्रशंसा कर रहे हैं। हनुमान के कारण ही सभी वानरों के प्राणों की रक्षा हुई। यदि सीता की खोज न हो पाती तो सुग्रीव सबकी जान ले लेते। लक्ष्मण के बाण किसी को जिन्दा नहीं छोड़ते।

सुग्रीव ने हनुमान को हृदय से बार-बार लगाया और फिर यह शुभ सन्देश प्रभु को सुनाने के लिए वानरों के साथ चल पड़े। राम ने जब उन्हें प्रसन्न मुख आते हुए देखा तो हर्ष से भर उठे। उन्हें लगा कि काम पूरा हो गया है। वानरों ने उन्हें प्रणाम किया। बात जामवन्त ने शुरू की।

प्रभु कीं कृपा भयउ सबु काजू।
जन्म हमार सुफल भा आजू॥

—प्रभु की कृपा से सब कार्य हुआ। आज हमारा जन्म सफल हो गया।

वास्तव में जन्म की सफलता तो राम का काम करने में ही है। अपना काम करते-करते आदमी जीवन जीता है, उसे सफल नहीं करता है। सफलता तो तब है जब वह अपने से हटकर कुछ सोचे, कुछ करे। वानरों ने अपने जीवन का मोह त्यागकर, अपने स्वार्थों को दरकिनार कर राम का काम करने का दायित्व उठाया था। वे उसे पूरा करके लौटे थे। उनके हृदय में आनन्द का ज्वार उमड़ रहा था। वे अपने को धन्य समझ रहे थे कि उन्होंने अपने जीवन को राम के काम के लिए लगाया। वानर का जीवन इस संसार में क्या महत्त्व रखता है? लेकिन राम का स्पर्श पाकर, राम के कार्य की चिनगारी अपने भीतर धधकाकर वे अमर हो गये थे, धन्य हो गये थे।

जामवन्त ने राम को समझाकर कहा कि हनुमान ने जो कुछ किया, उसका वर्णन हजारों मुखों से भी नहीं किया जा सकता।

पवनतनय के चरित सुहाए।
जामवंत रघुपतिहि सुनाए॥

—जामवन्त ने हनुमान के सुन्दर कार्य श्रीराम को सुनाये।

कितना प्रेरक है यह प्रसंग। हनुमान वह काम करके आये हैं जो कोई नहीं कर सका था। फिर भी वे चुप हैं। राम की निगाह में चढ़ने के लिए वे अपने प्रताप की कथा स्वयं नहीं कहते हैं। आधुनिक सेवकों जैसी अपनी करनी का बखान करने की ललक उनमें नहीं है। वे विनयी और अहंकारहीन हैं। उन्हें मान-सम्मान की जरूरत नहीं है। उन्हें तो केवल प्रभु की प्रसन्नता चाहिए। कोई इनाम, कोई उपहार लूटने के चक्कर में वे नहीं हैं। इसीलिए राम के साथ चित्र खिंचवाने की, सबसे आगे बढ़ जाने की आपाधापी उनके चरित्र में नहीं है।

विनयशील हनुमान के पराक्रम की कथा जामवन्त सुनाते हैं। प्रभु के सामने अपना प्रताप अपने ही मुख से कैसे कहा जा सकता है! पिता के सामने बच्चा यदि अपना बाहुबल गाये तो अच्छा नहीं लगता है। उसका शान्त-मौन रहना ही प्रिय होता है। उसके साथी उसका गुण गायें तो मर्यादा भी बचती है और गुण का रस भी बढ़ता है।

हनुमान की पराक्रम-कथा सुनकर राम ने उन्हें गले से लगा लिया। और उत्सुक होकर पूछने लगे—

कहहु तात केहि भाँति जानकी।
रहति करति रच्छा स्वप्रान की॥

—हे तात! कहो, सीता किस प्रकार रहती और अपने प्राणों की रक्षा करती हैं?

अब हनुमान के बोलने की बारी आती है। प्रशंसा और यशगान का समय समाप्त हो चुका था। राम उन्हें गले लगा चुके थे। अब सभी लोग शान्त-सहज थे। लंका के उनके पराक्रम की बात सबने जान ली थी। अब सीता के समाचार को जानना बाकी थी। राम ने सवाल किया और हनुमान बोल उठे—

नाम पाहरू दिवस निसि ध्यान तुम्हार कपाट।
लोचन निज पद जंत्रित जाहिं प्रान केहिं बाट॥

—आपका नाम रात-दिन पहरा देनेवाला है। आपका ध्यान ही किवाड़ है। नेत्रों को अपने चरणों में लगाये रहती हैं, यही ताला है। फिर प्राण जायें तो किस मार्ग से?

राम ने पूछा था कि सीता अपने प्राणों की रक्षा कैसे कर रही हैं? हनुमान बड़ा भावपूर्ण जवाब देते हैं। कहते हैं कि सीता तो मर जाना चाहती हैं। आपसे दूर रहकर कौन जिन्दा रहना चाहेगा? लेकिन आप ही तो प्राणों को घेरकर रखे हुए हैं। आपका नाम ही प्राणों पर पहरा दे रहा है। आपके ध्यान ने प्राण के निकलने के सभी

द्वार बन्द कर दिये हैं। स्वयं सीता नीचे देखती रहती हैं। इससे सब तरफ से प्राणों के भागने का मार्ग बन्द हो गया है।

हनुमान राम को बता रहे हैं कि सीता तो आपके ही आधार पर जी रही हैं। यदि आपके नाम और ध्यान का बल उनके पास नहीं होता तो कब के सीता के प्राण छूट गये होते। जब मैं चलने लगा तो आपको देने के लिए उन्होंने एक निशानी दी।

चलत मोहि चूड़ामनि दीन्ही।
रघुपति हृदयँ लाइ सोइ लीन्ही॥

—चलते समय उन्होंने मुझे चूड़ामणि दी। रघुनाथजी ने उसे हृदय से लगा लिया।

हनुमान ने देख लिया कि अब राम पूरी तौर पर सीता के भाव में डूब गये हैं। राम के लिए चूड़ामणि को हृदय से लगाना सीता को पाने जैसा था। जब प्रिय साक्षात् उपस्थित नहीं होता है, तो उसकी निशानी ही उसे जीवन्त कर देती है। उसकी छुई हुई कोई भी चीज प्रेमी को भाव से भर देती है।

संसार के सभी पवित्र स्थलों के प्रति लोगों की आदर-भावना के पीछे यही तथ्य छिपा है। भक्तगण वहाँ अपने आराध्य की उपस्थिति महसूस करते हैं। बनारस में शिव की, मक्का में मुहम्मद की और येरूशलम में ईसा की साक्षात् उपस्थिति का अनुभव करने के कारण ही भक्तगण वहाँ जाते हैं। उन स्थानों को देखकर भाव से भर उठते हैं जहाँ उनके आराध्य की निशानियाँ हैं।

राम ने निशानी से सीता को पाया और हृदय से लगा लिया। भावना में डूबे राम को हनुमान बड़ी तल्लीनता से सीता का सन्देश सुनाने लगते हैं। कहते हैं कि हे नाथ! सीताजी ने रोते हुए मुझसे कुछ वचन कहे थे। आप उन्हें सुनें।

अनुज समेत गहेहु प्रभु चरना।
दीन बंधु प्रनतारति हरना॥
मन क्रम बचन चरन अनुरागी।
केहिं अपराध नाथ हौं त्यागी॥

—उन्होंने कहा कि हनुमान, मेरी ओर से लक्ष्मण सहित प्रभु का पैर पकड़ना और कहना कि आप दीनबन्धु हैं, शरणागत के दुःखों को हरनेवाले हैं। मैं मन, वचन और कर्म से आपकी अनुगामिनी हूँ। फिर स्वामी ने मुझे किस अपराध से त्याग दिया है?

यहाँ हनुमान सीता की विरह-वेदना का लगभग अनुवाद कर रहे हैं। उसे केवल अपनी भाषा में राम को बता रहे हैं। लेकिन इसके तुरन्त बाद हनुमान अपनी प्रतिभा का उपयोग करते हैं। सीता की व्यथा को बड़े मार्मिक ढंग से राम के सामने

प्रस्तुत करते हैं।

अवगुन एक मोर मैं माना।
बिछुरत प्रान न कीन्ह पयाना॥
नाथ सो नयनन्हि को अपराधा।
निसरत प्रान करहिं हठि बाधा॥

—हाँ, एक दोष मैं अपना अवश्य मानती हूँ। आपका वियोग होते ही मेरे प्राण नहीं चले गये। लेकिन नाथ! यह तो नेत्रों का अपराध है, जो प्राण को निकलने में हठपूर्वक बाधा देते हैं।

प्रेम की सबसे ऊँची स्थिति यह मानी है कि प्रिय के बिछुड़ते ही प्राण छूट जायें। प्रिय के बिना प्रेमी जी ही नहीं सकता। इसी ओर लक्ष्य करके सीता कहती हैं कि आपसे अलग होते ही मुझे मर जाना चाहिए था। नहीं मरी तो यह मेरा खोट है। लेकिन मैं करती क्या, मेरी आँखें प्राणों को हठपूर्वक बाँधे हुए हैं।

यह बड़ा मार्मिक और रुला देनेवाला प्रसंग है। आँखें द्वार होती हैं। प्रभु के कदम उन्हीं को पार करके हृदय तक पहुँचते हैं। प्रभु के आगमन की सबसे प्रथम और गमन की सबसे अन्तिम साक्षी वे ही होती हैं। सीता की आँखों ने जाने कितने दिनों तक प्रभु को बार-बार देखा था। अब वे प्रभु से बिछुड़ गयी हैं। उन्हें अपने प्रियतम को देखने की फिर लालसा है। इसलिए जब प्राण प्रिय के वियोग को न सह पाने के कारण छूटना चाहते हैं तो आँखें उन्हें मना करती हैं। हठपूर्वक, जोर-जबरदस्ती करके, रोक रखती हैं।

आगे का सन्देश-कथन और भी काव्यात्मक एवं हृदयग्राही है।

बिरह अगिनि तनु तूल समीरा।
स्वास जरइ छन माहिं सरीरा॥
नयन स्रवहिं जलु निज हित लागी।
जरैं न पाव देह बिरहागी॥

—विरह आग है, शरीर रुई है और साँस हवा है। इस प्रकार यह शरीर क्षण मात्र में जल सकता है। लेकिन आँखें अपने स्वार्थ के लिए आँसू बरसाती हैं, जिससे विरह की आग से भी देह नहीं जल पाती।

बहुत सीधे किन्तु पैने शब्दों में हनुमान सीता की विरह-वेदना को राम के हृदय में पहुँचा देते हैं। कहते हैं कि रुई जैसा शरीर कब का विरह की आग में साँसों के गरम झोंकों को पाकर भस्म हो चुका होता, लेकिन आँखों ने उन्हें बचा रखा है। वे आपकी याद में रोती रहती हैं। उनसे निकलनेवाले आँसुओं से विरह की आग

ठण्डी हो जाती है। शरीर जल नहीं पाता, प्राण निकल नहीं पाते। आँखों की हठधर्मी को मैं कैसे रोकूँ? उन्हें अपने मन में आपके दर्शन की प्यास न रखने को कैसे कहूँ? मैं जी रही हूँ आँखों के कारण और आँखें जी रही हैं आपको फिर देखने के कारण। हे प्रभु! वह क्षण कब आयेगा? आप कब मिलेंगे?

सीता का प्रेम कहते-कहते हनुमान विकल हो उठते हैं। जब वे राम का प्रेम सीता से कह रहे थे तब कहने से पहले गद्गद थे। क्योंकि सीता की कातरता उन्हें भीतर तक हिला गयी थी। असहाय सीता की वेदना उनका भावुक हृदय सह नहीं पा रहा था। किन्तु सीता की वेदना सुनाते-सुनाते हनुमान विकल हो रहे हैं। जो यातना सीता झेल रही हैं उसे शब्दों में कह पाना हनुमान के लिए मुश्किल हो रहा है। हनुमान अपनी आँखों से सीता की दशा देखकर आये हैं। भावना को, वेदना को जितना गहरे आँखें महसूस करती हैं, उतना जुबान नहीं। इसीलिए हनुमान पूरी शक्ति लगाकर भी सीता के दुःख को नहीं कह पा रहे हैं।

सीता कै अति बिपति बिसाला।
बिनहिं कहें भलि दीनदयाला॥

—सीता की विपत्ति बहुत बड़ी है। हे दीनदयालु! वह बिना कहे ही अच्छी है।

दुःखी व्यक्ति का दुःख कहने से नहीं मिटता, उलटे वह सुननेवाले को भी दुःखी करता है। दुःख मिटाने के लिए कुछ करना पड़ता है। हनुमानजी राम को इसके लिए प्रेरित कर रहे हैं।

निमिष निमिष करुनानिधि जाहिं कलप सम बीति।
बेगि चलिअ प्रभु आनिअ भुज बल खल दल जीति॥

—हे करुणानिधान! उनका एक-एक पल कल्प के समान बीतता है। अतः हे प्रभु! तुरन्त चलिए और अपनी भुजाओं के बल से दुष्टों के दल को जीतकर सीताजी को ले आइए।

दुःखी आदमी को प्रसन्न करने का एक ही तरीका है कि उसके दुःख को दूर किया जाय। हनुमान बड़ी भावना से राम को 'करुणानिधि' कहकर पुकार रहे हैं। जिसके पास जरा भी करुणा होगी वह दूसरे का दुःख दूर करने के लिए दौड़ पड़ेगा। राम तो करुणा के निधान हैं। वह तो दूसरे की जरा भी आवाज सुनते हैं तो वैकुण्ठ छोड़कर भागते हैं। सीता तो उनकी अपनी हैं। भारी विपत्ति में पड़ी हुई हैं। एक-एक क्षण कल्पों के समान गुजार रही हैं।

हनुमान राम से विनयपूर्वक व्यग्र होकर कहते हैं—प्रभु, तुरन्त चलिए। अपने बल से दुष्टों का नाश करके सीताजी को ले आइए।

सीता ने हनुमान को पुत्र कहा था। पुत्र यदि माँ के दुःख को देखकर नहीं व्याकुल होगा तो और कौन होगा? पुत्र के लिए माँ सबसे अधिक आदरणीय होती है। शंकराचार्य संन्यासी होकर भी माँ के लिए दौड़े आये थे। अपने धर्म का परित्याग करके माँ का अन्तिम संस्कार किया था। चैतन्य महाप्रभु सबकुछ त्याग देने के बाद भी शची माता की पुकार पर दौड़ पड़े थे। रामकृष्ण परमहंस माँ का खयाल आते ही वृन्दावन से कृष्ण को छोड़कर भाग आये थे। माँ का स्थान बड़ा न्यारा होता है। पुत्र उसके लिए कुछ भी करने को तैयार रहता है।

हनुमान अपना सर्वस्व सीता के लिए बलिदान करने को तैयार थे। वह चाहते थे कि प्रभु तुरन्त माँ के दुःख-निवारण के लिए तैयार हो जायें। राम ने हनुमान की इस भावना को समझा। वह स्वयं रो पड़े।

सुनि सीता दुख प्रभु सुख अयना।
भरि आए जल राजिव नयना॥

—सीता का दुःख सुनकर सुख के धाम प्रभु राम के कमलनयन भर आये।

राम सुख के धाम हैं, उन्हें दुःख सुनाया गया है। होना यह चाहिए था कि दुःख का असर उनपर न पड़ता। वह दुःख को हर लेते। पर राम दुःख से भर उठते हैं। संसार को सुख देनेवाला यदि अपनी प्रिया को सुखी न रख सके, उसका दुःख दूर न कर सके तो उसके सुखधाम होने का क्या अर्थ रहेगा! राम रोने लगते हैं। अपनी असमर्थता उन्हें चुभने लगती है।

बचन कायँ मन मम गति जाही।
सपनेहुँ बूझिअ बिपति कि ताही॥

—राम बोले—मन, वचन और कर्म से जो मुझ पर ही आश्रित है उसे क्या स्वप्न में भी विपत्ति हो सकती है?

राम अचानक एक सवाल कर बैठते हैं—क्या उसे कभी कोई विपत्ति घेर सकती है, जो पूरी तौर पर मेरे ऊपर आश्रित हो? सारी दुनिया में सन्त-महात्मा यही तो ढोल पीट रहे हैं कि जो परमात्मा से दूर रहता है, दुःख उसे मिलता है। जो दुःख को मिटाना चाहे, विपत्ति को भगाना चाहे वह प्रभु के चरणों में समर्पित हो जाय। यदि ऐसा है तो सीता को दुःख क्यों मिल रहा है? क्या मेरी घोषणा, मेरे आश्वासन में कहीं कोई कमी है? सीता की श्रद्धा, भक्ति और एकान्त निष्ठा पर तो सन्देह किया ही नहीं जा सकता। तब तो जरूर मुझ में ही कोई गड़बड़ी है।

प्रभु का भाव देखकर हनुमान कातर हो उठते हैं। सचमुच राम पर आश्रित रहनेवाला विपत्ति में कैसे फँस सकता है। यह तो सम्भव ही नहीं है। तो फिर उन्होंने

राम से कैसे कहा कि सीता विपत्ति में फँसी हुई हैं। उनकी आपदा का वर्णन किया ही नहीं जा सकता। हनुमान को अपनी जुबान से निकले शब्दों पर बड़ी चिन्ता होती है। वे उसे सुधारना चाहते हैं।

कह हनुमंत बिपति प्रभु सोई।
जब तव सुमिरन भजन न होई॥

—हनुमान ने कहा, हे प्रभु! विपत्ति तो तब है जब आदमी आपका स्मरण-भजन न कर पाये।

राम के उखड़े मन को हनुमान समझाते हुए कहते हैं कि असली विपत्ति तो तब आदमी को सताती है जब आपका नाम-स्मरण वह नहीं करता है, आपको वह भूल जाता है। सीता तो दिन-रात आपके नाम को जप रही हैं, आपको स्मरण कर रही हैं। उन्हें क्या विपत्ति आ सकती है!

केतिक बात प्रभु जातुधान की।
रिपुहि जीति आनिबी जानकी॥

—राक्षसों की तो बात ही कितनी है! आप शत्रुओं को जीतकर जानकीजी को ले आयेंगे।

हनुमान राम से कहते हैं कि राक्षसों द्वारा दी जा रही तकलीफ को आप बहुत बड़ा करके न देखें, वे जल्द ही समाप्त होनेवाली हैं। उन्हें मारकर आप सीताजी को ले आयेंगे। सीता माँ का दुःख यह है कि वे आपसे दूर हैं। उन्हें अत्याचारियों की यातना का भय नहीं है।

यहाँ आइए, एक और मधुर प्रसंग को छूते चलें। श्रीहनुमानजी ज्ञानी होते हुए भी बड़े भावुक हैं। ज्ञान प्रायः मनुष्य को भावना से दूर ले जाता है, लेकिन श्रीहनुमान अपने ज्ञान घट को सदा भावना की गंगा से भरे रहते हैं। जब वे राम का सन्देश लेकर सीता के पास गये थे तो राम ने उनसे स्पष्ट कहा था—सीता को अच्छी तरह समझाना, मेरा बल और विरह उससे कहना और जल्दी आना।* लेकिन सीता के दुःख को देखकर हनुमानजी श्रीराम के सन्देश के क्रम को बनाये न रख सके। उन्होंने पहले राम का बल न कहकर राम का विरह कह दिया। भावुक हनुमान ने सीता के दुःख को ज्यादा महत्त्व दिया। यहाँ भी हनुमानजी ने कुछ ऐसी ही भावुकता दिखायी।

---

* इस प्रसंग की मार्मिक व्याख्या के लिए लेखक की श्रीराम के चरित्र पर आधारित प्रभात प्रकाशन से प्रकाशित पुस्तक 'हरि कथा अनन्ता' पढ़िए।

सीताजी ने अपने सन्देश में हनुमानजी से कहा था कि हे हनुमान! प्रभु को इन्द्र-पुत्र जयन्त की कथा बताना और उनके बाणों के प्रताप का स्मरण कराना। पर उस सन्देश को हनुमानजी एकदम गोल कर गये। परम सतर्क, सावधान एवं ज्ञानवान् हनुमान उसे भूल गये, यह मानना कठिन है। मेरा निश्चित विश्वास है कि हनुमानजी ने जानबूझकर इसे छोड़ दिया। इसका एक सबल कारण है।

जब हनुमानजी सीताजी से मिले थे तो वह रोते हुए उनसे पूछ रही थीं कि क्या कभी मैं अपनी आँखों से साँवले रूप को देख पाऊँगी? क्या नाथ ने मुझे एकदम भुला दिया है? अब ऐसी स्थिति में हनुमानजी के लिए परम आवश्यक था कि वह सीताजी को राम का प्रेम बताते। किन्तु जब हनुमानजी श्रीराम के पास आये तो उन्होंने पूछा—

कहहु तात केहिं भाँति जानकी।
रहति करति रच्छा स्वप्रान की॥

—राम बोले—हे तात! कहो, सीता किस प्रकार रहती और अपने प्राणों की रक्षा करती हैं?

श्रीराम की व्यग्रता सीता की कुशलता को लेकर थी। किस तरह से सीता अपने प्राणों की रक्षा कर रही हैं, यह राम जानना चाहते थे। अत: हनुमान ने सीता के दयनीय स्वरूप का वर्णन किया। प्रेम-पूरित राम प्रिया की पीड़ा जानकर करुणा विगलित हो रो पड़े। उन्होंने तुरन्त सुग्रीव से युद्ध की तैयारी करने का निवेदन किया।

ऐसी स्थिति में जयन्त की कथा राम को सुनाने की कोई आवश्यकता नहीं थी। राम के मन से सीता कभी विस्मृत ही नहीं हुई थीं, अत: जयन्त के माध्यम से स्मृति के द्वार खोलने का कोई भी प्रयत्न राम के प्रेम को छोटा करता। हनुमान ने जयन्त कथा को छोड़कर राम के प्रेम को पूर्णता के साथ आलोकित होने का अवसर प्रदान किया। राम उनके प्रति कृतज्ञ हो उठे।

सुनु कपि तोहि समान उपकारी।
नहिं कोउ सुर नर मुनि तनुधारी॥

—हे हनुमान! तेरे समान मेरा उपकारी कोई नहीं है; चाहे वह देवता, मनुष्य, मुनि अथवा कोई भी शरीरधारी हो।

राम की यह कृतज्ञ-भावना उनके चरित्र की महानता का परिचय देती है। सचमुच, हनुमान ने उनका हृदय जीत लिया था। जो समाचार वह लाये थे, राम उसके लिए कितने दिनों से व्याकुल थे। सीता के बारे में कुछ पता चल सके, यह

राम की सबसे बड़ी चिन्ता थी। हनुमान ने उस चिन्ता को दूर कर दिया था।

सीता-हरण के बाद राम ने हर एक से पूछा था, लेकिन कोई सीता का सही समाचार नहीं दे सका था। जिन देवताओं, मुनियों के लिए राम अपना सर्वस्व दाँव पर लगाये हुए थे, वे भी उनकी कुछ सहायता कर पाने में असमर्थ थे। राम एकाकी थे। उनसे कुछ लेनेवालों की तो फौज खड़ी थी, लेकिन उन्हें कुछ देनेवाला कोई नहीं था।

हनुमान ने विनम्रता और भक्ति के साथ राम के चरणों में सीता का सन्देश लाकर रख दिया था। वह हनुमान के उपकार से विभोर हो उठे थे। जीवन में पहली बार उन्हें किसी ने वह दिया है, जिसकी उन्हें चाह थी।

प्रति उपकार करौं का तोरा।
सनमुख होइ न सकत मन मोरा॥

—मैं तुम्हारा प्रति उपकार क्या करूँ? तुम्हें क्या दूँ? मेरा तो मन भी तेरे सामने नहीं हो सकता।

गौरव देने में राम सदैव आगे रहते हैं। हनुमान ने जो कुछ उनके लिए किया है उसका मूल्य वे अच्छी तरह समझ रहे हैं। सोचते हैं कि हनुमान को बदले में क्या दिया जाय? कुछ देने की हिम्मत ही राम को नहीं हो रही है। वे अपने मन को इसके लिए तैयार ही नहीं कर पाते। उन्हें पता है, देने पर भी, संसार का कोई सुख हनुमान नहीं लेंगे।

सुनु सुत तोहि उरिन मैं नाहीं।
देखेउँ करि बिचार मन माहीं॥

—हे पुत्र! सुन, मैंने मन में खूब विचार करके देख लिया है, मैं तुम्हारे ऋण को उतार नहीं सकता।

राम के मुख से इतना गौरव पा जाने के बाद हनुमान को और कुछ पाने की इच्छा ही कहाँ रह जायेगी! प्रभु जिसे देते हैं, खूब देते हैं। उनके स्नेह में कोई कंजूसी नहीं होती। वह हवा और धूप की तरह बेशुमार मिलता है। उन्होंने हनुमान को 'पुत्र' कहकर सम्बोधित किया। सीता पहले ही उन्हें अपना पुत्र बना चुकी थीं। आशीषों से उनकी झोली भर चुकी थी। अब राम भी उसी भाव में आ रहे हैं।

जब उन्होंने हनुमान को पुत्र कह दिया तो ऋण उतारने की कोई गुंजाइश ही नहीं रह गयी। माँ-बाप के लिए यदि पुत्र कुछ करता है तो अपना ऋण उतारता है। अपने कार्यों से वह माता-पिता को ऋणी नहीं बनाता है। शास्त्रों में पितृऋण को उतारने के लिए आदेश दिया गया है। पुत्र अपनी सेवा से माता-पिता के प्रति अपने

कर्तव्य की पूर्ति करता है। उनसे आशीर्वाद के अलावा और किसी चीज की कामना नहीं करता है।

पुनि पुनि कपिहि चितव सुरत्राता।
लोचन नीर पुलक अति गाता॥

—देवताओं के रक्षक श्रीराम बार-बार हनुमान को देख रहे हैं। उनके नेत्रों में जल भरा है और शरीर पुलकित हो रहा है।

राम का पूरा अस्तित्व कृतज्ञता की प्रतिमूर्ति बन गया है। हनुमान को वह स्नेह से देखते जा रहे हैं। आँखों से रो रहे हैं और शरीर से आनन्दित हो रहे हैं। हनुमान के कर्तव्य और भक्ति-भाव ने प्रभु को भीतर से आन्दोलित कर दिया है। जब आदमी अन्दर से पिघलता है तो बाहर से ठोस नहीं रह सकता। प्रभु का हृदय पिघल रहा था। उनका शरीर पुलकित और आँखें तर हो उठी थीं।

इस चौपाई में राम को 'सुरत्राता' कहा गया है। देवताओं तक की रक्षा करने वाले राम हनुमान के प्रति अपने को ऋणी महसूस कर रहे हैं। यह राम का बड़प्पन तो है ही, साथ-ही-साथ यह हनुमान की अटूट एवं भक्तिपूर्ण सेवा-भावना का भी उज्ज्वल पक्ष है। यदि हनुमान समर्पित नहीं होते तो प्रभु उनके प्रति इतने भाव-विगलित नहीं हो पाते। भुना बीज पौधा नहीं बनता है। उसमें सत्त्व हो, तभी अंकुर फूटते हैं। यह सत्त्व हनुमान में था।

सुनि प्रभु बचन बिलोकि मुख गात हरषि हनुमंत।
चरन परेउ प्रेमाकुल त्राहि त्राहि भगवंत॥

—प्रभु के वचन सुनकर तथा उनके मुख और अंगों को देखकर हनुमानजी हर्षित हो गये। प्रेम में विकल होकर 'हे भगवान्! रक्षा करो' कहकर राम के चरणों में गिर पड़े।

राम ने हनुमान को बहुत सम्मान दे दिया था। अपने को उनका ऋणी बता दिया था। हनुमान इतना सम्मान सह पाने के लिए तैयार नहीं थे। भक्त कोई बोझ नहीं चाहता है। वह अकिंचन रहने का इच्छुक होता है। स्वामी की सेवा के अलावा और किसी चीज की उसे जरूरत नहीं होती है। कुछ दिया भी जाय तो वह ग्रहण नहीं कर पाता है। हनुमान को सीता माँ ने मणि की माला दी थी, लेकिन उसमें राम नहीं थे, इसलिए उन्होंने उसे फेंक दिया था।

रामकृष्ण परमहंस को एक मारवाड़ी सेठ रुपये दान में देना चाहता था। वे नहीं ले सके। बोले, 'लूँगा तो जी नहीं सकूँगा।' पैगम्बर मुहम्मद मर रहे थे। उनके प्राण अटके हुए थे। बड़ी तकलीफ में थे। कितनी भी इबादत करने पर दर्द नहीं जा रहा था। उन्होंने अपनी पत्नी से पूछा, 'क्या बात है, प्राण अटके हुए हैं? तुमने अपने

पास कुछ पैसे रखे हैं?'

उनकी पत्नी ने स्वीकार किया, 'हाँ, पैसे हैं। आपकी दवा के लिए मैंने बचा रखे थे।'

मुहम्मद बोले, 'जाओ, इसे अभी किसी को दे आओ, जिससे मैं शान्ति से मर सकूँ।'

पैसा जब जरूरतमन्द को दे दिया गया तब उनके प्राण निकले।

भक्त प्रभु की आज्ञा के भार के सिवा और कोई भार नहीं ढो पाता है। राम ने हनुमान को ढेर सारी कृतज्ञता दे दी। वे त्राहि-त्राहि करके प्रभु के चरणों में गिर गये। बोले—इस भार से मेरी रक्षा करो। इसे मैं ढो नहीं सकूँगा। दूसरा देता तो मैं लेता ही नहीं। तुमने दिया तो 'न' कैसे करूँ? पर इसे उठा नहीं पाऊँगा। तुम वापस ले लो।

बार-बार प्रभु चहइ उठावा।
प्रेम मगन तेहि उठब न भावा॥

—प्रभु उनको बार-बार उठाना चाहते हैं, परन्तु प्रेम में डूबे हुए हनुमान को चरणों से उठना अच्छा नहीं लगता।

कोई मूर्ख ही होगा जो प्रभु के चरण मिल जायें तो उन्हें छोड़ना चाहे। सच्चा भक्त संसार की हर नियामत छोड़ देगा, लेकिन परमात्मा के चरण नहीं छोड़ना चाहेगा। उसे प्रभु के चरणों के अलावा और कुछ अच्छा लगता ही नहीं।

दो साधु एक शहर में आये। एक ने कहा, 'चलो, कहीं एकान्त तलाशते हैं, जहाँ भजन-पूजन शान्ति से हो सके।'

दूसरे ने कहा, 'नहीं, किसी धनी का घर तलाशते हैं जहाँ खाना, पीना, सोना अच्छी तरह हो सके। भजन करना होगा तो जंगल में चलेंगे।'

पहला साधु अपने साथी से प्यार से बोला, 'यदि खाने, पीने और सोने के बारे में सोचना था तो हम गृहस्थ ही रहते। साधु होने की क्या जरूरत थी! साधु को तो हर जगह भजन में मगन रहना चाहिए।'

पहले साधु की भावना सच्ची थी। दूसरे की कच्ची। सच्चा भक्त हमेशा प्रभु को ही चाहता है।

हनुमान प्रभु के चरणों को पकड़े हुए थे। उनको और कुछ भी नहीं चाहिए था। इन्हीं चरणों में शरण पाने के लिए ऋषि-मुनि तपस्या करते हैं। भक्त व्याकुल रहते हैं। ज्ञानी साधना करते हैं। योगी ध्यान करते हैं। ये चरण हनुमान को अनायास ही मिल गये हैं। उन्होंने प्रभु का जरा सा ही काम किया है, लेकिन प्रभु अपनी कृपा

उन पर बरसा रहे हैं।

प्रभु कर पंकज कपि कें सीसा।
सुमिरि सो दसा मगन गौरीसा॥

—प्रभु का कर-कमल हनुमानजी के सिर पर है। इस स्थिति का स्मरण करके शिवजी प्रेममग्न हो गये।

इस भाव को जरा देखिए। हनुमानजी ने अपना सिर राम के चरणों पर रख दिया है। हटा नहीं रहे हैं। राम ने अपना हाथ उनके सिर पर रख दिया है, उन्हें उठाने और आश्वस्त करने के लिए। भक्त और भगवान् के साक्षात्कार का यह अद्‌भुत प्रसंग है। बहुत सारे लोग उसे देख रहे हैं। पर उस भाव को ग्रहण कोई नहीं कर पा रहा है। भगवान् शिव उस स्थिति का वर्णन कर रहे हैं, वहाँ स्वयं उपस्थित नहीं हैं, फिर भी भाव में डूब गये हैं। कोमल भावों को हर आदमी नहीं ग्रहण कर पाता है। सुग्रीव सहित वहाँ जाने कितने वानर थे, पर वे भावमय नहीं हो पाये। शिवजी केवल कथा को सुनाकर भाव में डूब गये। कुछ लोग कहते हैं कि हनुमानजी शिव के अंश हैं, इसलिए शिव डूबे। यह मान लें तो भी हमें मानना होगा कि भावों को ग्रहण करने के लिए भावुक एवं संवेदनशील हृदय चाहिए।

हनुमान की भक्ति और राम की करुणा ने भगवान् शिव को भीतर तक छू दिया था। वे स्वयं भी तो श्रद्धावान् भक्त थे। भक्ति का दृश्य देखते ही वहीं ठहर गये। तत्काल उन्हें लगा कि पार्वती सवाल कर बैठेंगी कि क्यों रुक गये, महाराज! तो क्या बतायेंगे, यह सोचकर फिर सावधान होकर कहने लगे।

कपि उठाइ प्रभु हृदयँ लगावा।
कर गहि परम निकट बैठावा॥

—भगवान् ने हनुमान को अपने हाथों से उठाकर हृदय से लगा लिया और हाथ पकड़कर अपने अत्यन्त निकट बैठा लिया।

कृतज्ञता के भार से दबे हनुमान को प्रभु ने एक और गौरव दे दिया। उन्हें उन्होंने अपने गले लगाया और हाथ पकड़कर अपने पास बैठा लिया। स्वामी के पास बैठने का गौरव विरले ही पाते हैं। जन्म-जन्मान्तर की साधना के बाद यह सौभाग्य दो-चार को मिलता है। हनुमान यह सौभाग्य आज पा रहे थे। राम उनके हृदय के भाव को बदलना चाहते थे। भक्ति की गंगा में हनुमान देर से डूबे हुए थे। अब प्रभु ने उन्हें बाहर लाने का उपाय किया।

कहु कपि रावन पालित लंका।
केहि बिधि दहेउ दुर्ग अति बंका॥

—हे हनुमान! बताओ तो, रावण के द्वारा सुरक्षित लंका और उसके बड़े बाँके किले को तुमने किस तरह जलाया?

हनुमान अभी तक राम के भाव में थे। जब भक्त प्रभु के भाव में रहता है तब उसे प्रभु के अलावा और कुछ दिखाई नहीं देता है। लेकिन इस भाव में सदा रहने पर आदमी शरीर त्याग देता है। उसे लौट-लौटकर संसार में आने की जरूरत पड़ती है। राम इसी उद्देश्य से हनुमान को संसार की ओर लौटा रहे हैं। उनसे अपने पराक्रम के बारे में बताने को कह रहे हैं।

भक्त जब अपने बारे में बोलेगा तो उसे भाव से उतरना ही होगा। अपने बारे में जब हम बोलते हैं तो हमारा 'मैं' जिन्दा हो उठता है। बिना 'मैं' के जिन्दा हुए अपने बारे में किसी तरह की बात ही नहीं की जा सकती। लेकिन हनुमान 'मैं' में लौटकर भी 'मैं' से अलग रह रहे हैं, ठीक उसी तरह जैसे कीचड़ में कमल।

प्रभु प्रसन्न जाना हनुमाना।
बोला बचन बिगत अभिमाना॥

—हनुमानजी ने प्रभु को प्रसन्न जाना और वे अभिमानरहित होकर बोले।

स्वामी प्रसन्न हों तो सेवक को बोलने में आनन्द आता है, लेकिन यदि स्वामी खिन्न और उदास हों तो सेवक का मुँह भी लटक जाता है। हनुमान आज पहली बार राम को इतना प्रसन्न और प्रमुदित देख रहे थे। इसका कारण वे स्वयं थे। अत: उनकी प्रसन्नता और भी अधिक थी।

हनुमान ने प्रभु से स्वयं कुछ नहीं कहा। उन्होंने केवल सीता माता का सन्देश ही सुनाया। स्वयं उपलब्धि की चर्चा करने से भक्त गिरता है, अहंकार में डूबता है। हनुमान इससे बचना चाहते थे। उन्हें नारद की कथा याद थी।

एक बार नारद ने घोर तपस्या की थी। इन्द्र को इससे घबराहट हुई। उन्होंने सोचा, नारद इन्द्र का सिंहासन लेना चाहते हैं। इसलिए कामदेव को भेजा और कहा कि जाकर नारद की तपस्या भंग करो। कामदेव ने बड़ी कोशिश की, लेकिन नारद का तप भंग नहीं हुआ।

फिर कामदेव डरकर नारद के चरणों में गिर गया। क्षमा माँगने लगा। क्षमाशील नारद ने उसे क्षमा दे दी।

अब नारद को बड़ा घमण्ड हो गया कि उन्होंने काम को जीत लिया है। जो संसार में सबको जीतता है उसे मैंने जीत लिया है। जब उपलब्धि का अहंकार आता है तब वह आदमी को बहुत दौड़ाता है, घूम-घूमकर पोस्टर लगवाता है, नारेबाजी करवाता है, भाषणबाजी में भरमाता है। नारद के साथ भी ऐसा ही हुआ। उन्होंने

सोचा कि यदि मैं किसी को बताऊँगा नहीं कि मैंने कामदेव को जीत लिया तो लोग जानेंगे कैसे? मेरी शक्ति का, संयम का, तप का पता कैसे लगेगा लोगों को।

वे सीधे शिव के पास पहुँचे। भोले बाबा सबकी कथा प्रेम से सुनते हैं। उनके गण उसका प्रचार भी कर सकते हैं। नारद ने अपनी कथा सुनायी। शिव ने देखा कि नारद जीत का समाचार नहीं दे रहे हैं, अहंकार का नगाड़ा बजा रहे हैं। उन्होंने सलाह दी, 'आपने बड़ा अच्छा काम किया, लेकिन इसकी ज्यादा चर्चा न करें।'

नारद भगवान् शिव को भला आदमी समझते थे। लेकिन उनकी बात सुनकर उन्हें बड़ा गुस्सा आया। सोचने लगे—ये महादेव मुझसे जल रहे हैं। मेरी सफलता इनसे देखी नहीं जाती। मैं जाकर ब्रह्मा को बताऊँगा।

वे ब्रह्मा के पास पहुँचे। उन्हें भी सुनाया। ब्रह्मा ने भी देखा कि बेटा अहंकार में डूबा हुआ है। बोले, 'शिव से कह दिया तो कोई बात नहीं, विष्णु से मत कहना। जाओ, अपना भजन-पूजन करो।'

नारद ब्रह्मा की सलाह से भी जल-भुन उठे। वे झटपट विष्णु के पास गये। अपने अहंकार की कथा सुनायी। भक्त में अहंकार हो तो भगवान् को अच्छा नहीं लगता। उन्होंने उसको दूर करने के लिए माया का खेल रचा, जिसे सभी लोग नारद-मोह के नाम से जानते हैं।

हनुमान ऐसे किसी मोह के चक्कर में नहीं पड़ना चाहते थे। उन्हें पता था कि जब भक्त मोह में पड़ता है तो भगवान् उसे बचाने के लिए दौड़ते हैं और फिर उन्हें भक्त के हाथों दुःख सहना पड़ता है। नारद को मोह हुआ तो उन्हें बचाने के लिए भगवान् को दौड़ना पड़ा। मोहग्रस्त नारद ने भगवान् की करुणा को अपना विरोध समझा और उन्हें शाप दे दिया।

मन-ही-मन हनुमान प्रार्थना करते रहे कि अहंकार से मेरे अन्दर मोह न पैदा हो और मैं भगवान् के प्रति कोई अपराध न कर बैठूँ, जैसा नारद से हो गया था। इसलिए वह अहंकार-शून्य होकर बोलने लगे। कहने लगे कि हे प्रभु! वानर तो एक पेड़ से दूसरे पेड़ पर चला जाय, यही बड़ी बात है। इसे आप बड़ी बात मानते हों तो यह आपकी इच्छा। इससे ज्यादा मैंने कुछ नहीं किया है।

नाघि सिंधु हाटकपुर जारा।
निसिचर गन बधि बिपिन उजारा॥
सो सब तव प्रताप रघुराई।
नाथ न कछू मोर प्रभुताई॥

—मैंने जो समुद्र लाँघकर सोने का नगर जलाया और राक्षसों को मारकर अशोक वन को उजाड़ा, यह सब तो हे रघुनाथजी! आपका ही प्रताप है। हे नाथ! इसमें मेरी कोई बड़ाई नहीं है।

रामकृष्ण परमहंस से किसी ने पूछा था कि 'हे महाराज! मद, मोह, अहंकार कोशिश करने पर भी जाते ही नहीं। क्या किया जाये?'

उन्होंने रास्ता बताया, 'इन्हें चाबुक लेकर मारकर भगाना क्यों चाहते हो? ये भाग जायेंगे तो देहभाव छूट जायेगा। इसका मुख केवल फेर दो। मद, मोह, अहंकार सब भगवान् को लेकर करो, सांसारिक वस्तुओं को लेकर नहीं।'

हनुमान अपना वर्णन इसी तरह से कर रहे हैं। उन्होंने अपना प्रताप, पराक्रम, बल और शौर्य प्रभु को सौंप दिया है। अहंकार करना हो तो प्रभु करें कि उनके कारण हनुमान ने इतना कुछ कर डाला। हनुमान स्वयं कोई अहंकार नहीं करना चाहते हैं।

ता कहुँ प्रभु कछु अगम नहिं जा पर तुम्ह अनुकूल।
तब प्रभावँ बड़वानलहि जारि सकइ खलु तूल॥

—हे प्रभु! जिस पर आप प्रसन्न हों, उसके लिए कुछ भी कठिन नहीं है। आपके प्रभाव से रुई भी बड़वानल को जला सकती है।

रुई खुद जरा सी आग पाकर जल पाती है। बड़वानल समुद्र की आग है, जो बड़े-बड़े को जलाकर खाक कर देती है। उसे प्रभु की कृपा मिल जाय तो वह बड़वानल को जला दे। परमात्मा की शक्ति पा जाने पर असम्भव सम्भव बन जाता है।

हनुमान स्वयं इसके प्रतीक हैं। सुग्रीव की वानर सेना भी इसका प्रत्यक्ष प्रमाण है। सभी लोग राम को पाकर अपने से कई गुना ऊँचे हो गये हैं। सुग्रीव के साथियों में से किसमें इतना दम था कि वह बालि से लोहा लेता, रावण से टकराने की कोशिश करता। समुद्र लाँघने की तो बात ही क्या, एक छोटी नदी भी फाँद जाने की तत्परता दिखाता। ये सभी चमत्कार जो वानरों द्वारा घटित हो रहे हैं, वे सभी राम की कृपा के, उनकी अनुकूलता के फल हैं। इसे हनुमान अच्छी तरह जानते हैं।

नाथ भगति अति सुखदायनी।
देहु कृपा करि अनपायनी॥

—हे नाथ! मुझे अत्यन्त सुख देनेवाली अपनी निश्चल भक्ति कृपा करके दीजिए।

भक्त हमेशा भक्ति ही माँगता है। उसे और किसी चीज की चाह नहीं होती है।

सिकन्दर महान्, एक योगी को कुछ देना चाहता था। उसने अपना परिचय देते हुए कहा, 'मैं सिकन्दर महान् हूँ। आपको कुछ देना चाहता हूँ। जो चाहिए, माँग लीजिए।'

साधु ने आश्चर्य प्रकट किया—'तुम कैसे आदमी हो। जरा विनम्रता सीखो। अपने आपको महान् कह रहे हो। यह बुरी बात है।'

सिकन्दर घबड़ा गया। आज तक उससे किसी ने ऐसी बात नहीं की थी— 'आपकी सलाह सिर-आँखों पर लेता हूँ। आपको क्या चाहिए, माँगिए, मैं दूँगा।'

साधु को क्रोध आ गया। उसने कहा, 'अगर कुछ देना ही चाहते हो तो एक कृपा करो। मेरी लँगोटी फट गयी है, एक दूसरी मँगा दो।'

सिकन्दर ने विनीत हो कहा, 'यह तो बहुत छोटी चीज है। कुछ और माँगिए, महाराज। कोई बड़ी चीज।'

साधु ने कहा, 'मुझे तुम पर दया आती है। बड़ी चीज मनुष्य नहीं, परमात्मा ही दे सकता है। परमात्मा से तुम्हारा नहीं, मेरा परिचय है। मुझे जरूरत होगी तो उनसे माँग लूँगा।'

संसारी आदमी से कुछ अपने लिए माँगने की भक्त की इच्छा नहीं होती है। भगवान् से भी वह अपने लिए कुछ नहीं माँग पाता है।

एक भक्त से भगवान् ने कहा, 'कुछ माँगो, वत्स!'

वह डर गया। कहा, 'नहीं प्रभु, मुझे कुछ नहीं माँगना।'

भगवान् चकित थे—'क्यों?'

भक्त बोला, 'बच्चा बड़ा होकर कमाने लगे तो माता-पिता उस पर ध्यान नहीं देते। सोचते हैं, बच्चा अपने पैरों पर अब खड़ा हो गया। मैं माँग लूँगा तो यह मेरी कमाई हो जायेगी। आप मुझसे दूर हो जायेंगे। मैं सदा छोटा बच्चा ही बना रहना चाहता हूँ। आप मेरी देखभाल करें और मैं आपको प्रेम करूँ। 'सयाना बेटा' बनने की ललक मुझमें नहीं है।'

राम खुले हाथों वरदान देना चाहते थे, लेकिन हनुमान ने केवल भक्ति लेने की ही इच्छा प्रकट की। दूसरी और कोई चीज उन्होंने प्रभु से नहीं माँगी। चातक को स्वाति का जल मिल जाये तो वह और कुछ नहीं लेता। न मिले तो प्यासा ही रह जाता है। दूसरा पानी नहीं पीता। भक्त भी ऐसा ही होता है।

हनुमान की भक्ति इतनी एकनिष्ठ थी कि वे हर चीज में राम को ही देखने में सुख पाते थे। जब समुद्र पर सेतु बाँधते समय जामवन्त ने कहा कि 'हे प्रभु! आपका नाम ही सेतु है। इसे पाकर भक्त संसार को पार कर जाता है।' तब

हनुमान ने एक और गहरी बात कह दी। उन्होंने कहा कि सेतु होने की तो जरूरत ही नहीं थी।

प्रभु प्रताप बड़वानल भारी।
सोषेउ प्रथम पयोनिधिबारी॥
तव रिपु नारि रुदन जल धारा।
भरेउ बहोरि भयउ तेहिं खारा॥

—प्रभु का प्रताप भारी बड़वानल है। इसने पहले समुद्र के जल को सोख लिया था। परन्तु आपके शत्रुओं की स्त्रियों के आँसुओं की धारा से यह फिर भर गया और उसी से खारा भी हो गया।

राम के प्रति हनुमान की आन्तरिक और एकनिष्ठ भक्ति एक और स्थान पर दिखाई देती है।

समुद्र पार करके राम सुबेल पर्वत पर आसीन थे। पूर्व दिशा में चन्द्रमा उग आया था। राम ने उसे देखकर कहा—देखो, कैसा सिंह के समान निडर है।

राम का भाव सुनने के बाद सब लोग अपने-अपने भाव बताने लगे। हनुमान का भाव एकदम राममय था।

कह हनुमंत सुनहु प्रभु ससि तुम्हारा प्रिय दास।
तव मूरति बिधु उर बसति सोइ स्यामता अभास॥

—हनुमान ने कहा—हे प्रभो! सुनिए, चन्द्रमा आपका प्रिय दास है। आपकी सुन्दर श्याम मूर्ति उसके हृदय में बसती है। वही श्यामता की झलक चन्द्रमा में आभास हो रही है।

दोनों प्रसंगों में हनुमान की दृष्टि राममय है। एक में वे राम का प्रताप देखते हैं और दूसरे में राम की भक्ति। उन्हें राम के सिवा संसार में और कुछ प्रिय एवं सुन्दर नहीं लगता है। यदि संसार में कुछ अच्छा होगा तो उसमें राम की छवि होगी, यह हनुमान की दृष्टि है।

हनुमान सदैव राम के लिए समर्पित रहे। युद्ध के दौरान उन्होंने घोर पराक्रम प्रदर्शित करके राक्षसों में आतंक फैलाया। राम और लक्ष्मण के लिए युद्ध का माहौल तैयार किया। इस युद्ध में यश और कीर्ति केवल राम को मिलनी चाहिए, इसी उद्‌देश्य से हनुमान लड़ रहे थे। उन्हें महाबली राक्षसों को मारकर अपने नाम का डंका बजवाना है, ऐसी उनकी इच्छा नहीं थी।

जब भी समय आया, वे राम की सेवा के लिए हाजिर हो गये। वास्तव में कठिन समय में राम केवल हनुमान को ही पुकारते थे। प्राय: कठिन समय में भक्त

अपने भगवान् को पुकारता है; लेकिन राम ने हनुमान को अपार गौरव दिया। केवल वे ही एक भक्त हैं जिन्हें अपने कठिन समय में भगवान् पुकारता था।

जब लक्ष्मण को मेघनाद ने अपनी अमोघ शक्ति से मूर्च्छित कर दिया तब वह उन्हें उठाकर लंका ले भागना चाहता था, लेकिन लक्ष्मण उससे उठे नहीं। हनुमान उन्हें उठाकर राम के पास ले आये। यदि हनुमान नहीं ले आते तो समय पर औषधि न मिलने के कारण लक्ष्मण के प्राणों की रक्षा नहीं हो सकती थी। जब जामवन्त ने कहा कि लंका से सुषेण वैद्य को ले आना चाहिए, तो हनुमान तुरन्त चले गये।

धरि लघु रूप गयउ हनुमंता।
आनेउ भवन समेत तुरंता॥

—हनुमानजी छोटा रूप धरकर गये और सुषेण को उसके घर समेत तुरन्त ही उठा लाये।

कल्पना कीजिए। युद्ध आरम्भ हो चुका था। दोनों ओर की सेनाएँ सजग और सतर्क थीं। ऐसे समय में रात में लंका में जाकर अकेले सुषेण को लाना कितने जोखिम का काम था; लेकिन हनुमान ने निर्भय हो उसे कर दिखाया। राम के प्रति उनकी अखण्ड निष्ठा ने राक्षसों के भय को उनके सामने टिकने नहीं दिया।

सुषेण ने लक्ष्मण को देखने के बाद हनुमान को एक औषधि लाने के लिए कहा। औषधि सूरज उगने से पहले आ जानी चाहिए थी। नहीं तो लक्ष्मण के प्राण जा सकते थे। हनुमान तुरन्त उसे लाने के लिए तत्पर हो गये।

राम चरन सरसिज उर राखी।
चला प्रभंजनसुत बल भाषी॥

—श्रीराम के चरण-कमलों को अपने हृदय में रखकर पवनपुत्र हनुमान अपना बल बखानते हुए कि कोई चिन्ता मत कीजिए, मैं अभी दवा लाता हूँ, चल पड़े।

यहाँ जीवन में पहली बार हनुमान से एक चूक हुई। वह हमेशा अपने हृदय में राम को रखकर चलते थे। यहाँ भी उन्होंने ऐसा ही किया। लेकिन कभी हनुमान ने अपने मुँह से अपना बल नहीं कहा था। यहाँ वे यह बोल गये कि मैं अभी लाता हूँ। मुझमें यह शक्ति है। कोई चिन्ता न करें। ऐसा कहने के लिए प्रभु के दरबार में 'बल-भाषी' हनुमान को दण्ड भुगतना पड़ा। उन्हें यह दण्ड राम के दूसरे सेवक भरत ने दिया। हनुमान के मन में जो 'मैं करता हूँ' का अहंकार आया था, उसे भरत ने खत्म किया।

औषधि न पहचान पाने के कारण हनुमान पूरा पर्वत ही लेकर उड़ रहे थे।

वे अयोध्या के ऊपर से गुजरे। तपस्वी भेष में अयोध्या से बाहर नन्दिग्राम में रह रहे भरत ने उन्हें देखा तो लगा, कोई मायावी राक्षस है। उन्होंने बिना नोक का एक बाण हनुमान को गिराने के लिए मारा।*

परेउ मुरुछि महि लागत सायक।
सुमिरत राम राम रघुनायक॥

—बाण लगते ही हनुमानजी 'राम, राम, रघुपति' कहते हुए मूर्च्छित होकर पृथ्वी पर गिर पड़े।

यह बड़ी चमत्कारक स्थिति थी। जो हनुमान काल से भी एक बार लड़ सकते थे, वे भरत के बिना नोकवाले बाण की मार से बेहोश होकर गिर गये। यदि उन्होंने गिरते समय प्रभु की कृपा से 'राम, राम' नहीं कहा होता तो भरत उन्हें मारकर सरयू नदी में फेंक देते। हनुमान का बल उनके काम नहीं आया। चलते समय राम के सामने जिस बल को उन्होंने भाषा था वह व्यर्थ गया। वह बालू के किले की तरह भरत के बाण की जरा सी हवा से ढह गया। उन्हें राम नाम ने बचाया।

जब भरत ने 'राम, राम' सुना तो वे दौड़े। उन्हें बड़ा दुःख हुआ कि उन्होंने राम के प्रिय को मार दिया है। उन्होंने हनुमान को रामभक्त जान हृदय से लगा लिया। जगाने लगे, लेकिन हनुमान की बेहोशी टूटती ही नहीं थी। भरत बहुत दुःखी हुए। उन्होंने राम का स्मरण किया।

जौं मोरें मन बच अरु काया।
प्रीति राम पद कमल अमाया॥
तौ कपि होउ बिगत श्रम सूला।
जौं मो पर रघुपति अनुकूला॥

—यदि मन, वचन और शरीर से श्रीराम के चरण-कमलों में मेरा निष्कपट प्रेम हो और यदि राम मुझ पर प्रसन्न हों, तो यह वानर थकावट और पीड़ा से रहित हो जाय।

सुनत बचन उठि बैठ कपीसा।
कहि जय जयति कोसलाधीसा॥

—वचन सुनते ही कपिराज हनुमान 'कोसलपति राम की जय हो, जय हो' कहते हुए उठ बैठे।

---

* हनुमान और भरत के मिलन सम्बन्धी सभी प्रसंगों की विस्तृत व्याख्या के लिए प्रभात प्रकाशन, दिल्ली द्वारा प्रकाशित लेखक की भरत चरित पर अनूठी पुस्तक 'भरत गुन गाथा' पढ़िए।

आइए, अब प्रसंग की गहराई में चलें। जब हनुमान भरत के बाण की चोट खाकर गिर रहे थे तो उन्होंने राम-राम कहा था। लेकिन वे बेहोशी से बच नहीं सके थे। उस समय राम नाम ने भरत के बाण से उनकी रक्षा नहीं की। हाँ, उन्हें मरने से जरूर बचा लिया। उनके राम-राम कहने के कारण भरत उनके प्रति दयालु हो उठे और उन्हें बचाने का प्रयत्न करने लगे।

जिस राम नाम ने हनुमान को होश में लाने में तनिक भी मदद नहीं की थी, उसी ने भरत के कहने से हनुमान को उठा दिया। जब भरत ने श्रद्धा और भक्ति से राम के नाम का उच्चारण किया तो राम की जय बोलते हुए हनुमान उठ बैठे।

लेकिन हनुमान का दिमाग अभी तक ठिकाने नहीं आया था। जब भरत ने यह कहा कि अति शीघ्र पहुँचने के लिए तुम मेरे बाण पर चढ़कर जाओ, तो हनुमान के मन में फिर अहंकार आया।

सुनि कपि मन उपजा अभिमाना।
मोरें भार चलिहि किमि बाना॥

—हनुमान ने अहंकार से भरकर सोचा कि मेरे भार से बाण कैसे चलेगा?

लगता है, अभी कुछ क्षण पहले घटी घटना का हनुमान अहंकारवश भूल गये थे। उन्हें यह पता होना चाहिए था कि भरत के एक बाण ने ही उन्हें गिराया था। अतः उनका एक बाण उन्हें भेज भी सकता है। बल बाण में नहीं, बाण चलानेवाले में होता है। भरत के कारण हनुमान गिरे थे और भरत के कारण ही बाण उन्हें लेकर जा भी सकता था।

किन्तु राम ने हनुमान का अहंकार जल्दी ही हर लिया। उन्हें लक्ष्मण के प्राणों की चिन्ता थी और हनुमान को लज्जित करने में भी उनकी कोई रुचि नहीं थी। अतः उन्होंने हनुमान की बुद्धि पर से अभिमान का परदा हटा दिया।

राम प्रभाव बिचारि बहोरी।
बंदि चरन कह कपि कर जोरी॥

—राम के प्रभाव का विचार करके उन्होंने भरत के चरणों की वन्दना की और हाथ जोड़कर बोले—

तव प्रताप उर राखि प्रभु जैहउँ नाथ तुरंत।
अस कहि आयसु पाइ पद बंदि चलेउ हनुमंत॥

—हे नाथ! हे प्रभो! मैं आपका प्रताप हृदय में रखकर तुरन्त चला जाऊँगा। ऐसा कहकर आज्ञा पाकर, भरत के चरणों की वन्दना करके हनुमान चले।

राम के प्रभाव का स्मरण होते ही हनुमान की बुद्धि बदल गयी थी। उन्होंने

समझ लिया कि जो भरत राम की अखण्ड भाव से एकनिष्ठ भक्ति कर रहे हैं उन्हें जीत पाना असम्भव है। मेरी तपस्या तो उनके सामने कुछ भी नहीं है। मेरे पास तो राम को देने के लिए सेवा के सिवाय कुछ भी नहीं है। भरत ने तो पाया हुआ राज्य भी राम को दे दिया और अपना जीवन भी। भरत से भक्ति में, समर्पण में, श्रद्धा में और निष्ठा में कौन जीत सकता है!

भरत को वह दो बार सम्बोधित करते हैं 'हे नाथ! हे प्रभो!' यह उनके मन में विनम्रता और अहंकारहीनता के फिर से आगमन का प्रतीक है। वे बहुत झुक गये हैं। अपने अहंकार को याद कर वे पछता रहे हैं। कहते हैं कि मैं आपके प्रताप को हृदय में रखकर चला जाऊँगा।

हनुमान के हृदय में राम रहते हैं। लेकिन राम ने उपाय करके भरत के लिए अपने को भी हटा लिया। हनुमान को एकदम भरत के सामने प्रभु ने समर्पित करा दिया। इसके लिए उन्होंने हनुमान के हृदय को भरत के लिए खाली कर दिया। हनुमान अब एकदम बदल गये।

भरत बाहु बल सील गुन प्रभुपद प्रीति अपार।
मन महुँ जात सराहत पुनि पुनि पवनकुमार॥

—भरतजी के बाहुबल, शील (सुन्दर स्वभाव), गुण और प्रभु के चरणों में अपार प्रेम की मन-ही-मन बारम्बार सराहना करते हुए हनुमानजी चले जा रहे हैं।

वाह! राम ने कितना बदल दिया हनुमान को। और भरत के लिए कितना छोटा कर लिया अपने को। अब हनुमान दो चीजों के सहारे उड़ रहे हैं। एक है भरत का प्रताप, जो उनके हृदय के भीतर है और दूसरा है उनका गुण-स्वभाव और प्रभु-प्रेम जो हनुमान के मन और जुबान पर है। पहले इन सभी स्थानों पर राम रहते थे, अब भरत विराज रहे हैं। राम ने अहंकार बुद्धि रखने के लिए हनुमान को एक हलकी चपत लगायी, दुलार भरी। जैसे माँ बच्चे को लगाती है—फिर गलतियाँ न दोहराने की याद दिलाने के लिए।

एक मन्दिर में पण्डित कथा कह रहे थे। सभी लोग बहुत श्रद्धा-भक्ति से सुन रहे थे। पण्डितजी बता रहे थे कि किस देवता को किस चीज का भोग लगाना चाहिए। यह तो सभी जानते हैं कि हमारे देवी-देवता बहुत मिष्टान्नप्रिय हैं। धर्म के आधार महिलाओं और पण्डितों को भी मिठाई बहुत प्यारी लगती है। अत: कथा-वार्त्ता में मिठाई का बोलबाला रहता है। हलुआ के बिना तो कोई कथा हो ही नहीं सकती।

पण्डितजी ने बताया कि गणेशजी लड्डू खाते हैं। काम में बाधा पड़ने पर

उन्हें लड्डू जरूर देना चाहिए। हनुमानजी सभी संकट हरते हैं, उन्हें पेड़ा मिल जाये तो परम प्रसन्न होते हैं। दुर्गा माँ खीर की शौकीन हैं। कृष्ण भगवान् को दूध-मलाई की मिठाइयाँ बहुत प्यारी हैं। राम हर मिठाई पसन्द करते हैं। अत: प्रसाद चढ़ाते समय देवता की रुचि की मिठाई चढ़ानी चाहिए।

उधर से एक साधु गुजर रहे थे। उन्होंने रुककर कहा, 'मिठाइयाँ खाकर भगवान् प्रसन्न नहीं होता। उसका तो भोजन कुछ और है।'

'क्या?' सभी ने एक स्वर में पूछा।

'अहंकार।' साधु बोले, 'परमात्मा केवल भक्त का अहंकार ही खाता है। उसे और कुछ भी पसन्द नहीं है। ये सारे भोग हम लोग खुद अपने खाने के लिए लगाते हैं।'

कथावाचक पण्डित ने साधु को प्रणाम करते हुए कहा, 'हाँ महाराज, आप सच कह रहे हैं। पुराणों में ऐसी कई कहानियाँ आती हैं जहाँ भगवान् ने भक्तों का अहंकार खाया है।'

महाभारत की एक कथा प्रसिद्ध है।

अर्जुन को बड़ा घमण्ड था कि दोनों सेनाओं में उनके जितना वीर और कोई नहीं है। भगवान् कृष्ण ने उनके इस भाव को पहचान लिया। उनका अहंकार दूर करने के लिए कृष्ण ने एक उपाय किया। जब अर्जुन कर्ण से लड़ रहा था तब कृष्ण रह-रहकर कहते थे, 'वाह कर्ण! वाह कर्ण!'

अर्जुन को बुरा लगा। उसने कृष्ण से पूछा, 'आप उसकी तारीफ क्यों कर रहे हैं? वह बाण मारता है तो मेरा रथ चार-पाँच कदम पीछे हटता है। मैं मारता हूँ तो उसका रथ चार-पाँच सौ कदम पीछे चला जाता है। यह आप देख नहीं रहे हैं?'

कृष्ण ने कहा, 'देख रहा हूँ। तभी प्रशंसा कर रहा हूँ।'

अर्जुन उन्हें देखता ही रहा। बात उसकी समझ में नहीं आयी। तब कृष्ण रथ से उतर गये। हनुमान से भी उतर जाने को कहा। अब जब कर्ण ने बाण मारा तो अर्जुन के रथ का पता ही नहीं चला। उसे हनुमान खोजकर लाये।

अर्जुन का गर्व चूर हो गया। वे लज्जित हुए। कृष्ण ने कहा, 'मैं और हनुमान बैठे हैं, फिर भी रथ पीछे जा रहा है। यह कर्ण की वीरता है।'

अब अर्जुन का अहंकार दूर हुआ।

भरत से विदा होकर हनुमान उड़े और जल्द ही राम के पास आ गये। सभी व्याकुलता से उनकी प्रतीक्षा कर रहे थे। लक्ष्मण के प्राणों के लिए राम बिलख रहे थे। आकर सबका दु:ख हनुमान ने दूर कर दिया। संकटमोचन नाम सार्थक किया।

हरषि राम भेटेउ हनुमाना।
अति कृतग्य प्रभु परम सुजाना॥

—राम हर्षित होकर हनुमान के गले मिले। प्रभु परम चतुर और कृतज्ञ हैं।

'परम सुजाना' लिखकर तुलसी ने यह संकेत किया है कि राम को पता था कि भरत के साथ हनुमान की भेंट कैसी रही है। लेकिन वह हनुमान को अपने किसी व्यवहार से यह नहीं जानने देना चाहते थे कि उन्हें भरत-हनुमान मिलन का पता है। परम चतुर राम ने बड़े प्रेम से हनुमान को गले लगाया और कृतज्ञता प्रकट की।

राम किसी को मान-सम्मान देने में कभी पीछे नहीं रहते हैं। हनुमान ने लक्ष्मण के प्राण बचाने में जो भूमिका निभायी है, वह राम के लिए बड़ी महत्त्वपूर्ण है। और कोई उनके दल में इस काम को नहीं कर सकता था। इसलिए राम ने उन्हें कृतज्ञ-भाव से सम्मानित किया।

राम को हनुमान की प्रतिभा, बुद्धि, तेजस्विता और चतुरता पर अखण्ड विश्वास था। वे सदैव हनुमान को अपने काम के लिए भेजते थे। लंका-विजय के बाद उन्होंने सीता को समाचार देने के लिए हनुमान को ही भेजा था, जिसका विस्तृत अवलोकन हम 'हनुमान और सीता' वाले अध्याय में कर चुके हैं। अब जब राम अपने मित्रों और सीता-लक्ष्मण के साथ वनवास की अवधि पूरी करके लौट रहे हैं तब फिर वह उन्हें दूत बनाकर भरत के पास भेजते हैं।

प्रभु हनुमंतहि कहा बुझाई।
धरि बटु रूप अवधपुर जाई॥
भरतहि कुसल हमारि सुनाएहु।
समाचार लै तुम्ह चलि आएहु॥

—राम ने हनुमान को समझाकर कहा—तुम ब्राह्मण का रूप धारण करके अयोध्या जाओ। भरत को हमारी कुशल सुनाना और उनका समाचार लेकर आना।

हनुमान को बहुत साफ तरीके से राम ने निर्देश दे दिया था। समझाकर कहा था। फिर भी भरत के सामने हनुमान से थोड़ी चूक हो गयी। न जाने क्यों, भरत के सामने पहुँचकर हनुमान चूक जाते थे। राम ने एक बार फिर उन्हें भरत से अकेले मिलने का मौका दिया था। पहली बार वे भरत के प्रताप से टकराये थे और इस बार भरत की भक्ति से। आइए, देखते हैं कि यह आयोजन राम ने कैसे किया था?

जब हनुमान अयोध्या पहुँचे तो भरत राम की भक्ति में लीन थे। अपने को कोस रहे थे कि समय समाप्त होने को है, लेकिन मुझ जैसे पापी को देखने राम नहीं आ रहे हैं। मेरी किसी खोट और कमी के कारण वे मुझे भूल गये हैं। भरत को देखते

ही हनुमान भक्ति-भाव से भर उठे।

देखत हनूमान अति हरषेउ।
पुलक गात लोचन जल बरषेउ॥

—भरत को देखते ही हनुमानजी अत्यन्त हर्षित हुए। उनका शरीर पुलकित हो उठा और आँखों में आँसू भर आये।

दो भक्त जब मिलते हैं तब यही स्थिति सबसे पहले आती है। दोनों एक-दूसरे के भीतर प्रभु को देखकर पुलकित होते हैं, भाव से भर उठते हैं। पहली बार जब हनुमान भरत से मिले थे तब यह स्थिति नहीं थी। उस समय दोनों के हृदयों में भक्ति का भाव नहीं था। तब वे दोनों वीर-भाव से चालित थे। हनुमान पर्वत लेकर उड़ रहे थे और भरत ने उन्हें मार गिराया था। वीर-भाव हो तो विकर्षण होता है, भक्ति-भाव हो तो आकर्षण।

हनुमान बड़ी भक्ति से भरत का दुःख दूर करने के लिए राम का समाचार देते हैं। कहते हैं कि राम आ रहे हैं।

जासु बिरहँ सोचहु दिन राती।
रटहु निरंतर गुन गन पाँती॥
रघुकुल तिलक सुजन सुखदाता।
आयउ कुसल देव मुनि त्राता॥

—हे भरत! जिसके विरह में आप दिन-रात सोच करते रहते हैं और जिनके गुण-समूहों की पंक्तियों को आप निरन्तर रटते रहते हैं, वे ही रघुकुल के तिलक, सज्जनों को सुख देनेवाले और देवताओं तथा मुनियों के रक्षक रघुनाथ सकुशल आ गये।

राम का समाचार भरत को देते समय हनुमान यह भी बता रहे हैं कि वे अच्छी तरह से यह जानते हैं कि भरत किस तरह से रात-दिन राम का नाम जपते रहते हैं। उनके जीवन में राम का क्या स्थान है।

रिपु रन जीति सुजस सुर गावत।
सीता सहित अनुज प्रभु आवत॥

—हे भरतजी! शत्रु को रण में जीतकर सीता और लक्ष्मण के साथ राम आ रहे हैं। देवता उनका सुन्दर यश गा रहे हैं।

समाचार सुनकर भरत भाव-विभोर हो उठते हैं और पूछते हैं कि इतना सुन्दर समाचार देनेवाले आप कौन हैं?

तब हनुमान अपना परिचय देते हैं—

मारुत सुत मैं कपि हनुमाना।
नामु मोर सुनु कृपानिधाना॥
दीन बंधु रघुपति कर किंकर।
सुनत भरत भेंटेउ उठि सादर॥

—हनुमानजी बोले—हे कृपानिधान! सुनिए, मैं पवन का पुत्र, जाति का वानर हूँ। मेरा नाम हनुमान है। मैं दीनों के बन्धु श्रीरामजी का दास हूँ। यह सुनते ही भरतजी ने आदरपूर्वक उठकर हनुमान को गले लगा लिया।

यहाँ तक सबकुछ अच्छी तरह रहा। मिलना-जुलना पूरा हुआ। अब भरतजी ने राम का कुशलक्षेम पूछा।

तब हनुमंत नाइ पद माथा।
कहे सकल रघुपति गुन गाथा॥

—हनुमानजी ने भरतजी के चरणों में मस्तक झुकाकर रामचन्द्रजी की सारी गुण-गाथा कही।

यहीं हनुमान चूक गये। राम की सारी गुण-गाथा उन्होंने भरत को सुनायी, लेकिन कहीं यह उल्लेख नहीं किया कि कभी राम ने सोते-जागते, उठते-बैठते भरत को भी याद किया था। हनुमान की सारी रामकथा में भरत का कहीं भी उल्लेख नहीं था। भरत के सामने अब दो ही विकल्प थे। एक तो यह कि वे मान लें कि राम उन्हें याद नहीं करते थे और दूसरा यह कि वे मान लें कि हनुमान उनके अन्तरंग साथी नहीं हैं। उन्हें राम की जीवनचर्या का ठीक से पता ही नहीं है।

दोनों में से किसी को भी स्वीकार करना भरत के लिए उपयुक्त नहीं लग रहा था। अतः भरतजी ने सोचा कि शायद हनुमान स्वयं भूल गये हैं। इसलिए उन्होंने हनुमान को स्मरण कराया।

कहु कपि कबहुँ कृपाल गोसाईं।
सुमिरहिं मोहि दास की नाईं॥

—हे हनुमानजी! कहिए, क्या कृपालु स्वामी श्रीराम कभी मुझे अपने दास की तरह याद करते हैं?

भरत के ये शब्द हनुमान के हृदय में तीर की तरह घुस गये। उन्हें अपने आप पर बड़ी ग्लानि हुई। समाचार देते समय उन्हें इतनी भयानक गलती नहीं करनी चाहिए थी। भरत को उन्हें याद दिलाना पड़ा, यह एक अक्षम्य गलती है। हनुमान भक्ति-भाव से पुलकित होकर भरत के चरणों में गिर पड़े। अपने अपराध को कम करने के लिए इसके सिवाय उनके पास और कोई मार्ग ही नहीं था।

रघुबीर निज मुख जासु गुन गन कहत अग जग नाथ जो।
काहे न होइ बिनीत परम पुनीत सदगुन सिंधु सो॥

—हनुमान सोचने लगे, जो चराचर के स्वामी हैं वे श्री रघुवीर अपने मुख से जिनके गुण-समूहों का वर्णन करते हैं वे भरतजी ऐसे विनम्र, परम पवित्र और सद्‌गुणों के समुद्र क्यों न हों?

हनुमान को भरत के बारे में सब पता था। राम उनके बारे में कितनी चिन्ता करते हैं, उन्हें याद करके कितना रोते हैं, यह सब हनुमान ने अपनी आँखों से देखा था। उन्हें किसी से कुछ पूछना नहीं था। अगर वे नहीं जानते होते तो भरत के पूछने पर इस तरह ग्लानि से भरकर उनके चरणों में क्यों गिर पड़ते? उन्हें अगर कोई दुःख था तो केवल अपनी चूक का। उसका परिमार्जन करने के लिए उन्होंने भरत के प्रति राम के प्रेम का बड़ी भक्ति से वर्णन किया।

राम प्रान प्रिय नाथ तुम्ह सत्य बचन मम तात।
पुनि पुनि मिलत भरत सुनि हरष न हृदय समात॥

—हे नाथ! आप श्रीराम को प्राणों के समान प्रिय हैं। हे तात! मेरा वचन सत्य है। यह सुनकर भरतजी हनुमान से बार-बार मिलते हैं। हृदय में हर्ष समाता नहीं है।

राम की अपने प्रति कृपा देखकर भरत अपने आपको भूल जाते हैं। उन्हें संसार का कुछ भी खयाल नहीं रहता है। वे हनुमान को बार-बार अपने गले लगाने लगते हैं। जैसे उन्होंने साक्षात् राम को पा लिया हो। भक्त जब किसी स्थान पर प्रिय से सम्बन्धित कोई चीज देखता है तो उसे प्रिय का भाव हो जाता है। चैतन्य वन को देखकर वृन्दावन समझ लेते थे। नदी-समुद्र देखकर उन्मत्त होकर उन्हें जमुना मान लेते थे। कहते हैं कि पुरी में समुद्र को नीला देख उसे ही कृष्ण मानकर उसी में जा डूबे थे।

जब केवल प्रभु की ही आकांक्षा होती है तब मन दर्पण बन जाता है। उसमें केवल आराध्य का ही चेहरा दिखाई देता है। हर रूप में वही भासता है। उसके सिवा भक्त और कुछ नहीं चाहता। कितना दुःख-दर्द हो उसे, और किसी चीज की चाह नहीं होती है।

चैतन्य महाप्रभु के एक शिष्य थे। उनका नाम था हरिदास। जन्म से मुसलमान थे, लेकिन कृष्ण में उनकी अपार भक्ति थी। वे नित्यानन्द के साथ भाव-विभोर होकर कीर्तन किया करते थे। मुसलमान शासक इससे नाराज हुआ। उसने हरिदास को कोड़े मारकर मार डालने का निश्चय किया।

हरिदास कोड़े खाकर केवल कृष्ण-कृष्ण बोलते, और कुछ नहीं कहते।

बहुत मार खाने के बाद वे बेहोश हो गये। मारनेवालों ने समझा, वे मर गये हैं। उन्हें उठाकर गंगा में फेंक दिया। हरिदास की पीड़ा देखकर पूरा नदिया शहर सिहर उठा था। पर शासक के आतंक के कारण किसी ने कुछ कहा नहीं।

पानी में गंगा का स्पर्श पाकर हरिदास को चेतना आयी। उन्होंने देखा, वे किनारे लग गये हैं। भक्तों ने उन्हें जीवित देखकर इसे ईश्वर का चमत्कार माना। वे कीर्तन-भजन करते हुए उन्हें चैतन्य के पास ले गये।

चैतन्य ने कहा, 'हरिदास, तुमने मेरे लिए इतना बड़ा कष्ट उठाया। जान पर खेल गये। मैं प्रसन्न हूँ। वर माँगो।'

हरिदास अपने आराध्य की कृपा पाकर रो पड़े, 'प्रभु! अगर देना ही चाहते हैं तो मुझे वह शक्ति दीजिए कि मैं जन्म-जन्मान्तर तक आपके दासों का भी दास बना रहूँ।'

भक्त केवल भक्ति ही चाहता है। भरत ने भी प्रयाग में केवल 'जनन जनम रति राम पद' ही माँगा था। हनुमान भक्ति का इतना ऊँचा भाव पहले कभी नहीं देख पाये थे। पहली बार जब वे भरत से मिले थे तब बहुत जल्दी थी। उन्हें लक्ष्मण के प्राण बचाने के लिए भागना था। उस समय चिन्तन-मनन, सोच-विचार का अवसर नहीं था। हनुमान ने भरत का प्रताप तो 'ट्रेलर' के रूप में उस समय देख लिया था, लेकिन उनकी भक्ति का 'ट्रेलर' देखना उनके लिए शेष था। आज वे उसे भी देख रहे थे।

भरत के सामने हनुमान को अपनी भक्ति बड़ी छोटी और तुच्छ लग रही थी। वे भरत के प्रति श्रद्धा से भर उठे।

भरत चरन सिरु नाइ तुरित गयउ कपि राम पहिं।
कही कुसल सब जाइ हरषि चलेउ प्रभु जान चढ़ि॥

—भरतजी के चरणों में सिर नवाकर हनुमानजी तुरन्त ही राम के पास चले गये। जाकर उन्होंने सब कुशल कही। तब प्रभु हर्षित होकर विमान पर चढ़कर चले।

हनुमान ने भरत के चरणों में श्रद्धा से सिर झुकाया। वे भरत की साधुता और भक्ति के सामने श्रद्धानत हो गये। आज उन्होंने जाना कि साधु से बड़ा कोई नहीं होता है। किसी ने सच कहा है—सबसे बड़ी है पृथ्वी। लेकिन उससे भी बड़ा है आकाश। किन्तु आकाश, पृथ्वी और पाताल को भगवान् विष्णु ने अपने पैरों से नाप लिया था। अत: विष्णु के पैर सबसे बड़े हुए। उन पैरों को भक्त अपने हृदय में रखता है। अत: भक्त ही सबसे बड़ा हुआ।

भक्त भगवान् को ललकार भी सकता है। सन्त नामदेव ऐसा ही किया करते

थे। वे भगवान् से कहते थे कि तुम मेरे अवगुणों को देखकर मुझसे दूर भागना चाहते हो? यह सम्भव नहीं होगा। मैं तुम्हें छोड़ूँगा नहीं। तुम भाग कैसे सकोगे? मैं तुम्हारे पैरों को अपने जीवन की रस्सी से बाँधकर अपनी इच्छानुसार जहाँ चाहूँगा, तुम्हें ले जाऊँगा। अपने प्रेम का जाल फैलाकर मैं तुम्हें उसमें जीवित कैद कर लूँगा। मैं अपने हृदय को तुम्हारे लिए जेल बना दूँगा और तुम्हें उसमें कैद कर दूँगा। तुम अपने को समझते क्या हो? मैं अपने आत्मज्ञान की छड़ी से तुम्हें खूब मारूँगा। तुम फिर दया के लिए गिड़गिड़ाओगे। तुम्हारी उदारता का झूठा बखान भक्तों ने किया है। किन्तु मैं जानता हूँ कि तुम तभी देते हो, जब तुम्हें कोई उठाकर ले जाता है।

भरत ने भी राम को चौदह वर्षों तक लगातार कैद कर रखा था। अपने हृदय से बाहर नहीं जाने दिया था। हनुमान उनकी इस तन्मयता और भाव-विह्वलता को देखकर चकित रह गये थे।

□

प्रताप और भक्ति दोनों में भरत से हारने के बावजूद हनुमान उनसे दूर नहीं हुए। अयोध्या में रहते हुए वे भरत के नितान्त अपने बन गये थे। भरत नित्य उनसे रामकथा सुनते थे।

भरत सत्रुहन दोनउ भाई।
सहित पवनसुत उपबन जाई॥
बूझहिं बैठि रामगुन गाहा।
कह हनुमान सुमति अवगाहा॥

—भरत और शत्रुघ्न दोनों भाई हनुमान को लेकर उपवन में चले जाते थे। वहाँ वे राम की कथाएँ उनसे पूछते थे। हनुमान अपनी सुन्दर बुद्धि से उन गुणों में गोता लगाकर उनका वर्णन करते थे।

हनुमान भरत से घुल-मिल गये थे। उन्हें रामकथा सुनाकर आनन्दित किया करते थे। यहाँ कथा कहने के ढंग पर बहुत अच्छा प्रकाश डाला गया है। रामकथा कहते समय राम के गुणों में गोता लगाना चाहिए। जो स्वयं डूब नहीं सकता वह नदी की गहराई दूसरे को क्या बतायेगा? आजकल तो नल के नीचे बैठकर नहाने की प्रथा बन गयी है। गोता लगाने की जरूरत ही नहीं पड़ती। जरा सा पढ़कर कोई भी भाषण झाड़ने लगता है, प्रवचन करने लगता है।

हनुमान पहले राम के गुणों में डूबते थे, फिर उन्हें कहते थे। डूबने के बाद कहने से कथा प्रभावी होती है, कहने और सुननेवालों का हृदय साफ होता है, परमात्मा से निकटता बढ़ती है। हनुमान के मुख से निकलनेवाली कथा भरत को

बड़ी प्यारी लगती थी।

सुनत बिमल गुन अति सुख पावहिं।
बहुरि बहुरि करि बिनय कहावहिं॥

—श्रीराम के निर्मल गुणों को सुनकर दोनों भाई अत्यन्त सुख पाते हैं और विनय करके हनुमान से बार-बार कहलवाना चाहते हैं।

कथा जब बार-बार सुनने का मन हो तब समझना चाहिए कि भाव सच्चा है। जो प्रिय होता है वह न कभी बासी होता है, न उबाऊ। भक्त न उससे कभी ऊबता है और न उसे कभी पुराना समझता है। प्रिय उसके लिए नित्य सुन्दर नित्य नूतन होता है। इसीलिए हनुमान से बार-बार कथा सुनाने के लिए भरत-शत्रुघ्न आग्रह करते हैं।

भरत को कभी कुछ राम से कहना होता था तो वे हनुमान का ही सहारा लेते थे। हनुमान उनके भी 'मुँहबोले' बन गये थे। अपनी भक्ति और सेवा से उन्होंने भरत का हृदय भी जीत लिया था।

एक बार जब राम बैठे हुए थे तब भरत को कुछ पूछने का मन हुआ। वे संकोच से स्वयं नहीं कह पा रहे थे।

पूछत प्रभुहि सकल सकुचाहीं।
चितवहि सब मारुत सुत पाहीं॥

—सभी भाई प्रभु से पूछने में सकुचा रहे थे। सब हनुमान की ओर देख रहे थे।

श्रद्धा और भक्ति का बड़ा सुन्दर संयोग हुआ है यहाँ। सभी भाइयों को राम से प्यार है, लेकिन उनसे कुछ पूछने में संकोच कर रहे हैं। सभी भक्त हनुमान की ओर देखते हैं। उनको विश्वास है कि हनुमान उनका काम जरूर करेंगे। अयोध्या में आकर हनुमान बुरी तरह फँस गये हैं। पहले उन्हें केवल राम का काम करना पड़ता था, अब सभी भाइयों की गुलामी करनी पड़ रही है। भरत ने तो उन्हें विशेष रूप से अपनी भक्ति की जंजीर में बाँध लिया है।

अंतरजामी प्रभु सभ जाना।
बूझत कहहु काह हनुमाना॥

—अन्तर्यामी राम अपने भाइयों के मन की बात जान गये। उन्होंने हनुमान से पूछा—कहो हनुमान, क्या बात है?

प्रभु का प्रश्न सुनकर हनुमान को निवेदन करने का अवसर मिल गया। मन में भाव हो तो प्रभु अवसर देते हैं। लोग प्रायः कहते हैं कि संसार के जंजाल में इतना फँसा हूँ कि भक्ति-भाव का अवसर ही नहीं मिलता। यह झूठ है, बहाना है। अपनी

कमजोरी को छिपाना है। आदमी के मन में भाव हो तो प्रभु अवसर देते हैं। ईसा मसीह ने कहा था—खटखटाओ, द्वार खुल जायेगा। कोई खटखटाने के लिए तैयार ही नहीं होता है।

बंगाल के प्रसिद्ध काली-भक्त कवि रामप्रसाद बहुत पढ़े-लिखे नहीं थे। अपने एक रिश्तेदार की कृपा से राजा कृष्णचन्द्र के यहाँ उन्हें बही-खाता लिखने की नौकरी मिल गयी थी। वे एकाउण्ट क्लर्क बन गये थे। एकाउण्ट के नाम पर उन्हें केवल माँ काली का नाम ही लिखना आता था। सभी रजिस्टरों पर वे अपने भजन लिख डालते थे। उनसे जलनेवाले कर्मचारियों ने रजिस्टर को चुपके से महाराज के पास भेज दिया, जिससे उन्हें नौकरी से हटा दिया जाय।

राजा ने उन्हें बुलाया। वे थर-थर काँप रहे थे। हिसाब-किताब के रजिस्टर पर गाने लिखना बहुत बड़ा जुर्म था। वे माँ काली से प्रार्थना कर रहे थे—माँ! राजा के क्रोध से बचा ले।

महाराज कृष्णचन्द्र ने डाँटकर पूछा, 'रजिस्टर पर ये गीत किसने लिखे?'

'मैंने महाराज।' रामप्रसाद झूठ नहीं बोल सके।

'ये गीत तुम्हें कहाँ मिले? किसके बनाये हुए हैं?'

'मैंने ही बनाये हैं, महाराज! मैं इन्हें लिखता भी हूँ, गाता भी हूँ।' रामप्रसाद ने डरकर कहा और समझ लिया कि अब उनकी नौकरी गयी। सजा भी ऊपर से मिलेगी।

किन्तु चमत्कार हो गया। राजा कृष्णचन्द्र की आँखों में आँसू आ गये। बोले, 'अपने राज्य में मैं तुम्हारे जैसा भक्त कवि पाकर धन्य हो गया। तुम अपने जीवन का भार मुझे दे दो। केवल माँ के गुणगान की कविताओं को लिखो। उनकी धुनें बनाओ। मैं पूरे बंगाल में उसे फैलाने में मदद करूँगा।'

रामप्रसाद ने सोचा और अवसर मिल गया। जो हृदय से आकांक्षा करता है, प्रभु उसके लिए अवसर देते हैं। जिसके भीतर भक्ति होती है उसे जंजाल में भी प्रभु को पुकारने का अवसर मिल जाता है। राम ने हनुमान को अवसर दे दिया। कहा—पूछो, क्या पूछना चाहते हो?

जोरि पानि कह तब हनुमंता।
सुनहु दीनदयाल भगवंता॥
नाथ भरत कछु पूँछन चहहीं।
प्रश्न करत मन सकुचत अहहीं॥

—हनुमान हाथ जोड़कर बोले—हे दीनदयालु भगवान्! सुनिए, भरतजी कुछ पूछना

चाहते हैं। पर वे प्रश्न करते मन से सकुचा रहे हैं।

भक्त बड़ा संकोची होता है। वह परमात्मा से अपनी मुक्ति के लिए भी नहीं कह पाता है। उसे देखने से ही उसका जी नहीं भरता। उसकी सेवा से ही उसको फुरसत नहीं मिलती। फिर वह प्रभु से माँगे भी क्या, उसका तो सारा भार प्रभु पर होता है। जब आदमी को कोई चिन्ता ही न हो तो माँगने का भाव ही नहीं बनता है।

पर जब प्रभु पूछ लें तो माँगना लाजिमी हो जाता है। कुछ-न-कुछ तो माँगना ही पड़ता है। प्रभु के पूछने पर न माँगना अहंकार का हाथ थामना है। भक्त ऐसा नहीं चाहता। वह प्रभु से भक्ति माँगता है। माँगना भी हो जाय और कुछ बिगड़े भी नहीं।

हनुमान राम के पूछने पर हड़बड़ा उठे। तय नहीं कर पाये कि क्या कहें। झट से उन्होंने भरत का सहारा लिया। राम से कहने लगे, 'प्रभु! मुझे कुछ नहीं कहना है। भरत आपसे कुछ पूछना चाहते हैं।'

राम हँस पड़े। उन्हें भी बड़ा आनंद आया। भक्तों का भाव देखकर भगवान् आनन्दित होते हैं। उनके भाव पर ही तो वे जीते हैं।

हनुमान तो उनके भक्तों में शिरोमणि थे। एकनिष्ठभाव से वे सदा राम में ही रहते थे। सदा उनकी सेवा को ही अपना सबसे बड़ा लक्ष्य और आदर्श समझते थे। किसी ने एक बार हनुमान से पूछा, 'आज कौन सा दिन है?'

वे बोले, 'मुझे यह सब पता नहीं। मैं दिन-रात, घण्टा, पल, ग्रह, नक्षत्र आदि की चिन्ता नहीं करता। वे हों तो होने दो, न हों तो न सही। मैं केवल राम की चिन्ता करता हूँ। मेरे लिए राम हैं, यही पर्याप्त है।'

उनकी इस भक्ति का, इस समर्पित निष्ठा का राम ने हमेशा खयाल रखा। राम ने अपने सभी भक्तों को, मित्रों को विदा किया। सुग्रीव, विभीषण, नल, नील, जामवन्त, अंगद और निषादराज गुह—सभी को उन्होंने विदाई दी। उनके उपकार के प्रति कृतज्ञता प्रकट की। सबसे उन्होंने कहा—

अब गृह जाहु सखा सब भजेहु मोहि दृढ़ नेम।
सदा सर्बगत सर्बहित जानि करेहु अति प्रेम॥

—हे सखागण! अब आप सब लोग घर जाओ। वहाँ दृढ़ नियम से मुझे भजते रहना। मुझे सदा सर्वव्यापक और सबका हित करनेवाला जानकर अत्यन्त प्रेम करना।

राम का यह वचन बड़ा गूढ़ है। वे अपने मित्रों और भक्तों को अच्छी तरह समझ रहे हैं। जानते हैं कि इनकी भक्ति हेतुकी है, कुछ पाने की है। इसीलिए

कहते हैं कि मैं सर्वव्यापक हूँ और सबका हित करनेवाला हूँ। तुम घर रहोगे तो भी मुझे पाओगे। तुम्हारी इच्छाएँ मुझे पता चल जायेंगी। तुम्हारे हित के लिए मैं चिन्ता करता रहूँगा।

हेतु भाव से राम को भजनेवाले भक्तों की राम के दरबार में जरूरत नहीं होती। वहाँ तो वही रह सकता है, जो निर्हेतुक हो। जिसे कोई इच्छा न हो, जो प्रभु की इच्छा की ही केवल प्रतीक्षा करता रहे। इस लोभ में प्रभु के पास न पड़ा रहे कि मौका मिले तो प्रभु से अपनी बात कहूँ। कुछ लोग मन्त्रियों के दरवाजे पर चुपचाप बैठे रहते हैं। उन्हें मन्त्रीजी से प्यार नहीं होता है। वे तो उस अवसर की तलाश में वहाँ बैठे रहते हैं कि मन्त्रीजी कब खाली हों तो वे उनसे अपने स्वार्थ की बात कहें।

राम ऐसे लोगों को अपने दरबार में नहीं रखते। कहते हैं कि एकान्त भाव से मुझे अपने घर में ही भजो, मैं तुम्हारी इच्छा सुनूँगा भी और उसे पूरा करने भी आ जाऊँगा। राम के इस वचन से भक्तों की भीड़ उनके घर पर कम होती है। वे ही पुकार प्रबल होने पर भक्त के घर चले जाते हैं।

भगवान् की बात सुनकर सभी भक्त जाने लगे। उन्हें भी लगा कि जब भगवान् पुकारने से हमारे हित के लिए आ ही जायेंगे तो अपना घर-बार छोड़कर अयोध्या में टिकने का क्या फायदा? वे चलने लगे। लेकिन अंगद बैठे रहे। प्रभु ने उन्हें जाने को नहीं कहा। जो सेवा के लिए बैठा रहता है, भक्ति के लिए खड़ा रहता है, प्रभु उसे जाने के लिए कैसे कहते?

किन्तु सबके चले जाने के बाद एकान्त पा अंगद प्रभु के पास आये और बार-बार विनती करने लगे कि प्रभु उन्हें अपने चरणों में ही शरण दे दें।

भगवान् को उनकी भक्ति-भावना ने छू दिया। उन्होंने अंगद को अपने हृदय से लगाया, समझाया और विदा किया।

वे बैठे रहते बिना कुछ माँगे तो राम उन्हें कभी नहीं भेजते। किन्तु जैसे ही अंगद ने माँग लिया, राम ने उन्हें भेज दिया। कहा कि 'मैं तुम्हारे दिल में रहूँगा, तुम मेरे चरणों की सेवा वहाँ रहकर भी कर सकोगे। जब भी तुम मुझे पुकारोगे, मैं तुम्हारे पास हूँगा। भक्त की कामना की पूर्ति के लिए, उसके आदर्शों की रक्षा के लिए मैं बार-बार अवतार लेता हूँ। यह मेरा शाश्वत संकल्प है।'

अंगद सन्तुष्ट हो चले गये।

अंगद और हनुमान में यही अन्तर है। अंगद ने राम से पूछ लिया। लेकिन हनुमान ने राम से कभी नहीं पूछा कि प्रभु, मैं आपके पास रहूँ! उन्होंने अंगद के ठीक उलटा किया। हनुमान ने अयोध्या से विदा हो रहे सुग्रीव से कहा—मैं दस दिन

अर्थात् कुछ दिन श्रीराम के चरणों की सेवा करके आपका दर्शन करूँगा—

दिन दस करि रघुपति पद सेवा।
पुनि तव चरन देखिहउँ देवा॥

—लेकिन हनुमान इस दिन की तो बात ही क्या, दस जन्मों बाद भी सुग्रीव के पास नहीं पहुँचे। वे अगर अंगद की तरह राम से कहते कि मैं आपकी सेवा के लिए आपके पास रहना चाहता हूँ तो राम निश्चय ही उन्हें लौटा देते।

हनुमान बैठे रहे, चुपचाप। कुछ माँगा ही नहीं। भक्ति की तरफ भी आँख उठाकर नहीं देखा। जब प्रभु पास हो तो भक्ति की झंझट में कौन पड़ेगा! पानी मिल जाये, प्यास बुझ जाये तो रात-दिन कोई कुआँ नहीं खोदता है। हनुमान को प्रभु मिल गये थे। अब उन्हें किसी चीज की जरूरत नहीं थी। वे पड़े रहे और पड़े ही रह गये। राम दरबार में शामिल हो गये। राम का दरबार बिना हनुमान के पूरा नहीं होता है।

राम जब भी राज-काज से निपटकर बैठते थे, हनुमान उनकी सेवा के लिए जुट जाते थे।

मारुत सुत तब मारुत करई।
पुलक बपुष लोचन जल भरई॥

—रामजी के बैठ जाने पर हनुमानजी पंखा करने लगे। उनका शरीर पुलकित हो गया और आँखों में प्रेम का जल भर आया।

आह! जीवन में यह दैवी सुख सबको कहाँ मिलता है। हनुमान राम के जितने करीब हैं उतने करीब और कौन हो पाता है? कैसे मिले उन्हें प्रभु राम? क्या किया था हनुमान ने? ऐसी क्या विशेषता थी उनमें जो प्रभु ने उन्हें ही अपनाया? ऐसे अनेक सवाल मन को घेरते हैं। हनुमान के भाग्य को कितना ही बखाना जाय, कम ही होगा।

संसार में विद्वान्, बुद्धिमान, बलवान् और गुणवान् बहुत लोग हैं, थे भी और होंगे भी। इन गुणों के कारण हनुमान राम को प्रिय नहीं हुए थे। राम को उन्होंने अपनी अहेतुकी भक्ति और श्रद्धा से पाया था। उन्होंने राम को सदा दिया, कभी कुछ माँगा नहीं। प्रभु उन्हें अपने आप जो देते रहे वही लेकर वे अपने को धन्य समझते रहे। प्रभु ने सुग्रीव और विभीषण को राज्य दिया, अंगद को युवराज बनाया। सब खुश थे, मस्त थे। राम की कृपा पाकर धन्य थे। लेकिन हनुमान ने इसमें अपनी धन्यता नहीं महसूस की। वे राम के दास ही बने रहे। राम के चरणों की सेवा ही उनका आजीवन व्रत रहा।

हनुमान भक्ति के प्रतीक बन गये, राम की सेवा के ज्वलन्त उदाहरण बन गये। लोग राम को पाने के लिए हनुमान की ओर दौड़ते हैं। राम से अधिक हनुमान के मन्दिर चारों तरफ दिखते हैं। प्रभु के चरणों में समर्पण व्यर्थ नहीं जाता। एक तनिक दो, हजार तनिक मिलता है। इतना अधिक ब्याज संसार का कोई बैंक नहीं दे सकता। हनुमान दूत के श्रेष्ठ उदाहरण हैं। दुनिया में उनकी ख्याति इसका जीवन्त प्रमाण है।

रे मन! कर राम का भजन, हनुमान बन।

□

हनुमान महिमा

राम जासु जस आप बखाना

भक्ति और सेवा के संसार में हनुमान बेजोड़ हैं। लाख कोशिश करने के बाद भी कोई नाम इतिहास के आईने में उनके मुकाबले का नहीं उभरता है। 'विद्यावान गुनी अति चातुर' लोग बड़ी मुश्किल से 'रामकाज करने को आतुर' होते हैं। प्राय: आदमी इन खूबियों को पाकर अपनी तिजोरी भरना चाहता है, अपना नाम चमकाना चाहता है। अपना 'साइनबोर्ड' हर जगह लगाना चाहता है। दूसरे के हित की कामना करने का उसके पास समय ही नहीं होता है। इस तरह के काम उसके हिसाब से मूरख लोग करते हैं।

हनुमान ने चिन्तन के इस कीचड़-सने चक्के को सही दिशा में मोड़ा। बेजोड़ प्रतिभा और अतुलित बल का कुबेर होते हुए भी उन्होंने इनका उपयोग कभी स्वार्थ के लिए नहीं किया। किसी साधारण आदमी में यदि विद्या, गुण और चतुरता में से एक भी गुण आ जाये तो वह अपने मस्तक को आकाश तक ऊँचा कर 'मैं श्रेष्ठ हूँ' की घोषणा करने लगता है। हनुमान के साथ तीनों गुण एक साथ थे, फिर भी उन्होंने कभी उसकी मुनादी नहीं करवायी। कभी उसका ढिंढोरा नहीं पीटा।

हमारे एक मित्र बड़े सात्त्विक विचार के हैं। माँ गंगा पर उनकी बड़ी भक्ति है। हमेशा गंगाजल एक बड़ी बोतल में एक चौड़े लेबल के साथ अपने बैठकखाने में रखते हैं। यदि उनके बैठकखाने में कोई आये तो बड़े विनम्र भाव से कहते हैं—जरा गंगाजल को बचाकर बैठिएगा, कहीं बोतल गिर न जाये।

स्वाभाविक रूप से घर आनेवाले आदमी की निगाह बोतल पर चली जाती है और वह पूछ बैठता है, 'अरे! गंगाजल इतनी बड़ी बोतल में?'

फिर मेरे मित्र को अपनी बात कहने का मौका मिल जाता है, 'हाँ, यह एक

चमत्कार है। मैं पाँच वर्ष पहले हरिद्वार गया था। वहाँ मुझे एक पहुँचे हुए महात्मा मिले। उन्होंने गंगाजल मुझे बैठकखाने में रखने को कहा।'

उसके साथ ही वे यह सब भी बता जाते हैं कि गंगाजल के क्या-क्या फायदे हैं। कितने ग्रन्थ उन्होंने पढ़े हैं आदि-आदि। कोई जरूरत नहीं थी कि वे बैठकखाने में आनेवाले से कहते कि जरा बोतल बचाइएगा; पर अपना बखान करने के लिए वे यह तरीका अपनाते हैं। गंगाजल उनके लिए आस्था नहीं, अपनी शेखी बघारने का एक माध्यम है।

मैं अपने एक पड़ोसी को प्राय: अपने बच्चे से जोर से कहते हुए सुनता हूँ—'बेटे, जरा कार की चाभी लाना तो। हाँ, देरी न करना। फ्रिज के बगल में जहाँ थ्री-इन-वन का रैक है, वहीं मैंने रात रखी थी। वैसे एक बार वीडियोवाले टेबल पर भी देख लेना।'

मेरे पड़ोसी को चाभी से कोई मतलब नहीं होता। उसे तो वह खुद जाकर ले सकते हैं। बच्चे को बुलाकर धीरे से भी कह सकते हैं। लेकिन नहीं, उन्हें तो सबको सुनाना होता है कि मेरे पास फ्रिज भी है, थ्री-इन-वन भी, वीडियो भी और कलर टी.वी. भी।

हनुमान के मन में आत्म-प्रचार का यह भाव कभी नहीं आया। वे सदा अपनी शक्ति चुपचाप राम-काज में लगाते रहे। एक बात समझने की है कि जब आदमी कोई काम ध्यानपूर्वक करता है तो उसे प्रचार का खयाल ही नहीं रहता। जो आदमी अपना घर बनाता है वह एकाग्र होकर निर्माण में लगा रहता है। लेकिन जो नेता शिलान्यास के लिए आता है वह फोटोग्राफर और टी.वी. कैमरे का इन्तजार करता है। उसकी एकाग्रता काम में नहीं, नाम में होती है।

मुझे किसी ने एक सच्ची घटना बतायी। किसी शहर में छात्र आन्दोलन चल रहा था। शहर के छात्रों ने एक नेता का घर घेर लिया। छात्र झगड़ा करने पर आमादा थे। वे नेताजी से मिलने पर तुले हुए थे। नेताजी ने सोच-विचारकर निर्णय लिया। दो-तीन प्रमुख समाचार-पत्रों के सम्पादकों को फोन करके उन्होंने बताया कि छात्रों ने मेरे घर को घेर रखा है। मैं उनसे मिलने जा रहा हूँ। आप अपने फोटोग्राफर को भेज दीजिए। मुझे शक है कि वे लोग मेरे साथ मार-पीट करेंगे।

सम्पादक उनकी बात सुनकर चकित थे। एक उनके निकट के मित्र थे। उन्होंने कहा, 'अगर मार-पीट की सम्भावना है तो आप पुलिस को खबर कर दीजिए। हमें क्यों बुला रहे हैं?'

नेताजी ने समझाया, 'पुलिस को खबर कर दी है, लेकिन उसे थोड़ी देर से

आने को कहा है। मैं चाहता हूँ कि छात्र थोड़ी मार-पीट करें। इसी से न्यूज बनेगी। पब्लिक की सहानुभूति मिलेगी। फोटोग्राफर तुरन्त भेजिए। घायल होने पर मेरा फोटो भी मेरे बयान के साथ छपना चाहिए।'

जितनी खुशी से नेताजी ने अपने प्रचार के लिए, अपने स्वार्थ के लिए मार खाने का कष्ट उठाया, उससे लाख गुना अधिक खुशी से सच्चा सेवक दूसरों की सेवा करके चुप रहता है। कहने से, प्रचार से सेवा व्यवसाय बन जाती है। एकान्त भाव से सेवा करनेवाला व्यक्ति फोटोग्राफर की प्रतीक्षा नहीं करता है। वह इसी में खुश रहता है कि अपना काम वह पूरी शक्ति और क्षमता से मनोयोगपूर्वक कर रहा है।

हनुमान मनोयोगपूर्वक सेवा करने के जीवन्त प्रतीक हैं। अपने सम्पूर्ण स्वत्व को 'राम-काज' में उन्होंने समर्पित कर दिया था। उसी के लिए वे हमेशा आतुर रहते थे। यदि राम का काम उन्हें न करने को मिले तो वे उदास हो जाते थे। उनके जीवन का रस ही निचुड़ जाता था। हनुमान राम की तरफ बराबर निहारते रहते थे कि प्रभु उन्हें कुछ करने के लिए कहें और वे टहल को बजाकर अपना जीवन धन्य कर लें।

हनुमान के व्यक्तित्व के दो पहलू हैं। एक तो उनका बल और दूसरा उनका विद्या-बुद्धि-सम्पन्न होना। दोनों का वह सही और सात्त्विक उपयोग करते हैं। प्राय: मनुष्य अपने गुणों का उपयोग सही दिशा में नहीं कर पाता है। बलशाली लोग प्राय: गलत राह की ओर मुड़ जाते हैं, लेकिन हनुमान के जीवन में ऐसा कभी नहीं हुआ। 'रामचरितमानस' के आरम्भ में ही तुलसी ने हनुमान की वन्दना करते समय उनके इस गुण की बड़ी खूबी से सराहना की है।

महाबीर बिनवउँ हनुमाना।
राम जासु जस आप बखाना॥

—मैं महावीर हनुमान की विनती करता हूँ, जिनके यश का श्रीरामचन्द्रजी ने स्वयं वर्णन किया है।

तुलसी बड़े आराम से लिख सकते थे कि 'राम जासु बल आप बखाना'। 'जस' की जगह पर 'बल' लिख देने में चौपाई पर कोई असर नहीं पड़ता। हनुमान बल के प्रतीक माने भी जाते हैं। लेकिन तुलसी 'बल' की गहराई में हमें ले जाना चाहते हैं, हमारी सांस्कृतिक सत्ता की पहचान हमें कराना चाहते हैं, इसीलिए वह 'बल' शब्द का प्रयोग 'बलधाम' हनुमान के लिए नहीं करते।

राम गा रहे हैं हनुमान के गुण। जब राम गायेंगे तो बल के गुण नहीं गायेंगे।

बल जब अच्छे काम करके यश में रूपान्तरित हो जाता है तब बखानने के योग्य बनता है। तब उसका गान श्रेष्ठ लोगों के मुख से होता है। बल का बखान डरा हुआ आदमी करता है। प्राय: बल डराता है। इसीलिए बड़े लोग बल का बखान नहीं करते हैं।

प्रशंसा और प्रशस्ति पाने के लिए बल का यश में रूपान्तरण होना परम आवश्यक है। बल तो रावण के पास भी था। सम्भवत: हनुमान से ज्यादा था। उसने शिव समेत कैलास पर्वत को अपनी भुजाओं पर उठा लिया था। युद्ध के समय हनुमान के उसने छक्के छुड़ा दिये थे।

बुधि बल निसिचर परइ न पार्‌यो।
तब मारुतसुत प्रभु संभार्‌यो॥

—जब बुद्धि और बल से राक्षस रावण गिराये न गिरा तब हनुमान ने राम को स्मरण किया।

बुद्धि और बल हनुमान के व्यक्तित्व के मुख्य आधार हैं, लेकिन ये काम नहीं आये। रावण ने इन दोनों को हिला दिया। अब हनुमान के सामने एक ही रास्ता था कि राम को पुकारें। उन्होंने तुरन्त ऐसा किया भी।

रावण का पराक्रम बुद्धि और बल दोनों में हनुमान से आगे था। संसार में शायद कोई और भी उनसे आगे रहा हो, लेकिन इतिहास की कीर्ति सभा में और कोई उनके जितना यशस्वी नहीं हो सका। कारण एक ही है कि हनुमान ने अपने बल से अच्छा काम, राम का काम करके यश कमाया; जबकि दूसरों ने उनसे अधिक बलशाली होकर भी बल का उपयोग दूसरों को सताने के लिए किया। रावण को इसका बड़ा अभिमान था कि उसने अपने बल से कितने लोगों को सताया। हनुमान को इस बात का सन्तोष था कि उन्होंने अपने बल से कभी किसी का दिल नहीं दुखाया। हर तरह से हर दिल को प्रयत्न करके हर्षाया।

राम ने इसीलिए उनके यश को गाया। यदि उन्होंने बल का दुरुपयोग रावण की तरह किया होता तो चाहे कितने भी बलवान् वे क्यों न होते, राम कभी भी उनका गुणगान नहीं करते। राम को यदि कोई प्रसन्न करना चाहे तो उसे अपने बल का सही उपयोग करना होगा।

बल का यही उपयोग ही संस्कृति है। इसीलिए बलवान् को बुद्धि और विवेक का धनी होना जरूरी माना गया है। यदि ये दोनों गुण उसकी रखवाली नहीं करेंगे तो वह भटक जायेगा, गलत रास्ते का वरण कर लेगा। हनुमान को दोनों मिले हुए हैं।

हिन्दू मनीषा की दृष्टि बड़ी गहरी है। उसने बल का प्रतीक पुरुष को माना है और शक्ति का प्रतीक स्त्री को। दुर्गा शक्ति की देवी हैं। शक्ति में भटकने की सम्भावनाएँ न्यूनतम होती हैं। यह मनुष्य की आन्तरिक क्षमता है। उसके लिए बल होना जरूरी नहीं। दुबला-पतला आदमी भी शक्ति-सम्पन्न हो सकता है। बल का सम्बन्ध शरीर से है। बल उफनता है, शक्ति सहती है। शक्ति हो तो बल पर नियन्त्रण किया जा सकता है, किन्तु यदि बल हो तो शक्ति के बावरी होने की सम्भावनाएँ बढ़ जाती हैं।

हनुमान बल और बुद्धि के समुच्चय हैं। उनमें बाह्य और आन्तरिक शक्ति के समन्वय का मणिकांचन योग है। यह समन्वय वे इसलिए कर सके, क्योंकि उनके भीतर भक्ति थी। अहंकार का तनिक भी भाव उनके भीतर नहीं था। वे रात-दिन सेवा और समर्पण के भाव से भरे रहते थे। बलवान् आदमी बैठा नहीं रह सकता। उसे कुछ-न-कुछ करने को मिलना चाहिए। किन्तु यदि 'क्या करना चाहिए' का पता न हो तो वह बल के बल पर दुराचारी बन बैठेगा। हनुमान के बल को भक्ति और सेवा का मार्ग मिल गया था। वे उसी में डूब गये थे। संसार की उन्हें कुछ सुध ही नहीं रहती थी।

किसी ने हनुमान से पूछा, 'आप भजन-पूजन कैसे करते हैं, कब करते हैं?' सुनकर वे हँस पड़े। उन्होंने समझाया, 'मुझे भजन-पूजन की क्या जरूरत! भगवान् पास हों तो उनका नाम लेने से क्या फायदा? नाम लेने से तो वे खिन्न होंगे। बस, उन्हें देखते रहो और उनके काम करते रहो। घर में बैठकर यदि नाहक बच्चा माँ-माँ चिल्लाये तो माँ उसे डाँटकर मना कर देती है; लेकिन यदि वह विनयपूर्वक माँ की सेवा के लिए चुपचाप खड़ा रहे तो बहुत सुख मानती है। कहीं दूर से एक बार भी बच्चा 'माँ' कहकर पुकार दे तो माँ सब काम छोड़ दौड़ पड़ती है।'

हनुमान की यह उक्ति ही भक्त और भगवान् के आन्तरिक सम्बन्ध का दृढ़ सूत्र है। यही दोनों को एक-दूसरे से बाँधता है। इससे राम भी बँधे हैं और हनुमान भी। संसार में कुछ ऐसे बन्धन भी होते हैं, जो मनुष्य को मुक्त करते हैं। भक्ति और सेवा ऐसे ही बन्धन हैं।

साधना के क्षेत्र में आज के युग में भक्ति और सेवा सबसे उत्तम हैं। हनुमान इसके प्रतीक हैं और इसीलिए घर-घर में पूजे जा रहे हैं। भक्ति और सेवा में ज्ञान के लम्बे-चौड़े दर्शन की जरूरत नहीं पड़ती है। उसकी उपलब्धि के लिए हृदय में श्रद्धा और विश्वास चाहिए। मन में यह दृढ़ता होनी चाहिए कि प्रभु ही 'एक भरोसो, एक बल' हैं। उनपर सब भार डाल देने से भक्त अच्छी तरह से उनकी सेवा कर

पाता है। अपने कर्म-भोग से मुक्त हो पाता है।

जो हनुमान को मानते हैं वे संसार से डरते नहीं। वे तो संसार को प्रभु का रूप मानकर उनकी सेवा में लगे रहते हैं। उसके दुःख-दर्द को प्रभु का दुःख-दर्द मानते हैं। अपने प्रथम मिलन में जब राम ने हनुमान को उनका आदर्श समझाया था तो बड़े सटीक ढंग से उन्होंने कहा था कि भक्त की भावना 'अनन्य' होती है। वह मेरे सिवाय और किसी चीज को नहीं चाहता है। लेकिन यह अनन्य भाव जिसके भीतर आता है उसकी दृष्टि क्या होती है, इसका राम ने बड़ा सुन्दर खुलासा किया है।

सो अनन्य जाकें असि मति न टरइ हनुमंत।
मैं सेवक सचराचर रूप स्वामि भगवंत॥

—हे हनुमान! अनन्य वही है जिसकी ऐसी बुद्धि कभी नहीं टलती कि मैं सेवक हूँ और यह जड़-चेतन जगत् मेरे स्वामी भगवान् का रूप है।

सेवा की सबसे बड़ी शर्त राम ने बतायी है। जब तक इस शर्त का पालन नहीं किया जाता, सेवा भक्ति की जननी नहीं बनती है। जब भक्त में यह भाव होता है कि वह दूसरे की सेवा कर रहा है, परोपकार कर रहा है तो वह कभी भक्ति की गंगा अपने भीतर नहीं बहा पाता है। ऐसी सेवा से अहंकार की उपज होती है। जब हम सोचते हैं कि दूसरे का दुःख-दर्द दूर कर रहे हैं तब हम बदले में कुछ चाहते हैं—धन्यवाद, आभार, प्रचार, कृतज्ञता आदि। यह चाहना अहंकार है। लेकिन जब हम यह महसूस कर लेते हैं कि जगत् का कण-कण अपने स्वामी परमात्मा का रूप है तो सेवा निस्स्वार्थ होती है, वह अहंकार नहीं पैदा करती। माँ जब अपने बच्चे के लिए कष्ट सहती है तो धन्यवाद की अपेक्षा नहीं करती है, लेकिन जब दूसरे के बच्चे को एक छोटी सी 'टॉफी' भी देती है तो चाहती है कि वह उसे धन्यवाद कहे।

हनुमान की सेवा-भावना में सदा राम की यह सीख आगे रही। इसीलिए कभी उनके जीवन में 'दूसरे' का भाव नहीं पैदा हुआ। वे हमेशा जगत् को 'राममय' मानकर अपना कदम बढ़ाते रहे। अपने जीवन में उन्होंने कभी राम के सिवाय और किसी चीज के बारे में नहीं सोचा; क्योंकि उनके लिए सबकुछ राम में समाया हुआ था। अपनी सेवा-भावना के कारण हनुमान सबके प्रिय और प्रशंसा के पात्र बन गये। भगवान् शिव ने उनकी बड़ी सराहना की है।

हनूमान सम नहिं बड़भागी।
नहिं कोउ राम चरन अनुरागी॥

—हनुमान के समान न तो कोई बड़भागी है और न राम के चरणों का अनुरागी।

शिव का कथन बड़ा गहरा है। आदमी भाग्यशाली कब बनता है? कुछ लोग सोचते हैं कि अच्छा खा-पीकर, खूब धन कमाकर, अपने मकान बनवाकर आदमी भाग्यशाली हो जाता है। आदमी के पास खूब धन-दौलत हो तो लोग उसे भाग्यशाली मानने लगते हैं। लेकिन क्या वास्तव में आदमी का अहोभाग्य नहीं है? क्या ऐश्वर्य उसे धन्य करने की शक्ति रखता है?

भगवान् बुद्ध एक धनी किसान के घर भिक्षा माँगने के लिए गये। वह आदमी साधुओं से नफरत करता था। वह समझता था कि मर-मरकर कमाने का काम वह करता है और खाने के लिए ये साधु लोग चट से पहुँच जाते हैं। उसने बुद्ध को झिड़कते हुए कहा, 'महाराज! आप मोटे-तगड़े हैं। कुछ काम करने का बल आप में दीखता है। फिर भीख क्यों माँगते हैं? कुछ कमाकर खाया कीजिए।'

बुद्ध नाराज नहीं हुए। उन्होंने किसान को समझाते हुए कहा कि वे भी कमाते हैं। उनका जवाब था, 'मैं भी कमाई करता हूँ। मैं विश्वास का बीज बोता हूँ; इस बीज को सींचने के लिए पश्चात्ताप की बरसात होती है। ज्ञान और विवेक मेरे हल और जुए हैं। तप मेरे हल को खींचनेवाला बैल है। सत्य की छुरी से मैं अज्ञान और पाप के दानों को काटता हूँ। मेरी कमाई 'अमरता का फल' है। यह 'अमर फल' सबको मैं घर-घर बाँटता हूँ। इसी की एवज में अपने लिए थोड़ी भिक्षा किसी-किसी घर से मैं लेता हूँ।'

किसान उनके चरणों में झुक गया। उसने तो समझ रखा था कि जो वह कमाता है वही श्रेष्ठ है। लेकिन बुद्ध ने उसे समझाया कि वह कमाई तो और है, जो जीवन को श्रेष्ठ और समुन्नत करती है। उसके भीतर में अमृत भरती है।

'राम-काज' की कमाई करके हनुमान 'बड़भागी' बन गये थे। जिसका बड़ा भाग्य होता है वही प्रभु चरणों के करीब जा पाता है। ऐसे-वैसे वहाँ तक नहीं पहुँच पाते हैं। श्रद्धा और विश्वास की पूँजी जिनके पास नहीं होती है वे राम-नाम का व्यापार नहीं कर पाते हैं। करते भी हैं तो सफल नहीं होते, घाटे में ही रहते हैं। हनुमान कभी घाटे में नहीं रहे। उनके भीतर अटूट श्रद्धा, अखण्ड विश्वास भरा हुआ था।

शिव कहते हैं कि उनके जैसा 'राम चरन अनुरागी' और कोई नहीं है। सचमुच, चारों तरफ देखने पर हनुमान के समानान्तर सेवा एवं भक्ति में और कोई नाम नहीं मिलता है। राम के लिए कौन भरी सभा में अकेले महाप्रतापी रावण को ललकार सकता था? कौन लंका के भीतर निर्भय होकर राम का गुण गाते हुए 'प्रातः भ्रमण' की तरह चल सकता था? लालच, भय और छल को जीतकर राम के काम

को करने की अखण्ड आस्था हनुमान जितना कौन जुटा सकता था? ये काम तभी सम्पन्न हो सकते थे जब करनेवाले के दिल में काम के प्रति अथोर आस्था हो और मृत्यु का तनिक भी भय न हो। हनुमान में ये दोनों भाव सम्पूर्ण रूप में जीवन्त थे।

भगवान् शिव साक्षी बनकर पार्वती से हनुमान के गुण गा रहे हैं।

गिरिजा जासु प्रीति सेवकाई।
बार बार प्रभु निज मुख गाई॥

—हे पार्वती! हनुमान के प्रेम और सेवाभाव का बखान बार-बार राम ने अपने मुख से किया है।

राम अपने मुख से किसी को एक बार भी बधाई दे दें तो वह जन्म-जन्म के लिए धन्य हो जाता है। ऋषि-मुनि और साधक-संन्यासी भगवान् के मुख से अपना नाम एक बार सुनने के लिए व्याकुल रहते हैं। पर हनुमान का सौभाग्य तो देखिए, राम उनके गुण बार-बार गाते रहते हैं। प्रायः भक्त अपने को तब सौभाग्यशाली समझता है जब वह भगवान् के गुण अटूट रूप से गाता रहता है। लेकिन यहाँ कुछ उलटा ही हो रहा है। राम बार-बार हनुमान के गुण गा रहे हैं। यह राम के चरित्र का बड़ा निराला पक्ष है। जो उन्हें निस्स्वार्थ भाव से भजता है उसे वे अपार गौरव देते हैं। राम जानते हैं कि उस 'अहेतुकी भक्त' को संसार की कोई नियामत नहीं चाहिए। इसे तिजोरी भरने का सुख लुभाता नहीं है, महान् बनकर पैर पुजाने का लोभ डिगाता नहीं है। यह तो बस मुझे ही चाहता है। अतः वे ऐसे भक्त को अपने ऐश्वर्य से भर देते हैं।

तेलुगू के भक्तकवि त्यागराज ने राम से पूछा था, 'कौन बड़ा है, प्रभु! आपका पैर या खड़ाऊँ? आपके पैरों को पूजकर ऋषि-मुनि आपके बराबर बनते हैं, आपके पास पहुँचने का गौरव पाते हैं। किन्तु आपकी खड़ाऊँ को पूजकर भरतजी तो आप जैसे हो गये थे। इसके प्रमाण आप स्वयं हैं, प्रभु। आपने हनुमान से कहा था कि मुझमें और भरत में कुछ अन्तर नहीं है।'

राम के पैर और प्रतीक की सेवा भी मनुष्य को महान् बना देती है। हनुमान तो इन दोनों से ऊपर उठे थे। उन्होंने राम का काम किया था। राम का पैर पूजनेवाले संसार में बहुत हैं, लेकिन उनका काम करनेवाले बहुत कम हैं। साधु-महात्मा तक भी राम का काम करने का समय आता है तो भाग खड़े होते हैं। नारद की कहानी बड़ी प्रसिद्ध है। भगवान् के सिर में दर्द था। उन्हें दवा चाहिए थी। उसी समय नारद उनके पास आये। नारद को अपने को भगवान् का बड़ा भक्त समझने का अहंकार था। भगवान् को दुःखी देखकर उन्होंने पूछा, 'आप कुछ अस्वस्थ लग रहे हैं।'

विष्णु भगवान् ने कहा, 'सिर में जोरों का दर्द है। अश्विनीकुमार कहते हैं कि यदि कोई भक्त स्वेच्छा से अपना सिर काटकर दे तो उसके खून के लेप से दर्द चला जायेगा। पर ऐसे भक्त को मैं कहाँ से लाऊँ?'

नारद ने सान्त्वना देते हुए कहा, 'आप चिन्ता न करें प्रभु! मैं अभी जाकर किसी ऐसे भक्त को खोजकर लाता हूँ। दुनिया आपके भक्तों से खाली नहीं हुई है।'

तीनों लोकों में घूमने पर भी नारद को सिर देनेवाला भक्त नहीं मिला। एक ने डाँटकर उनसे कहा, 'तुम भी तो भक्त हो, क्यों नहीं अपना खून दे देते?'

नारद ने इसे उसका पागलपन समझा। उन्होंने कहा, 'मैं मर गया तो तीनों लोकों में घूम प्रभु का काम कौन करेगा? कोई ऐसा भक्त चाहिए जिसकी कोई खास उपयोगिता नहीं हो।'

बड़ी मुश्किल से नारद को एक गरीब आदमी मिला। वह राम-राम कर रहा था। नारद के प्रस्ताव को सुनकर वह रोने लगा, 'ओह! मेरे प्रभु बीमार हैं और मुझे खबर तक नहीं। नारदजी, आप इतनी देर से क्यों आये? प्रभु को कितनी तकलीफ हो रही होगी! यह शरीर तो एक दिन जाना ही है। प्रभु के काम में जाये तो कितने गौरव की बात होगी।' उसने अपना सिर काटकर दे दिया।

जब नारद वैकुण्ठ पहुँचे तो भगवान् विष्णु मन्द-मन्द मुसकरा रहे थे। नारद चकित हुए। भगवान् ने कहा, 'नारद, भक्त का सबसे बड़ा काम है प्रभु के काम आना। मेरे सिर में दर्द था, दवा आपके पास थी। किन्तु आपने अपना सिर काटकर नहीं दिया। आप खोजने चले गये। भक्त बलि का बकरा नहीं खोजता, स्वयं तत्पर रहता है।'

गुरु गोविन्दसिंह का उदाहरण बड़ा ताजा है। उन्हें अपने लाखों सेवकों में से ऐसे प्यारों की जरूरत थी जो बलिदान के लिए, उनके काम के लिए तैयार हों। सभी सेवक उनकी पुकार पर ठगे-से खड़े रहे। वे उनकी जयकार करने के लिए तैयार थे, लेकिन उनके लिए बलिदान होने को नहीं। वे उनसे कुछ पाने के लिए उनके पीछे खड़े थे, उन्हें कुछ देने के लिए नहीं। बड़ी मुश्किल से उस दिव्यात्मा के बार-बार पुकारने पर पाँच लोग आये। ये ही 'पंच प्यारे' बने। गुरु की बलिदान देकर सेवा करने के लिए केवल इन्हीं पाँच लोगों ने तत्परता दिखायी।

किन्तु हनुमान हमेशा रात-दिन राम के काम के लिए तत्पर रहते थे। उन्होंने कभी कोई प्रमाद नहीं दिखाया, आलस नहीं जताया। अखण्ड और अटूट भाव से सेवा की साधना वे करते रहे। इसी के लिए प्रभु ने उन्हें अजर-अमर भी बना दिया।

हनुमान की अमरता और अजरता के पीछे एक बड़ा गूढ़ भाव है। जो सेवा करता है, भक्ति-भाव से संसार को प्रभु का स्वरूप मानकर चलता है, वह प्रभु का काम करता है। ऐसा व्यक्ति सदा जवान रहना चाहिए। सेवा बुढ़ापे में नहीं हो सकती, तब तो वह करायी जाती है। सेवा की भावना को संसार में सदा महत्त्व देने के लिए, उसे सभी उपासनाओं का सिरमौर बनाने के लिए ही प्रभु ने हनुमान को अजर, अमर और गुणवान् बनाया है। उन्होंने हमें यह रास्ता बताया है कि सेवा के मार्ग पर चलकर कोई भी हनुमान बन सकता है, अमर हो सकता है।

महात्मा गांधी इस युग के ताजा उदाहरण हैं। उन्होंने सेवा-कार्य करके अपने जीवन को सबके लिए प्रेरक बना दिया। वे अमर हो गये। काल उन्हें खा नहीं सका।

हनुमान आज हमारे लिए बहुत प्रेरक हैं। वे हमें यह सिखाते हैं कि आदमी को अपने गुणों को अच्छे काम में लगाना चाहिए। आज का संसार भौतिक विकास के राजमार्ग पर है। प्रकृति के रहस्य को वह अपने बुद्धि-बल से भेदता जा रहा है। ऐसे समय में यदि सेवा और भक्ति की भावना, संसार के विनाश की नहीं, संरक्षण की कामना उसके भीतर न रही तो वैज्ञानिक अनुसंधान रावण बन जायेंगे। विनाश की ज्वाला में धधक उठेगी यह सृष्टि। वैज्ञानिक अनुसंधानों को मनुष्यता के संवर्द्धन के लिए लगाने का काम केवल 'हनुमान-बुद्धि' से ही सम्भव हो सकता है। अतः सर्वत्र हमें जीवन में सेवा और भक्ति का वातावरण उत्पन्न करना होगा।

हमारे जीवन में यदि हनुमान का आगमन सम्भव होगा तो हम न केवल अपने को, अपितु अपने आस-पास को भी बचा सकेंगे। केवल स्वयं को बचानेवाला निश्चित रूप से डूबता है।

रामचरितमानस के तमाम पात्रों में हनुमान का चरित्र ही हमारे आज के जीवन की आवश्यकताओं के ज्यादा अनुकूल पड़ता है। गर्व और अहंकार से भरा आज का मनुष्य यदि सेवा और भक्ति की भावना से नहा नहीं पायेगा तो वह स्वयं भी टूट जायेगा और मानवता को भी तोड़ डालेगा। आज हनुमान हमारे एकमात्र सहारे हैं। उन्हें जीवन में पाने के लिए, अपने को बचाने के लिए, आइए हम जीवन में सेवा और भक्ति के बीज बोयें। फिर हमें ही देखकर आश्चर्य होगा कि कैसे संसार में 'अमृत-फल' की बहार आ गयी है।

□□□